凝煉知識品味閱讀

凝煉知識品味閱讀

團體工作
—理論與技術

林萬億　著

五南圖書出版公司 印行

四版序

社會團體工作是繼社會個案工作之後，發展相對成熟的社會工作方法，不論理論體系、實施模型、實務技巧，都已相當完整且紮實，但這不代表任何社會團體工作的書籍沒有進步與修正的空間。社會團體工作是我最早寫作的社會工作書籍，甚至比《當代社會工作》還早。當初寫作目的是作為社會工作人員的訓練教材，內容簡潔，且重實務運用。後來才逐步發展成為今日的完整版本。為了修正新版，我再次仔細地閱讀這本書，真的能調整的空間不多。很多內容都是引自社會團體工作前輩們嘔心瀝血的結晶，要刪除，實在下不了手；要增添，大概僅能就一些實務領域新發現的經驗和以證據為基礎的研究所得到的驗證。

正好這幾年受到新冠肺炎疫情的影響，社會工作經歷了典範轉移，從過去走進家庭與社區，靠談話達成助人目的，不管是諮詢、治療、提供資源、改變環境等，實踐助人的理想，已逐漸接受非實體接觸的助人工作，從線上學習、線上會談、遠距評估與危機處理、線上會議，到帶領線上團體。於是，我在新版中加入第十八章：團體工作數位化，以趕上潮流。即便如此，我仍然不認為線上團體工作將取代傳統的面對面的團體工作進行。但是，社會工作數位化卻是一條不歸路，一方面是資通訊科技發展實在太快了，社會工作者不能自外於科技發展；何況說，年輕的社會工作者本身就是生長於電腦網路、簡訊、手機、平板、通信軟體、行動應用程式（App）、社群媒體普及的時代，再加上因著人工智慧（AI）的發展，聊天生成預訓練轉換器（ChatGPT）都已進入教與學現場了；不只如此，社會工作服務的對象，使用資通訊科技的普及率越來越高，即使是嬰兒潮世代的高齡者，其數位化程度與出生於工業化的中壯世代差距越來越小。社會工作者使用數位溝通的環境更友善，社會工作數位化這條路一定會繼續向前走。

因此，我仍然利用公餘努力修正這本書。雖然，現在除了主持會議、團體督導之外，已經較少有機會親自帶領服務對象的團體。但是，藉由主持實體會議、線上會議、督導學校社工師的團體經驗，隨時複習社會團體工作的理論與技巧。而印象最深刻的莫過於在主持各種會議中，善用團體動力的知識與經驗，完成了許多難纏的會議。例如：善用座位安排的權力關係可以預測團體的溝通品質與走勢；活用摘述的技巧可以使團體討論進行更順利；適時表現幽默可以使嚴肅、枯燥的會議過程，增添些許樂趣；利用系統與組織能力，將複雜的討論議題爬梳出清晰理路。參加過我主持的會議成員，常回饋給我，為何我可以關照到每一位成員，且能將會中成員的發言在短短時間內彙整、爬梳、系統化地摘要成若干點，當成會議結論，無須先有預擬會議談參，更不會從口袋中拿出預擬結論宣讀，也沒依靠幕僚人員幫忙遞紙條。這就是過去教與做團體工作教給我的功夫。當然，還有善用社會工作者獨特的敏銳、友善、真誠、同理、傾聽，使得營造人際關係變得較容易，間接也促成許多事情的順利進展。

新版的修訂，除了增加數位團體工作一章之外，也補強開放性團體、非計畫性團體（non-deliberative group）的帶領。此外，將過去疏漏的參考文獻一一檢視，讓整本書更加值得珍藏，可讀性更高。希望這本書可以繼續幫助社會工作學生進入社會團體工作的奧妙殿堂。

林萬億 謹識

2024龍年新春

目　錄

●第壹篇　理論基礎●

• 第貳篇　工作過程 •

第壹篇
理論基礎

第一章
社會團體工作導論

人類社會因工業化、都市化、全球化、電腦化、網路化到數位化的擴張，接觸到社會學家顧里（Cooley, 1909）所指出的，影響個人道德、情操、理想的養成關鍵的初級團體（primary group）的時間越來越少。反之，涉入因利益、功能、活動而組成的次級團體（secondary group）的時間越來越多。人生於群、長於群、屬於群，不但在生存上互賴，而且在情感上互賴，每個人都有尋求情緒分享的需求。而人口的成長，徒造成了人口密度的增加，卻未必促成人際關係的親近；都市化的過程使鄉村人口快速老化，而城市社區匿名性（anonymity）也升高；全球化使跨國人口遷徙頻繁，新移民帶來多元的文化，卻也產生了涵化（acculturation）過程的掙扎；電子科技的發達使資訊傳遞無遠弗屆，卻讓個人向手機、電腦低頭，多於人際間的實際情感連結；緊張而單調的工作，使人們渴望獲得人際關係的互動；新自由主義浪潮下的公共服務緊縮，更使人們急於尋求自助；家庭制度的變遷，也使得家庭對個人情緒的支持功能與社會化的功能逐漸褪色。因此，透過參與團體來聯絡感情、分享經驗、豐富生命、解決問題、協力完成任務，已是當代社會不可或缺的部分。

社會團體工作是由英文Social Group Work，或Social Work with Groups直譯而來，一般習慣以團體工作（groupwork/group work）簡稱之。而在1970年代綜融社會工作（generic social work）成爲主流之後，社會團體工作被納入成爲以團體爲對象的社會工作實施（social work practice with groups）。社會團體工作的出現回應了工業社會的需求，也因應社會變遷而演進。如今，它已經從早期的教育性、休閒性團體活動，發展出治療性的功能，進而開展不同取向的團體，涵蓋不同的理論觀點，擴展實施領域於各種社會福利、衛生、就業與教育機構，業已成爲社會工作者不可或缺的助人方法之一。而要了解社會團體工作，必先以了解團體（group）開始。

第一節　團體是什麼

在日常生活裡，人們常用「形單影隻」、「獨行俠」、「孤苦伶仃」、「獨來獨往」來描述一個人缺乏與他人互動的情境，孤、獨的字眼在社會文化脈絡裡，經常帶有負面的意涵。而形容兩個人時，常用「成雙成對」、「出雙入對」、「雙雙對對、萬年富貴」等帶有雙、對等正向意義的詞句。當描繪三者以上時，就成了「三三兩兩」或「三五成群」了。例如：「魚行不獨自，三三兩兩俱。」（宋．郭茂倩《樂府詩集》卷47）

其實，並非三人在一起，一定就可以成為團體。例如：音樂會舞臺下的人群、公園裡的遊客、街道等公車的人們都不是團體。他們只能稱為「聚集的人群」（aggregate）。什麼是聚集的人群？指兩人以上同時、同地出現，但並沒有形成一個「單位」（unit）或分享某種程度的相似性（Johnson & Johnson, 1997）。聚集的人群只是為了特定目的而暫時集結。而當聚集的人群出現集體性（collectivity）、社會結構、集體意識，以及彼此互動時，就會有共同身分、一體感（feeling of unity），以及共享目標與規範。這時，我們就稱之為集體（collective）。集體基本上就屬一種大團體了（Lang, 1981）。

社會學家曼罕（Mannheim, 1957）認為如果只是三、兩人組成的團體，可稱為準團體（quasi group），不一定需要團體規範，而只呈現個人關係即可。但是，一旦團體組成人數增多，為了團體的運作，就必須有思想與態度的一致性。曼罕所指涉的團體運作是指團體成員的角色分工與功能、團體規範、團體存在的理念或目的、與他團體的關係、集體利益與個人利益、權力分配系統、壓制與衝突，以及處理衝突的機制等。因此，團體不只是兩個人或更多人的聚集，而且這些人具有以下特質：(1)追求共同目標；(2)相互依賴；(3)相互交往；(4)分享共同利益的規範與參與相互連結的角色體系；(5)影響他人；(6)發現團體報償；(7)定義自己與被屬於此一團體的其他成員所定義（Johnson & Johnson, 1997）。

西諺：「兩塊火石可以敲出火花來。」但是，我們也經常說「一個和尚挑水喝，兩個和尚抬水喝，三個和尚沒水喝。」意即團體不一定較個人有效能。作爲社會工作的團體必須有效能，否則人多不一定好辦事。卡增巴克與史密斯（Katzenbach & Smith, 1993）在研究團隊（team）時，將團體依績效（performance）分爲四類，他們認爲前兩者不算是團隊：

1. 假性團體（pseudogroup）：團體成員被指派工作在一起，但是他們卻對工作毫無興趣。這種團體有目標，但非成員所想要的；有互動，但不相互協助，甚至相互干擾對方的生產力；缺乏溝通與協調；相互推託打混；少有相互間的積極影響；也少有團體的利益創造。
2. 傳統的工作團體（working group）：團體成員同意工作在一起，但是很少從團體中獲益。這種團體個人目標重於團體互惠的目標；極少相互依賴；互動是中性的；缺乏對他人的生產力負責；互動的目的只是獲取資訊以完成自身的工作，生產力屬於個別的，而非一個團隊；團體成員的個人身分重於成員身分。
3. 有效的團體（effective group）：團體不只是一個個零件的集合，而且成員投注其心力以極大化個人目標與團體目標的達成。團體的目標是所有成員目標的總和，每一成員均有責任對其他成員的績效負責，成員同舟共濟，工作在一起，爲了不只是自己的利益，還包括團體的利益；成員被教導社會技巧與被期待藉合作協力以完成任務，團體的成果爲成員所共享。
4. 高績效團體（high-performance group）：團體在互惠目標、互賴、互動、成員身分、認同，以及關係等指標上均比有效的團體更強而有力。也就是高績效團體比有效團體更具成效。

社會工作以團體作爲媒介來達成目標，這個團體必須是有效的，甚至是高績效的，否則會陷入人多口雜、一事無成的困境中。每一個人在一生中一定或多或少經歷過與他人合作不愉快的經驗。例如：學生分組做報告，運氣不好就碰到混水摸魚的夥伴，你做得快累死，人家一邊涼快，而且分數照拿。在社團，在辦公室，在社區，甚至在家族裡，打混的人照常分享利益的故事屢見不鮮。有人會隱藏在團體裡造成「社會打混」（social loafing）現象，也就是與他人一起工作時，任憑團體任務增加，但個人努力卻減少。這種社會打混的結果，必然引發工作賣力的團體成員的不滿，而導致衝突，甚至嚴重到團體瓦解。

利用多人一起工作的機會，有人會「搭便車」（free ride）。這些搭便車的人付出較少心力，一樣可以分享團體創造出來的成果。這種團體成員付出較少努力而隨著團體前進的情況，稱之爲「搭便車效應」（free rider effect）。同時，由於有搭便車的人，就難免會出現後續效應稱「冤大頭效應」（sucker effect），不想當冤大頭的成員也會跟著打混或做自己想做的，結果是團體不成團體，反而抵銷了努力度較高的成員的貢獻。所以，團體成員增加並不必然保證績效會相對提高，有時正好相反。法國社會心理學者倫格孟（Maximilian Ringelmann, 1861-1931）研究個人拉力與團體拉力的效果，發現團體中的社會打混與協調失敗（coordination losses）會導致團體拉力不如個人拉力的總和，他的實驗發現3人一起拉的力量只有3人分別拉力加總的2.5倍，8人一起拉的力量只剩8人分別拉力加總的一半。這種團體成員人數增加與個別成員績效的質、量成逆關係（inverse relationship）的效果就稱之爲「倫格孟效應」（Ringelmann effect）。後來，英漢等人（Ingham et al., 1974）的研究也證實團體人數增加，力量遞減的效果，力量遞減的原因非溝通不良，而是動機喪失（motivation losses）與協調失敗。

如何讓團體成爲有效的團體，以達到治療、成長，或社會行動的目標，就有賴社會工作者的努力，這也是社會團體工作課程所要傳授的。而團體工作所運用的團體大多指小團體而言，也就是人數在2人以上，10幾20人以下的團體，基本上是以面對面的爲主。如果是面對較大的團體，就已進入社區工作的範圍了。至於，有關社會工作團體的詳細介紹，留待第四章再詳述。

第二節　了解社會團體工作

一、定義社會團體工作

早期的團體工作並不被視爲是一種社會工作方法，而比較被當成是一種教育與休閒活動，其目的在於達成個人發展、社會調適、興趣與社會職責感等目標。哈佛德（Hartford, 1972）從早期柯義爾（Coyle, 1937）的團體工作著作中發現，1930年代柯義爾所主張的團體工作可以大分爲三個範圍（Balgopal & Vassil, 1983）：

1. 個人的發展與社會調適，個人有能力與他人相處、合作與貢獻，且能在各種團體中感覺舒坦。
2. 經由知識與技巧的增進而豐富個人的興趣，進而整合這些興趣到個人自決的生活模式中。
3. 發展對社區參與的社會職責感，不只在於預防與治療反社會行爲，而且鼓勵參與社會的改造。

當團體工作被視爲是一種社會工作方法之後，美國團體工作專家們努力在爲團體工作尋找一個共同認可的定義。1949年，美國團體工作者協會（the American Association of Group Workers, AAGW）提出標題爲「團體工作者的功能界定」（Definition of the Function of the Group Worker）的報告。然而，單獨要爲這個新興的社會工作方法下定義並不容易，因爲團體工作的起源來自教育性、休閒性、社區性。因此，該報告呈現了團體工作目的、功能、方法，以及一些必備的基本知識等之間的相互關係。在往後幾年裡，這個定義一直被視爲是正式的定義，如下（Konopka, 1972）：

1. 團體工作者在各種團體中，透過團體互動與方案活動達成個人的成長與社會目標的完成。
2. 團體工作者的目的在於根據個人能量與需求而提供個人成長；使個人與他人、團體與社會達到調適；促使個人有社會改革的動機；同時讓每個人認識到自己的權利、能力與獨特性。
3. 團體工作者參與團體的目的是爲了使團體中的決策，不是來自團體內或團體外優勢的影響，而是來自知識、理念與經驗的分享與整合。
4. 經由團體工作者的操作，協助團體與外團體和社區建立關係，以培養負責的公民，加強社區內不同文化、宗教、經濟或特殊群體間的互諒，進而參與社會邁向民主的目標前進。

以上節錄該報告中有關團體工作者的目的與功能。雖然界定略顯鬆散，但是已爲團體工作方法刻劃出了輪廓。

1959年美國社會工作教育委員會（Council on Social Work Education）所發表由墨菲（Marjone Murphy）主持的「課程研究」（Curriculum Study）指出：「社會團體工作是社會工作的方法之一，透過有目的的團體經驗來增進人們的社會功能。」這個定義非常精簡，如果要從中了解社會團體工作所服務的對象與方法，是有所困難的，還得加以解釋與補充。克那普卡（Konopka, 1972）說這個定義非常類似波爾曼（Perlman, 1957）給個案工作下的定義。波爾曼說「個案工作是一種幫助個人更有效地因應其社會功能問題的過程。」不過，墨菲也提到，學者們對團體工作的看法有些一致性，主要在以下三方面：

1. 社會團體工作是透過團體經驗的提供，以達成下列目的：盡可能提升個人潛能、改善人際關係、增強社會功能，以及採取社會行動等。
2. 社會團體工作是一種基礎方法，可以運用於不同的工作部門中。
3. 在團體工作方法裡，有意識地使用團體工作者與成員的人際關係、成員間的人際關係、成員與團體的關係，以及團體活動；團體工作者扮演增強者的角色，協助成員與團體充分地利用其能力與力量。團體工作者也依照成員的目的、需求、關注與能力來運作。

顯然地，墨菲想從學者專家的共識中找出一套概括性的定義，而這樣的工作有其必要。克那普卡（Konopka, 1972）在回顧社會團體工作的歷史發展後，爲社會團體工作找到了定義：

> 「社會團體工作是社會工作的方法之一。透過有目的的團體經驗，提高個人的社會生活功能，並協助每個人能更有效地處理個人、團體與社區問題。」

克那普卡的這個定義其實是墨菲定義的延伸。而佳文（Garvin, 1997）在其《當代團體工作》（*Contemporary Group Work*）一書中開宗明義地指出「社會團體工作是社會工作的方法之一，透過面對面的互動，於小團體中協助個人增強社會生活功能。」也很像墨菲的說法。可見，團體工作界幾乎已習慣於用類似的說法來界定何謂社會團體工作了。

最後，我們再從崔克爾（Trecker, 1972）的看法來爲社會團體工作的定義做個總結，崔克爾整理眾多意見後，理出一套綜合性的社會團體工作定義，這一套定義是相當可操作的。其定義如圖1-1所示。

社會團體工作是一種方法， ↓	→ 由知識、理解、原則、技巧所組成。
透過個人在各種社區機構的團體中， ↓	→ 包括個人在團體中以及社區機構中。
藉著團體工作者的協助，引導成員在團體活動中互動， ↓	→ 透過接納、團體個別化、團體目標決策與方案活動、激勵與輔導、組織與程序，以及資源的運用。
促使成員彼此建立關係，並以個人能力與需求為基礎，獲致成長的經驗， ↓	→ 例如：參與、歸屬、決策、責任感、成就、自動自發，以及調適能力。
旨在達成個人、團體、社區發展的目標。	→ 目的在於達成個人行為的改變；團體民主化的形成；以及社區的發展。

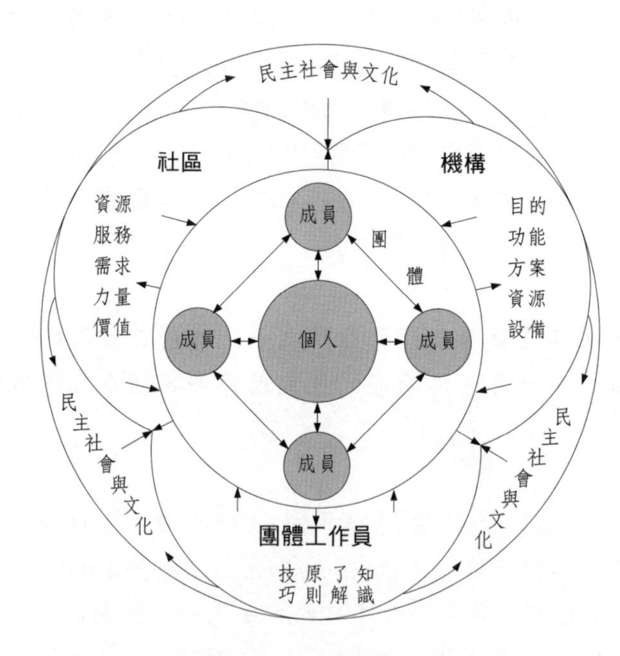

圖1-1　社會團體工作全貌

（引自Trecker, 1972: 36）

崔克爾將其對社會團體工作的了解加以圖形化，繪出社會團體工作的全貌。讀者可對照以上的定義，更能了解社會團體工作的梗概。

二、社會團體工作的功能

從以上對團體工作的界定中，可以發現團體工作的目的在於達成個人社會生活功能的增強、團體民主化的形成，以及社區（社會）的發展。如果從個人的層次來分析，崔克爾（Trecker, 1972）認爲各種不同年齡階段的個人可以藉著團體以協助自己：

1. 追求興趣與獲得技能。
2. 同輩團體中獲得接納與地位。
3. 成爲大團體與較有影響力集團的成員。
4. 從父母或其他監護之下脫離，學習獨立與成長。
5. 適應與學習和異性相處。
6. 從參與過程中成爲社區的一分子。
7. 享有樂趣、休閒與社交情趣。
8. 獲致友誼與同伴。

以上八點個人參與團體的功能，比較偏向於常態的個人，如果針對有問題的個人，則團體尚有治療的功能。進一步我們從社會團體工作的目標的角度來看，克萊恩（Klein, 1972）認爲社會團體工作可以達成下列八個目的（purposes），也可說是社會團體工作的功能：

1. 復健（rehabilitation）：包括對原有能力的復原，和對情緒、心理，或行爲困擾，以及態度或價值取向的復健。
2. 開展（habilitation）：發展面對問題與解決問題的能力，也就是學習適應危機情境的能力。
3. 矯正（correction）：協助犯罪者矯正行爲與解決問題。
4. 社會化（socialization）：協助人們滿足社會的期待，以及學習與他人相處，其中包括對部分特殊成員的再社會化（resocialization）。
5. 預防（prevention）：預測問題的發生，提供有利的環境以滿足個人的需求；並協助個人培養處理偶發事件與危機處理的能力。

6. 社會行動（social action）：幫助人們學習如何改變環境，以及增強適應力。
7. 解決問題（problem-solving）：協助人們運用團體力量達成任務，做成決策，以及解決問題。
8. 社會價值（social value）：協助成員發展適應於環境的社會價值體系。

這八項目的涵蓋相當廣泛，從個人到社會，從行爲改變到社會行動，呈現團體工作目標的廣泛，與佳文等人（Garvin, Gutiérrez, & Galinsky, 2004）所說的團體工作的四項目的：(1)增強個人功能；(2)豐富個人生活；(3)解決個人問題；以及(4)產生社會變遷與促進社會正義等相差無幾。如果再將其歸類，則哈佛德（Hartford, 1972）從個人層次到社會層次所列出的三個社會團體工作的功能，可作爲參考：

1. 參與的功能：個人透過團體參與而獲致社會化與再社會化；自我概念的轉變或確立；身分、動機、態度的形成與改變；價值與行爲的建構與修正；歸屬感與支持的獲取；以及教育與學習的機會。
2. 團隊的工作：共同思考、一起作業；合作計畫與增進團隊的生產力，以集體行動來解決問題。
3. 社會變遷：修正制度或團體的外部體系；經由壓力、資訊傳播，或團體組織力及影響力，使社會制度變遷，尤其是社區組織或社會制度。

由於使用團體的場合不同，每一種型態的團體有其特有的任務、目的、工作者的角色，以及時效性，關於這一點，本書第三章將討論不同的團體工作模型的差異。基本上我們可以找出四種不同的團體工作焦點，雖然這是近乎理想型態（ideal types）的說法，但是對於團體工作功能的理解仍有助益。

1. 個人內在的功能：社會團體工作在於協助個人達成內在人格的改變或調適，以便增強其扮演各種社會角色的社會生活功能展現，例如：扮演雙親、配偶、工人、朋友等的角色。
2. 人際關係的功能：社會團體工作在於協助個人扮演新的社會角色，例如：進入新的環境，或參與新的社會活動。
3. 環境的功能：社會團體工作在於提供一種物理與情緒的資源，以供應個人未經歷的生活體驗，例如：藉由團體提供經驗學習的情境，學習參與社區、學校、職場等體系。

4. 團體間的功能：社會團體工作在於增進體系間的溝通與互惠交流，例如：醫療團隊與病人團體間，學校與家長間，社區內的團體間的溝通與交流。

以上四個功能（或目的）可以參照圖1-2所示。

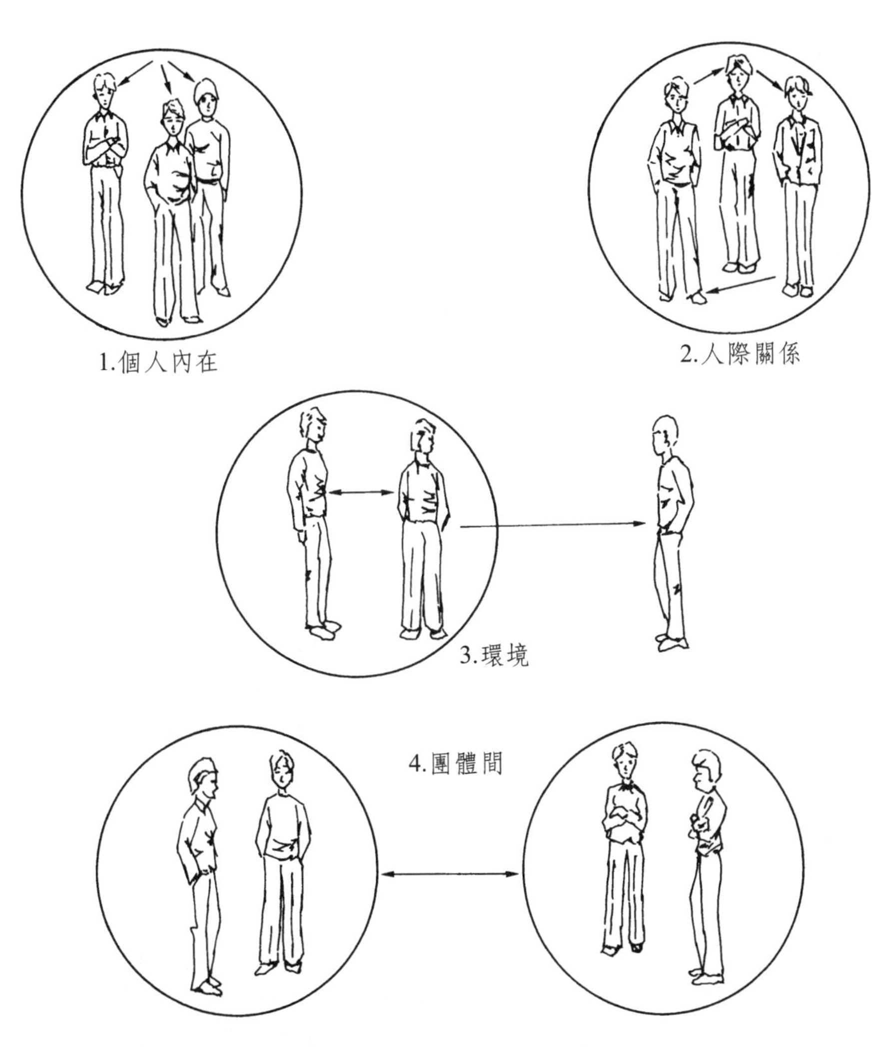

圖1-2　社會團體工作的焦點

（引自McCaughan, 1977: 155）

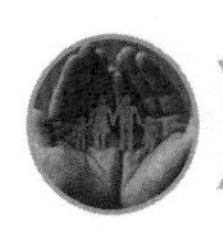

第三節　團體工作與非社會工作取向的團體

由於社會團體工作與某些透過團體來服務個人的專業在功能與技巧上有重疊的部分，因此，社會團體工作的用語也就發生混淆的情形。這些與社會團體工作相混淆的專業助人技術包括「團體心理治療」（group psychotherapy）、「團體諮商」（group counseling）、「團體輔導」（group guidance），以及1980年代流行的「會心團體」（encounter group）。如果不將這些名詞加以釐清，將會使團體工作的學習、研究與實施均發生混淆。

早期的社會工作者把團體工作視為一種「休閒娛樂」或「成人教育」的同義字。這些人的觀點認為團體工作與「團體治療」兩者毫無關係。因為，在他們的想法裡，團體工作僅僅是用來滿足健全的兒童與成人的閒暇需求。這樣的說法已不符合現代團體工作的概念。今日的團體工作是具有如前所述的多重功能的社會工作方法之一，娛樂與成人教育僅是團體工作者運用本身的技巧、發揮團體工作功能以提供服務的一部分而已（Konopka, 1972）。團體工作會被視為是團體休閒娛樂或團體康樂，除了因早年社會團體工作發展的歷史背景因素影響外，另一個因素則是社會團體工作運作過程中常以團體活動來激發團體動力或進行治療，而這些團體活動的基本形式可能與團康遊戲無甚大差異。因而，人們不問其目的與操作過程是否有差別，就一口咬定團體工作與團康並無不同。

對於社會團體工作者來說，眞正困難的並不是擔心與團康活動混淆，而是與團體心理治療、團體諮商、團體輔導等牽扯不清。

一、團體心理治療

團體心理治療經常簡稱為「團體治療」（group therapy）。美國團體心理治療的創建者包括普雷特（Joseph H. Pratt）、博羅（Trigant Burrow）、習而得（Paul Schilder），都是工作於東岸的精神科醫師，以精神分析爲主。故早期團體心理治療傾向以心理動力團體治療（psychodynamic group therapy）爲主。後來這個概念首先被莫連諾（Moreno, 1932）所引用。他說：「團體治療……是一種心理治療的方法，這種方法結合了指派工作的技術與自發治療的技術兩者。」（引自Shapiro, 1979）這也就是後人熟悉的心理劇（psychodrama）。心理劇是一種經常被用於心理治療的行動，案主透過即席的戲劇化、角色扮演、戲劇性自我表達，以考察與領悟其生活。莫連諾以其研究社會測量的結論，相信個人與團體成員的互動將有助於社會與個人問題的消除。所以，團體治療的概念是用來說明將個人再安置於社區的新團體中的一種方法。

此後，團體心理治療成爲心理治療的一種重要方法。有別於心理治療中的「個別治療」（individual therapy）、「自主治療」（autonomous therapy）、「大團體治療」（large group therapy）與「環境治療」（milieu therapy）。然而，學者專家對於團體心理治療並沒有一致的看法。柯西尼（Corsini, 1957）曾說道：「許多作者都覺得團體心理治療這個概念相當模糊，它很難有個簡單而包含一切的界定。」

廣泛地來說，「凡是以一個人以上爲對象，以改善心理衛生爲主的任何過程，皆稱之爲團體心理治療。」有些學者主張團體心理治療應與某些專業有關的才算，例如：弗朗克（Frank, 1963）認爲：「團體心理治療是指在治療者的指導下，對團體內的精神病患所採用的全部方法。這些團體成員大部分是由慢性的心智障礙而造成人際關係有情緒上困擾的人。這些團體都是以成員和領導者及成員間情緒的互動爲工具，來達成緩和成員的痛苦、改善個人與社會生活功能爲目的……。」如果以弗朗克的看法則團體心理治療只適用於精神病患。

柯西尼（Corsini, 1957）則不將執行團體治療的機構限定爲精神病醫療機構，但是他還是認爲應有限制，他說：「團體心理治療是由一些過程所組成，這些過程在一個被正式組織保護下的團體中發生，希望透過這些被計畫、被控制的團體互動，快速地改善每一位成員的人格與行爲。」

夏皮洛（Shapiro, 1979）的看法很像柯西尼，他認爲團體心理治療應是指：「發生於正式組織中的被保護團體，而由受過訓練的領導者來操作的過程。團體被設計來迅速地產生個別成員與領導者態度與行爲的修正。

這種變遷的發生是特定且有控制的團體互動的表現。」

從夏皮洛的觀點中，可以發現團體心理治療的必備條件有以下幾個（Shapiro, 1979: 7-9）：

1. 正式的，而非偶發的過程，而且是基本的活動，而不是其他活動的結果。
2. 保護性，治療情境是在機構的保護下，安全而可信賴。
3. 受過很好訓練的領導者，也就是要是專業社群中的一分子。
4. 設計的預期效果，雖然無法確知任何行動的結果，但是在一種契約的同意下，決定可追求的變遷。
5. 迅速治療，也就是有時效性，團體治療要預定有限的時數。
6. 具有改善與增進的功能，改善成員的行爲與態度問題，增強社會能力。
7. 發生於特定具有控制性的團體互動中，成員與領導者同意以特定的方式去達成其目標，但是不能有暴力與危險的行爲。

現代團體心理治療除了早期的心理動力團體治療之外，已涵蓋支持團體、訓練團體、心理教育團體、活動團體、問題解決團體（Montgomery, 2002）。從以上的分析，讀者隱約地可以發現，團體心理治療很接近社會團體工作中的治療性團體。如果說團體工作是用來處理「行爲與心理有問題的團體」，這兩種方法似乎很難區分。然而，團體工作並不只是在於處理情緒上與心理有困擾的團體，而且也不特定用於精神病診所。所以，團體工作還是不等於團體心理治療。毋寧說團體工作中的治療模型或臨床模型可以說是源於團體心理治療。

二、團體諮商

團體諮商、團體輔導與團體治療三者也是相當難以區分的概念。一般說來，若以團體成員的情緒與行爲困擾程度來區分，團體輔導層次最淺，而團體諮商次之，團體心理治療最深（Goldman, 1962）。丁克梅耶與繆羅（Dinkmeyer & Muro, 1979: 4）界定團體諮商是「被受過訓練的諮商師所引導的人際過程，以協助個人克服典型的發展問題。」他們進一步指出團體諮商的焦點在思想、感覺、態度、價值、目的、行爲與個別目標。團體過程協助個人檢視和與他人分享自我。

蓋茲達（Gazda, 1971）認爲：「團體諮商是一種動態的人際過程，其焦點在於意識層面的思考、行爲與涉及被允諾的治療功能，以導向成員的現實性、滌清、互信、關懷、了解、接納與支持。」

從以上的定義中可以發現，團體諮商是諮商的一種方式，透過團體中的人際互動過程來協助成員解決一些意識層面的情緒與行爲困擾，增進自我了解與相互接納。布拉莫與佘斯叢（Brammer & Shostrom,1968）指出團體心理治療是一種支持性的、再建構的深度分析，分析焦點在於潛意識的層面，強調神經的（neurotics）或其他嚴重情緒問題，以及長期的心理問題。相對的，團體諮商是一種教育的、支持的、情境問題的解決及意識面的了解，強調正常的與短期的（Dinkmeyer & Muro, 1979: 6）。顯示，團體諮商較團體心理治療處理的心理層次淺。

三、團體輔導

團體輔導與團體諮商在國內幾乎是交互使用的概念。如前述，團體諮商的層次較團體輔導深些。依蓋茲達（Gazda, 1971）的說法，團體輔導是一種有組織地預防問題的發展，內容包括教育的、職業的、個人的、社會的訊息提供，而這些訊息是在正常的課業內容中未曾被教導的。因此，團體輔導是提供學生精確的資訊，以協助他們做好適切的計畫與生活抉擇，較屬於一種預防取向的團體服務（Dinkmeyer & Muro, 1979: 4-5）。

至此可知，團體輔導具有預防功能，團體諮商則兼具預防與治療功能，而團體治療顧名思義是一種治療取向。三者雖然可以如此來區分，但基本上可以視爲在一個連續體上。國內輔導學者劉焜輝教授亦認爲：「團體輔導、團體諮商與團體治療不必加以明確區分，可以認爲是繼續的方法。換言之，即使開始時是團體輔導，一旦學生提出情緒上的苦惱問題，而團體的其他成員感到有討論的必要時，最後可能進入團體諮商的境界。反之，起初是團體諮商，如果團體成員認爲這個問題憑資訊的獲得或解釋可以解決的，也許可以以團體輔導而終。至於治療，本來從心理學的觀點來說，被認爲是處理來談者的心理或情緒上的問題，因此，其問題的深度與對策方法，與諮商不同。具體而言，團體諮商與團體治療之間的差異，應該從來談者所具有的問題之深度來區分。」（劉焜輝，1973: 145-158）

若從三者的實施場所來分別，團體輔導以學生爲對象，主要的實施領域是在教育機構中；而團體諮商的對象還是以學生爲主，兼及其他人口群，所以其實施領域除了以學校爲主外，也被青年服務機構與成人教育機構所採用；至於團體治療則以行爲與情緒有深度困擾的人爲對象，其實施領域應以醫療機構與犯罪矯正機關爲主。

四、會心團體

這是一連串的密集團體經驗中的一種。這一系列的團體主要有「訓練團體」（training troup, T-Group）、「敏感訓練團體」（sensitivity training group），以及「會心團體」（encounter group）。

1947年，心理學家黎文（Kurt Lewin）與其同僚和學生在麻省理工學院（Massachusetts Institute of Technology, MIT）發展出一種訓練人際關係技巧的理念。不久，貝瑟（Bethel）與緬因（Maine）首先採用所謂的「訓練團體」來繼續黎文未完成的工作。訓練團體除了在MIT發展外，也被密西根大學（University of Michigan）所接受；之後，華盛頓特區成立了全國性的訓練實驗室，名曰「國家訓練實驗室」（National Training Laboratories, NTL）。NTL團體主要被運用在工業界訓練經理人員與執行人員。顧名思義「訓練團體」是用來訓練人際關係的技巧，個人被教導在團體中觀察成員互動的性質，藉此來自我了解和更能處理複雜的人際關係。目前NTL團體已不只被工業界所採用，其他領域的對象如學生、社群也喜好此種團體經驗，這種團體經驗有助於個人信賴與關懷的增長。

另外一種團體經驗大約在同時由芝加哥大學（University of Chicago）所發展，羅吉斯（Carl R. Rogers）與芝加哥大學諮商中心的同事參與了美國「退伍軍人局」（Veterans Administration）的諮商員訓練計畫。他們發展出一套訓練諮商員的密集團體經驗，這是透過每天幾個小時的密集團體，而使受訓練者獲致較佳的自我了解，使其在諮商工作中能勝任愉快（Rogers, 1970: 9-13）。

芝加哥的團體經驗也納入了密集團體經驗運動的一部分。基本上，這種團體是在促進個人成長與發展，以及增進人際溝通與關係，而不在於達成其他團體目標。同時，這種團體的經驗性與治療性也較貝瑟的訓練團體爲高。然而，這兩種團體幾乎合而爲一了。現在一提起「成長團體」（growth group），可能指羅吉斯的「會心團體」，也可能指貝瑟的「訓練團體」。

至於敏感訓練團體，其實與訓練團體沒有太多差別。國內的心理輔導界習慣使用的名稱除了「成長團體」之外，也採用「學習團體」來指涉「訓練團體」。又教會人士習慣使用「坦誠團契」來替代「會心團體」；因此，「會心團體」又名「坦誠團體」。不論這些名詞如何地混雜，其所指涉的內涵並無太大差別！

從以上的簡介裡，不難發現訓練團體與會心團體原來都是用來訓練諮商師（counsellor）與經理人（manager）所採行的密集團體經驗，其目的是藉團體經驗以增進人際關係的技巧、個人自我了解、個人成長，以及人際溝通能力。這與社會團體工作的取向差別很大。

以上討論的四類「非社會工作取向的團體」（non-social work approach groups）由於有某些特質與社會團體工作相似。所以，造成長久以來混淆不清的局面，這些特質如下：

1. 提供小團體（small group）面對面互動的情境來達成效果。
2. 運用團體過程（group process）作爲媒介。
3. 透過口語與非口語的溝通。
4. 以角色扮演、心理劇、社會劇、遊戲、團體活動等作爲輔助性工具。
5. 藉助受過訓練的帶領者來推動團體動力。
6. 重視團體的發展過程。
7. 持續性的團體經驗分享。

然而，每一種取向的團體終究有它的限制與特長，我們相信採用小團體技巧來協助個人的活動並非社會工作者所能獨占。而這些不同取向的團體縱然有些重疊，也不是完全相像，必然有其存在的價值，如果能加以整合或分工，使各種取向的團體有良好的溝通與協調，甚至分工，就不用擔心其混雜與干擾了。最後，本書試圖將社會團體工作的特質凸顯，以有別於非社會工作團體：

1. 社會團體工作焦點在於「個人與環境的交流」（individual-environmental transactions），不只是涉及個人內在行爲的改變，也關切個人社會功能（social functioning）的表現與環境對個人需求的滿足。因此，改變不利於個人發展的社會環境是必要的。這也是承襲社會工作強調人在情境中（person-in-situation）（Hamilton, 1940; Hollis, 1964: 178-180）或人在環境中（person-in-environment）（Turner, 1979: 77; Germain, 1978; Germain & Gitterman, 1980），以及人在脈絡中（person-in-context）（Papell & Rothman, 1980）的特質，將個人、家庭放在社會環境中來思考其行爲與社會功能；同時，相信改變不利於個人及其家庭發展的社會環境是必要的。
2. 社會團體工作是服務取向的，團體的組成必須立基於機構對社會職責的承諾。也就是團體的組成以有利於成員的權益爲優先，而不是獲取機構或領導者的經驗爲優先；當然，帶領團體也不是爲了團體工作者個人的鐘點、薪資、業績成長。
3. 考慮到團體組成的成本效益。因爲社會工作機構財力有限，人力普遍缺乏，服務對象又龐雜。因此，任何一個團體的組成必然以成員最迫切需求爲前提，也就是要有所爲而爲。
4. 團體工作廣泛地被運用於醫療、犯罪矯正、學校、社區、工業、家庭服務、老人、兒童、青少年、殘障等機構。亦即，實施範圍較廣。
5. 團體工作的不同模型發展從治療功能到社會目標的達成，並不是一個同義字或連續體的觀念，而較是配合成員的需求與社會變遷的完整性服務理念。而這些不同功能的團體模型分別可能與非社會工作取向的團體有互通之處。

或許，以上的澄清仍無法使讀者辨明社會團體工作與非社會工作團體技術間的差別。實務上，的確很容易搞混。例如：康尼（Conyne,

2011）主編的《牛津團體諮商手冊》（*The Oxford Handbook of Group Counseling*）引用美國團體工作專精協會（Association for Specialists in Group Work, ASGW）的四個型態團體：工作與任務團體（work and task groups）、心理教育團體（psychoeducation groups）、諮商團體（counseling groups）、心理治療團體（psychotherapy groups）都被列入團體諮商。專業上，康尼既是臨床心理師，也是臨床諮商師，曾任美國團體工作專精協會的會長。但必須敘明的是美國團體工作專精協會並非美國社會工作者協會（National Association of Social Workers, NASW）的分會，反而是美國諮商協會（American Counseling Association, ACA）的一員。除非在團體工作前面加上「社會」，把社會帶回來（bring the social back in），否則還眞難區分誰是誰？誰在做什麼？誰該做什麼？什麼該由誰做？

不過，除非我們能涉獵所有不同取向的團體，且嫻熟其團體運作過程，否則只站在某一自己熟悉的專業立場去區別別人與自己的不同，難免失之主觀。因此，最好的答案是社會團體工作就是社會團體工作。如果社會工作者能從社會團體工作中體會其精華，又何須從其他團體技術中來肯定自己呢？

第四節　社會團體工作的發展

如同其他社會工作方法一樣，社會團體工作的出現也是累積的過程，可說是社會變遷的結果之一。如同討論社會個案工作的發展般，我們很難說明到底誰創造了社會團體工作？即使芮奇孟（Mary Richmond）首先發表對社會個案工作的看法，我們也不便承認社會個案工作是由她所創立，只能讚譽她對社會個案工作成爲一種專業方法與訓練學科的系統化有不可抹滅的地位。事實上，英國人尊稱比芮奇孟更前輩的住宅工作者希爾（Octavia Hill）與慈善組織會社（Charity Organization Societies, COS）的核心人物洛可（C. S. Loch）爲現代個案工作的先驅（林萬億、鄭如君，2014）。要追溯社會個案工作的發展，無疑地，英國19世紀初年的教區貧民救助觀念的改變，和慈善組織會社的成立就已醞釀了這種工作方法的雛形。然後，才隨著社會變遷而不斷累積與改良。而要討論社會團體工作的發展，也不得不追溯到工業革命以來的社會變遷。

一、團體工作方法的醞釀（1850-1926）

社會團體工作方法的產生是回應工業革命以來的社會問題。由於社會工業化、都市化，大量的農村移民湧向都市，而大量的外來移民也移入美國。於是，在都市裡到處瀰漫著貧民窟、擁擠、疾病與窳陋的氣息。

英國於1844年6月6日成立了世界上第一個青年會。創始人威廉（Sir George Williams）本是一個商店學徒，目睹許多與他同樣的學徒與青年店員們在工作之餘的不安，而漸染上都市惡習，乃自動集合志同道合者發起組織青年會（Young Men's Christian Association, YMCA），定期集會，從事各種宗教、社會及有益會員身心發展的活動（葉楚生，1958：172-173）YMCA的宗旨是發展年輕人健康的身體、心理、靈性（body, mind, and spirit）。

此後，1851年美國波士頓（Boston）也成立YMCA，1854年美國基督教青年會全國協會也成立。YMCA透過團體方案、團體活動與團體經驗的提供，在於促進青少年的身心正常發展。女青年會（Young Women's Christian Association, YWCA）也於1866年成立，仿照YMCA提供少女的團體經驗。

另一種形式的團體活動是針對兒童提供的服務。1868年波士頓第一教會利用公立學校的校園成立了第一個兒童假期樂園。芝加哥市也於1876年起開始利用公園帶領各種有組織的遊戲與體育活動。最初這些活動僅於假期開辦，往後發展爲常年的有計畫活動（Garvin, 1997; Northen & Kurland, 2001）。此外，美國女孩親善會社（Girl's Friendly Society of the United States）於1877年成立；美國男孩俱樂部（Boy's Clubs of America）亦成立於1906年，這些組織都是以提供兒童休閒活動爲主。

倫敦成立的湯恩比館（Toynbee Hall）是第一個睦鄰中心（settlement house），針對都市移民問題提出具體的解決辦法。巴涅特（Canon Samuel Barnett, 1884）用它來發動居民們自助（self-help），而團體本質中的自助觀念正好吻合了人類相互扶持的信念。因此，在睦鄰會社裡使用休閒活動為基礎的團體（特別是種族團體），試圖用正式與非正式的結社來建構社會現實，以支持這些移民在新的土地上滿足其生理與生存的需求（林萬億、鄭如君，2014）。除了英國之外，美國芝加哥的亞當斯（Jane Addams）、史達爾（Ellen G. Starr）所創立的胡爾館（Hull House），以及包德（Neva Boyd）等人的努力，使團體經驗成為解決移民問題的有效途徑（Garvin, 1997; Northen & Kurland, 2001）。

在眾多移民間，猶太人的同胞愛發展得最徹底，猶太人社區中心（Jewish Community Centers）和希伯來青年協會（Young Men's and Women's Hebrew Association）相繼出現，他們積極協助猶太人美國化（Americanization）（Garvin, 1997）。猶太人的社區中心可分為兩類，一是早期移入美國而生活較安定的移民，他們組織起來協助新進的移民，如德國系統的猶太人援助新進入美國的蘇聯系統的猶太人；其二是新移民自己努力所創造出來的中心（Konopka, 1972）。

此時的社會團體工作仍缺乏專業的認同，從事團體服務的工作者有來自教育背景的、心理學或社會學出身的，也有部分是社會工作者。在社會工作界，1920年代芮奇孟（Mary Richmond）已開始注意到小團體心理學（small group psychology）的重要性。然而，社會團體工作納入社會工作訓練課程則是1920年代以後的事了（Garvin, 1997; Northen & Kurland, 2001）。

二、團體工作方法的出現（1927-1946）

1923年查謝（Mildred Chadsey）首先於凱斯西方儲才大學（Case Western Reserve University）開授團體工作相關的課程。而真正的「團體工作」名稱則要到1927年才出現，當年凱斯西方儲才大學的牛司泰特（Wilbur Newsteter）與紐約社會工作學院（現今哥倫比亞大學社會工作學院）的裴蒂（Walter Pettit）兩位教授，在前往參加在愛荷華州（Iowa）首府德美茵（Des Moines）召開的「全美社會工作會議」（National Conference of Social Work）的漫長火車旅途中，牛司泰特說，他們學校有一種課程，提供以團體的方式來服務案主，目前他們並不知如何來統一稱呼它。裴蒂聽其描述後，認爲社會服務提供給個人，稱之爲「個案工作」，爲何不稱呼這種新的課程叫「團體工作」呢？

於是，牛司泰特就以這個名稱來設計課程（Wilson, 1976; Garvin, 1997），由剛加入凱斯西方儲才大學，曾任職芝加哥YMCA的凱瑟（Clara Kaiser）擔綱，她並開發團體工作的實習機構；且於1930年出版《四個俱樂部的團體紀錄》（*the Group Records of Four Clubs*），是早期較有系統的團體工作書籍。同年，柯義爾（Grace Coyle）出版《有組織團體的社會過程》（*Social Process in Organized Groups*），這是她在哥倫比亞大學社會學系的博士論文。1934年凱瑟離開凱斯西方儲才大學去進修學位，柯義爾就接手這門課。進而於1937年寫成《團體行爲研究》（*the Studies of Group Behavior*），成爲團體工作最主要的推手（Northen & Kurland, 2001）。

在這個階段，團體工作主要受到杜威（John Dewey）與弗烈特（Mary P. Follett）的影響。杜威的進步教育（progressive education）理論，闡揚經驗與思考。依照杜威的觀點，社會團體工作是一種在休閒娛樂機構中運用非正式的小團體來達成進步教育原則的實踐。而弗烈特是一位政治學者，她於1926年出版《新國家》（*The New State*）一書，強調解決社會問題可以採取鄰里與社會利益團體的方式來達成。因此，她的民主過程與解決社會問題的途徑也成爲社會團體工作的基石。

基本上，團體工作方法剛形成的階段與社區組織（community organization）很相近，這也是爲何社區組織有時被稱作「團體間的工作」（intergroup work）的原因。這時團體被用來達成休閒、社會行動，以及教育和個人成長的目標。布萊爾（Briar, 1971）回顧當時的團體工作，認爲包含了社會參與、社會行動、民主過程、學習與成長等功能。不僅如此，此時期的團體工作也因爲未完全擺脫早期團體活動爲基礎的社團工作，而有以「俱樂部工作」（club work）來稱呼團體工作（Slavson, 1937）。此時期，團體工作的專家以牛司泰特、威爾森（Gertrude Wilson）、柯義爾、凱瑟等人爲首。

1935年「全美社會工作會議」同意討論社會團體工作的文章，由柯義爾代表發表社會團體工作的哲理。翌年，社會團體工作研究協會（National Association for the Study of Group Work）成立。1946年，「全美社會工作會議」在水牛城舉行，柯義爾又代表團體工作研究協會發表「邁向專業」（On Becoming Professional）演說，強調團體工作應是社會工作方法，她的意見爲大會所接受，團體工作正式成爲社會工作的方法之一（Trecker, 1955: 340；李南雄，1980：3）。

在這近20年裡，出現了許多著名的社會團體工作著作，柯義爾在YMCA進行女工、兒童的團體方案，以及成人教育團體，完成前述的博士論文，寫成《有組織團體的社會過程》。牛司泰特鑒於一般人對基本團體知識的缺乏，於1926年對兒童營火團（Children's Camp）進行實驗，後來擴大到12年的連續實驗，遂於1938年寫成《團體調適》（*Group Adjustment*）一書，均爲團體工作的開基名著（Hartford, 1972: 6-9）。

綜觀此一時期的團體工作，主要有兩個焦點：一是正常的個人成長，二是以團體來服務社會的各階層（Balgopal & Vassil, 1983: 3-4）。索摩斯（Somers, 1976）綜合了當年社會團體工作專家們的看法，認爲早期社會團體工作方法受到以下因素的影響：

1. 個人能影響、駕馭、改變，甚或控制其環境。
2. 強調使用理念與知識的經驗性研究。
3. 詹姆斯（William James）的人本主義（Humanistic）觀點，尤其是在實用主義（Pragmatism）的影響下，個人是一個行動者。
4. 杜威的社會哲學，產生工具主義的理念，社會理論與社會影響力，兩者影響到行動計畫，不只是參與到社會事件，而且認定勤勉是有效介入世界的工具。

而團體工作的出現也明顯地有別於稍早前即已獨霸社會工作界的個案工作。其差別有下（Toseland & Rivas, 2012）：

1. 個案工作較依賴心理動力（psychodynamic）所發展出來的頓悟

（insight）；團體工作則傾向於藉方案活動來激發成員的行動。

2. 個案工作的目標在於個人的問題解決與復健；團體工作則視團體活動為一種享受與解決問題的雙重功能。
3. 在助人關係上，個案工作的「案主」較屬工業化社會的弱勢犧牲者，個案工作者對值得協助的「案主」，例如：素行良好的、認眞工作的窮人，進行診斷、處置，並提供資源；團體工作不把焦點放在「案主」身上，而視其服務對象為「成員」（member），強調增強成員的能力，透過工作者與成員的分享關係、合力工作、相互了解，集體行動來解決問題，或促進成長，以及尋求樂趣。亦即，個案工作重權威的診斷、處置；團體工作重民主決策、分享權力與互動過程。
4. 個案工作對象是個人，至多也只是包括配偶或家庭。團體工作對象是個人的集合，使團體工作不只置焦於團體中的個別成員，也關照到由個人所組成的團體。所以，團體工作不等於若干個案工作的總和。
5. 個案工作強調以一系列活動，如研究（study）、診斷（diagnosis）、處置（treatment）來增進工作效果。團體工作強調發生於團體聚會（group meeting）的過程。從兩種工作方法的早期著作中即可發現其差異。從最早的個案工作著作芮奇孟（Richmond, 1917）的《社會診斷》與最早的團體工作著作柯義爾（Coyle, 1930）的《有組織團體的社會過程》，即可明瞭其取向上的差別。

而從歷史分析中，亦可以發現此時期社會團體工作的主要方向是：

1. 對社會的汙點部分進行介入。
2. 在傳統的休閒娛樂或偏差行為矯正機構中工作。
3. 工作員的角色是一個教育者與問題解決的啟蒙者。
4. 目的在於消除社會中的不幸者，以使其納入社會主流中。

那時，社會團體工作的服務對象主要是失業工人、身心障礙者、16歲以下的兒童、老人、社會偏差行為者，如成人犯罪、青少年犯罪與濫用藥物者等。威爾森與雷蘭（Wilson & Ryland, 1949）進一步指出使用不同團體來協助行為問題、身障者、老人、貧民、黑人與青少年犯罪者是此一時期的團體工作任務。崔克爾（Trecker, 1955）也有類似的看法，他認為社會團體工作是在解決一些社會偏差行為問題。陸里（Lurie, 1965）指出經由團體間關係的使用，在於使不同文化、宗教、種族的外來移民得以涵化。因此，我們可以說社會團體工作者如同一位教師般在於教導團體成員進入大社會中，但涵化的結果往往忽視了服務對象本身的種族、文化與個人價值（Balgopal & Vassil, 1983: 5）。

三、麥卡錫主義（McCarthyism）下的社會團體工作（1945-1960）

1936年成立的全國團體工作研究協會於1939年更名為美國團體工作研究協會（the American Association for the Study of Group Work），再於1946年改名為美國團體工作者協會（the American Association of Group Workers, AAGW）。該組織打破了機構、宗教、種族、職業的界限，聚焦於公民自由與民主原則的倡議，就這樣成為保守分子攻擊的對象（Andrews & Reisch, 1997）。活躍於1930-1940年代的團體工作者克蘭斯諾（Ira Kransner），於1951年被底特律的密西根韋恩州立大學（Wayne State University）社會工作學院聘僱，他因反對當時密西根州眾議員科拉蒂（Kit Clardy）要求清查校園內的共產主義，許多他的同事也持相同看法，反對這種毫無根據的栽贓調查。然而，科拉蒂還是如願得逞，攆走了克蘭斯諾的2位同事。即使，社會團體工作的教授芮德（Fritz Redl）立刻寫電報給亨利校長（President Henry），斥責他的作為，已於事無補了。之後，克蘭斯諾獲得傅爾布萊特獎學金（Fulbright fellowship）受邀前往荷蘭阿姆斯特丹（Amsterdam）協助發展社會團體工作課程，也被推薦獲得聯合國獎學金。但是，他卻收到一份42頁的文件，詳細記錄他曾參與的各種具有進步性質的會議，還被要求描述他的知識與文件中提及的20位涉入者。他拒絕了這項要求，撤回所有獎學金申請。回到學校，他立即被社會工作學院院長布林客（Charles Brink）告知，聯邦調查局曾來學校訪談院長。聯邦調查局的幹員認為他已被共產黨人滲透，因為他參加美國公民自由聯盟（The American Civil Liberties Union）（Andrews & Reisch, 1997）。

另一個例子是康乃狄克大學（The University of Connecticut）的社會

工作教授葛拉斯（Robert Glass）、路易斯（Harold Lewis），都是匹茲堡大學（the University of Pittsburgh）社會工作學院教授哈斯蔚（Marion Hathway）的門生，因哈斯蔚被聯邦調查局攻擊爲共產黨同路人而被打成共產黨的同情者，雖然得到來自社會工作學院院長與前美國團體工作者協會會長崔克爾（Harleigh Trecker）的支持，拒絕配合聯邦調查局，終究因來自大學的施壓而被迫辭職（Andrews & Reisch, 1997）。

社會團體工作的教授伯恩斯坦（Saul Bernstein）也曾經擔任過美國團體工作者學會的會長（1948-1950），當其任教於紐約社會工作學院時，寫了一篇有關團體工作的文章被期刊接受，竟然因爲紐約市立學院也有一個人跟他同名，而該人士被懷疑爲共產黨人，伯恩斯坦就被告知其文章將被退稿。他火大寫一封信給該期刊主編，要他們再愼重考慮這件事，怎麼可以因爲假設他是共產黨員而退他稿呢？（Andrews & Reisch, 1997）

即使如此受到壓迫，社會團體工作的前輩們仍然大力支持進步的、行動的社會工作目標，包括柯義爾、威爾森、韋德（Verne Weed）、柯亨（Nathan Cohen）等人（Andrews & Reisch, 1997）。

四、團體工作方法的成長（1947-1963）

社會團體工作有了歸屬後，新的爭執接連而至，最大的影響來自1930年代已進入社會個案工作領域的「精神分析」（psychoanalytic）觀點。佛洛伊德（Sigmund Freud）強調個人產生社會失功能的現象是由於情緒衝突與個人經驗的壓力。如果團體工作者接受這種觀點，則會在團體中採取積極的心理解析，而較不是杜威主義所強調的問題解決。

由於整個社會工作界充斥著精神醫學的看法，社會工作機構也強調精神分析理論，因此，社會團體工作也被引導到這個方向。尤其是二次大戰後，團體工作進入醫院，治療性的團體工作因而產生。所謂常態與病態二分法成爲團體工作的主要依據，團體工作員開始接受研究（study）、診斷（diagnosis）、處置（treatment）的概念，也就是一般所謂的醫療模式

（medical model）。在團體中個人的失功能成爲考慮的重心，而環境因素就不太被重視了。

雖然精神分析運動甚囂塵上。然而，傳統的團體工作並未從此消聲匿跡，他們仍然不斷地在努力，像睦鄰會社、鄰里中心、社區機構、青年團體等仍在推動社會化與休閒性團體工作，他們不像精神分析只重視個人，而較重視環境因素對個人失功能的影響。

此一階段社會團體工作的著作更蓬勃，1948年柯義爾將團體過程理論與團體結構元素觀念納入社會工作而寫成《團體工作對美國青年的服務》（*Group Work with American Youth*）；10年後，她又與門生哈佛德（Margaret E. Hartford）合著了《社區與團體的社會過程》（*Social Processes in the Community and the Group*）。此外，當時，尚有幾本出名的團體工作書籍問世：威爾森與雷蘭（Wilson & Ryland, 1949）所著的《社會團體工作實務》（*Social Group Work Practice*）、崔克爾（Trecker, 1955）的《社會團體工作：原則與實務》（*Social Group Work: Principles and Practice*）。

至此，團體工作的方法有了不同的取向。早期柯義爾的社會目標模型（social goal model），加入1940年代受到精神醫學影響的臨床團體（clinical group），以及1960年代初史華滋（William Schwartz）所發展出的團體工作的另一個觀點——中介模型（mediating model）。團體工作變得分歧而多元。

此時期，團體工作仍然受社會個案工作影響很深。克萊恩（Klein, 1970: 109）嘗言：「社會團體工作在社會工作中算是成員少的，受社會個案工作的影響很深。因而遠離其原創的社會行動與預防的理論核心，傾向順從專業多數的治療與矯正立場。」季爾伯特與史佩齊（Gilbert & Specht, 1981：234-35）也說道：「社會團體工作與社區組織試圖讓他們的實施模式盡可能與社會個案工作相似，……如此一來社會團體工作就逐漸變得更加臨床與較少聚焦於公民訓練與社區行動了。」1963年克那普卡（Gisela Konopka）出版《社會團體工作：助人的專業》（*Social Group Work: A Helping Profession*），承認社會團體工作越來越受社會個案工作的影響。然而，此時的團體工作者與個案工作者對對方的協助並不見得會給予肯定，兄弟鬩牆時有耳聞（Andrews, 2001）。

五、團體工作納入綜融社會工作（1964-1978）

1960年代的團體工作受到美國公民權利運動（Civil Rights Movement）、對抗貧窮作戰（War on Poverty）、福利母親權利運動（Welfare Mother's Rights Movement）等的影響，產生了巨大的變化，團體工作也被用來參與社會行動。

在1960年代之前，由於團體工作進入精神醫院、醫療機構、兒童福利、犯罪矯正機構，以及其他社會機構中，而其服務對象來自與個案工作相同的案主群，所以使用的概念也極其相似，例如：文特（Robert Vinter）在1950年代的著作中用個別診斷（individual diagnosis）來說明團體對個人治療目標的達成；芮德（Redl, 1943）與克那普卡（1972）都以精神分析來解釋團體工作（Garvin, 1997）。這些概念與社會個案的流行並無太大差異。

然而，1960年代就起了變化，到底社會團體工作還要維持傳統中弗烈特與林德曼（Edward C. Lindeman）所主張的團體是民主的核心角色呢？還是強調芮德與史拉夫森（S. R. Slavson）所重視的個人變遷的心理學與精神分析的概念呢？由於這樣的爭論不休，芝加哥大學的史華滋（Schwartz, 1961）發展出中介模型，他根據開放系統理論（open system theory）、人本心理學（humanistic psychology），以及存在主義的觀點作爲基礎。據此，帕波爾與樓斯門（Papell & Rothman, 1966）依歷史累積將團體工作區分爲三大主要的模型：社會目標模型、治療模型（remedial model）、互惠模型（reciprocal model），以避免誰是誰非的爭議（三個模型的分析詳見本書第三章）。

此外，伯恩斯坦（Bernstein, 1965）領導一批學者在波士頓大學（Boston University）從事團體工作的研究，發展出所謂的第四個模型，亦即「發展模型」（developmental model）。另外，文特（Vinter, 1967）與其同僚在密西根大學（University of Michigan）進行團體工作的研究，發展出治療模型，密西根學派的焦點在於把個人視爲團體改變的對象。工作者是一位專家，擔任團體中的中心角色、代表與發言人、發動者與刺激者、執行者等。

約莫同時，受到當時社會運動的影響與社會系統理論的引進，1970年代社會工作方法整合爲綜融途徑（generic approach），所謂社會工作三大傳統方法的說法逐漸被拋棄，社會團體工作也開始融入綜融社會工作（generic social work）內發展，傳統派別分殊發展的團體工作理論與技巧暫時偃旗息鼓（林萬億，2021）。也就是社會工作教學與實施方法被打破，個案工作、團體工作、社區組織等三個工作方法的專門化被納入統稱爲直接實施（direct practice）。

以團體作爲社會工作實施的過程與媒介的方法，雖然沒有被拋棄，但相對地弱化。這種趨勢可以從團體工作方法的發展看出，幾乎所有團體工作重要的實施模式都發展於1960年代初期以前。直到1970年代末才有行爲修正模式（behavior modification approach）的推出，這跟美國社會、政治、經濟條件的變化有密切關聯。例如：1930年代柯義爾等人所發展出來的社會目標模型與1960年代初史華滋所發展出的互惠模式正好反映了當時社會追求民主化與社會變遷的需求，團體工作者的角色也就偏好催化的功能。相反地，在1950年代、1960年代中到1980年代末，美國的社會轉向保守，團體工作發展以個人特定目標的達成爲重心。所以有1950年代文特等人所推動的治療模式，以及1970年代末的行爲修正模式，都反映當時社會變遷停滯，個人改變受到重視（Garvin, 1997）。

在美國大學部與研究所階段社會工作教育中，團體工作已逐漸消失，同步導致以團體工作爲主的實習機會減少。因此，有效帶領團體所需的團體工作的知識與技術的發展嚴重受到影響（Kurland & Salmon, 2006）。直接受到傷害的是社會工作督導，因爲團體督導（group supervision）是社會工作督導中常用的方法（Muskat, 2013）。當社會工作者不熟悉如何催化或激發團體動力時，團體督導的效果就很難達成，很容易將團體督導帶成個別督導的集合而已。

六、團體工作的復興（1979-1998）

當1970年代綜融社會工作方法成為社會工作教育的主流之後，一些團體工作的教授們擔心社會團體工作會快速消失在社會工作方法課程裡。於是，1979年3月在波士頓召開的美國社會工作教育委員會（Council on Social Work Education, CSWE）的會議上，曾經定位團體工作三大模型的帕波爾與樓斯門，和另一位團體工作的大將米德門（Ruth Middleman）——米德門是威爾森與菲利普斯（Helen Phillips）的學生，非常仰慕藍諾茲（Bertha C. Reynolds）這位精神科社會工作出身的社會工作工會運動者（林萬億，鄭如君，2014）——他們在電梯中張貼消息：「如果你對團體工作有興趣，請在今晚6:30到22XX號房見。」結果一個小小的房間擠進60位關心團體工作存亡的學者。當晚他們一群人為過去十幾年來社會團體工作的理論與實務的發展幾乎停頓，感到憂心忡忡；同時，警告社會工作教育不強調團體服務與社會發展需求，將使團體方法在社會工作教育中逐漸消失。於是，大家決議成立「促進社會團體工作委員會」（Committee for the Advancement of Social Work with Groups）以持續推動團體工作的發展（Bergart, 2014），並公推米德門為第一任召集人（Papell, 2006）。之後決定成立社團名為「促進社會團體工作協會」（Association for the Advancement of Social Work with Groups, AASWG），並決定每年召開學術與實務研討會。1979年11月召開第一屆會議選定在克利夫蘭（Cleveland, Ohio）的凱斯西方儲才大學（Case Western Reserve University），向團體工作的前輩柯義爾和開授第一門團體工作課程的前輩們致敬（Papell, 2006）。當年大會的開幕式中幾位團體工作的前輩都受邀發言，包括克那普卡、索摩斯（Mary Louise Somers）、哈佛德（Margaret Hartford）、葛蘭（James Garland）、史華滋等人。後來，該組織擴大為國際性社團，每年仍定期舉辦團體工作研討會（Garvin, 1997）。1985年起，社會團體工作者與教育工作者在羅絲（Sheldon Rose）與佳文（Charles Garvin）的領導下持續定期舉辦團體工作研究的研討會，其目的是促進研究與鼓勵參與，並分享方法論上的創新（Toseland & Rivas, 2012）。

同時，「促進社會團體工作協會」（AASWG）決定出版一本新的團體工作學刊，並請帕波爾與樓斯門擔任主編。這個新的學刊全名是《*Social Work with Groups: A Journal of Community and Clinical Practice*》，亦即不只涵蓋直接服務工作者的論文，也包容機構與社區中的團體議題。稍早之前，美國曾有《團體》（*The Group*）期刊的發行，但是由於假設只要有綜合性的社會工作學刊就能涵蓋社會團體工作的發展，而宣告停刊。帕波爾回憶當時社會工作方法已整合完成，不再強調三大方法。她與樓斯門正在努力發展新的社會工作基礎方法課程，但是她們勇敢地接手這個可能會使團體工作方法再次獨立的期刊，而且主編一做就是12年。因爲她們認爲即使社會工作方法整合了，以團體爲對象的社會工作實施仍然有繼續發展的必要（Bergart, 2014）。因此，將團體工作與以團體爲對象的社會工作交互使用（Kurland & Malekoff, 2002）。如今，這個期刊已成爲團體工作再發展的重鎮。

1980年代以降，團體工作再度復活，雖然受制於保守的政治氣氛，福利緊縮的呼聲甚囂塵上，社會工作發展受創。但是，社會工作者維繫社會承諾的自我反省仍然不變，甚至更積極。1982年底，美國「促進社會團體工作協會」（AASWG）第四屆討論會於加拿大多倫多市召開，佳文（Garvin, 1984）提醒社會團體工作必須結合社會變遷，展現其新的功能，他指出社會團體工作將面臨以下挑戰：

1. 開展對自助團體（self-help group）的協助。
2. 由於團體過程普遍被了解，而將形成社會團體工作者的專業權威受到挑戰，社會團體工作者要去面對這個壓力。
3. 應在心理學的觀點之外，納入預防性的面向。
4. 在臨床社會工作（clinical social work）的實施中，仍然要與同儕團體（peer group）、社區與成長團體相結合。
5. 不只是採用社會心理學爲基礎的知識，而擴大到其他相關的理論基礎。
6. 面對責信的挑戰，團體工作開始試圖用各種量表來評鑑成效。
7. 配合社會變遷的需求，不斷自我更新。
8. 努力去消弭種族、性別在團體工作中的負面影響。

9. 面對經濟與政治無力感的壓力。
10. 重新調整以個人爲變遷的焦點，而朝向激發利他主義與社會職責感的效果。
11. 廣泛地使用方案來增加團體工作的效果。

1980年代以來，團體工作又陸續發展出新的工作模式。帕波爾與樓斯門（Papell & Rothman, 1980）推展一種結合團體治療與結構團體模式的主流模式（mainstream model）。帕波爾與樓斯門對團體工作隨著社會工作被臨床概念所誘惑，非常不以爲然。她們認爲如果團體工作以進入臨床爲榮，將失去其社會工作的認同——「人在脈絡中」（person-in-context）（Bergart, 2014）。此外，「生態模式」（ecological approach）（Balgopal & Vassil, 1983）、「人本模式」（humanistic approach）（Classman & Kates, 1990）、「臨床模式」（clinical approach）（Reid, 1991），以及「社會行動與系統發展模式」（social action and systems development model）相繼被推出（Brown, 1991）。

阿力西（Alissi, 1980）完整地把團體工作發展史上的重要前輩觀點，如柯義爾、凱瑟、哈佛德等人對團體工作經典的說法，林德曼、柯義爾、包德、牛司泰特等人對團體工作的哲理思考，以及帕波爾與樓斯門對團體工作三大模型的歸類等重要文獻都蒐羅納入，似有要爲團體工作在美國發展半世紀的歷史軌跡留下紀錄的意圖。

1990年代團體工作受到美國健康照護改革的影響，團體工作被用來協助個人健康計畫，健康提供服務組織也同意團體工作列入給付項目。這種制度性的轉變對團體工作的影響是好是壞難說。但是，短期看來，爲了領取醫療給付，結構式團體將被看好。總之，存在於團體工作者間的緊張將持續，一方面是視自己爲行爲的改變者，另一方面是承襲早期的團體催化者的角色（Garvin, 1997）。

又隨著1970年代末社會工作新觀點的發展，結合了系統理論，出現生態系統觀點（ecological systems perspective）的團體工作（Tropman, 2004），爲團體工作注入了新血。稍後，因著女性主義（feminist）理論被引進社會工作的1980年代，以及反歧視（anti-discriminatory），或反壓迫（anti-oppressive）的社會工作模型於1990年代出現（林青璇、趙小瑜等譯，2004；林萬億，2006），女性主義團體工作也跟著發展（Butler & Wintram, 1991；毛瓊英譯，2001）。關注家庭暴力的英國學者瑪西雅與穆蘭德（Marcia & Mullender, 2003）也發展出性別的團體工作。最早對女性議題關心的社會團體工作學者應屬瑞德與佳文（Reed & Garvin, 1983），他們擔任《社會團體工作》（*Social Work with Groups*）期刊1983年第6期的專題主編，以性別爲基礎（gender-based）來討論團體工作，樹立了女性主義觀點進入社會團體工作的里程碑。約莫同時，充權觀點（empowerment perspective）的團體工作也隨著充權社會工作的流行，成爲另一支團體工作的生力軍（Breton, 1994, 2004）。晚近又有威斯騰（Western, 2013）從女性主義團體工作的角度探討性別爲基礎的婦女暴力與壓迫（Gender-based Violence and Depression in Women: A Feminist Group Work Response）。顯示，以團體來充權被壓迫的性別是被看好的。優勢爲基礎的（strengths-based）團體工作也有發展（Coholic & MacEwan, 2022），作者立基於女性主義、反壓迫、反種族主義的觀點，發展出優勢觀點的團體工作，透過團體了解「個人的事也是政治」。

此外，隨著電腦使用的普遍，利用電腦網路進行團體工作的情形也越來越普遍。一種名爲「電腦中介支持團體」（computer-mediated support groups）應運而生。這種團體是藉助電子布告欄系統（bulletin board system, BBS）作爲溝通管道，團體成員非面對面地溝通。它被用來協助難以面對面啟齒的問題，以及無法定期參加團體會期的成員，例如：被用來協助性虐待受害者的「電腦爲基礎的自助／互助團體」（computer-based self-help/mutual aid groups, CSHMA）（Finn & Lavitt, 1994），也被用來協助愛滋病人（AIDS）、癌症病人、阿茲海默症（Alzheimer）的老人照顧者等的電腦團體（computer groups）（Weinberg, Uken, Schmale, & Adamek, 1995; Weinberg, Schmale, Uken, & Wessel, 1995）。有些學者已將電腦爲基礎的團體工作納入社會工作課程裡（Abell & Galinsky, 2002）。

七、團體工作實施標準化（1999-）

1936年包格達斯（Borgardus, 1936）曾爲文討論團體工作的十個標準。他曾說過：「團體工作者所從事的活動比我夢想到的更具策略性。」（引自Abels, 2013: 260）他所建議的團體工作者的十個標準是：

1. 解決其團體成員的人格問題。
2. 連結個案工作機構與成員自己的團體生活。
3. 服務社區將團體工作運作成爲社區組織與領導。
4. 提供服務當地年齡介於18-24歲的有需求者。
5. 利用嗜好與適當的習慣，爲案主群組織休閒時間。
6. 爲全體團體成員完整地、精確地與守密地保護其個人紀錄。
7. 訓練團體成員領導的科學與藝術。
8. 增進團體成員的民主與合作精神。
9. 訓練志願工作者。
10. 維持研究與評鑑。

這十個標準包含團體工作的目的、對象、方法、倫理。然而，隨著團體工作者於1936年組成協會，1946年加入成爲社會工作方法之一，1955年共同組成NASW，團體工作者不再需要有自己的工作標準。社會工作綜融化讓團體工作也跟著接受綜融化。阿伯斯夫婦（Abels & Abels, 1981）戲稱這是綜融自殺（genericide）（Abels, 2013: 261)。因爲社會團體工作失去了理論發展與認同而沒落。

這種現象直到前述的1979年的「促進社會團體工作協會」成立，每年輪流由各社會工作學院辦理團體工作學術與實務研討會；又出版新的社會團體工作學刊，社會團體工作的理論與實務才又有明顯的發展。1999年終於發表專屬的「社會團體工作標準」（the Standards for Social Work with Groups）。該標準是規範「該怎麼做團體工作？」在第一版六頁的標準中，強調社會團體工作的獨特性；其核心概念是團體的互助（mutual aid）。團體工作者藉由團體創造出一種多重的助人關係（multiple helping relationships），以作爲改變的來源。團體工作者的角色是協助團體成員一起工作，達成他們設定的工作目標（Abels, 2013: 264）。第一版的「社會團體工作標準」顯然是以芝加哥大學史華滋（Schwartz, 1961）的中介模型或互惠模型的「互助」作爲團體工作的核心概念。而在團體發展階段方面則是受到波士頓大學的葛蘭、瓊斯、寇洛尼（Garland, Jones, & Kolodny, 1965）的影響。

第一版「社會團體工作標準」施行後，檢討的聲音立即出現，包括需要更綜合的觀點、核心價值、核心知識等。於是，從2001年起「促進社會團體工作協會」（AASWG）組成一個新的檢討小組，重新思考擴大該標準。承辦1979年第一屆克利夫蘭（Cleveland, Ohio）研討會的阿伯斯（Abels, 2013）被邀請主持該小組。之後，阿伯斯被推選爲「促進社會團體工作協會」的理事長。2006年，該標準修正通過，成爲一份20頁的完整文獻，包括：目的、導論、第一節：核心價值與知識、第二節：團體前階段、第三節：團體開始階段、第四節：團體中間階段、第五節：團體結束階段、第六節：倫理考量。

第二版某種程度是依循美國NASW的倫理守則的書寫格式。該標準並非一種特定的觀點與處方，而是一般的描述。團體工作被界定爲社會團體工作者在各種設施中所接觸的團體，包括治療性、支持性、心理教育性、任務性，以及社區行動等。因爲各種團體的目的不同，所以該標準就沒有標準化定義團體工作的目的或功能。而藉著第一節的核心價值與知識來彰顯社會團體工作的價值是：(1)尊重人及其自主；(2)創造一個正義的社會。這兩個價值實包含了尊重個人與改變社會的兩個核心價值。

依此，核心知識就包括：(1)個人的知識；(2)團體與小團體行爲的知識；(3)團體工作者功能的知識。而該標準將團體工作過程簡化爲四個階段：前團體期、團體開始、團體中期、團體結束，避開了不同觀點的爭議，而每一階段都點出任務與技巧、必備知識。可見，團體工作強調「知識就是力量」的基本立場。沒有知識爲基礎很難創造出一個支持、協助、教育、改變團體成員與社區、社會的多重助人關係。而又因爲該「促進社會團體工作協會」（AASWG）已經國際化了，因此，該標準就成爲國際社會團體工作界公認的標準。

值得一提的是，由美國諮商協會所支持的團體工作專精協會

（Association for Specialists in Group Work, ASGW）所出版的《團體工作專精學刊》（*The Journal for Specialists in Group Work*），在2010年的專輯中提出整合社會正義進入團體工作是未來10年的重點工作。顯示，團體諮商界已認識到必須將反壓迫、多元文化、充權、社區需求等結構社會工作的概念納入團體諮商中（Hays et al., 2010）。如果團體工作者還沉溺於臨床中，如帕波爾與樓斯門（Papell & Rothman, 1980）所提醒的：「忘了自己『人在脈絡中』的內涵，而只圖穿上臨床的外衣，是裡外不是人，兩頭落空。」

還好，社會團體工作界已注意到這個趨勢。不論是美國社會工作者協會的倫理守則（the Code of the National Association of Social Workers of the United States）（1999），或是加拿大社會工作者協會的倫理守則（Code of Ethics of the Canadian Association of Social Workers）（2005），或是國際社會工作者聯盟（International Federation of Social Workers, IFSW）（2004）均揭櫫社會工作有促進社會正義之責。包括挑戰歧視、資源分配不均、不正義的政策與實務，以及促進社會團結等。復如前述，社會團體工作本來就蘊含民主、自由、解放、社會行動、社區參與等傳統價值（Andrews, 2001; Andrews & Reisch, 1997）。因此，重拾社會團體工作的社會正義價值是社會團體工作界的努力之一。社會正義取向的團體工作（social justice oriented-group work）應運而生，特別是在新自由主義全球化（neo-liberal globalization）、新公共管理主義（new public managerialism）、去專業化（deprofessionalization），以及社會工作去技巧化（deskilling of social work）的大環境脈絡下（McNicoll, 2003; Jacobson, 2009; Dudziak & Profitt, 2012），更凸顯其重要性。

八、非計畫性團體工作與團體工作數位化（2016-）

1992年第14屆亞特蘭大團體工作年會的論文選輯出版，除了關切從非洲中心觀點反思非裔少年團體、急性病房的慢性病人混合團體、婦女充權團體、女同志團體，也關心非計畫性團體（non-deliberative group）、針對創傷壓力抒解（trauma debriefing）的一次性團體模式（one-session group model）（Stempler & Glass,1996）。而非計畫性團體工作受到較多的關注是2016年藍格（Lang, 2016）的呼籲與社會團體工作期刊的推波助瀾。

團體工作起源於19世紀中葉的青年休閒活動，當時是爲了遏阻青少年犯罪、藉休閒活動與青年建立關係，以及經由休閒活動將青年整合入社區（Kelly, 2016）。依藍格（Lang, 2016）的說法，非計畫性的團體工作（non-deliberative group work）是基於優勢爲基礎的力量助燃團體工作，其關鍵是「做了再想」（Do, then Think），不同於計畫性團體工作是「想清楚再做」（Think, then Do）。非計畫性團體工作大量使用玩、藝術、遊戲、活動、音樂、舞蹈、戲劇、角色扮演、排練、直覺思考，以及其他活動。非計畫性是指團體工作者有目的地運用活動於團體工作中，例如：音樂治療、藝術治療、角色扮演、冒險遊戲等，只要了解這些活動的助人力道與如何進行即可，無須深思熟慮地規劃活動的進行過程（Kelly & Doherty, 2017）。

幾乎所有上述的活動都會鬆綁溝通的模式，不論是繪畫、跳舞、露營、冒險之旅、歌唱、打拳、角色扮演、演劇都是如此。活動是無邊無際的，團體工作者要緊記在心頭，在活動中溝通模式總是鬆開的，如脫韁野馬，難以限縮。但並不是在團體工作進行中都不可有計畫性思考，強調的是在團體活動中任由溝通模式奔放。因此，團體工作是可以有計畫性與非計畫性並存實施。非計畫性活動可以產出直覺的覺醒，亦即出現尤里卡效應（Eureka effect/ Aha! moment），突然理解一個以前無法理解的問題或概念。當這個突然想通，分享給大家知道，關於這個領悟的靈光乍現，將確保在眞實經驗與回家後的解方實現。換句話說，經由活動爲基礎的途徑啟動團體成員類似的經驗。透過語言與非語言的要素，團體工作者幫助成員開啟個人或團體議題解決問題、發現解方的經驗。

簡單地說，活動解鎖了非語言的溝通形式，藉由活動協助成員發現、享受、優勢及有能力達成個人與團體的目標。透過活動畫出、演出、唱出、舞出類比的問題，例如：畫出房子、房間、樹、動物、人物，以及其他元素，表達我理想中的生活。團體活動進行也可以利用過關、擺攤等變換位置的活動，刺激不同的場景、位置，產生新的互動方式。當然也可以採用具挑戰性的活動，考驗成員如何相互幫忙，跨越障礙，達成目標。非計畫性活動所產生的眞實經驗與問題解決，將可攜帶、移植、運用到團體外的類似生活經驗（Kelly & Doherty, 2016）。

非計畫性的團體工作經常透過第二人協助，達成問題解決，成員本身具有自我決定與自我引導的功能，也就是自己也是工作者。團體工作者的角色是催化關係、創造，或善用即席自然產生的非計畫性媒介，以及經由各成員的協助所創造出來的各場景。總結非計畫性團體工作的重點是：做了再想、活動、經驗類比、非語言的溝通、解鎖溝通模式、善用即席產生的媒介、突然覺醒、經驗移植到團體外生活情境。

隨著電腦科技、網路、智慧型手機、虛擬社群的發展，社會工作也不落人後地使用資通訊科技（information and communication technologies, ICTs）來提升工作效率。1990年代以降，隨著自助團體運動、電腦科技的發展，電腦中介團體（computer-mediated group）於焉產生，稱爲「電腦爲基礎的自助／互助」（computer-based self-help/mutual aid, CSHMA），服務的對象包括性暴力的受害者、愛滋病患、同性戀者、失智症的照顧者、物質濫用者等不適合面對面團體聚會的人們。

2019年因新冠肺炎的大流行，受到封城、服務機構關閉、社交距離限制，部分社會工作服務中斷。然而，脆弱人口群在疫情期間更需要社會工作服務，社會工作者必須一方面維持自己的身心狀況平衡，另方面基於社會工作倫理，繼續提供必要的公共服務。於是，出現社會工作實施的典範轉移，社會工作走向數位化，發展出「數位社會工作」（digital social work）或電子化社會工作（e-social work），亦即，利用資通訊科技進行社會工作服務。團體工作也跟上潮流，發展出數位社會團體工作（digital social group work）或線上社會團體工作（online social work practice with groups）（Astray, González, Cisneros, & Iglesias, 2023）（詳見本書第十八章）。

以上所談的社會團體工作發展仍偏向於美加地區。不過，我們也必須承認美國的社會團體工作仍是執牛耳者。曾經最早創出睦鄰會社的英國，社會團體工作的發展也落後美國一大步（McCaughan, 1977: 151-63）。

英國的團體工作端賴塔維史托克人類關係研究所（Tavistock Institute of Human Relations）、行為研究所（Institute of Behavioral Studies）、團體分析研究所（the Institute of Group Analysis）等的努力。其中拜翁（W. R. Bion）使用佛洛伊德與克萊恩（Melanie Klein）的觀點來進行團體行為的研究最為出色。然而，英國的團體工作仍然一直被視為是訓練青年工作者與社區工作者。即使1958年楊哈斯本報告（Younghusband Report）強調社會工作應注重團體、家庭的因素，主張團體工作方法用來發展個人在社區中的生活，可是英國的社會工作教育課程中仍然較少採取團體工作課程。直到1970年代起，團體工作才被大量使用於觀護、監獄、志願性社會服務機構與政府的社會服務部門中。歐洲社會工作學界推動團體工作最力的要算布朗（Brown, 1991）、道格拉斯（Douglas, 1979）、希普（Heap, 1977, 1984）等人。

至於我國團體工作的發展，也是遠落後於個案工作之後。團體工作一直被當成與團體活動、團體康樂相似的東西；團體輔導興起於本地青少年服務界之後，團體工作又與團體輔導被視為無明顯差異的兩種技巧。許多以團體工作之名的課程其實是團體輔導或社團活動；而在實務界，也經常以團體康樂或成長團體來自認為團體工作。而治療性團體又與發展自臨床心理學界的團體心理治療（group psychotherapy）難以區分，使得團體工作方法的發展障礙重重。林珍珍與林萬億（Lin & Lin, 2009）指出，臺灣的團體工作發展受制於政治與經濟發展的影響，在1987年解嚴以前的威權統治時期，缺乏民主政治的土壤，很難生長出以民主為基礎的團體工作。

臺灣的團體工作教學仍然承襲1970年代社會工作必修9門課的傳統，將社會團體工作列為必修課之一，有別於美國社會工作教育將社會個案工作、社會團體工作與社區組織合併為社會工作實施方法課。1979年「促進社會團體工作協會」成立之後，團體工作教學也跟著復甦。1994年的調查發現，美國社會工作學院有50%將社會團體工作列為必修課，46%開設為選修課（Birnbaum & Auerbach, 1994）。而在實施「社會團體工作標準」（the Standards for Social Work with Groups）之後，再次調查，發現將團體工作列為必修課的學院微幅提高到58%，列為選修課者下滑到

40%（Simon & Kilbane, 2014）。雖然列為選修課，並不代表學生一定會選修這門課，顯示有一定比例的社會工作學生必須仰賴社會工作實施方法課程的教師提醒對團體的興趣與了解，難怪美國的社會工作界會擔心社會工作實務工作者不會帶團體。不過，有修過團體工作課程的學生也不表示一定會帶團體，端視教師如何將團體工作理論與實務結合；同時，在後續的社會工作實習課程中讓團體工作找到實踐的機會。

參考書目

中文部分

毛瓊英譯（2001）。女性主義團體工作。臺北：五南。

李南雄（1980）。社會團體工作。臺北：萬人。

林萬億（2021）。當代社會工作：理論與方法。臺北：五南。

林青璇、趙小瑜等譯（2004）。女性主義社會工作：理論與實務。臺北：五南。

林萬億、鄭如君（2014）。社會工作名人傳。臺北：五南。

葉楚生（1958）。社會工作概論。自印。

劉焜輝（1973）。指導活動：理論與實際問題。臺北：漢文。

英文部分

Abell, M. L., & Garlinsky (2002). Introducing students to computer: Based group work practice. *Journal of Social Work Education*, *38*(1): 39-54.

Abels, S. L., & Abels, P. (1981). Social group work issues. In S. L. Abels and P. Abels (eds.), *Social work with groups: Proceedings 1979 symposium* (pp. 70-17). Louisville, KY: Committee for the Advancement of Social Work with Groups.

Abels, P. (2013). History of the standards for social work practice with groups: A partial view. *Social Work with Groups*, *36*(2-3): 259-269.

Alissi, A. S. (1980). *Perspectives on social group work practice*. The Free Press.

Andrews, J., & Reisch, M. (1997). The legacy of McCarthyism on social group work: An historical analysis. *Journal of Sociology and Social Welfare*, *XXIV*(3): 211-

235.

Andrews, J. (2001). Group work place in social work: A historical analysis. *Journal of Sociology and Social Welfare, XXXVIII*(4): 45-66.

Astray, A. A., González, D. A., Cisneros, L. V. D., & Iglesias, J. B. (2023). Digital social group work: Evolution, state of the art and a renewed research agenda. In A. L. Peláez and G. Kirwan (eds.), *Digital social work – Reshaping social work practice in the 21st century* (Ch.14). London: Routledge.

Balgopal, P. R., & Vassil, T. V. (1983). *Group in social work: An ecological perspective*. New York: MacMillan Publishing Co., Inc.

Bernstein, S. (1965). *Explorations in group work: Essays in theory and practice*. Boston University School of Social Work.

Bergart, A. M. (2014). Remembering Katy: A reflection on social work with groups' founding coeditor Catherine P. Papell (1916-2013). *Social Work with Groups, 37*(3): 183-197.

Birnbaum, M. L., & Auerbach, C. (1994). Group work in graduate social work education: The price of neglect. *Journal of Social Work Education, 30*(3): 325-335.

Brammer, L. M., & Shostrom, E. L. (1968). *Therapeutic psychology*. Englewood Cliffs, NJ: Prentice Hall, Inc.

Breton, M. (1994). On the meaning of empowerment and empowerment-oriented practice. *Social Work with Groups, 17*(3): 23-37.

Breton, M. (2004). An empowerment perspective. In D. C. Garvin, L. M. Gutiérrez and M. J. Galinsky (eds.), *Handbook of social work with groups*. NY: The Guilford Press.

Briar, S. (1971). *Problems and issues in social casework*. NY: Columbia University Press.

Brown, L. (1991). *Groups for growth and change*. NY: Longman.

Coholic, D., & MacEwan, L. (2022). *Social group work: A strengths-based approach*. Northrose Educational Resources.

Conyne, R. K. (2011). *The Oxford handbook of group counseling*. Oxford: Oxford University Press.

Cooley, C. H. (1909). *Social organization: A study of the larger mind*. New York: Charles Scribner's Sons.

Corsini, R. J. (1957). *Methods of group psychotherapy*. New York: McGraw-Hill.

Coyle, G. (1930). *Social process in organized group*. Practitioners' Press.

Coyle, G. (1937). *Studies in group behavior*. NY: Harper & Row.

Dinkmeyer, D. C., & Muro, J. J. (1979). *Group counseling: Theory and practice* (2nd ed.). Itasca, Illinois: F. E. Peacock Publishers, Inc.

Douglas, T. (1979). *Group processes in social work: A theoretical synthesis*. Chichester: John Wiley & Sons.

Dudziak, S., & Profitt, N. J. (2012). Group work and social justice: Designing pedagogy for social change. *Social Work with Groups, 35*(3): 235-252.

Finn, J., & Lavitt, M. (1994). Computer-based self-help groups for sexual abuse survivors. *Social Work with Groups, 17*(1/2): 21-46.

Frank, J. D. (1963). *Persuasion and healing: A comparative study of psychotherapy*. New York: Schocken Books.

Garland, J., Jones, H., & Kolodny, R. (1965). A model for stages of development in social work groups. In Saul Bernstein (ed.), *Explorations in group work*. Boston University School of Social Work.

Garvin, C. D., Gutiérrez, L. M., & Galinsky, M. J. (eds.) (2004). *Handbook of social work with groups*. NY: The Guilford Press.

Garvin, C. D. (1997). *Contemporary group work* (3rd ed.). Englewood Cliffs, New Jersey: Prentice-Hall, Inc.

Garvin, C. D. (1984). The changing contexts and social group work practice: Challenge and opportunity. *Social Work with Groups, 7*(1): 3-19.

Garvin, C., & B. Reed, G. (1983). Gender issues in social group work: An overview. *Social Work with Groups, 6*(34): 5-18.

Gazda, G. M. (1971). *Group counseling: A developmental approach*. Boston: Allyn and Bacon.

Germain, C. (1978). *Social work practice: People and environments-an ecological perspective*. NY: Columbia University Press.

Germain, C., & Gitterman, A. (1980). *The life model of social work practice*. NY: Columbia University Press.

Gilbert, N., & Specht, H. (eds.) (1981). *The emergence of social work and social welfare* (2nd ed.). Itasca Illinois: F. E. Peacock Publishers, Inc.

Glassman, U., & Kates, L. (1990). *Group work: A humanistic approach.* Newbury Park, CA: Sage.

Goldman, A. E. (1962). The group depth interview. *Journal of Marketing, 26*(3): 61-68.

Hamilton, G. (1940). *Theory and practice of social casework.* NY: Columbia University Press.

Hartford, M. (1972). *Group in social work.* New York: Columbia University Press.

Hays, D. G., Arredondo, P., Gladding, S. T., & Toporek, R. L. (2010). Integrating social justice in group work: The next decade. *The Journal for Specialists in Group Work*, 35(2): 177-206.

Heap, K. (1977). *Group theory for social workers: An introduction.* Oxford: Pergamon Press.

Heap, K. (1984). Purposes in social work with groups: Their interrelatedness with values and methods-a historical and prospective view. *Social Work with Groups, 7*(1): 21-34.

Henry, S. (1992). *Group skills in social work: A four-dimensional approach.* Itasca, Illinois: F. E. Peacock Publishers, Inc.

Hollis, F. (1964). *Casework: A psychosocial therapy.* NY: Random House.

Ingham, A. G., Levinger, G., Graves, J., & Peckham, V. (1974). The Ringelmann effect: Studies of group size and group performance. *Journal of Experimental Social Psychology, 10*: 371-384.

Jacobson, M. (2009). The faculty meeting: Practicing social justice-oriented group work. *Social Work with Groups, 32*(3): 177-192.

Johnson, D., & Johnson, F. (1997). *Joining together: Group theory and group skills* (6th ed.). Boston: Allyn and Bacon.

Katzenbach, J. R., & Smith, D. K. (1993). *The wisdom of teams: Creating the high-performance organization.* Boston: Harvard Business School.

Kelly, B. L. (2016). Special issue on nondeliberative forms of practice: Activities and creative arts. *Social work with groups, 39*: 93-273.

Kelly, B. L., & Doherty, L. A. (2016). Exploring nondeliberative practice through recreational, art, and music-based activities in social work with groups. *Social Work with Groups, 39*(2/3): 221-233. doi: 10.1080/01609513.2015.1057681.

Kelly, B. L., & Doherty, L. A. (2017). Historical overview of art and music-based activities in social work with groups: Nondeliberative practice and engaging young people's strengths. *Social Work with Groups*, *40*(3): 187-201.

Klein, A. (1970). *Social work through group process*. Albany, NY: School of Social Welfare, State University of New York at Albany.

Klein, A. F. (1972). *Effective group work*. New York: Association Press.

Konopka, G. (1972). *Social group work: Ahelping process* (2nd ed.). Englewood Cliffs, N. J.: Prentice-Hall, Inc.

Kurland, R., & Malekoff, A. (eds.) (2002). *Stories celebrating group work: It's not always easy to sit on your mouth*. New York: The Haworth Press.

Kurland, R., & Salmon, R. (2006). Purpose: A misunderstood and misused keystone of group work practice. *Social Work with Groups*, *29*(2): 105-120.

Lang, N. (1981). Some defining characteristics of the social work group:Unique social form. In S. Abels and P. Abels (eds.), *Social work with groups*. Proceedings, First Symposium on Social Work with Groups, Hebron, Connecticut: Practitioner Press.

Lang, N. C. (2016). Nondeliberative forms of practice in social work: Artful, actional, analogic. *Social work with groups*, *39*(2-3): 97-117.

Lin, J. J., & Lin, W. I. (2009). The political and economic impact on the development of social group work in Taiwan. *Social Work with Groups*, *32*(1&2): 14-28.

Lurrie. H. (ed.) (1965). *Encyclopedia of social work: Successor to the Social Work Year Book*. Fifteenth Issue. NASW.

McNicoll, P. (2003). Current innovations in social work with groups to address issues of social justice. In N. E. Sullivan, E. S. Mesbur, N. C. Lang, D. Goodman, and L. Mitchell (Eds.), *Social work with groups: Social justice through personal, community, and societal change* (pp. 35-50). New York, NY: Haworth Press.

Mannheim, K. (1957). *Systematic sociology*. In J. S. Eros and W. A. C. Stewards (eds.), London: Routledge and Kegan Paul.

Marcia, B. C., & Mullender, A. (eds.) (2003). *Gender and groupwork*. London: Routledge.

McCaughan, N. (1977). Social group work in the United Kingdom. In Harry Specht and Anne Vickery (eds.), *Integrating social work method* (pp.151-163). London: George Allen & Unwin.

Montgomery, C. (2002). Role of dynamic group therapy in psychiatry. *Advances in Psychiatric Treatment, 8*(1): 34-41.

Muskat, B. (2013). The use of IASWG standards for social work practice with groups in supervision of group work practitioners. *Social Work with Groups, 36*(2-3): 208-221.

Northen, H., & Kurland, R. (2001). *Social work with groups* (3rd ed.). NY: Columbia University Press.

Papell, C., & Rothman, B. (1966). Social group work models: Possession and heritage. *Journal of Education for Social Work, 2*(2): 66-77.

Papell, C. P., & Rothman, B. (1980). Relating the mainstream model of social work with groups to group psychotherapy and the structured group approach. *Social Work with Groups, 3*(2): 5-23.

Papell, C. (2006). Remembering Ruth (in Memory of Ruth R. Middleman, 1923-2005), *Social Work with Groups, 29*(1): 3-10.

Perlman, H. (1957). *Social casework: A problem-solving process*. Chicago: University of Chicago Press.

Phillips, H. U. (1957). *Essentials of social group work skill.* New York: Association Press.

Redl, F. (1943). Group psychological elements in discipline problems. *American Journal of Orthopsychiatry, 13*(1): 77-81.

Reid, K. (1991). *Social work practice with groups: A clinical perspective*. Pacific Grove, CA: Brooks/Cole Publishing Co.

Richmond, M. (1917). *Social diagnosis*. Russell Sage Foundation.

Rogers, C. R. (1970). *Encounter groups.* London: Penguin Books.

Schwartz, W. (1961). The social worker in the group. In *The social welfare forum* (pp.146-171). NY: Columbia University Press.

Shapiro, J. L. (1979). *Methods of group psychotherapy and encounter*. Itasca, Illinois: F. E. Peacock Publishers, Inc.

Simon, S. R., & Kilbane, T. (2014). The current state of group work education in U.S. graduate schools of social work. *Social Work with Groups, 37(*3): 243-256.

Slavson, S. R. (1937). *Creating group education*. NY: Association Press.

Somers, M. L. (1976). Problem solving in small groups. In Robert W. Roberts and Helen Northen (eds.), *Theories of social work with groups* (pp.331-367). New York: Columbia University Press.

Stempler, B. L., & Glass, M. (1996). *Social group work today and tomorrow: Moving from theory to advanced training and practice.* Routledge.

Sullivan, N. D., Sulman, J., & Nosko, A. (Eds.) (2016). Special issue on nondeliberative forms of practice: Activities and creative arts. *Social Work with Groups, 39*: 93-273.

Toseland, R. W., & Rivas, R. F. (2012). *An introduction to group work practice* (7th ed.). Boston: Allyn and Bacon.

Trecker, H. B. (ed.) (1955). *Group work: Foundation and frontiers*. New York: Whiteside, Inc.

Trecker, H. B. (1972). *Social group work: Principles and practices*. Chicago: Association Press.

Tropman, J. (2004). An ecological-systems perspective. In Charles D. Garvin, Lorraine M. Gutiérrez and Maeda J. Galinsky (eds.), *Handbook of social work with groups*. NY: The Guilford Press.

Turner, F. (1979). *Social work treatment: Interlocking theoretical approach* (2nd ed.). NY: Free Press.

Vinter, R. D. (ed.) (1967). *Readings in group work practice*. Campus publishers.

Weinberg, N., Schmale, J. D., Uken, J., & Wessel, K. (1995). Computer-mediated support groups. *Social Work with Groups*, *17*(4), 43-54.

Weinberg, N., Uken, J., Schmale, J., & Adamek, M. (1995). Therapeutic factors: Their presence in a computer-mediated support group. *Social Work with Groups*, *18*(4): 57-69.

Western, D. (2013). *Gender-based violence and depression in women: A feminist group work response*. Springer.

Wilson, G., & Ryland, G. (1949). *Social group work practice*. Boston, Mass: Houghton, Mifflin.

Wilson, G. (1976). From practice to theory: A personalized history. In Robert W. Roberts and Helen Northen (eds.), *Theories of social work with group* (pp.1-44). New York: Columbia University Press.

第二章 社會團體工作的理論基礎

沒有理論，任何專業必然停留在低下的層次上，它的技術將令人擔心。提姆斯（Timms, 1959）覺得社會工作者常將「理論」（theory）、「原則」（principle）與「概念」（concept）混淆不清。為了避免「實施的理論化」（從社會工作實施中發展出社會工作理論）與「理論的應用」（應用行為與社會科學的理論到社會工作實施上）兩者區分上的困擾，他主張將社會工作的理論區分為兩組：(1)理論素材來自其他科學，如心理學、精神醫學、醫學、社會學等，這就是一般所說的理論基礎，或是佩恩（Payne, 2022）所說的「關於社會工作的理論」，或外借理論，社會工作者常被說是理論的借用者（borrower），就是這個道理；(2)理論來自經驗的累積，這是一般所謂的「實施理論」（practice theory），或是佩恩（Payne, 2022）所說的「社會工作理論」（林萬億，2021）。實施理論用來直接達成社會工作的目標（Douglas, 1979）。

實施理論又叫「助人模型」（helping model）或「理論架構」（theoretical framework）。依照社會工作實施模型建構的過程看來，某些外借理論其實已被納入社會工作的知識體系中，轉化成為技術性的實施原則（林萬億，2021）。以團體為對象的社會工作實施屬社會工作的一部分，其理論的構成亦可區分為理論基礎與實施模型兩者。本章先從社會團體工作的理論基礎談起，下一章再就各種團體工作模型加以分析，使社會團體工作的理論架構趨於完整。

社會團體工作的理論基礎涵蓋廣度頗難定論，本書擬以幾個較為人熟知的理論為範圍，不足之處自是難免。

第一節　心理動力理論

團體工作最早受到佛洛伊德（Freud, 1921）的《團體心理學與自我分析》（*Group Psychology and Analysis of the Ego*）的影響。佛洛伊德認為個人行為受到其所參與的團體的影響。此外，佛洛伊德的其他知識，例如：頓悟（insight）、自我強度（ego strength）、心理防衛機制

（defense mechanism）也都深深地影響團體工作的進行。

依據心理動力理論，團體成員會將早期生活經驗中未解決的衝突帶進團體中，團體成爲家庭情境的再現。佛洛伊德描述團體領導者是一位強有力的父親，其權力凌駕成員，扮演成員認同的對象，亦即自我理想（ego ideal），成員將早年的經驗，轉移反應到領導者身上。發生在團體中的互動經驗，其實反映了個人的人格結構與心理防衛機制。

領導者藉由暴露成員過去的行爲模式與連結當前的行爲，利用成員的轉移（transference）與反轉移反應（countertransference reaction）協助成員處理早年未解決的衝突。例如：某位成員在團體中一直以特定的某一位成員爲假想敵，處處挑釁，干擾團體的進行，造成其他成員的厭煩。從心理動力的觀點會追溯到這位成員早年未解決的手足競爭，以爭吵來引發父母的注意。如果團體工作者能適時介入，成員可以領悟自己已經把個人過去未解決的困擾帶到團體，造成他人的厭惡。頓悟是團體成員改變行爲模式的基礎。

晚近，心理動力團體治療已加入更多此時此地的元素，強調當下的團體互動經驗（Yalom, 1995）。因此，心理動力團體治療已有走向人際團體治療（interpersonal group therapy）的取向，團體工作者從分析團體成員在小團體世界當下的行爲，協助成員重建未解決的童年衝突。從直接、互惠的人際溝通中，團體成員學習人際技巧、適應能力、自我強度，以及獲得頓悟。成員被鼓勵暴露關於自己個人生活中的親密細節，在團體安全的、支持性的環境下，描述與引出衝突。

第二節　場域論與符號互動論

一、場域論

場域論（field theory）是社會心理學的主要理論之一。源於19世紀的物理學概念，馬克斯威爾（James C. Maxwell）從哲學的觀點闡明物理學的場域理論，而將之推演到社會現象。物理學的場域原理始自牛頓（Isaac Newton）的運動定律，其原意為每一物體運動始於相互衝擊後產生的排斥力量，物體的相互吸引產生動能、電磁的各種現象。

社會心理學的場域論是由黎文（Lewin, 1939）所創，其基本假設是「任何事件的性質決定於包含此一事件的體系的關係」（Deutsch, 1968）。簡單地說即「人類行為是個人與其環境的函數」。

因此，場域理論的行為公式為：

$$B = f(\text{life space}) = f(P \cdot E)$$

個人行為由個人的內在（P）與個人所存在的社會情境（E）所決定。個人內在包括遺傳、能力、人格、健康、信仰、價值等。社會情境則指他人的存在或缺席、個人目標的阻力、社區態度等。

這種兩要素的行為解釋是其他社會心理理論較為疏忽的，例如：人格理論（personality theory）重視個人的人格特質或人格型態，認為行為是內在因素所決定，較少承認個人所處的社會情境對行為的影響。另一方面，角色理論（role theory）指出個人的行為是反映其占有的角色，而忽略了個人對角色需要的不同反應（Wrightsman, 1977）。場域論則不認為個人內在可以決定其行為表現的結果；基本上，每一行動均被行動發生的場域所影響，而場域並非單指物理環境而言，也包括他人行為與環境的諸多相態。

場域論的主要概念有以下諸點：

(一) 生活空間

生活空間（life space）是場域論的基本結構，指人們所經驗的主觀環境（Lewin, 1935）。所有的心理事件，包括思考、行動、夢都是生活空間的函數，人與環境被視為互賴因素的組合體，為了分析方便，個人與環境是可以暫時區分開來的。但是，必須切記人與環境是相互關聯的。例如：場域論並不承認以下的敘述（Deutsch, 1968）：

「由於攻擊性格，而使他成爲團體的領袖。」
「高凝聚力的團體比低凝聚力的團體更具有生產力。」

(二) 此時此地（here and now）

任何心理事件必然被現有生活空間的特質所決定，因此，心理分析理論所主張的歷史因素是不爲場域論所接受的，場域論只承認過去的經驗會對現在事件產生間接影響，而不是直接導致現在的行爲。例如：一個男人的性禁慾被解釋爲當他7歲時目睹其父母親的性交；或者說一個女人的性禁慾是她在15歲那年被性侵害所致。這兩種說法都不被場域論所接受。場域論認爲性禁慾是當前期待、自我評估與記憶等因素的結果（Wrightsman, 1977）。

(三) 緊張體系

尙未被滿足但已經升起的心理需求，創造了一種未解決的緊張體系（tension system）。一個人的行動朝向目標，未完成的任務使未解決的緊張體系永存；當任務完成後，相關的緊張體系即消散，此任務即很少再被憶起。

場域論幫助團體工作者理解，團體成員特質與團體的社會情境的互動決定了成員的行爲。據此，經營團體的社會情境可作爲改變個人行爲的一部分；改變團體的社會情境也將帶來個人行爲改變的可能性。

二、符號互動論

符號互動論（symbolic interactionism）又稱互動論，原爲社會心理學理論的一支，但目前已廣泛地被納入社會科學的研究裡。米德（Mead, 1934）在芝加哥大學首先提出這個理論，故被稱爲「芝加哥社會心理學派」，另外亦有人直喚其爲米德社會心理學派。近百年來，符號互動論不斷地被討論，迄今已超乎當初米德的概念。而布魯默（Blumer, 1978）是當代符號互動論的主導者，本理論的系統化，布魯默居功厥偉。

(一) 符號互動論的基本概念

這個學派主要受到實用主義的影響，強調個人行為的態度與意義。其焦點在於個人或人格是被社會互動所影響。這是從社會學與心理學來了解個人。符號互動（symbolic interaction）被界定為：「發生於人群間互動的特殊且獨特的性質。這種特殊性是由人們解釋或界定他人的行動，而非反應他人的行動所組成。」（Blumer, 1978）。符號是指語言、非語言的手勢、動作等，人類在自我思考和人際互動中使用共同語言來創造共同的符號和意義，反過來，這些符號與意義成為塑造個體行為的參考架構。

布魯默（Blumer, 1978）指出符號互動論的三個前提：

1. 人類之所以針對某事物而有行動，是基於此一事物對其產生的意義。
2. 這些事物的意義是從個人與其友伴的社會互動中導出或升起。
3. 這些意義經由人們處理其所遭遇的事件所做的解釋過程加以掌控與修正。

依據米德（1934）所提出的所有團體生活是合作的基本樣式，梅尼斯與梅哲（Manis & Meltzer, 1978）在討論米德的社會心理學時指出，人類的合作是由於其有一種機能使每一個行動個體能夠做到：

1. 了解他人行動的路線。
2. 引導自己的行為去配合這些行動的路線。

米德主張人類不可能不從與他人的關係中發展自我；米德進一步指出，符號互動是人類發展的中介，以及人類結交和與他人互動的過程，所以，符號互動是社會互動的動態過程，而非社會組織的靜態結構。米德認為個體是一個主動與思考的媒介，而非反應與被動的有機體。

羅斯（Rose, 1962）指出符號互動學派有五個假設：

1. 人生活在一個符號的環境中與物理的環境中。
2. 經由符號，個人有能量去刺激他人，這種方式有異於他被自己所刺激的。
3. 經由符號溝通，個人從他人身上學習到大量的價值與意義，以及行動的方式。

4. 這些符號、意義與價值，並非只是單獨、片斷的，而是一種群組的，且可能是大而複雜的。
5. 思考是一種過程，透過這過程，可能的認可與其他未來行動的進程，會依個人價值體系的相對利弊而被驗定與評估，之後被決定而採取行動。

(二)符號互動論的基本假設

梅尼斯與梅哲（Manis & Meltzer, 1978）認為符號互動論的基本假設有下列七個：

1. 不同的人類行為與互動經由符號及其意義為媒介而履行：這個假設隱含著人類不是典型地對刺激做反應，而是對刺激賦予意義且依此意義而採取行動。
2. 個人經由與他人互動而人性化：人類唯有經由與他人的交往才能區分人類行為。人並非生而為人，而是成長為人，人性、心靈與自我並非生理上的賦予，而是人類互動過程的產物，與他人的互動被視為是導致人性的獲得。思考、自我引導與所有其他屬性使人類得以與其他生物不同。
3. 人類社會是由互動中的人們所組成的最佳建構：這個假設強調人類社會的過程本質，而較不是隱喻社會結構、社會組織與社會體系。這個理論取向認知個人行動與他人和團體所組成的大網絡互動。網絡的部分是在時空上遠離個人，然而卻可預見其影響力。任何社會的組織是一種架構，在這架構中社會行動得以發生，而不是一組決定社會行動的完整因素。這種結構的面向是社會角色、社會階級，以及像是為人類行為與互動所設的條件；但不是完全決定行為與互動。
4. 人類是積極地在塑造自己的行為：依據符號互動論的觀點，人類是有某種選擇其行為的自由。由於有能力去選擇闡釋刺激，而非即刻與直接地反應當時的刺激，以及有能力去自我互動，人類有能力去形成新的意義與新的行動路線。這個假設指出人類社會化的現象既可以將之羈鎖於社會中，也可以使之超脫出社會以外。個人不是被動的，而是能使自己納入或超脫社會互動，而導致行為融入團體情境中或分離。

5. 意識或思考涉入與自我的互動：當個人進行思考或心靈工作（minded）時，必須執行內在的對話。一個人的自我產生對外在事務的指標時，有時是預演備選的行動路線。這個過程涉及兩個自我的要素：「主動我」（I），是一種本然的與驅力的相態；以及「被動我」（Me），是一組內化的社會定義。人類是社會的動物，唯有經由使用在人際活動中的社會衍生符號，去複製這些活動，人類才能完成抽象與反映式思考這類獨特的功能。這種思考模式協助人們去認定超越時限的事物與事件，而不須擁有這些事物的直接經驗。
6. 人類在執行的過程中建構其行為：從個人內在互動所產生的行為，依據許多符號互動學者的看法，那些行為不必然是過去事件與經驗的產物。人類至少是自己命運創造者之一，但這並不意味著人有完全的自由意志。
7. 人類行為的了解必透過研究隱藏著行為的行動者：如果人類立基於其所解釋或賦予的意義而行動，則為了解與解釋他們的行為而去獲知行動者的意思是必要的。我們必須認識到不可能只透過外在的行為觀察而能了解行動者眼中的社會世界，以及藉此而了解行動者的行為。

(三) 符號互動與社會團體工作

人群互動的本質決定於內在的因素，如立基於過去經驗的自我概念、思想與幻想；也決定於環境變數，如非個人能控制的優越感、信仰與種族關係。團體標籤個人為偏差時，乃因於大社會不支持與優勢價值或規範相衝突的相對弱勢價值。

雖然，社會團體工作承認環境因素的重要，但是，很少證據讓人相信已將環境因素納入介入的執行中。經常由於順服於環境壓力，而導致個人發展出一種邊際的社會身分（marginal social identity）。專業的介入者試圖去克服這種邊際的社會身分，但是卻很少將環境因素考慮進去。

符號互動論的主要理論概念是社會過程，這在了解個人與其環境的互動上有明顯的意義。人，如同智慧與自我意識般被視為是經由與環境的互動而穩定地改變。人們的集體行動能影響社會的結構因素，進而帶來角色關係的變遷。據此，過程是一個動態的理念，社會是一個行動取向的概念，過程與行動穩定地創造、支持與改變社會中個人的角色。例如：種族與婦女角色隨著制度脈絡而改變。

參考團體（reference groups）在符號互動論中的地位相當重要，也對當今團體工作產生很大的影響。希布坦尼（Shibutani, 1955）定義參考團體是：

> 「這個團體的樣態被納入行動者的理解領域的組織內，成爲此一行動者的參考架構……。」

參考團體也許被視爲一個聽眾，由現實與想像中成員所組成的。在這些聽眾前，個人試圖去保有與加強其立場。薛立夫（Sherif, 1967）在討論個人與其團體的關係時說道：

> 「人群的互動是一個互惠的模式，有異於個人單獨時的行爲。個人的眞實行爲，不是他在單獨時必然已經產生的，而是依其在互惠模式中的特定位置而被影響、修正，甚而轉換。」

個人在不同的團體中同時擔任成員的角色，米爾斯（Mills, 1967）指出在我們的社會中，個人平均分屬於5到6個團體，團體工作者了解成員在團體脈絡互動的意義，應該重視其所屬各種參考團體，以及其成爲成員的本質。

符號互動的啟發價值是在於提供了一個了解行爲與團體過程的分析方法論；此外，符號互動論也使團體工作者了解個人行爲是其與他人互動的結果。意義不先存於個人或從一個人與他人的互動中分離，意義經由小團體的互動而產生。如上述的，個人行爲特質的意義可以被視爲是社會互動的相態來了解。

另一個符號互動的主要概念是自我身分。一個人的身分是其對自己的理解，自我身分被視爲是社會目標。身分不只是安頓個人在他人社會世界中的位置，而且也是涉及在社會網絡中角色與行動的安置。個人身分訊息持續地被其重要他人（significant others）所影響。在這脈絡內，發生於團體的過程能循著符號互動的參考團體加以分析，它將帶給我們一種理解，就是社會工作者如何去理解特殊的個人之所以被其同伴所理解，他人的理解將有效地運用於個人得到自我了解與對他人的理解上。

第三節　系統理論與互動分析

一、何門史的系統理論

何門史（Homans, 1950）在其所著《人群團體》（*The Human Group*）一書中發展出一套關於團體組織的社會學理論，人們慣以「系統理論」（system theory）稱之。在討論何門史的理論之前，先澄清三個概念。

1. 活動（activities）是指人們單獨或與他人合作的事，如行為、動作、運動等。
2. 互動（interaction）是指與他人的互惠行為。互動不只是朝向他人的行為，而且是反應與互相抑制的行為。
3. 感受（sentiments）是指動機、情緒、感覺與態度。感受不像前兩個概念般可以觀察，通常是從活動與互動中來推論。

何門史從霍桑工廠（Hawthron Plant）中的觀察得到第一個因果相關：

「感受→活動→互動」

他認為感受帶領工人進入霍桑工廠，活動因而被設計，為了活動而必須有一些互動，而這些都是團體的外在體系（external system）。外在體系是發生於大型正式的組織，如霍桑工廠的每一事件。但是，有些事情經常發生於房間之內，而超出大型組織所能設計在內的，這就是何門史所說的內部體系（internal system）。

而內部體系與外在體系間的互動，外在體系引導個人有超出金錢以外的欲求。何門史接著又有下列的假設：

「人們經常與他所喜歡的人互動。」

關於這一點，許多人有不同的看法，認爲一個人的互動經常是因爲不喜歡而來，並非都是爲了喜歡。

何門史接著討論到感受與活動的互賴關係，他提出這樣的假設：

「人們對他人喜歡的感受將表現於外在體系的活動上，而這些活動會進一步地增強喜歡的感受。」

例如：一個工人喜歡協助他人，事實上，他協助別人，也同時給自己機會去發展強有力的情感連結。最後，何門史認爲互動與活動之間也是互賴的。

何門史的兩個體系之間的關係如圖2-1所示。從圖中可以看出，內部體系是外在體系的一部分，甚至影響或改變外在體系。何門史所提供的內部體系與威爾森（Wilson, 1978）所謂的非正式團體（informal group）很類似；而其所謂的外在體系正是威爾森（Wilson, 1978）所指的環境。

二、貝爾斯的互動分析

依據貝爾斯（Bales, 1950）的看法，任何社會、正式組織與非正式的團體等社會體系，都必須解決兩組問題，俾利自我維持。第一組問題是工具問題（instrumental problems），這是針對社會體系之外的，如環境。工具問題是社會體系面對所欲達成的目標，例如：社會中食物與其他資源的分配。一個正式的組織必須行銷其產品以滿足員工的薪水，如果這些工具的問題沒有被好好地處理，將導致社會體系分裂或急遽變遷。貝爾

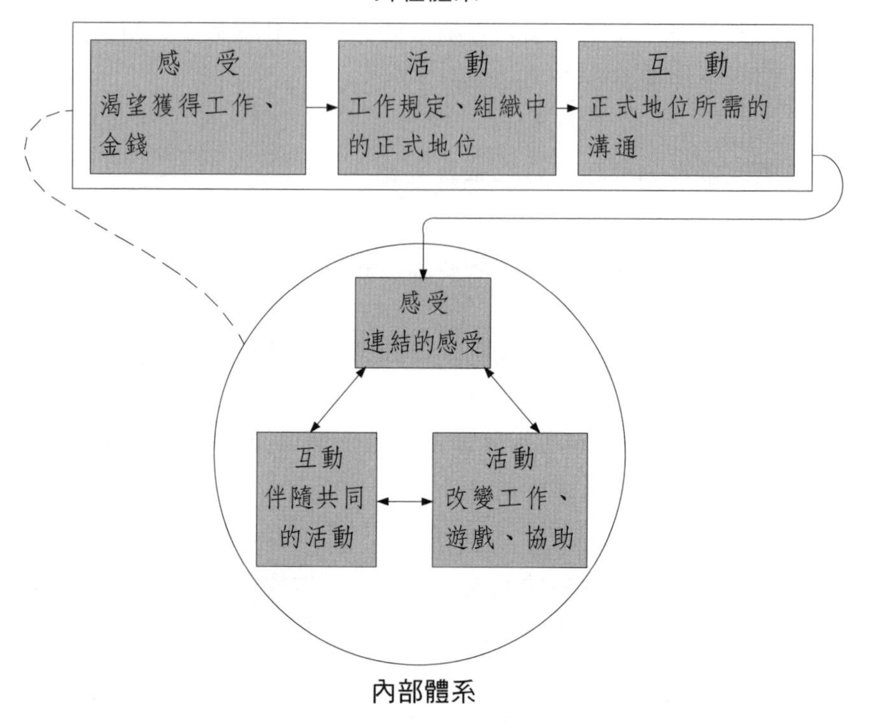

圖2-1　何門史的內部與外在體系的相關因素

斯的工具性問題與何門史的外在體系是很相似的，都是在處理團體的目標達成。

另一是社會情緒的問題（social-emotional problems）。這組問題是包括減少人際困難、協調行動、保持個人有效地滿足於成爲一個體系中的成員。這組問題又可對稱於何門史的內部體系。有時，它又被稱爲表達體系（expressive system），因爲，其提供成員與成員間相互表達的機會（Henry, 1992）。

根據貝爾斯的看法，這兩種問題需要保持均衡，團體才能生存。任何體系必須發展一種運作模式，以使兩組問題同時被滿足。任一組問題的解決均會影響到其他組。所以，任何體系的團體，端賴該體系內兩組問題是否成功地被處理。

貝爾斯的理論試圖涵蓋所有的體系，但是，對於大體系是較難獲得實證的。所以，貝爾斯的分析，事實上，較適合於小團體的互動分析。經由對團體的觀察，貝爾斯發展出一套區分互動的類型，稱之爲「互動過程分析」（interaction process analysis, IPA），這個技術是先將所有互動區分爲12個類屬，這12個類屬如圖2-2。

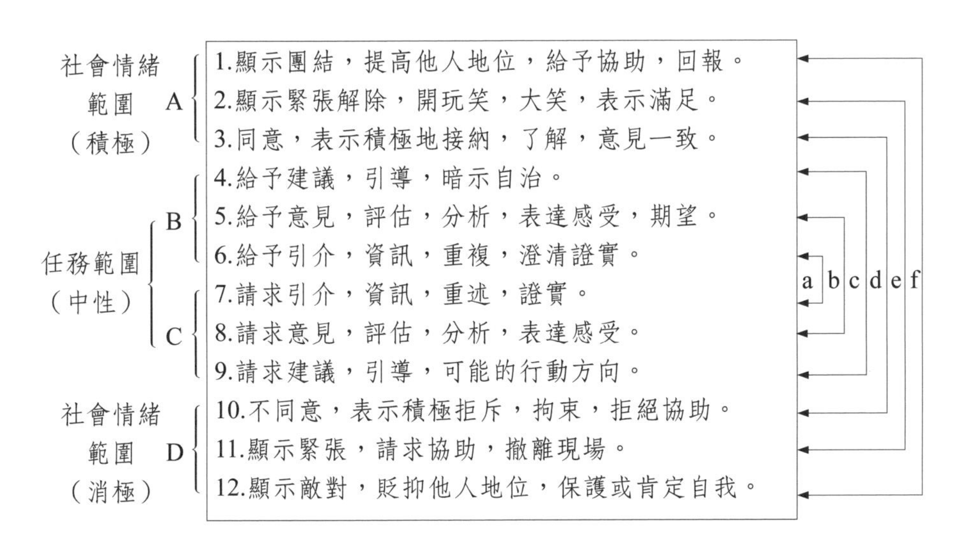

關鍵代碼

A 積極反應	a 溝通問題
B 試圖回答	b 評估問題
C 問話	c 控制問題
D 消極反應	d 決策問題
	e 緊張消除問題
	f 整合問題

圖2-2　貝爾斯的12個互動類屬

貝爾斯無意處理互動過程中資訊傳遞的所有層面，而較重視互動對於兩個體系問題的解決效果。觀察者分析團體中的互動，被貝爾斯稱爲單元行動（unitacts），亦即一種在互動中可界定的單位，如資訊或情緒等的點點滴滴的傳遞。

貝爾斯的互動分析有助於團體工作者了解團體互動中的工具性與社會情緒性需求的滿足，對社會目標團體的領導啟示尤爲重要，工具性目標達成有賴於社會情緒性表達的支持。對於治療性、互惠性團體來說，社會情緒表達本身就是達成工具性任務的一環。

第四節　團體動力學

團體動力學（group dynamics）被用來指涉四種不同的意義（Knowles & Knowles, 1959）：

1. 團體動力是用來描述在團體中任何時間所發生的事情，不論是否爲人所覺察到的。在團體中有一種動態的現象，如移動、工作、變遷、產出、互動與反應等。這種現象的發生是自然的，不是任一個人單獨創造它的。
2. 團體動力也被描述成一種研究的領域，是社會科學的一支，其使用科學的方法來確定團體爲何如此行爲。其研究方法通常透過實驗室、觀察法、訪問、問卷，以及其他測驗來發現理論、分類及產生原則。
3. 團體動力是一種有關團體行爲的基本知識，這種知識是由過去的研究所累積而成的。
4. 最後，團體動力被用來描述一種應用知識的發展體系或技術，它企圖將知識的發現與理論應用到實施的原則與方法上。

從以上的觀點來看，團體動力既是描述一種現象，也是一種基礎科學知識，而研究此種團體行爲的知識，稱爲「團體動力學」。

研究團體動力的學者首推1930年代的黎文。目前，團體動力學已發展成一門整合的科學研究，不但社會心理學者研究它，社會學者、教育學者、社會工作者，以及管理科學者都曾努力過。團體動力學的應用也擴及於社會工作、管理、心理治療、教育等。

至於團體動力學的研究範圍是指哪些呢？通常說，它是研究團體的行爲，有時被化約爲「團體過程」或「人群團體行爲」的同義字。曼諾（Manor, 2000）認為團體動力不得不提內容（contents）、過程（process）、結構（structure）三個面向。克那普卡與弗蕾蘭德（Konopka & Friendlander, 1976）認為團體動力所觀照的是次團體（subgroup）、團體結合力（group band）、團體敵對（group hostility）、團體感染（group contagion），以及團體支持與團體衝突等。希普（Heap,1977）認為團體形成（group formation）、分化與整合（differentiation and integration）、溝通、互動、團體結構與團體發展是團體動力的主要核心。托士蘭等人（Toseland, Jones, & Gellis, 2004）將團體動力聚焦於：溝通過程、互動模式、人際吸引與凝聚、社會整合與影響、權力與控制、文化、團體發展等，與上述學者的觀察差異不大。

蕭（Shaw, 1976）在其所著《團體動力學》（*Group Dynamics*）一書中，將團體的互動過程分由四組變數來闡釋：團體的物理環境（physical environment）、個人環境（personal environment）、社會環境（social environment）與任務環境（task environment）。

至此，我們可以確定團體動力所研究的範圍應該是團體的任何行為，即團體的組成、互動、衝突、溝通、規範、分化、整合、凝聚力、權力、領導、發展等。無怪乎，卡特萊特與任達（Cartwright & Zander, 1953）將團體動力學包含場域論、系統論、互動論、完形心理學（gestalt psychology）、社會測量理論（sociometry theory）等等。所以，有人認為團體動力學是社會團體工作的理論基礎（Douglas, 1979）。至於團體動力學所研究的各種團體過程與結構，將於本書第三、四兩章中分別描述，在此不擬贅述。

第五節　生態系統觀

生態學（ecology）導源於希臘字oikos，意指在自家的生活，即家庭中經濟的自然和諧與相互依存的關係。生態學被生物學者用來描述個人在社區中與他人日常的互動關係。社會行為科學家使用生態學來描述人類生存於社會中的綜合性與系統性架構。文化人類學者使用人文生態學（human ecology）或譯爲人文區位學，來描述田野工作的整體性本質。心理學家洛帕波特（Rappaport, 1977）也強調以生態觀點來認定個人與其社會與物理環境的關係。

社會學家派克（Park, 1936）描述生態學的層次分爲：

1. 人類競爭爲基礎的共生層次。
2. 溝通與共識的文化層次。

由這兩個層次的匯集與解釋各種社會組織，以影響與引導個人的社會生活功能。社會工作者使用生態的觀點來描述實務運作，首推史華滋（Schwartz, 1977），他用共生（symbiosis）觀點來描述個人與其滋養團體（nurturing group）間的關係。傑勉（Germain, 1979）以生態學的觀點來描繪社會工作實施，他認爲社會工作是在於促進人與其環境的交流，藉以增進適應能力與環境的功能。

哈特曼（Hartman, 1979）也認爲生態觀點引導我們去了解事件與行爲在諸多變數上的關係，它引導我們置焦於生活與環境的適應性平衡上；也引導我們了解評估事件與人們對適應、整合與分化的反應。

西柏齡（Siporin, 1980）也提出由生態學的觀點可以獲得廣泛的觀點，一元或綜合地去研究人與其社會文化、物理環境間的動態了解。巴格帕與瓦西爾（Balgopal & Vassil, 1983）乾脆就以生態的觀點來討論在社會工作中的團體，開創了社會團體工作的另一個途徑。

團體工作的生態系統觀點（ecological-systems perspective）結合了生態觀點（ecological perspective）與系統觀點（systems perspective）的精華，認爲生態系統影響團體與團體實施，不論是社會目標團體、治療性團體、互惠團體，以至任何工作團隊（Tropman, 2004）。

一、生態觀點

生態觀點考量生物與其環境的關係，例如：農藥使用不只會殺死稻米蔬果的害蟲，同時也會殺死螢火蟲、蝴蝶、蓋斑鬥魚、孔雀魚，導致生態失去多樣性，蚊蟲孑孓也少了天敵。而社會生態學（social ecology）則是運用生物學的概念來描述人類的互動，例如：因社區移入許多外籍配偶後，多開了幾家越南河粉餐廳、泰國沙嗲店，人們的飲食習慣起了變化。社會工作的生態觀點強調案主或案主體系與其環境間的互賴，其重點分述如次（Tropman, 2004）：

(一) 結構影響

團體的生態受到團體外部（extragroup）變數影響其活動。某些變數是結構性的，例如：團體在社區中的地位、團體與他團體間的地位關係。任何團體都是鑲嵌在一個大的制度之下，而受到其所處社會結構位置的左右，例如：慢性精神病院的病人自助團體會受到醫院的醫療、護理、社會工作的資源配置、人力資源管理等體系的影響，而其間本團體與他團體間的衝突幾不可免；又例如：學校社會工作師所帶領的中輟生復學適應團體也可能與學校教師、學務處、教務處、家長會等立場不同而受到影響；更不用說同志權力運動團體會受到社會主流團體的排斥。

(二) 社會文化影響

社會文化是另一個影響團體的變數，團體外部社區的其他團體的信仰、價值都可能影響本團體的發展。團體所屬機構的政策也會影響團體的目標與進行方向，這屬結構影響；而機構的價值、信仰、規範對本團體的影響則是文化影響；同時，同一機構內的其他團體或是社區的價值、信仰、規範，也會影響本團體。例如：企業組織內的品管工作圈研發小組會受到組織的氣氛、核心價值、當前的追求目標等的影響；同時，也會受到競爭對手的氣氛、核心價值、目標的影響。

二、系統觀點

系統觀點認為團體是一個眞實的結構，雖然它是由個體組成，但是團體是一個特有種（sui generis），有其自己的歷史與演進，有別於當下的成員與參與者。亦即，團體雖然衍生自其所賴以滋長的大體系的一部分，且仍然寄生於此大體系，但是團體有其自己的現實（reality），不能以其所寄存的大體系的組成要素和脈絡來解釋之（Tropman, 2004: 33）。

團體的互動與生產可能是具建設性的、健康的，或是具毀滅性的、不健康的。例如：幫派團體可能殺人越貨，但是經由社會工作者的介入而改變某些成員的行爲，產生較健康的互動。

所有的系統，包括團體在內，都包含流動（flow）、交換（exchange）、轉型（transformation）的過程。流動受到進入或穿透系統的資源、資訊、觀點、能量的影響。上述資源進入系統稱爲輸入（input），其在體系內運作稱爲處理過程（processing），經處理後得出的結果稱爲產出（output）。處理人的系統稱爲人的處理系統（people processing systems），其目的是改變人的行爲，有時稱爲人的變遷系統（people changing systems）。交換指涉的是藉由前述的影響而獲得某些系統目標。轉型則是指資源與系統發生交換關係而改變，所產生的系統產物，就人的處理系統而言，稱爲成果（outcomes），也就是改變後的狀態。

有些機構喜歡用產出來替代成果，是因爲團體成員經歷了一段時間的聚會，參與諸多團體事務，因此，產出些什麼，這是就系統而言的結果，是可測量的，而較不是在描述一種成果。例如：團體爲改變成員翹課的行爲，經歷8次的會期，當然會得到一些產出的數據。但是，這些產出的數據不一定能反映成員確實增進上課的意願。

三、生態系統觀點

系統本身是鑲嵌在另一個大體系的生態裡。亦即，團體也是另一個較大體系的一個次體系。而任何團體皆有五個重要的構成要素，簡稱5C's：團體特性（group characteristics）、團體知能（group competencies）、團體條件（group conditions）、團體變遷（group change），以及團體脈絡（group context），是團體領導者帶領團體時所必須關注的，以下分別說明之（Tropman, 2004）：

(一) 團體特性

指團體組成的特性，如性別、種族、年齡等，有時也包括團體的氣氛。某些團體屬任務取向，如社區抗爭團體；某些則是過程取向，如病友自助團體；某些團體必須與外團體接觸頻繁，如老人福利倡議團體；某些則不太需要與外團體接觸，如少女成長團體、戒毒團體、懷舊團體。團體領導者可以藉由調整、改變或處理團體組成的相關議題來影響團體。

(二) 團體知能

團體知能是指團體處理某些議題、問題、任務的知識與技巧。並非所有團體均擁有相同的技巧，例如：少奶奶病友支持團體專長處理乳癌的議題，老人懷舊團體擅長處理失智症老人的記憶議題，社區抗爭團體最有能耐處理衝突議題等等。團體領導者必須教導成員該團體所專長，而成員所缺乏的知能，是這個團體的成員，就必須具備該團體的知能。

(三) 團體條件

團體條件是指團體的結構、文化與價值，結構是指團體組成之道，包括正式、非正式的結構。正式結構是指團體的行政、任務指派、選舉、罷免等，也許有些團體沒那麼正式的角色分工規定，不過也會有簡單的默契或慣例；非正式結構是指團體未規定，但卻相互接受的秩序，例如：誰是老大，誰是跟班，誰是仲裁者等的團體認可。

團體文化是指被團體成員所接受的規範與價值，例如：團體鼓勵參與還是限制參與？參與的方式，參與的順序，允許批評嗎？批評的倫理等。

團體的價值是指團體的主張、立場、偏好等，不過團體並非一定有齊一的價值，有時團體的價值是多樣的，相互尊重各自的主張，例如：對人工流產的看法、對同居的看法、對婚前性行為的態度、對金錢的態度、對家事分工的主張等。

(四) 團體變遷

團體變遷是指團體跨時的改變，亦即團體的發展。團體目標則是構成團體變遷很重要的條件，團體為了追求目標就會往目標的方向前進。追求目標的方式有可能轉化成為正式的計畫，或非正式的行動。如果是社會目標團體，產生具體結果是其目標所在，如產出一個社區環境的改變、同性婚姻的立法、宿舍開放男女同鄉的規定等，於是團體就會為達成上述具體產出而改變。從系統觀點來說，團體變遷就是過程（throughput），其介於輸入與產出之間的決策、行動等。為達成團體的目標，團體成員可能會改變團體的過程，例如：程序、溝通、互動方式、領導、決策、期程等。於是，團體的變遷就包括目標、方向、階段、期程等的改變。

(五) 團體脈絡

團體脈絡是指團體存在的環境，包括四個方面：他團體、組織脈絡、社區脈絡、社會脈絡等，如果是國際性團體還包括全球脈絡。每一個單位都是整個生態體系的一部分，而每個部分都有可能影響團體本身。

上述生態系統觀點的團體工作實務，可從六個系統層次來了解：從最小單位的個人，到團體、組織、社區、社會、世界。每個系統層次或案主系統（client system）又可從兩個要素來理解：問題或議題的來源、介入的標的，如此構成一個矩陣圖，藉此導出介入的途徑。

直接介入（direct intervention）途徑，就可從這個矩陣中來選擇，例如：個人層次的問題，可以從個人系統層次介入，也可從團體系統層次介入，當然也可從社區系統層次介入，依此類推。

成組介入（compositional intervention）也是可能的。也就是問題或議題的來源與介入的標的均可從上述六個層次來思考組成一個介入的組曲。屬於個人的問題，採個人為標的來介入；屬於團體發生的問題，採團體為標的來介入。例如：甲校的一群影歌迷少女蹺課到臺北市西門町參加歌星簽唱會，為了爭風吃醋被乙校的女王蜂少女嗆聲挑釁，隨即打電話揪來一群少年打仔助陣，賞了乙校女王蜂兩個耳光以示薄懲。之後，乙校的少女也不甘示弱，找來男友的幫派兄弟到甲校附近圍堵少女，並且將其中落單少女拖到公園剝光衣服供男生猥褻羞辱。此時，社會工作介入的方法可以是分別將當事人少女當成個別案主來介入，不論是加害者，或是受害者；也可將兩群少女視為疑似幫派，在兩校分別以團體工作介入，帶領少女社會技巧學習團體，以改變少女的人際技巧；但是，也可將議題提升至學校組織，採組織變遷的介入方式，來達到學校教學活動的改變，以吸引學生留在課堂；當然，也可將之視為社區議題，採社區層次的介入，使家長、學校、社區合力來解決少女好勇鬥狠的習性，特別是加入幫派，或群聚在廟會、公園、夜市活動的少女。

進一步，脈絡策略（contextual strategies）也是可行的。亦即，團體工作者帶領團體時，將標的系統（target system）包含組織、社區、社會，甚至世界層次。例如：在團體中討論學校管教對學生的影響，也帶入社區色情、網咖、物質使用、廟會對學生的影響，也將追星流行對學生的影響納入，甚至，網路世界對學生的影響也納入討論。亦即，將生態系統中的體系脈絡化，納入團體的變遷標的系統。

如果我們再將上述團體的5C's列聯團體的生態的六個層次，則會產生高達30個格子的相互作用組，形構出一個超體系（suprasystem）的結構，即個人影響團體特質、團體知能、團體條件、團體變遷、團體脈絡，依此類推。也就是說，生態系統觀的團體工作要將團體放在一個層次分明的系統中思考個人、團體、組織、社區、社會、世界的關係。而在團體的結構上要區辨團體特質、團體知能、團體條件、團體變遷、團體脈絡等五個要素。進而思考團體的問題來源與介入的標的層次。藉此，組成一個綿密、複雜的團體工作介入架構，以決定介入的策略。

社會團體工作的各種模型幾乎很難用單一理論來涵蓋之，每一種模型對成員、團體、工作者的角色與社會環境的變數都有不同的描繪。而生態觀點對社會團體工作而言，其強調人與人或人在群體間，以及人與其環境間的關係。生態觀點的社會團體工作簡單地說是以成員、工作者、團體與環境等四個面向來了解實施，將機械的語言，如社會工程、摩擦、抗拒、均衡與力場等，轉換為有機的語言如適應、發展、循環、交流、開放與動態體系（Bennis & Slater, 1969）。生態觀點假設人與其環境為了在其棲息地內增強其解決問題的能力與成員的成長，最小程度的整合是必要的。專業的社會團體工作者的基本任務，是在於建立一種可以自我改變的文化。

第六節　性別與團體工作

在團體成員的選擇上，性別扮演很重要的角色。某些團體的確不適合性別混合，例如：受虐婦女或子女被性侵的母親的支持團體。但是，光從成員篩選的性別考量來判斷一個團體的帶領是否屬性別敏感，還是不夠精確。其實，在混合性別團體中也可以彰顯性別敏感，端視領導者是否有女性主義的主張。

隨著女性主義（feminist）理論被引進社會工作的1980年代，以及反歧視（anti-discriminatory），或反壓迫（anti-oppressive）的社會工作模型於1990年代出現（林青璇、趙小瑜等譯，2004；林萬億，2021），女性主義團體工作也跟著發展。最早對女性議題關心的社會團體工作學者應屬瑞德與佳文（Reed & Garvin, 1983; Garvin & Reed, 1983），他們擔任《社會團體工作》（*Social Work With Groups*）期刊1983年第6期的專題主編，以性別爲基礎（gender-based）來討論團體工作，樹立了女性主義觀點進入社會團體工作的里程碑。在這一期的文章有討論到女性主義者關切以男性爲主的團體觀點如何影響到成員的反應（Kaufman & Timmers, 1983），也檢視敏感訓練團體中的性別偏見（Gambrill & Richey, 1983）、團體中的性別角色與性取向的刻板化印象（Morson & McInnis, 1983）、以女性主義團體減少對女性的壓迫（Haussmann & Halseth, 1983），以及在女性覺醒團體中的性別角色與態度（Adolph, 1983）等，這些議題已點出了對長期以來團體工作缺乏性別思考的不滿。此後，1990年代，性別差異對團體領導的影響的研究更奠定了女性主義團體工作的理論基礎。女性主義團體工作也就被主流的團體工作界所接納，成爲一種重要的觀點（Garvin & Reed, 1995）。

女性主義對團體工作的意義在於凸顯女性的低能見度（invisibility）、

個人即政治、女性的壓抑，以及女性充權（Butler & Wintram, 1991；毛瓊英譯，2001）。但是，並非所有女性主義者都持相同主張，班克斯（Banks, 1986）早已明確指出第二波女性主義思潮主要可區分為自由主義女性主義（liberal feminism）、基變女性主義（radical feminism）、馬克斯女性主義（Marxist feminism），以及社會主義女性主義（socialist feminism）。彤（Tong, 1998）則加入了黑人女性主義（black feminism），也就是黑人女性比較喜歡自稱是女人主義者（womanist）（Dominelli, 2002）。然而，這樣的分類其實是無法處理各種女性主義流派立場間的重疊，例如：黑人女性主義也可以是具有自由主義色彩的，或馬克斯主義的。英國學者妲米妮麗（Dominelli, 2002）認為，這些標示女性主義的流派其實是反應現代女性現實生活中的差異。不過，這樣的分類仍然有其實用性，女性主義團體工作也吸納不同的女性主義派別，發展出對團體實務不同的主張。

一、自由主義女性主義

自由主義女性主義的目的在於達成機會平等，接近既有的服務、權利與隱私權；而較不是為了追求新的權利與資源。這一派的女性主義團體以解決酗酒問題、家庭失功能為主。團體的使用包括戒酒匿名團體（alcoholic anonymous group）常用的十二階段方案、諮商、心理教育等，目的是幫助成員增進其自尊、自我肯定、獲得技巧，以及自我能力。

二、文化女性主義

文化女性主義（cultural feminism）是藉由展現女性文化、價值、靈性來再建構社會。文化女性主義有較寬廣的主題範圍，不過，較常使用的團體過程仍是意識覺醒、自助與支持。其目的包括政治分析、歌詠女性姊妹情誼、新宗教的創造，以及女性靈性的經驗分享。

三、基變女性主義

基變女性主義結合了個人與政治、男性優越感的消除、治療內化了的性別主義（sexism）、保護女性免於被男性施暴，以及社會重構。運用於團體時，則強調充權，亦即藉由團體過程來覺醒意識、支持、發展技巧，以及產生行動計畫。基變女性主義團體工作的目標包括治療被父權傷害了的女性尊嚴、挑戰父權的教條，以及充權女性，俾利採取社會變遷的行動。

四、女人女性主義

女人女性主義（womanist feminism）的焦點在於社會中性別與族群間的互動，其本質是行動取向的，目的是在於社會行動、社會變遷、種族意識，以及抗拒多重的壓迫。女人主義的組成者包括女同性戀者、有色人種女性，其藉由團體參與的過程達到自我充權、社區建構、族群意識覺醒，以及在有色人種的社區中，藉由社會權力結構達到強力的族群性別認知。

五、後現代女性主義

後現代女性主義在中上階層女性、女同性戀者中較流行。其重心在於分析社會世界對女性的影響，檢視社會轉型中的權力與知識。後現代女性主義團體被使用在書寫治療（bibliotherapy）、教育與支持團體，其目的是建立網絡、社區支持體系，以及改變人們對女性主義的想法與說法。

以上不管哪一種女性主義團體，基本上的共通點是支持、意識覺醒、充權，以及將議題從個人移向政治關懷。女性團體的社會工作者要能敏銳地區辨不同的女性主義理論，也要了解女性主義的普同性（Saulnier, 2000）。充權的女性主義團體工作模型在英國被稱爲自我引導團體（self-directed group）（Mullender & Ward, 1991），基於承認個人的技巧與能力，聆聽沉默的聲音，與服務使用者一起分享、反思與工作，而較不是依賴優越的專業知識。也就是不只是依賴由上而下的權力灌輸，而是同時藉由由下而上的權力養成，例如：動員、採取行動等。

女性團體，特別是弱勢女性團體，在政治、經濟、社會、文化上是較無力、缺乏自信、壓抑的，必須靠大量的活動來解除束縛，例如：身體動作、角色扮演、放鬆、自我肯定訓練、幻想與想像力、藝術工作、口語討論、紙筆遊戲、戶外活動等，讓女性內在世界經驗與外在世界接軌（Butler & Wintram, 1991；毛瓊英譯，2001）。

在從事女性主義團體工作時，必須理解各國的文化經驗不同，很難聲稱任何一種女性主義可以代表所有女人的聲音，即使是女人，也可能同時接受兩種以上的女性主義觀點，也有一些女性可能被排除在任何女性主義團體之外；也很難以二分法來假設女人與男人的差異。全球社會的多樣性與批判的覺醒，使得女性主義有諸多新的看見（Cohen & Mullender, 2003）。

通常，女性主義敏銳地觀照女性之所以成爲家庭暴力的受害者。但是，女性成爲兒童虐待或是家庭暴力的加害者比較少被了解。從交錯女性主義（intersectional feminism）的角度來看，女性之所以施暴，往往是多重的系統壓迫的結果，例如：在個人、系統、結構下的父權主義、種族歧視、性別歧視、階級歧視等，導致女性以暴力來回應其被壓迫的經驗（Damant et al., 2014）。

第七節　充權觀點

充權（empowerment）觀點已是社會工作界普遍接受的一種理論依據，尤其針對弱勢者的服務，如性侵害受害者、家庭暴力受虐者、少數族群、窮人、被社會排除者等（Gutiérrez, 1990）。在臺灣，充權有被譯爲賦權、增權、增能，或培力，都不若譯爲充權來得傳神，充權有將權力塡充到個體、團體、社區、族群、社會裡，使其充實、硬挺、飽滿、豐富、擁有、活力的感覺，關鍵在於個體、群體本身具有人權與政治權，只是被優勢者削減、限制、剝奪，因此，不須再由優勢者賦予、增添他們權力，而是把權力還給他們。充權往往是因被消權（disempowerment）後的反彈（backlash），消權是指權力被剝奪，將個體、團體、社區、族群、社會的力氣放盡，使其萎縮、退卻、乾扁、匱乏、喪失、無力的感覺。

然而，充權的作法頗為歧異，極端左派馬克斯主義者認為唯有將既有資本主義社會經濟結構徹底顛覆，否則無法眞正達到充權勞工的目的。相反地，右翼雨露均霑（trickle-down）論者則認為，只有透過富人不斷地有錢、有權，才可能將其剩餘雨露均霑地分配給窮人，使窮人也跟著被充權。亦即要先透過減稅、土地優惠、降低工資、減少社會福利支出、引進外籍廉價勞力、鬆綁、開放市場等策略，使資本家獲利增加，資本家就會繼續投資，本國勞工才有就業機會，一旦國內投資增加，勞工就業機會、國家稅收、社會福利財源均會增加，勞工家庭就不會陷入貧窮，於是充權勞工的效果就達成。這樣的說法是將弱勢的權益保障建立在先犧牲自我，成就強勢者的權益之後，才能獲得來自上游剩餘流下來的點滴雨露（Breton, 1994, 2004）。

對社會工作者來說，充權指涉的範圍包括過程與目的。過程是指意識覺醒（consciousness raising）或意識化（conscientization）。亦即，人們透過議題與方法的連結，使個人議題變成人際的、政治的、社會的、經濟的，或文化的議題；進而由於個人與政治的連結，使得在個人所處世界的權力安排產生變化。目的是經由集體行動達到所需資源的取得。充權所強調的是如果不進行社會－政治層次的變遷，就無法達成個人－人際層次的變遷，而產出充權的效果。從覺醒中達到認知與心理的改變是人們從被消權轉變到充權的必要條件，但非充分條件；倘若要達到自我掌控與改變世界，就必須藉由認知與心理的發現，進而採取行動。沒有演練權力的行動，個人優勢與能力的覺察及充權感是很難出現；沒有產生更有權力與更有掌控的思考與感覺，是很難說已具權力與自我掌控。

因此，透過團體工作，成員可以改變被壓迫的認知、行為、社會與政治結構或條件，使控制其生活、阻擾其接近資源、限制其參與社區的壓迫來源鬆解。認知結構是指迫使人們自動地對壓迫情境自責的想法，例如：被配偶施暴的婦女自覺一定是自己不夠溫柔、體貼、性感的後果。

1. 壓迫的認知結構（oppressive cognitive structure）：被壓迫者往往是將來自壓迫者的意見內化，例如：丈夫曾質疑妻子不會做家事、不會教孩子等想法被妻子內化成為自己眞的如丈夫所言的無能。同時，壓迫的認知結構也會引導當事人誤認情境是不可改變的，就算神仙也難救。據此，當事人就會失去求助的動力。社會福利機構就因此而認定這些「案主」是非自願（involuntary）、無動機（unmotivated）、抗拒（resistant）、難以接近（hard to reach）的「案主」，專業主義霸權地以為尊重案主自決，其實是使得他們二度受到壓迫。進一步，壓迫的認知結構引發當事人認為情境是如此地無助（helpless），他們是沒人要幫助的倒楣鬼。這就是大家耳熟能詳的習得無助感（learned helplessness）（Seligman,1975），「案主」相信不管他怎麼做都對現況改善毫無助益。
2. 壓迫的行為結構（oppressive behavioral structure）：壓迫的認知結構產生壓迫的行為結構（oppressive behavioral structure），「案主」貶抑自己的能力，不認為他有任何優勢、技巧、能力，而輕易放棄改變環境的機會。
3. 壓迫的社會結構（oppressive social structure）：指被社會廣泛認可的具壓迫性的制度、組織結構安排，鑲嵌到政策與行政程序內，使得某些人們被排除在決策參與之外，造成對其生活的影響，以及阻礙其接近最起碼的生活所需的資源。種族歧視、性別歧視、年齡歧視、階級歧視、殖民主義等，都可能影響公共政策的制訂、社會資源的分配，進而造成某些人群長期處在資源短缺、生活水準低下的困境。例如：具有父權思想的公共政策決策者，會將性別歧視不自覺地帶進社會救助、社會保險、福利服務、醫療保健、就業政策等的制訂過程中，導致女性接近社會保險的機會少，依賴社會救助的機會多，而被汙名化為社會福利的依賴者。即使是社會工作者也可能犯了種族主義、性別主義、階級主義的偏見而不自覺，強化了壓迫的社會結構的僵固性。
4. 壓迫的政治結構（oppressive political structure）：指正式的民主政治

安排，排除了某些人參與政治的機會，例如：擁有投票權、被選舉權等，其中最常見的是參政權形式上的機會公平。但是，參選所需的經費，例如：保證金、競選經費動則數以百萬、千萬、億元計，形同讓經濟能力較差的公民實質上被排除在參政權之外。如此一來，富二代所制訂的公共政策當然不會優先考慮弱勢者的需求；或者，由於弱勢者不熟悉選舉的運作，包括複數圈選、交換票、多階段投票等制度設計，對缺乏公共事務參與機會的參選人相對不利。

改變壓迫的認知結構、行為，必須靠意識覺醒，充權的團體工作藉由連結個人、人際、團體、社經脈絡，可以激發成員的意識覺醒、減低成員的負向自我評價、提供團體安全的支持網絡，穩定成員的認知、行為改變。

壓迫的社會、政治結構的改變，有賴於集體動員，團體成為社區動員、社會運動的發動機，藉由團體工作來達成意識覺醒、目標設定、議題設定、行動設計、社區協力、組織動員、資源募集、充權成員的機制。

據此，充權觀點的團體工作的介入技術，首重集體參與規劃，其次是意識覺醒，接著是集體行動，最後則是將團體工作嵌入社區中。常見的充權取向的團體（empowerment-oriented group）包括女性解放運動、受虐者自助、社區營造、社區睦鄰、多元文化運動、教育改革、同志權力運動、窮人運動、解放神學、優勢觀點、鄰里互助、環境保護等。充權觀點的團體工作的主要議題涉及權力、性別、族群、互助、組織、社會正義、多元文化、社會變遷、資源分配等。

第八節　敘事論與建構論

敘事論與建構論聚焦在團體成員如何經由生命故事與主觀的經驗，創造與維持其現實（Toseland & Rivas, 2021）。

一、敘事論

敘事論（narrative theory）相信人類本質就是說故事的人。說故事是一種最古老與最普遍的溝通方式。因此，個人透過敘事模式接近其生活世界，且在敘事架構下進行決策與採取行動（Fisher, 1984）。費雪（Fisher, 1984, 1987）認爲人類溝通的本質不是理性的，而是敘事的；人們進行決策不是依靠爭論，而是找到好的理由；歷史、生平、文化與性格決定了我們所謂的好理由，而不是溝通的情境；敘事理性（narrative rationality）決定於故事的前後一貫與忠誠，而不是我們知識的多寡與爭論得多好；世界就是一組我們選擇且不斷再創造的故事組合以及生活，而不是一組透過理性分析就可以解決的邏輯迷宮。

對團體工作者來說，敘事是經由語言與經驗，團體成員建構其生命故事與個人敘事。對治療團體的成員來說，敘事經常代表充滿問題的故事（problem-filled stories）（Walsh, 2010）。故事形塑了成員的生活，深深地影響他們的自我概念（self-concept）與自尊（self-esteem）。

二、建構論

建構論有兩個相近的概念。一是構成論（constructivist theories），另一是建構主義（constructionism）。構成論認爲人們經由與他人經驗與意義互動過程中創造其知識與意義。從嬰兒期開始，人們經驗到的互動與其反應或行爲模式即已出現，皮亞傑（Piaget, 1971）稱之爲知識基模體系（systems of knowledge schemata）。皮亞傑認爲個人經由順應（accommodation）與同化（assimilation）的經驗，構成其新的知識。個人將新的經驗透過被同化的過程，修正既有的知識架構，構成新的知識架構。順應則是個人再編製（reframing）其既有的心智想像（mental representation）去迎合新的外在世界經驗。社會構成論者（social constructivist）則認爲知識首先被社會脈絡所構成，進而被個人採用；社會構成論者相信個人的學習必須經由與他人及其生活所處的環境互動，據此，知識是個人、社會、文化建構的產物。

知識構成論與另一個學習理論的建構主義相近，但有些差別。建構主義受到構成論的啟發，認爲個別學習者建構其心智模式（mental model）以了解其外在世界。但是，建構主義者相信學習者自己也可以積極地設定外在世界的明確目標。建構主義融合了經驗學習與皮亞傑的知識的構成。帕波特與黑磊（Papert & Harel,1991）認爲建構主義的學習來自兩個理論的結合，更有助於學習。首先，從心理學的知識構成論得知，學習是一種知識的再建構（reconstruction），而非知識的傳遞（transmission）過程；其次，要使學習更有效，學習者必須積極地參與有意義的知識建構過程，也就是操控學習素材進入理念。建構主義相信團體成員的自我概念是鑲嵌在其社會化與生命經驗裡，從這些經驗中意義被創造出來，而這些經驗連結到其生理與氣質（Granvold, 2008）。

敘事論與建構主義都強調成員獨特的生命經驗。社會工作者一直都以「從案主是誰開始工作起」（starting where the client is），而不是依社會工作者自己的既有理性架構來硬塞在案主身上。成員透過其他成員與團體領導者的協助，經由團體互動，再編製其生命故事、建構其知識，據此獲得充權、復原力與提升優勢，以及自我能量。敘事論與建構論非常適合來自脆弱家庭（vulnerable families）、性別歧視、種族歧視、恐同症等受害者的團體。

經由以上理論基礎的引介與分析，本書並沒有特別偏愛以哪一種理論爲根據，而是以團體的結構、過程、發展作爲團體動力的核心，兼顧學者們所關注的次團體、團體衝突、溝通、凝聚力、互動、角色分化、規範、文化、團體環境、影響力、領導、壓迫、充權、覺醒、敘事、能力建構等議題，來發展團體工作的技巧與過程，其間一些重要的社會心理學、社會學、社會工作的團體理論均適時地被納入應用。

參考書目

中文部分

毛瓊英譯（2001）。女性主義團體工作（Butler & Wintram原著）。臺北：五南。

林萬億（2021）。當代社會工作：理論與方法。臺北：五南。

林青璇、趙小瑜等譯（2004）。女性主義社會工作：理論與實務。臺北：五南。

英文部分

Adolph, M. (1983). The all-women's consciousness raising group as a component for treatment of mental illness. *Social Work with Groups*, *6*(3-4): 117-131.

Bales, R. F. (1950). *Interaction process analysis: A method for the study of small groups*. Resdong, Mass: Addison-Wesley.

Balgopal, P. R., & Vassil, T. V. (1983). *Groups in social work: An ecological perspective*. New York: Macmillan Publishing, Co., Inc.

Banks, O. (1986). *Faces* of *feminism: A study* of *feminism as a social movement.* Wiley-Blackwell.

Bennis, W. G., & Slater, P. E. (1969). *The temporary society*. Harper Colophon.

Blumer, H. (1978). Society as symbolic interaction. In J. G. Manis and B. N. Meitzer, (eds.), *Symbolic interaction: A reader in social psychology*. Boston: Allyn and Bacon.

Breton, M. (1994). On the meaning of empowerment and empowerment-oriented practice. *Social Work with Group*s, *17*(3): 23-37.

Breton, M. (2004). An empowerment perspective. In Charles D. Garvin, Lorraine M. Gutiérrez, and Maeda J. Galinsky (eds.), *Handbook of social work with groups*. NY: The Guilford Press.

Butler, S., & Wintram, C. (1991). *Feminist groupwork*. London: Sage.

Cartwright, D., & Zander, A. (Eds.). (1953). *Group dynamics research and theory.* Row, Peterson.

Cohen, M., & Mullender, A. (2003). *Gender and groupwork*. London: Routledge.

Damant, D., Roy, V., Chbat, M., Bédard, A., Lebossé, C., & Ouellet, D. (2014). A mutual aid group program for women who use violence. *Social Work with Groups*,

37(3): 198-212.

Deutsch, M. (1968). Field theory in social psychology. In G. Lindsey and E. Aronson (eds.), *Handbook of social psychology* (pp. 412-487). Reading: Addison-Wesley.

Dominelli, L. (2002). *Feminist social work: Theory and practice*. Palgrave.

Douglas, T. (1979). *Group processes in social work: A theoretical synthesis*. Chichester: John Wiley & Sons.

Fisher, W. R. (1984). Narration as a human communication paradigm: The case of public moral argument. *Communication Monographs*, *52*: 347-367.

Fisher, W. R. (1987). *Human communication as a narration: Toward a philosophy of reason, value, and action*. Columbia, SC: University of South Carolina Press.

Freud, S. (1921). *Group psychology and the analysis of the ego*. Fischer Verlag.

Friedlander, W. A. (1976). *Concepts and methods of social work* (2nd ed.). Englewood Cliffs, New Jersey: Prentice-Hall, Inc.

Gambrill, E., & Richey, C. (1983). Gender issues related to group social skills training. *Social Work with Groups*, *6*(3-4): 51-66.

Garvin, C., & Reed, B. G. (1983). Gender issues in social group work: An overview. *Social Work with Groups*, *6*(3-4): 5-18.

Garvin, C., & Reed, B. G. (1995). Sources and visions for feminist group work: Reflect processes, social justice, diversity, and connection. In N. Van Den Bergh (ed.), *Feminist practice in the 21st century*. Washington, DC: NASW Press.

Germain, C. B. (1979). *Social work practice: People and environment*. New York: Columbia University Press.

Granvold, D. (2008). Constructivist theory and practice. In N. Coady and P. Lehmann (eds.), *Theoretical perspectives for direct social work practice* (pp. 401-428). NY: Springer.

Gutiérrez, L. M. (1990). Working with women of color: An empowerment perspective. *Social Work*, *35*(2): 149-153.

Hartman, A. (1979). *Finding families: An ecological approach to family assessment in adoption*. Sage.

Haussmann, M. J., & Halseth, J. H. (1983). Re-examining women's roles: A feminist group approach to decreasing depression in women. *Social Work with Groups*, *6* (3-4): 105-115.

Heap, K. (1977). *Group theory for social workers: An introduction*. Oxford: Pergamon Press.

Henry, S. (1992). *Group skills in social work: A four dimensional approach*. Itasca, Illinois: F. E. Peacock Publishers, Inc.

Homans, G. (1950). *The human group*. New York: Harcourt Brace Jovanovich.

Kaufman, J., & Timmers, R. L. (1983). Searching for the hairy man. *Social Work with Groups*, *6*(3-4): 164-175.

Knowles, M. S., & Knowles, H. (1959). *Introduction to group dynamics*. Association Press.

Konopka, G., & Friedlander, W. M. (1976). *Concepts and methods of social work*. Pearson Education, Limited.

Lewin, K. (1935). *A dynamic theory of personality*. New York: McGraw-Hill.

Lewin, K. (May 1939). Field theory and experiment in social psychology. *American Journal of Sociology*, *44*(6): 868-896.

Manis, J. G., & Meitzer, B. N. (eds.) (1978). *Symbolic interaction: A reader in social psychology*. Boston: Allyn and Bacon.

Manor, O. (2000). *Choosing a groupwork approach: An inclusive stance*. London: Jessica Kingsley Publishers.

Mead, G. H. (1934). *Mind, self, and society: From the standpoint of a social behaviorist*. Chicago: University of Chicago Press.

Meltzer, B. N. (1978). *Symbolic interaction: A reader in social psychology*. Allyn and Bacon.

Mills, T. M. (1967). T*he sociology of small group*. Englewood Cliffs, NI: Prentice-Hall, Inc.

Morson, T., & McInnis, R. (1983). Sexual identity issues in group works: Gender, social role and sexual orientation. *Social Work with Groups*, *6*(3-4): 67-77.

Mullender, A., & Ward, D. (1991). *Self-directed groupwork: Users take action for empowerment*. London: Whiting & Birch.

Park, R. E. (1936). Human ecology. *American Journal of Sociology, 42*(July): 1-15.

Papert, S., & Harel, I. (1991). *Situating constructionism*. Ablex Publishing Corporation.

Payne, M. (2022). *Modern social work theory* (5th ed.). Bloomsbury Publishing Plc.

Piaget, J. (1971). The theory of stages in cognitive development. In D. R. Green, M. P. Ford, and G. B. Flamer (eds.), *Measurement and Piaget*. McGraw-Hill.

Rappaport, A. (1977). *Human aspects of urban form: Towards a man-environment approach to urban form and design*. Urban and Regional Planning Series 15. Oxford: Pergamon Publishing.

Reed, B., & Garvin, C. (1983). *Groupwork with women/groupwork with men: An overview of gender issues in social groupwork practice*. Routledge.

Rose, A. M. (1962). *Human behavior and social processes: An interactionist approach*. Routledge.

Saulnier, C. F. (2000). Incorporating feminist theory into social work practice: Group work examples. *Social Work with Groups*, *23*(1): 5-29.

Schiller, L. Y. (2003). Women's group development from a relational model and a new look at facilitator influence on group development. In C. Marcia and A. Mullender (eds.), *Gender and groupwork*. London: Routledge.

Schwartz, W. C. (1977). Social group work: The interactionist approach. In *Encyclopedia of Social Work* (vol. 2) (pp. 1252-1263). New York: National Association of Social Workers.

Seligman, M. (1975). *Helplessness: On depression, development and death*. San Francisco: Freeman.

Shaw, M. E. (1976). *Group dynamics: The psychology of small group behavior* (2nd ed.). New York: McGraw-Hill.

Sherif, M. (1967). *Social interaction: Process and products*. Aldine.

Shibutani, T. (1955). Reference groups as perspectives. *American Journal of Sociology*, *60*(6): 562-569.

Siporin, M. (1980). Ecological system theory in social work. *Journal of Sociology and Social Welfare*, *7*(4): 507-532.

Timms, N. (1959). *Social work values: An enquiry*. Routledge.

Tong, R. (1998). *Feminist thought: A more comprehensive introduction*. Philadelphia, PA: Westview Press.

Toseland, R., Jones, L., & Gellis, Z. (2004). Group dynamics. In Charles D. Garvin, Lorraine M. Gutiérrez, and Maeda J. Galinsky (eds.), *Handbook of social work with groups*. NY: The Guilford Press.

Toseland, R. W., & Rivas, R. F. (2021). *An introduction to group work practice* (8th ed.). Boston: Allyn and Bacon.

Tropman, J. (2004). An ecological-systems perspective. In Charles D. Garvin, Lorraine M. Gutiérrez, and Maeda J. Galinsky (eds.), *Handbook of social work with groups*. NY: The Guilford Press.

Walsh, J. (2010). *Theories for directive social work practice* (2nd ed.). Belmont, CA: Wadsworth Cengage Learning.

Wilson. S. (1978). *Informal groups: An introduction*. Englewood Cliffs, NJ: Prentice-Hall, Inc.

Wrightsman, L. (1977). *Social psychology* (2nd ed.). Monterey, California: Brooks/Cole Publishing Company.

Yalom, I. (1995). *The theory and practice of group psychotherapy* (4th ed.). NY: Basic Book.

第三章 社會團體工作的實施模型

所謂理論性模型（theoretical model）依科根（Kogan, 1960）的說法是指一種架構或圖形，藉此理解與社會工作者行動相關聯的眞實世界以外的事物。帕波爾與樓斯門（Papell & Rothman, 1966）認爲模型是爲了解決存在於現實的問題的一種概念化設計；又說，模型指出在一個既定範圍之內爲解決問題的相關因素。如果一個相關的假設從模型中被建立，且廣泛地運用到解決類似的問題身上，則高層次的原則與理論就可建立。所以，實施模型是建構社會工作基本原則與實施理論（practice theory）的中介。邱吉爾（Churchill, 1974）也指出「藉著實施理論的界定，以引導實施者的行爲。」可見，理論性模型的建構在於達成下列功能：

1. 引導未來的實施。
2. 教學的架構。
3. 作爲分析現象的工具。
4. 藉以建構更高層次的理論。

第一節　團體工作實施模型的建構

社會工作所包含的模型主要來自兩類基礎，一類是由實地工作資料中累積，然後就這些資料系統化地建構出來的一般模式；另一類是由理論概念著手，再藉著線性邏輯推演出一個可供運作的基本形式。

米爾斯（Mills, 1967）在其《小團體社會學》（*Sociology of Small Group*）一書中，將小團體區分爲兩大類型：

第一類是「結構功能模型」（structural-functional model）。這個模型受帕深思（T. Parsons）、貝爾斯（R. F. Bales）與席爾斯（E. A. Shills）等人的影響。它假設只有在團體爲了目標而成長，團體成員才能得到滿足。也就是團體必須滿足成員的需求，它也必須吸引與維持成員的旨趣，且必須實現或達成對成員所需求的承諾。亦即，這是團體的目標模式。

第二類是「管控成長模型」（cybernetic growth model），這主要來自道奇（M. Deutsch）的概念。米爾斯認爲這類團體的成長依賴回饋，他肯定團體中存在有一種媒介（agents），用以觀察與評估情境，而依所觀察的結果來行動；所以，團體不只是生存，而且能自我管制，改變方向，決定自己的歷史；它們是能累積與擴展的（Katz & Longden, 1983: 37-52）。換句話說，這是團體的成長模式。

卓普（Tropp, 1965）則指出團體在於完成共同目標（common goals）與個別目標（individual goals）。因此，以任務與成長來區分團體並不妥當。事實上，許多已存在的團體均同時兼顧兩者。然而，若以共同與個別來分類也是欠妥當的（Levinson, 1973: 66-73）。

黎文生（Levinson, 1973）因此而設計出以下表格來作爲對團體的了解：

表3-1　小團體的2×2類型

目標類型	任務焦點	成長焦點
個人目標	班級、遊戲團體	治療團體、教育團體、休閒團體、諮商團體
共同目標	工作團體、互助團體	訓練團體

至此，我們發現從小團體的研究中，團體模型的類化具有某種程度的清晰。而這些團體類型的區分也被納入建構團體工作模型的一環。

在團體工作發展過程中，對模型的分析首推帕波爾與樓斯門（Papell & Rothman, 1966），她們將團體工作模型區分爲三大類：(1)社會目標模型（social goals model）；(2)治療模型（remedial model）；(3)互惠模型（reciprocal model）。她們認爲這些模型的建構無疑地受到團體工作歷史發展的影響，以及由於團體功能與焦點的差異而有所不同。顯然，從社會團體工作過去的經驗中，已累積了足以區分的工作方式；再加上團體的功能被延伸到社會工作團體的功能，而相互爲用，形成了以功能爲區別的社會團體工作模型。

除了上述三大模型之外，還有一些學者持不同的看法，稍早有文特（Vinter, 1967）所界定的民主分權（democratic-decentralization）、社會化（socialization）與復健（rehabilitation）模型。1971年，史華滋

（Schwartz, 1971）另外界定出三個模型：醫療模型（medical model）、科學模型（scientific model），以及有機體系模型（model of the organic system）。美國《社會工作全書》（*Encyclopedia of Social Work*, 1977）將幾位主要團體工作的學者所專長的模型並列爲新的三大模型，包括史華滋的互惠模型（reciprocal model）、葛拉瑟與佳文（Glasser & Garvin, 1971）的治療模型（remedial model），以及卓普（Tropp, 1971）的發展途徑（the developmental approach）。而其中互惠模型又稱爲互動模型（interactionist model）；治療模型等於組織與環境途徑（the organizational and environmental approach）。如果再加上行爲途徑（behavioral approach）則合稱四大途徑（或派別）。羅伯特與諾仁（Roberts & Northen, 1976）合編的《社會團體工作理論》（*Theories of Social Work with Groups*）書中，除了包括上述《社會工作全書》上的三個模型之外，同時又納入了功能途徑（functional approach，或稱Rankian approach），以及幾個由個案工作所演化而來的模型，他們試圖建立單一系統的理論模型（single system theoretical models）以作爲多體系（multi-systems）整合實施理論的一個主要建材（building blocks）。

佳文等人（Garvin, Gutiérrez, & Galinsky, 2004）將團體工作區分爲兩大傳統：互助模式（the mutual aid model）與認知行爲模式（the cognitive-behavioral model）。前者即是史華滋的互惠模型，強調團體作爲一個互助的系統；後者是修正自行爲途徑（behavioral approach），強調團體成員目的的達成。

本書除了將以帕波爾與樓斯門所述三大模型爲分析範圍外，更將廣納其他各種途徑，並加以比較以供讀者參考。

第二節　團體工作的三大模型

帕波爾與樓斯門認爲社會團體工作模型受到團體工作歷史經驗的影響，而其所以將過去所既存的社會團體工作經驗區分爲三，是因爲這些歷史遺業中顯著地有功能與焦點的差異。雖然如此，三個模型的主要功能均涵蓋以下三點：

1. 儲備與預防。
2. 復原與復健。
3. 企圖包含與調和前兩項歷史的主流。

為了擷取三個模型的特性，兩位提出以下三個層次的問題：

1. 模型如何界定團體工作的功能。關於這一項又包含下列四小點：
   (1) 誰是被服務的對象。
   (2) 這些模型如何來看待團體。
   (3) 專業的角色形象。
   (4) 機構採用團體工作服務的本質。
2. 這些模型建立的理論基礎是什麼。
3. 產生了什麼樣的實施原則。

以下我們就順著這個脈絡來分析這三個主要的社會團體工作模型。

一、社會目標模型

在討論這個模型之前，必須先申明這個模型並非單獨形成，也就是說它並不具有系統性的元素組成。這個模型實在是立基於早期社會團體工作的傳統，它企圖去處理小團體中的社會秩序（social order）與社會價值（social value）取向。在過去的歷史中，青年服務組織、睦鄰與猶太人的社區中心（Settlements and Jewish Community Centers）均發展與形成類似的團體工作服務。而早期學者如柯義爾（Grace Coyle）、凱瑟（Clara Kaiser）、菲利普斯（Helen Phillips）、克那普卡（Gisela Konopka）、柯亨（Nathan Cohen）、威爾森（Gertrude Wilson）、克萊恩（Alan Klein）、卓普（Emanuel Tropp）、米德門（Ruth Middleman）等人所提供的概念，組成了這個模型。應該可以這麼說，在此之前沒有任何一位學者曾完整地描述這個模型的眞諦，但卻有不少人提供了一部分的貢獻。

(一) 團體工作的功能

雖然，這個模型是過去所累積出來的，然而，在現代社會中已再度被肯定，它緊扣住社會的現實。二次大戰之後，這個模型已被廣泛地運用到世界和平與經濟機會的奮鬥與整合。

社會目標模型的中心概念是「社會意識」（social consciousness）與「社會責任」（social responsibility），社會團體工作的功能是在增加人民更廣泛的知識與技巧。有如金斯伯格與勾德伯格（Ginsberg & Coldberg, 1961）所說的：「協助界定行動的可選擇性，藉以助益形成政治與社會行動，這就是我們的角色與功能。」

(二) 對成員的看法

這個模型假設社會行動與個人心理健康是一致的，每個個人都有其潛能在社會的主流中從事某種有意義的參與形式。因此，社會目標模型視個人爲在一種共同的主張下，有機會與有求助的意識去復活他的動機與轉換自我追尋成爲社會貢獻。而社會參與實隱含著對各種疾病的治療。

(三) 對團體的看法

這個模型認爲每一個團體都是一個潛在資產，以便影響社會變遷。在一種社會行動被認爲可欲求的情況下，藉著方案的發展，有助於團體的增強。而個人的潛能來自假設「集體的團體行動代表個人的社會能力」。

(四) 工作者的角色

社會目標模型認爲團體工作者是一個「影響者」，依溫諾（Weiner, 1960）的看法，工作者是一個「在團體中進行社會意識的耕耘者」、「發展親密的人際關係」，甚至於說工作者像「政治取向的人物」；但是，他又接著說，「工作者不能有獨斷某種政治觀點的企圖，卻可以教導成員建立價值體系。」工作者立基於本身的社會職責感，鼓勵、增強「成員」的行爲模式，以合乎公民的責任，進而導向社會變遷。

社會目標模型的團體工作服務以社區層次或者視機構爲鄰里的一部分

爲主。機構設施是可接近的與彈性的，以便成爲各種團體行動的制度化表徵，依照各種社區利益而引發與促成社區行動。機構也成爲一種提供成員在社會行動中的工具性技巧的媒介，以及成爲社區變遷的制度化支持者。社會目標模型不能設定服務的優先順序，但是，卻支持在既定時效內，社區特殊需求之外的優先順序發展。而機構政策與限制不應被視爲是成員成長的障礙。機構提供服務的結構是工作者與成員學習去「驗定權威與認可的限度，示範認可是一種持續的產物，穩定地演化與敏感於比我們想像中更大的影響力。」

進一步來說，機構常伴隨增加休閒時間的價值，此價值是被用來達到共同目標的完成，而非豐富個人。

(五) 理論基礎

社會目標模型過去一直被認爲是一種意識形態而非科學，它的理論到晚近才稍具成型。新佛洛伊德學派（Neo-Freudian）中的人格論已被用來充實文化差異的重要性與凸顯個人人際關係的重要性。

基於個人與團體失功能的顯著程度表現於社會體系的失功能，新的社會學理論中，社會目標模型已吸收了機會理論（opportunity theory）、無力感（powerlessness）、文化剝奪（cultural deprivation）、代間疏離（intergenerational alienation）等重要概念。

心理治療理論如危機理論（crisis theory）與初級預防（primary prevention）也被納入這個模型中。至於經濟學、政治民主，以及杜威（John Dewey）、基派崔克（William H. Kilpatrik）、林德曼（Eduard Lindeman）等人的教育哲學，尤其是在領導、共同責任與團體的互動形式等觀念已深受影響。晚近，社會正義（social justice）的觀念也大量被引進這個模型中（Sullivan, Mitchell, Goodman, Lang, & Mesbur, 2003）。

(六) 工作原則

對於外在環境而言，社會目標模型產生很多團體與機構及社區間關係的原則，如機構政策的澄清、積極使用限度、認定機構目標、決定集體行動的優先順序、衡量行動的可選擇性等，都是本模型耳熟能詳的原則。

進一步來說，在團體中個人不必去評估與成就他人，工作者的評估是在於了解團體中的常態行爲（代表社區與次文化），它反對個人的自我印象、身分、社會技巧、對環境資源的知識，以及領導潛力被個別的評估。在團體中強調參與、共識與任務的達成。

至於其他原則如團體間的關係，亦即如何提高目標層次，使團體結合在一起；如何減少異質團體的個人恐懼；以及如何從事種族間的活動（Weiner, 1960）。然而，更重要的是自覺（self awareness）與專業訓練（professional discipline），特別是工作者的價值體系與生活型態，它最有益的提醒是主張從專家領導轉換爲草根領導。

最後，本模型最大的缺點是未能產生配合問題的適切理論設計，它不強調個人動力，在離開實施者的引導之後，就缺乏對個人需求的了解；也很難在心理診所看到這個模型的實施。社會目標模型已相當接近社區組織工作，尤其是利用草根領導來解決社區問題。不過我們必須承認，由於這個模型的主張使得團體過程的民主化原則成爲團體工作實施的註冊商標。

二、治療模型

治療模型從歷史的角度來看，它促成社會團體工作整合於社會工作專業體系內，也提供與社會個案工作連結的機會。

(一) 團體工作的功能

本模型是以治療個人作爲團體工作的功能；同時，也提供個人的復健。早期的發展是由芮德（Fritz Redl）對兒童所進行的機構式團體治療（group treatment）；之後，克那普卡（Gisela Konopka）、史浪（Marion Sloan）、費雪兒（Raymond Fisher）等人都對它有所貢獻。而集大成者應是文特（Robert Vinter）及其在密西根大學社會工作學院的同僚。文特認爲「個人的社會關係與適應能透過團體來治療，而這些問題被視爲是這一門專業提供對需求者服務的歷史任務。」（Vinter, 1967）

(二) 對成員的看法

治療模型的成員被認爲是接受「社會化與消費性的服務」（socialization and consumption services），因此，成員的形象就是受苦於某種社會適應不良或不滿足。治療模型基本上是一種臨床模型，在於協助適應不良的個人達到更可預期的社會功能（social functions）。

(三) 對團體的看法

菲塔克（Whittaker, 1970）認爲此模型是透過團體經驗來治療個人心理、社會與文化適應的問題。據此，團體就被視爲是一種治療的工具。工作者的團體目標是診斷每個個人，改變團體結構與團體過程，而最後則是以達到個人的改變爲目的。

正如布蘭（Blum, 1964）所說的：「團體發展的意義是在於團體本身，而不在於集體成長的利益，沒有所謂理想而健康的團體形象，團體健康應該是指最具有優越與滿足特殊需求的治療情境。」（引自Papell & Rothman, 1966）。他接著又說：

> 「好的團體，是指一個團體允許與照顧成員的成長，而這並不是一種先設的與固定的結構或功能……。」
> 「要去評量一個團體的結構與過程只能從它是否對成員有效果，以及有潛能提供工作者對成員的介入。」

治療團體是一種「組成的團體」（formed group），成員被工作者所診斷與決定。自然與友情並不是考慮的主要因素，除非那與治療的處方有關，或者在工作者沒有其他組成團體的基礎下。團體的組成主要的因素是要其有治療效果的潛能。

團體的過程是協助成員去協助他人，但是自助體系（self-help system）的限度被包含在診斷計畫之內。治療團體嚴格地說來，只是在集體社會的邊緣，它不強調同質性組成、非正式休閒，以及公眾活動。團體的預防效果並不被認爲是最主要的。

(四) 工作者的角色

工作者在治療團體中是扮演「變遷媒介」（change agent）而不是「使能者」（enabler）。工作者運用問題解決的途徑，強調其活動是研究（study）、診斷（diagnosis）與治療（treatment）。工作者的引導是臨床優勢的與權威的。工作者的權威表現於設計任務、角色、活動篩選，以達到自己的專業目標；其權威來自機構與專業所賦予的；權威不是被團體所形成，而是被認定。工作者的介入可以是設計來「爲案主」（for clients）或「與案主一起工作」（work with clients）。但是，這個模型並不需要給成員團體自主（group autonomy）。佘爾斯（Sirls, 1964）甚至認爲團體並不需要維持自助體系（引自Papell & Rothman, 1966）。

所以，治療模型需要建構於一個制度範圍內，機構的政策就是在於支持治療目標。治療模型很少提供對成員非正式生活方式的服務，這一點很明顯地與傳統中團體工作認爲每天生活的事務也是工作的目標不同。

(五) 理論基礎

打從早期發展即是如此，本模型需要心理學的知識來支持對個人的了解。這個模型依賴個案工作所採行的理論依據，例如：精神分析理論（psychoanalytic theory）提供工作者在團體中可能碰到抗拒（resistance）、轉移（transference）現象，以及視團體爲一個家庭的象徵等概念。

然而，心理分析理論目前很難運作到團體工作中，反倒是社會角色理論（social role theory）較單純而直接可以用來了解與處理個人在團體中的行爲。又因爲治療理論假定「團體發展能被控制與被工作者的行動所影響」，所以，它必須依賴小團體動力學的了解，這些理論協助團體工作者有機會成爲團體中的變遷媒介角色。

(六) 工作原則

治療模型主要的概念是治療目標（treatment goal），治療目標的選定主要依下列原則：

1. 特定的治療目標必須被建立以作為團體中每一個成員的目標。
2. 工作者經由每個個人治療目標的總和試圖來界定團體目標。
3. 工作者依照治療目標來協助團體發展規範系統與價值。
4. 工作者對團體會期內容的先設是立基於對個人治療目標的表達，以及發生於團體內的結構特性等知識。

很明顯地，工作者開始先要對成員進行評估（assessment），才能整合個人需求於需求滿足系統（need-satisfying system）中，進而組成團體。而工作者診斷成員的需求與形成治療目標過程中很少強調「與案主一起」工作，而較強調「為案主」工作。

這個模型的重點知識在診斷與治療，它假設這些知識是可用的，且工作者將知道如何去行動。事實上，這是不切實際的，知識不一定是可用的，知識經常是說與做分離的。這個模型並未考慮現實世界中的一切，這是一個很大的限制。機械化的特性使得這個模型缺乏人際互動中的創造性與動態性。

事實也是如此，工作者一開始就忙於團體管理與維持，以便生存於外在環境中；個別目標經常被修正，個別目標也很少能成為專業活動的停泊港。進一步來說，這個模型不太能對環境有所貢獻。文特（Vinter, 1959）曾說過：「團體工作的目標不在於協助成員去成為一位成功運作案主團體的好成員。」這個模型很難與團體治療的功能區分。

不過，在環境的限制下，這個模型已有了進一步的考慮，如下列幾點的修正：
1. 診斷方針考慮到個人在團體內的功能。
2. 團體形成的標準。
3. 臨床團隊參與的基礎。
4. 在各種治療形式共存的診斷下使用團體。

因而使得這個模型受到臨床設施廣泛地使用。1976年以降，葛拉瑟與佳文（Glasser & Garvin, 1977）加以修正，發展出「組織模型」（organizational model），更明白地指出環境的重要。此後，在佳文（Garvin, 1981/1997）的著作中更形堅實地表達由治療模型轉換出來的「組織與環境途徑」（organizational and environmental approach）。新的治療模型主張：

1. 個人透過團體而改變自己與環境、改變行爲與認知，或改變生活空間。
2. 團體目標可以用精確而可運作的術語來表達。所以，可以測出短程與長程目標達成的程度。
3. 工作者與成員有契約關係。
4. 團體被視爲是一個變遷的工具，團體的組織與過程受影響。
5. 直接對社會環境介入。
6. 工作者認定兩組問題，第一組是過渡的問題，採用消除無規範與社會化爲主；第二組是社會衝突的問題，採用社會控制與再社會化爲主。

芮德（Reid, 1991）採用臨床社會工作的概念，發展出臨床觀點的團體工作，將人在情境中的觀念引進團體工作中，使臨床社會工作更完整。羅絲（Rose, 2004）的認知行爲模式使治療模式的團體工作更符合當前的行爲科學知識體系發展。

三、互惠模型

又稱中介模型（mediating model），史華滋（William Schwartz）是它的主要推動者。史華滋以開放的態度來涵蓋更大的理論傘，以便使這個模型更適用於社會團體工作。本模型的助人過程中的焦點是個人與社會。關於這個兩面性的焦點，早年凱瑟（Kaiser, 1958）曾經提過。另外，它也強調過程、使能與訂約的品質，這又是菲利普斯（Phillips, 1957）的觀念。而後來卓普（Tropp, 1965）又試圖發展幾個層面，使這個模型有更堅實的理論基礎。

此一模型假設團體是有機的（organic），個體與社會間是系統化關係。獨立基本上是與危機或壓力的常態及緊迫性有共生關係（symbiotic），可由社會工作運用小團體以達成社會功能的滋養與計畫而獲致。

(一) 團體工作的功能

社會團體工作的功能包含了預防、儲備與復原，亦即，試圖打破可能發生於健康與病理的連續體上任何點的系統間互賴。

(二) 對成員的看法

在互惠模型裡，成員的位置猶如史華滋（Schwartz, 1962）所說的：「將自己的需求感與團體集體任務的社會需要發生關聯。」卓普（Tropp, 1965）進一步提到：「共同目標模型……分享權威……，追求共同決策。」這就是團體工作的核心。

分享權威的概念來自「除了與工作者所形成的關係之外，成員也創造了許多助人關係。」（Schwartz, 1962）。

互惠的觀點來自個人有互惠的動機與能力，行爲關係的焦點被此時此刻的團體體系所決定，個人是被社會所定義，而社會網絡是成員、團體與工作員的互動結果，對個人的診斷或對結構的描述不被認爲是在團體中行爲的顯著預測器。所以，也就不成爲工作者在評估或選擇團體成員的基石。

(三) 對團體的看法

在邏輯上，團體是這個模型的中心，團體是優勢的，可以說團體才是團體工作者心中的「案主」。互惠模型是一個互助的體系（mutual aid system），不像治療模型一般，先有預設的產出；而是認爲團體的理想狀態是互助，這種團體的體系不是依據團體中特定問題待解決，而是團體體系本身就是一個問題解決的必備情境。換句話說，互惠模型沒有治療目標，沒有政治、社會變遷的方案，互惠團體體系中的方向與問題唯有從個體的會心（encounter）來決定。因此，強調「建立關係」（engagement）在人際關係中的過程。

(四) 工作者的角色

在互惠模型裡，工作者的形象是「中介者」（mediator）或是「使能者」（enabler），工作者是「工作者與成員體系」的一部分，既被影響，也能影響他人。在社會工作的術語中，工作者既不是針對成員，也不是為了成員，而是「與成員一起工作」。工作者與成員的關係是深切地投入與情緒的承諾。工作者的自我揭露，以及使其知識、熱望有助於工作者、機構與團體間契約範圍內的效力。

互惠模型不偏好機構的預設參考，而假定任何機構都希望建立互惠的契約，機構即已接受一種互惠體系的安排。所以，機構的權威並不能強加於此一模型中。

(五) 理論基礎

互惠模型的理論基礎是「社會體系理論」與「場域理論」。在分析團體工作的方法與結構時，結構功能途徑也被使用。在史華滋的觀念中，「部分與整體」的關係較是部分對整體的關係，而不是部分本身的特性與自主性。

其次，主要的理論也包括社會心理學的人格理論。在這方面，可以看到許多奧地利心理醫師阿德勒（Alfred W. Adler）所主張的個體是一人類單獨的整體、德國社會心理學家佛洛姆（Erich S. Fromm）的八個人類基本需求，以及法裔美國精神醫學家蘇利文（Harry S. Sullivan）的直接觀察與證據為本的精神分析等人的影子，其主要的概念是「假設個人有動機與能力去追求整體性」。晚進，社會正義觀點也被納入團體成員的互助中來實踐（Sullivan, Mitchell, Goodman, Lang, & Mesbur, 2003）。

(六) 工作原則

關於工作者與團體體系的關係，史華滋主張（Papell & Rothman, 1966; Douglas, 1979）：

1. 面對成員對自我需求與社會需求的理解基礎。
2. 認知與處理這些隱藏的共同因素。

3. 提供意念、事實、價值、概念等，但不是預先導入情境中。
4. 增添團體的幻境。
5. 設定成員與工作者體系的界限。

爲了達成以上這些任務關係，有待於界定一些原則，如以上任務面對成員自我需求，以及社會需求的面向，尋找一種共同的基礎。本模型就設定出下列原則：

1. 透過對成員尋求共通性的思考，工作者協助成員增強目標。
2. 經由澄清團體成員所期待的，以及所建構同意的來澄清工作者的角色。
3. 工作者進行工作焦點的保護，以免被侵犯。

從這些原則中可以發現，工作者是誠懇的、直接的，以及避免壓制知識與效力的。同時，史華滋也表現了在於驅散「專業主義的神話」（mystique of professionalism）的用意。

互惠模型的主要貢獻是一致化的抽象、在小團體中個人與社會焦點的平衡，以及提供進一步理論發展的基礎。但是，史華滋所建構的理論漏洞多且不一致，連中程理論（middle range theory）都不能滿足。例如：顯然缺乏個人體系。史華滋不容許對人格發展的長期解釋，讓人產生一種不切實際的感覺；其次，動機朝向集體性經常是個人或社會善意的產物；再者，本模型中也沒有關於個人動力與常態期待的指針，所以，沒有辦法評估個人變遷的影響；最後，關於工作者權威的寬容與自棄，團體過程本身陶醉在一種不切實際的優越裡。這些種種或許需要「自我心理學概念」（ego psychological concepts）才可以塡補該理論的鴻溝。

雖然，團體系統理論（group system theory）也被納入，但是，史華滋並未能將團體系統的變異性納入考慮，例如：團體的同質性或異質性。

更進者，他未能將團體在時程上所發生的改變提供作爲參考架構。所以，這個模型忽略了團體工作者與小團體研究所發現的經驗。也就是團體發展過於簡化了，沒有規劃團體經驗與成效的預期成果。史華滋也未對團體方案提出澄清。即便如此，史華滋的互惠模型最大的貢獻是提供了一個「互助體系」的觀念。

從上面對三個主要社會團體工作模型的分析中，其差異辨識如下：

1. 社會目標模型強調團體過程的民主性。

2. 治療模型是臨床與個別取向的。
3. 互惠模型是中介協調與團體導向的。

藍格（Lang, 1972）用另外一種概念來比較這三個模型；認爲互惠模型是屬於過程模型（process model），而其他兩個則是目標模型（goals model）；只是前者觀照到團體目標達成的方式，後者注意的是特殊目標的達成。

卓普（Tropp, 1968）則認爲治療模型與互惠模型都應屬於治療取向的模型，其差別在於哲理背景與價值取向，而非在於技術。

第三節　其他類型的團體工作模型

帕波爾與樓斯門試圖將社會團體工作的歷史遺業歸納爲以上三個模型，但是，由於晚近社會團體工作的發展甚速，新的工作模型相繼出現，加上來自心理學的非社會工作團體的影響，社會團體工作已是百家爭鳴了。道格拉斯（Douglas, 1979）將晚近所發展出來的社會團體工作模型總計11個分別加以分析描述；此外，阿力西（Alissi, 2008）也在其書中收錄湯普京斯與給樂（Tompkins & Gallo, 1980）的目標規劃模型；此外，本書又收錄1990年代發展出來的幾個模型，一併加以討論。

一、過程模型（process model）

又稱爲發展模型（developmental model）。美國波士頓大學社會工作學院的團體工作理論委員會在伯恩斯坦（Bernstein, 1965）的領導下，首先產生了這個模型的雛形。到1970年代這個模型已相當成熟了。樓伊（Lowy, 1970）認爲除了帕波爾與樓斯門所認定的三個團體工作模型之外，波士頓社會工作學院所發展出來的應屬第四個模型。

波士頓模型（Boston model）認爲團體的運動有一個可界定的階段，每個階段有前後順序關係（sequence），最後一個階段即是團體的成熟型。在團體成熟的過程中，成員對過程付出貢獻，且朝向成長的方向。這個模型主要強調「時間、過程與團體發展階段，以及成員與發展的關係。」（Lowy, 1970）

這個模型有三個假設與五個階段。三個假設是：

1. 親密：成員置身於相同的地理空間、軀體接觸、逐漸發展親密情感。
2. 參考架構：成員在團體中的行為與認知因團體經驗而有。
3. 團體經驗變遷的特性：團體提供變遷的事實。

五個階段是由葛蘭、瓊斯與寇洛尼（Garland, Jones, & Kolodny, 1965）所提出的團體發展階段：

1. 結盟前奏（pre-affiliation）。
2. 權力與控制（power and control）。
3. 親密（intimacy）。
4. 分化（differentiation）。
5. 分離（separation）。

在第一階段裡為避免成員離散，因為他們互不熟識、缺乏親切感與共同的經驗，所以難免會焦慮，而要使成員儘量親近。

第二階段開始注意到地位安排，感覺到連結與安全、決策、權力追求與控制，成員以自己的價值體系投入團體。因此，這個階段充斥著反叛、自治、允諾，急切需要建立新的規範。

第三階段，成員個體感強化，增強自動自發的精神，團體開始有團體的功能，而非個人的集合。

第四階段，團體與外在因素有所差別，個人與團體經驗結為一體。

第五階段，團體任務達成與結束。

葛蘭等人（Garland, Jones, & Kolodny, 1965）認為不同的團體有不同的發展階段，個人也有不同的發展速度。伯恩斯坦（Bernstein, 1965/1973）指出團體工作者在過程模型中的價值是「他必須覺察到成長的潛力，和成員在滋潤、刺激與解放中滿足，這些團體經驗幾乎都是意料之外的，但是工作者能增強之。」

團體目標依照團體成長的路徑而修正，團體發展階段的進行就是社會工作者目標可能達成的基礎。從這裡我們可以發現團體發展模型的重點在於確認團體發展的規則性路徑，而團體發展就是治療、成長與任務達成的焦點。據此，菲塔克（Whittaker, 1970）認爲團體發展模型是立基於互惠、治療與社會目標模型而發展出來的。

二、克萊恩的折衷模型（Klein's eclectic position）

克萊恩（Klein, 1972）相信任何團體工作實施不可能只靠單一方法就能達成積極目標，他不接受任何教條的方法，他相信民主的信念，認爲權力是存在於團體中，工作者任由成員我行我素。他用社會行動的概念指出團體應該提供更能滿足成員需求的環境。團體過程是團體發展的工具，因此，團體過程才是變遷的媒介，而不是由團體工作者來擔任媒介。團體工作者只是團體的一分子，具有催化與使能的角色。團體工作者在團體體系中是一個安排與引導者，以達成團體成員所同意的目標。他反對工作者權威出現，但是贊成工作者運用專業的權威。

顯示，克萊恩嘗試用單一的社會團體工作模型以適用於不同的目標、問題與內涵。克萊恩的觀點含有治療模型的直接引導，而他的團體領導行爲卻又屬於社會目標模型，有時又是互惠模型。無怪乎藍格（Lang, 1972）說他是在光譜上的某個位置，是偏於較少引導的一端。

克萊恩認爲行爲是需求反應，而資源配合需求，形成二度刺激行爲。目標導向的行爲是克萊恩模型的基石，他認爲環境是工具，用來滿足成員的需求，環境爲人所有，非人爲環境而存在。

團體是一個系統，在於影響環境與成長的變遷。團體工作者是一個催化員與使能者，以激勵團體達成目標。工作者雖然很重要，但不是一個技術專家，而只是一個協商者與居間協調者。

克萊恩的哲學中有關行爲部分的了解來自帕深思（Talcott Parsons）與人本心理學家（humanistic psychologists）；團體體系的概念導源於黎文的場域理論（Lewinian field theory）；民主的概念來自政治學與哲學；至於有關人的眞實性則來自馬斯洛（Abraham Maslow）的心理學。

克萊恩強烈地關懷人性，而較不喜歡專業駕馭。帕波爾與樓斯門

（Papell & Rothman, 1980）評論道：「克萊恩的概念對社會工作者來說隱含著積極的角色；但是，克萊恩主張工作者解放自我，表現自我的判定、感受與經驗，卻不可以有優越的權力賦予。」

克萊恩假定人人都可以透過團體經驗而學習，但是他從不提供如何做到，因爲他相信每位工作者擁有相同的信念去回應不同的團體需求。

三、藍格的廣界模型（Lang's broadrange model）

藍格（Lang, 1972）認爲不同的團體秩序導引不同的團體型態，他用三個概念來描述團體秩序：他律性（allonomous）、半自律性（allo-autonomous or semi-autonomous）與自律性（autonomous）。在第一種秩序之下，工作的單位是個體，團體工作者被視爲外人，爲了達到團體總目的，團體工作者採取指導與控制的方式；第二秩序發生在團體工作者的外在影響與團體成員的自我管理，此時工作對象可能是個體也可能是團體；第三秩序發生在團體工作者納入團體時，團體成爲一個整體（group-as-whole），團體自我管理與自律。這三個階段的團體型態因秩序的演變而不同。

四、行爲模型（behavioural model）

行爲模型是以個人爲焦點的治療取向，每一成員被鼓勵投入團體並與他人接觸，工作者是專家，具有指導的能力。工作者教導成員解決問題的階段、增加氣氛、選擇團員、引導團體、協助他人，以及直接介入等。

這個模型的團體工作的八大要項是（Feldman & Wodarski, 1975）：

1. 接案（intake）：資訊獲得、定契約與安排目標，包括個人目標與團體目標。
2. 評估（assessment）：問題界定、問題行爲的明細化，以及觀察團體中的行爲。

3. 定基線（baselining）：行爲頻率的測定、目標行爲（target behavior）的確定與產生頻率的標準，以便測量改變的進度。
4. 介入計畫（planning for intervention）：資訊的獲得、可用資源的了解、設定目標與評估團體與成員的潛能。
5. 介入（intervention）：隨計畫進行修正，以及進行實驗性的了解。
6. 評鑑（evaluation）：任何時間均須有成效評鑑，以便對治療方案的效果進行評鑑。
7. 維持（maintenance）：期待中的行爲模式被建立，學習如何從團體情境中轉換到生活裡。
8. 追蹤（follow up）：肯定行爲已經轉移而建立。目標行爲是前因（antecedents），修正後的行爲是結果（consequents）。

行爲前因後果的主要團體關聯性（group contingency）是（Feldman & Wodarski, 1975）：

1. 接受率（the reception ratio）：成員爲了扮演行爲而接受增強的比例。
2. 扮演率（the enactor ratio）：成員接受增強前的扮演行爲比例。

行爲修正藉著增強作用，每一成員均可能是增強作用的來源，團體工作者、成員、團體情境與活動，都可以作爲二度增強源（secondary reinforcers）。如同行爲修正個案工作一樣，團體行爲技巧爲：(1)換贈卡（token economy）；(2)示範（modelling）；(3)行爲預演（behavioural rehearsal）；(4)系統敏感消除法（systematic desensitization）；(5)方案工具（programmed instruction）；(6)討論方案（discussion programmes）等，這些都是行爲理論的基本概念。

五、任務中心模型（task-centred model）

佳文（Garvin, 1974）認爲任務中心的個案工作（task-centred casework），可以運用到團體工作。這個模型有兩個要素：

1. 雖然它可以包含於治療模型之中，但是，它更強調目標明確化，以及增加工作壓力的程度。

2. 使用更多的團體參與，且嘗試在團體不同階段運用不同的治療途徑。所以，這個模型可以說是治療模型與行爲修正模型的折衷模型。

佳文等人（Garvin, Reid, & Epstein, 1976）認爲這個模型是在於協助個人與家庭解決生活上的問題，它的特色是：

1. 簡單而有時限。
2. 工作的契約是在處理特殊問題。
3. 團體任務與問題解決的行動基於成員的同意。
4. 研究是這個模型繼續修正的基礎。

佳文認爲這種團體所處理的問題限制在：(1)暫時社會功能失衡；(2)問題能被再平衡的力量所消減；(3)問題能在短期內改變；(4)再平衡之後，改變的動機將降低。團體工作者在事先已擁有最多的成員資料，成員的選擇最好問題相似，態度一致，這個團體通常很小且封閉，成員自願加入。

芮德與艾普斯坦（Reid & Epstein, 1972）主張這個模型的社會團體工作以解決下列問題類屬爲最有效：

1. 人際衝突。
2. 社會關係不滿意。
3. 正式組織的問題。
4. 角色履行的困擾。
5. 社會轉銜的問題。
6. 反應性情緒困擾。
7. 應變能力不足的困擾。

從上述資料看來，這種團體模型的用途也很廣，雖然，它有一些明顯的限制。但是，對於工作負荷量較大的機構，或是危機情境來臨時，倒是極爲實用。

六、團體中心模型（group centred model）

卓普（Tropp, 1971）所發展出來的理論是典型的團體中心模型，他所強調的與過程模型有些不同，他不強調發展的前後順序，重要的是在發展成員的社會能力，但是，卻又不像個人成長模型一般迫切地在乎個人自覺的發展。

佛德門與伍達斯基（Feldman & Wodarski, 1975）稱這種團體爲非治療性團體（non-treatment group），因爲這種團體強調介入最少。

卓普的基本主張有以下11點：

1. 特殊的團體經驗能有效地增強社會功能。
2. 成員有共同的關心或利益與生活情境。
3. 成員與領導者的基本目標是確保團體有效達成目標。
4. 個人在團體目標範圍內達成他們的自我目標。
5. 團體是成員共同理解的行爲與行動工具的基礎。
6. 理解團體成熟的存在須靠成員開放的同意。
7. 團體的本質是自我引導。
8. 團體領導者基本上必須是人本的。
9. 僅探求現在發生的與發生自團體內的事件的現象。
10. 團體的基本目的是達到強化自我實現與實現社會功能的潛力。
11. 特殊的知識、方法與技巧的使用，在於建立一個達成團體共同目標的社會體系。

卓普（Tropp, 1971）界定團體工作爲「成員投入共同從事集體利益或共設的團體經驗中，以協助人們促進社會功能。」因此，他認爲這種團體不適合於家庭，也不適合於成員發展目標與團體目標不同的團體。較常用於這種模型的團體是同儕團體、正式與自願或非自願參與的團體。

權力結構在本模型中很重要，成員被鼓勵成爲有知識者。卓普（Tropp, 1971）的最後目標是：

1. 增加對他人的角色責任。
2. 增加角色的自我滿足。

本模型的工作目標是在於減輕問題、支持、現實導向與自我再評價。因而，團體領導者在兩方面顯得很重要：一是在第一階段建立團體的責任連帶；二是運作一個團體如一個體系。

七、個人成長模型（personal growth model）

尚未有文獻單獨將它視爲一個團體工作模型。但是，它也有其特殊的地方，這個模型主要在於使成員發展個人的潛能。它的範圍可以從指導到團體中心的途徑，不能說它沒有方向，也不能說它沒有活動節目。每個人都有不同的發展進度，甚至在這種團體中可以產生魅力人物（charisma）。社會工作相信在這種團體中，個人以其自我知識達到最好的成長。

無疑地，各種團體都能使個人達到某種程度的成長，每個人都能在團體中建立自己的特定目標。只是，這種團體更注重個人自覺的發展罷了。

讀者不難發現此種工作模型已相當接近訓練團體（t-group）與會心團體（encounter group），或許根本就可以說部分社會團體工作採用了這些心理團體的架構。

八、成熟階段模型（maturational stage model）

這是一個眞正折衷的模型，也未曾有人特地標示它。這個模型有兩個主要方法：(1)適應於團體目的、潛能與成員的本質；(2)在團體中任何時間階段都可因元素的改變而變換途徑，所以說工作者要有很好的能力去適應團體情境（Douglas, 1979）。

九、目標形成模型（goal formulation model）

湯普京斯與給樂（Tompkins & Gallo, 1980）認爲帕波爾與樓斯門所指出的團體工作理論並未能解決個體、小團體與社會三者間的適當均衡問題，亦即是社會目標、治療與互惠模型均只強調三個元素中的任一個，而忽略了其餘兩者的影響。而藍格（Lang, 1972）的廣界模型較能觀照到三者間的每一部分，但是，藍格也忽略了三個元素間的關係。因此，他們提出一個比藍格更廣泛而綜合的模型，稱之爲「目標形成模型」（a model for goal formulation）。

這個模型試圖關聯三個元素間的關係，而每一個體系也自成一個次體系。個人、團體與社會三者間的「最適均衡」（appropriate balance）是持續在改變的。但是，社會工作者要能抓取這三個元素間的關係，且確認三個體系中的另一個體系（自成的次體系）對其他兩個體系的關係，以及體系間互動的品質，而互動的品質也決定壓力與緊張的程度。互動受到變遷連續體上優先順序的影響，目標改變是互動變遷的結果，目標可以是治療、互惠或社會目標，也可以是連結三者的（如圖3-1）。

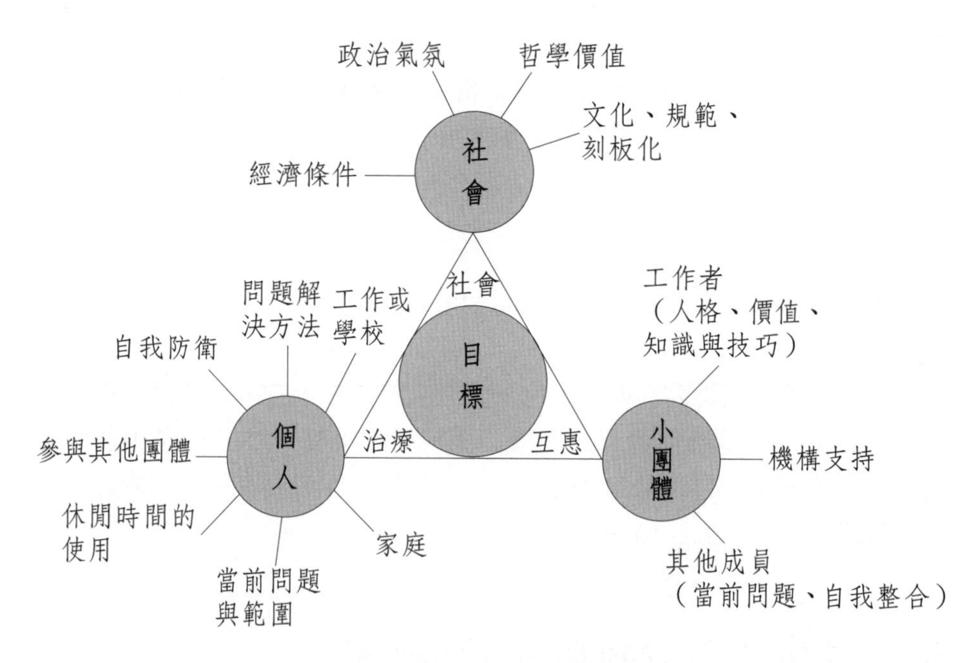

圖3-1　目標形成模型的系統間互動

進一步考慮到各體系的情況，每一個次體系都有一些元素要被考慮，湯普京斯與給樂（Tompkins & Gallo, 1980）指出在社會次體系內至少有經濟、政治、價值與文化等因素要加以考慮；而什麼是社會呢？它可以是政府、社區或社會環境。其他兩組次體系的變數考慮如圖3-1所示，不論涵蓋哪些變數，均與體系的社會功能有關。

個人在社會或團體中的風格決定於他現在與過去經驗的本質，如與家庭、工作或學校的經驗等。個人從這些過去與現在的經驗中發展自我防衛（ego defenses）與問題解決行爲，而這些行爲將被界定爲適應的或不適應的。緊張的產生是因兩個體系相互的期待不一致而來，例如：個人期待社會提供工作機會或金錢援助，但是，經濟條件無法完全吻合個人的需求時，個人就會在大社會中產生問題，如失業、精神疾病等。因失業與自尊而出現團體目標與介入焦點的出現。

而團體對其他兩種體系而言，更受到人格與成員問題的影響，如工作者的人格特質、知識、價值與技術，以及機構的贊助等影響。

工作者的任務在於評估三個體系中的和諧與否，目標的規劃依據評估結果。目標的循環可以從個人變遷到社會變遷連續體上的任一端。一旦發現三個體系間的互動產生緊張，就可以立即決定團體變遷努力的目標。例如：個人與其他個人或體系產生衝突，使個人遭受傷害，則目標應放在個人的自我增強上。有健全的個人組成團體的成員，才能影響社會變遷或社會正義的達成。如果個人與團體的改變都被視爲是重要的，那麼團體的目標既是治療也是互惠的。

由此模型的建構可以發現，團體工作者不只是一位治療者或組織者，而更是要彈性地適應各種情況，從個體的介入到社會的變遷。

十、生態觀點（ecological perspective）

巴格帕與瓦西爾（Balgopal & Vassil, 1983）的生態觀點的團體工作是立基於社會工作中的生態模式（見本書第二章）。從生態的架構來了解成員的生活與環境的關係有助於團體工作的實施，藉由團體工作可以平衡個人與其環境的關係。所以，生態觀點重視四個向度：成員、團體工作者、團體，以及環境。生態觀點提供一個管道廣泛地了解這四個向度的互相影響。生態觀點的團體工作假設個人與其環境的最起碼整合是必要的，爲的是維持與強化解決問題的能力，以及個人在其棲息所在（如家庭、學校、社團、社區、職場等）的成長。專業社會團體工作者的職責是在於建構一個團體文化，容許適當的自我改變。團體工作在於調和個人、團體、環境持續的關係。

簡言之，生態觀點的團體工作視個人、團體、工作員與機構環境四者是一個生態系統，每個人有內在、人際與社會能量去調適與變遷。團體則被用來滿足個人的情感、滋長、認可、歸屬、影響等的需求。團體是個人的棲息所，但團體的場域不屬於任何個人，而是個人組成團體。團體的界限並非自我設定，永遠受到團體與其外部環境的影響，團體與外部關係是多變的；團體的資源也是有限的，永遠少於需求；團體也提供成員、團體工作者間的交換過程。而團體工作者則在於橋接個人－團體－環境的三邊關係。在團體工作實施裡，環境指涉機構與社區，生態觀點的團體工作實務就是把個人－團體－工作者－機構與環境整合成爲一個生態體系，透過這個生態系統的交流過程而來改變個人、團體及社區。

十一、人本途徑（humanistic approach）

人本途徑的團體工作由葛拉斯門與凱茲（Glassman & Kates, 1990）所發展，其主要論點基礎是人本主義與民主。人本主義是指人與社會相互負責的價值；民主是產生權力、地位、資源的公平互動標準。人本途徑的團體工作試圖在團體環境與外部社會環境中，發展團體及其成員有效的行爲。團體的目的是設計來協助個人主動與問題的解決。

人本的團體工作具有雙重目標，一是發展民主的互惠體系，二是實現目的。前者是形塑成員合作的互動、位置、權力與資源的分配規範；後者是具體個人與團體目標的達成。前者是過程的，後者是目的的。據此，人本途徑的團體工作的階段、過程、技術也都依循此一雙重目標運作。

簡言之，人本模式的團體工作是將社會工作中的人本思想，如人是生來具有價值的、人與社會是相互有責的，以及人有基本權利獲得社會與政治支持以實現身心健康等價值，再加上西方傳統的民主精神爲依歸，強調民主與人本的過程來實現個人與集體的目標。

十二、社會行動與系統發展模式（social action and system development model）

這個模式主張個人成長、團體發展與社會行動應是互補的。社會行動是機構、專業與小團體的責任。團體工作的責任之一是發展資源與預防社會障礙（social disabilities），而系統發展則是協助團體創造資源與組織，以滿足成員的心理社會需求。也就是說這種模式的團體工作一方面滿足成員的社會暨心理需求，另一方面採取社會行動以解決社會問題。其實，這個模式是將社會目標與個人改變結合在一起，透過個人改變也可以達成社會行動，但是，反對單獨將團體視爲個人治療的工具。這個模式較常見於社區組織工作中，尤其是針對反貧窮計畫的實施。

十三、優勢爲基礎的團體工作途徑（strengths-based approach）

優勢爲基礎的途徑，在1990年代中開始流行於社會工作界（Saleebey, 1996；林萬億，2021），也被運用於社會團體工作，其基於以下六個原則（Kisthardt, 2006）：

1. 優勢爲基礎的實務始於聚焦在案主的優勢，而非問題。
2. 助人關係立基於協力。
3. 案主有責任照顧自己。
4. 社會工作者相信案主有能力學習與成長。
5. 服務應該是以社區爲基礎。
6. 自然的社區資源是基本的服務資源。

這六個原則與團體工作中的互惠團體模式與充權觀點非常投合，很適合用來進行單親家長的支持團體、住宿型機構的支持團體、學校教室的活動分組等（Lietz, 2007）。加拿大學者寇合力克與麥克萬（Coholic & MacEwan, 2022）將優勢觀點的社會工作運用於社會團體工作，其立基於女性主義、反壓迫、反種族主義的理論與觀點，強調個人即政治，也介接到加拿大獨特的政治、文化、歷史。當然，優勢爲基礎的團體工作不必然是任何國家獨特的產物，而是適用於任何民主社會。

第四節　團體工作模型的比較

社會團體工作模型的建構主要差別在於目標、過程或團體型態。不同的模型有不同的領導方式，從指導到非指導，或彈性方法。不同的領導方式，領導者的角色也就不同，領導的技巧、方法也有差異。

道格拉斯（Douglas, 1979）採用七項指標來加以分析比較，如下表3-2。唯因藍格的廣界模型範圍不定，而湯普京斯與給樂的目標形成模型亦不在其討論之列而從缺。本文作者再加上生態與人本兩個模式，以使本表更加完整。

從表中可以發現，每一個模型之間都有部分重疊現象。如果將所有模型按某些變數加以排列，如從團體爲中心，則可發展出從重個人到重團體；如從團體工作者的介入，可以找到介入最少到權威介入等，這些排列可以組成好幾道光譜。

團體工作模型的建構確實使團體工作的目標更明確，過程更形確立，技巧也較能施展。更重要的是它引導了不同對象、不同目標，與不同能力、性格、訓練背景的團體工作者，能針對成員需求與機構特性提供適切的社會團體工作服務。最後，我們也可以就模型的分析而掌握社會團體工作的具體形象，不再視其爲混淆不清的概念。

表3-2　社會團體工作模型的比較

項目＼模型	社會目標	治療	互惠	過程	克萊恩折衷	行為修正
1.目的	產生社會責任感	透過行為改變，以減除社會失調行為	產生自我支持的體系	產生個人成長的結構——發展最好的生活適應和改變無用的社會環境與結構	透過團體過程以自我實現	學習社會行為
2.一般的運作目標	增進社會化	產生個人的適應行為	產生自尊和團體的助長能力	從團體與個別成員的診斷中尋求脈絡	民主的助長	民主的協助推廣特殊的學習行為
3.領導功能	達成社會化的團體設計	指導式的介入以達成治療目標	是一個提供輔導與特殊技巧的有效資源	在團體發展中形成團體與個人的一般目標並隨時修正	使團體適應各種目的與內容，產生有效的照護體系	教導成員各問題解決階段的行為技術
4.領導角色	使能者	變遷媒介	居間協調者或資源人力	診斷師與目標設定者	媒介與催化員	專家和學習操縱器的催化員
5.領導活動	所有組織的任務	整個影響的型態	人際關係成長的主要催化作用	估計人際關係與發展階段，介入形成契約	助長同儕之間的討論	建立團體目標、選擇成員、增強凝聚力，藉著直接與間接介入產生團體規範
6.成員	參與者	社會功能喪失的個人	平等地位的個人	社會行為模式失調的個人	擁有需求、意向、動機、目標；對他人的目標、交錯、重疊、配合或反對	有同質的環境問題，具有互補的問題角色
7.理論基礎	折衷的	角色理論 行為理論 自我心理學 團體動力學	系統理論 場域理論	結合社會目標、治療和互惠模型的理論基礎再加上團體發展理論	人本心理學 場域理論 存在主義理論	行為修正理論 社會學習理論

表3-2　社會團體工作模型的比較（續）

項目＼模型	任務中心	團體中心	個人成長	成熟階段	生態	人本
1.目的	預防與復健	經由自然的發展過程達到互動	發展自我了解	在團體中發展自尊與自我引導	平衡個人及其環境	在團體環境與外部社會環境中，發展團體及其成員有效的行為
2.一般的運作目標	由成員來解決特殊的短期任務（問題）	不設定目標，而是由團體存在裡產生自己的目標	減除個人行為的盲點與隱藏部分	有關團體過程，與團體影響力的學習	調和個人、團體、環境間持續的關係	協助個人互動及問題解決
3.領導功能	區分目標問題，介入確定任務的實現，修正團體條件並激發它	成為一位自然的、任意的、接納的，和非評價的成員	鼓勵誠意與真心	揭示團體過程與提供有關團體壓力的資訊	建構一個容許自我改變的文化	以民主為過程，以目標實現為目的的團體運作
4.領導角色	變遷媒介與介入的控制者	互動的創造者與資源人力	成員、自然反應者、資源人力	催化員、教師、資源人力	橋梁、媒介	互動創造者、使能者
5.領導活動	以個人為焦點，產生契約，選擇成員在同意的時間結案	預防自然互動時的危險，在適時介入	開創團體，建立挑戰不真誠行為的基本法則	開創團體，適時撤退，成為一個成員	個人、團體、工作員、機械構成一個生態體系	形塑成員的合作主動、位置、權力與資源的分配，以及個人的自我實現
6.成員	個人接受團體的意向，每個人有相似的問題與任務且相互協調	通常是團體老手	相當世故的團體中的個體	個人存在於每個團體發展階段，但同一聯合體約略相似	每個人均有能量去調適與改變	參與者、有自我實現期待的人
7.理論基礎	任務中心的個案工作行為的修正理論	團體發展理論、羅吉斯學派的治療理論（案主中心理論）、研究法	訓練團體理論、羅吉斯學派理論、會心團體理論、實驗團體理論	人本心理學、存在主義理論、羅吉斯學派治療理論	生態理論、場域理論、符號互動論	人本主義、民主

參考書目

中文部分

林萬億（2021）。當代社會工作：理論與方法（第四版）。臺北：五南。

英文部分

Alissi, A. (ed.) (2008). *Perspectives on social group work practice*. NY: The Free Press.

Balgopal, P., & Vassil, T. (1983). *Groups in social work an ecological perspective*. London: MacMillan.

Bernstein, S. (ed.) (1965/1973). *Exploration in group work*. Boston: Charles River.

Brown, L. (1991). *Groups for growth and change*. NY: Longman.

Churchill, S. R. (1974). A comparisons of two models of social group work: The treatment model and the reciprocal model. In P. Glasser, R. C. Sari, and R. D. Vinter (eds.), *Individual change through small group* (Ch.16, pp. 266-278). NY: Free Press.

Coholic, D., & MacEwan, L. (2022). *Social group work: A strengths-based approach*. Whitby, Ontario Canada: Northrose Educational Resources.

Douglas, T. (1979). *Group processes in social work: A theoretical synthesis*. Chichester: John Wiley and Sons.

Feldman, R., & Wodarski, J. (1975). *Contemporary approach to group treatment: traditional, behavior modification and group-centered*. San Francisco: Jossey-Bass.

Phillips, H. U. (1957). *Essentials of social group work skill*. NY: Association Press.

Garland, J., Jones, H. E., & Kolodny, R. (1965). A model for stages of development in social work groups. In S. Bernstein (ed.), *Exploration in group work*. Boston: Charles River.

Garvin, C. D., Reid, W., & Epstein, L. (1976). A task-centered approach? In R. W. Roberts and H. Northen (eds.), *Theories of social work with groups* (pp. 238-367). NY: Columbia University Press.

Garvin, C. D. (1974). Task-centered group work. *Social Service Review, 48*(December): 494-507.

Garvin, C. D. (1997). *Contemporary group work*. Englewood Cliffs, New Jersey: Prentice-Hall, Inc.

Garvin, C. D., Gutiérrez, L. M., & Galinsky, M. J. (eds.) (2004). *Handbook of social work with groups*. NY: The Guilford Press.

Ginsberg, M., & Goldberg, M. (1961). *The impact of current social scene on group policy and practice*. NY: NASW.

Glasser, P., & Garvin, C. (1971). Social group work: A rehabilitation approach. In *Encyclopedia of Social Work*. New York: National Association of Social Workers, 1971; also published in P. H. Glasser, R. Sarri, & R. Vinter (eds.), *Individual change through small groups* (pp. 34-49). NY: Free Press.

Glasser, P., & Garvin, C. (1977). Group work: An organizational and environmental model. In *Encyclopedia of Social Work, 1977*: 1338-1350.

Glassman, U. & Kates, L. (1990). *Group work: A humanistic approach*. Sage.

Homans, G. (1950). *The human group*. New York: Harcourt Brace Jovanovich.

Kaiser, C. A. (1958). The social group work process. *Social Work, 3*(2): 67-75.

Katz, P., & Longden, S. (1983). The Jam Session: A study of spontaneous group process. *Social Work with Groups, 6*(1): 37-52.

Kisthardt, W. (2006). The opportunities and challenges of strengths-based, person-centered practice: Purposes, principles, and applications in a climate of systems' integration. In D. Saleebey (ed.), *The strengths perspective in social work practice* (4th ed.) (pp. 171-196). Boston, MA: Pearson/Allyn & Bacon.

Klein, A. F. (1972). *Effective group work: An introduction to principle and method*. New York: Association Press.

Kogan, L. S. (1960). Principles of measurement. In N. A. Polansky (ed.), *Social work research* (p. 90). Chicago: University of Chicago Press.

Lang, N. C. (1972). A broad-range model of practice in social work group. *Social Service Review, 56*(1): 76-89.

Levinson, H. M. (1973). Use and misuse of groups. *Social Work*, January, 66-73.

Lietz, C. A. (2007). Strengths-based group practice: Three Case studies. *Social Work with Groups, 30*(2): 73-87.

Lowy, L. (1970). Goal formulation in social work groups. In S. Bernstein (ed.), *Further exploration in group work*. Boston: Boston University School of Social Work.

Mills. T. M. (1967). *The sociology of small group*. Englewood Cliffs. New Jersey: Prentice-Hall, Inc.

Papell, C. P., & Rothman, B. (1966). Social group work models: Possession and heritage. *Journal of Education for Social Work, 2*(2): 66-77.

Papell, C., & Rothman, B. (1980). Relating the mainstream model of social work with groups to group psychotherapy and the structured group approach. *Social Work with Groups, 3*(2): 5-22.

Phillips, H. U. (1957). *Essentials of social group work skill*. NY: Association Press.

Reid, K. (1991). *Social work practice with groups: A clinical perspective*. Pacific Grove, Ca: Brooks/Cole Publishing Co.

Reid, W., & Epstein, L. (1972). *Task-Centered Casework*. NY: Columbia University Press.

Roberts, R. W., & Northen, H. (1976). *Theories of social work with groups*. NY: Columbia University Press.

Rose, S. D. (2004). Cognitive-behavioral group work. In C. D. Garvin, L. M. Gutierrez, and M. J. Galinski (eds.), *Handbook of social work in groups* (pp. 111-135). NY: Guilford Press.

Saleebey, D. (1996). The strengths perspective in social work practice: Extensions and cautions. *Social Work, 41*(3): 296-305.

Schwartz, W., & Zalba, S. R. (1971). *The practice of group work*. New York: Columbia University Press.

Schwartz, W. (1971). On the use of groups in social work practice. In Schwartz, W. and Zalba, S. R. (eds.), *The practice of group work* (pp.3-24). New York, NY: Columbia University Press.

Schwartz, W. (1962). Toward a strategy of group work practice? *Social Service Review*, September, 274.

Sullivan, N., Mitchell, L., Goodman, D., Lang, N. C., & Mesbur, E. S. (2003). *Social work with groups: Social justice through personal, community and societal change*. Routledge.

Tompkins, R. P., & Gallo, F. T. (1980). Social group work: A model for goal formulation? In Albert S. Alisi (ed.), *Perspectives on social group work practice?* NY: The Free Press.

Tropp, E. (1965). Group intent and group structure: Essential criteria for group work practice? *Journal of Jewish Communal Service, XLI*: 3, Spring.

Tropp, E. (1968). The group: In life and in social work. *Social Casework, 49*(5): 267-274.

Tropp, E. (1971). Social group work: The developmental approach? *Encyclopedia of Social Work* (vol. 2) (pp. 1246-1252). New York: National Association of Social Worker.

Vinter, R. (1959). Group work: Perspectives and prospects. In *Social work with small groups* (pp. 128-149). NY: National Association of Social Workers.

Vinter, R. (1967). *Readings in group work practice*. Ann Arbor, Mich.: Campus Publishers.

Weiner, J. (1960). Reducing racial and religious discrimination. In *Social work with groups* (pp. 62-73). NY: NASW.

Whittaker, J. (1970). Models of group development: Implications for social group work practice? *Social Service Review, 44*(3): 308-322.

第四章
團體結構

團體工作必須從三個面向來理解：個別成員、成員間的互動、團體的整體。另三個概念正好可以貫穿其間：分離（separating）、連結（connecting）、完成（completing）。也就是社會團體工作在於讓分別的個體，經由連結的行動而成爲一個有能力完成目的的團體（Manor, 2000）。因此，社會團體工作的動態行爲中，經常包含三個主要的元素：內容（contents）、結構（structure）、過程（process），也就是團體動力的三個柱石（Manor, 2000）。內容指團體爲了達成目的所出現的談話、議題、感受、治療、互助、活動等。團體內容會隨著團體目的、模型、階段、領導風格、成員特質而改變，其變異性較大，難以定型，因此本書暫不將之列爲專章討論。而團體過程則在下一章中討論。

結構是指團體組成、目標、大小、契約、方案，以及時空因素。並不是指建築、桌椅、沙發之類的物體，而是用來描述團體過程的諸多事件的分析工具。例如：我們感受到團體過程中的動力，以尋找代罪羔羊的行爲爲例，就得從團體中個別成員的行爲特質、團體的大小與工作者的角色等來分析。團體結構與團體過程都是影響與改變團體行爲或個人行爲，以及環境變遷的要素，例如：工作者改變團體的任務，就能改變團體的互動行爲模式；又例如：團體的人數增加，可以改變團體成員互動的頻率與路徑。因此，團體工作者了解團體的結構與過程同等重要。

第一節　團體生態體系的四個要素

欲了解社會團體工作的團體結構必先認識團體工作生態體系的四個要素，即個人、團體、工作者與機構設施。個人是指團體成員，團體是由若干個人組成，成員對團體而言，是一種成員身分（membership）。團體是個人的棲息所，也是個人達成個別目標的媒介。工作者是機構的員工或外聘的專家，藉由專業的能力與團體力量來達成成員個別的改變、團體的成長與環境的改變。機構是團體的支持者與限制者，其供應資源來組成團體或協助團體獲得目標的達成，同時也達成機構的目標。

一、團體成員

個人是組成團體的基本單位。法克（Falck, 1988）在其《社會工作：成員觀點》書中提及，每個人都是成員。成員具有身體（body）、人格（personality）、社會性（sociality），以及有能力完成人類經驗（human experiences）的特性。同時，每位成員都是社區的元素之一。從這個角度出發，團體工作的成員同時具有（Greif & Ephross, 2011: 4）：

1. 生理的成員：健康條件、身材、長相、性、年齡等特徵。
2. 心理的成員：擁有個人的私下經驗。
3. 社會的成員：能持續與他人互動。

夏林斯基（Shalinsky, 1969）指出團體的組成要考慮兩方面的因素，一是人口學的特性（demographic characteristic），其次是行為變數（behavior variables）。馬隆尼與馬給特（Maloney & Mudgett, 1959）認為問題的相似性才是更值得考慮的因素。不論如何，對於團體中的成員是要透過多個角度來觀察，才能眞正的理解。

(一) 年齡

年齡增加，社會關係、互動模式、社會敏感度，以及社會經驗都會相對增加，據此，每一年齡層有其適合的團體工作模式。

1. 學齡前或幼兒喜歡自我中心或孤立的遊戲，但偶而也表現少許的合作與分享活動。因此，這種年齡層的兒童很難用持續而特定的小團體來協助他們，比較適合個別或鬆散的集體遊戲。
2. 4到5歲的兒童開始會注意他人，但仍然有強烈的自我中心傾向。不過，已有分享他人、參與低層次團體遊戲與其他社會活動的意願。
3. 潛伏期的兒童明顯地有歸屬感的追求與分享他人的能力。他們喜歡進入大團體，享受取與給、領導與追隨。然而，還是不太容易接受小團體。無怪乎克萊恩（Klein, 1972）說低於8、9歲的兒童不太能發展永久、穩定的關係。
4. 青春期的男女已經享有固定的團體經驗，他們有相似的需求、奮鬥、恐懼，以及對未來角色的不確定感。因此，透過團體相處，使他們分享共同的需求與相互認同是相當可行的。

5. 到了成年期，每個人趨向於努力追求自己的公民角色、家庭成員與職位，以及參與在各種會社中，因此，社會性團體是成年人經常參與的。
6. 老年期的人口，更需要經由社會參與來減除社會角色失落的危機，因此，人際接觸與社會交往是有增無減的。

至於團體中年齡的相似性與差異性如何才是合理的？通常也考慮到年齡層的問題，以及團體的性質。例如：克萊恩（Klein, 1972）認爲兒童團體的年齡差距不要超過2歲以上，而成年人的團體成員年齡差距可以稍微放寬。哈佛德（Hartford, 1972）則認爲，如果以家庭爲單位的團體，則他們一家人從幼到老都分享家庭的互動，其年齡自不必設限；又社區組織中的團體，因其功能發揮的必要性，可容許不同年齡層的成員加入。

Alpha世代（2010年以後出生）的兒童，受到2016年推出的抖音（Tik Tok）[1]的影響，除了隨著抖音舞曲扭腰擺臀之外，由於抖音的影片長度常是幾秒，最多短短幾分鐘，兒童習慣於這種快速轉換的影片場景，一旦兒童大腦已經習慣了這種持續性的變化，就很難再適應數位世界之外那些變化沒那麼快的活動，例如：很難再忍受幾十分鐘的影片。美國《華爾街日報》於2022年做過一系列的報導指出，孩子成爲「抖音大腦」之後，產生諸多負面影響，例如：抖音上不斷變化的環境，不需要長時間保持專注，導致兒童注意力的持續時間下降、ADHD案例增多、自控能力越差、上癮程度越高（Jargon, 2022/4/15）。抖音已經某種程度改變兒童及少年的行爲模式，觀看抖音產生的樂趣與學習經驗取代了兒童及少年實體活動參與，和課堂或脈絡較完整的系統化學習的意願。顯示，要讓抖音人

---

[1] 抖音（國際版名稱爲Tik Tok）是一款由中國字節跳動公司推出的智慧型手機短影片社交應用軟體，使用者下載該App之後，可錄製15秒到1分鐘，或者至多10分鐘以內的短片或轉貼照片、影片上傳。推出初期是以中國年輕人的音樂短片爲主訴求市場，2017年起切入直播、電商平台業務。2023年7月也提供純文字發布的社群媒體功能，以利與其他社群媒體競爭。因內容有讓兒童暴露於色情、霸淩、不道德、不雅、資訊安全等疑慮，被印度、巴基斯坦、美國等國家禁止或限制流通。

（Tik Toker），或受到電子遊戲影響的e-kids、e-girls、e-boys等兒童及少年專注地參與一、二個小時的團體會期，不是一件容易的事，嚴峻地挑戰團體領導者的能耐。團體領導者一方面要配合團體目標，訓練這些兒童及少年的專注力；另方面又要創意地設計足以吸引這些兒童及少年的團體活動，否則，團體一定快速瓦解。

(二) 性別

團體的性別組成是指團體成員性別關係的比例。通常區分為兩大類：

1. 單一性別團體（uniform group）：由男性、女性或同性（志）單獨組成的團體。
2. 混合性別團體（mixed group）：由不同性別的成員組成的團體。這一類型的團體又可分為下列三種（Martin & Schanahan, 1983: 19-32）：
   (1) 性別懸殊團體（skewed group）：指某一種性別比例偏低，大致上是15%對85%。
   (2) 性別傾斜團體（tilted group）：指團體的性別比例不是均衡，但也不是非常懸殊，如25%比75%。
   (3) 性別均衡團體（balanced group）：男女性別比例相近，但並非絕對相等，而是相差不多即可，如40%到60%。

一個性別單一的成員面對多數異性的其他成員來說，經常落入「唱獨腳戲」（solo）（Wolman & Frank, 1975）或者成為「代幣」（token）（Kanter, 1977）。尤其在權力、資源、地位不均的團體中，此種情形更明顯。

性（sex）包含了幾個不同向度的概念。如果我們單指生物性徵與染色體或性徵因素如性器官、第二性徵的鬍鬚、乳房、性器官等，這種性的概念，我們通常都說是「性」（sex）。「性別認同」（gender identity）則是指內在的、主觀的認定自己是男人或女人。而性別角色（gender or social sex role）是一種期待、行為、性格、規範與角色組的界定，通常都是由文化、家庭所形塑的。至於性對象或性取向（sexual object choice or sex orientation）是指供做性交對象的性別（Garvin & Reed, 1983:

5-17）。因此，在團體中的性別因素考慮就不能單指生物體的性徵，而是社會性徵或性取向也都應納入考慮，如同性戀者所組成的團體，或性別倒置者所形成的團體，就不單是生物因素了。

不論生物因素或文化因素，男性通常被刻板化地認爲具攻擊性、專斷、控制與任務取向；而女性則被視爲被動、柔順、情感取向。所以在進行團體的過程中，男性爲主的團體會容許激烈的討論、嚴肅的話題；而女性爲主的團體其風格會較傾向於典雅、溫和與細膩。另外，治療性團體經常以單性別團體較有利；而任務性團體或成長團體則以混合性別團體較有助於目標的達成。但是，某些特殊年齡層或特定目標的團體宜單一性別，如少女的身心發展團體、婦女權力運動團體。總而言之，對於兒童與青少年而言，性別是很重要的因素，但對於成年人的團體，性別並非很主要的因素（Klein, 1972; Hartford, 1972）。

(三) 問題的性質

馬隆尼與馬給特（Maloney & Mudgett, 1959）認爲一個團體組成的標準有：問題的同質性、內在控制的程度、外在控制的順服性、社會年齡，以及社會經濟背景。文特（Vinter, 1967）也指出利益的相似、有適當地參與活動與結構的潛在吸引力，以及與他人建立關係的能力是團體成員選擇的標準。陸欽士（Luchins, 1964）在其所著《團體治療指引》一書中也主張診斷、症狀、自我防衛、問題本質、年齡、性別、社經背景、教育，以及旨趣，都是組成團體的成員標準。哈佛德（Hartford, 1972）認爲一般說來，團體成員的問題最好是同質性（homogeneity）。但是，同質性的標準如何呢？芮德（Redl, 1951）提出「樂觀距離法則」（the law of optimum distance），就是先找到二到三個相同問題的成員，再去徵求可容忍範圍內的成員。此外，團體目標的異同也決定是否採行團體問題的同質性。例如：治療性團體最好是問題同質性；教育性團體則要求資訊多元化；任務性團體則以技巧、能力、知識、經驗越多元越理想（Henry, 1992）。

(四) 成員行為特質

克那普卡與弗蕾蘭德（Konopka & Friedlander, 1976）認爲團體中的成員行爲受到四個方面的影響：

1. 早期童年的生活經驗。
2. 潛意識動機與意識的、理性的行動力。
3. 對不同人格發展的感受程度。
4. 個人改變其團體歸屬所做的角色行爲之改變。

這四個方面影響所產生的個體行爲在團體中的表現，被視爲是個體動力（individual dynamic）。

緬恩（Mann, 1959）提及在團體中的個人人格特質應考慮五個特性：(1)人際取向；(2)社會敏感度；(3)優越傾向；(4)可信賴性；(5)情緒穩定程度。

團體成員行爲特質的考量，將有助於團體目標的擬定與團體結構的分析；對社會工作者來說，某些行爲特質殊異的成員，也可適當地採行介入策略。團體中行爲特質殊異的成員可能被團體視爲是「偏差行爲」（deviance），這些被視爲偏差者會因不與他人溝通而孤立於團體之外，或被團體當成「代罪羔羊」（scapegoat）而產生「負向感受」（negative feelings）。所以，團體工作者對於這些異質性團體應：(1)避免突出某些個人的利益或興趣；(2)遇到有特殊偏差人物時，可引進另一個特質相似的新成員，以增進其溝通機會（Garvin, 1997）。

此外，葉龍（Yalom, 1975）以其臨床經驗指出，下列幾種症狀的病人不適合進入門診密集團體治療（outpatient intensive group therapy）：(1)腦傷（brain damaged）；(2)妄想症（paranoid）；(3)極端自憐（extremely narcissistic）；(4)慮病症（hypochondriacal）；(5)自殺（suicidal）；(6)藥癮、酒癮（addicted to drugs or alcohol）；(7)急性精神病（acutely psychotic）與(8)反社會疾患（sociopathic）。但是，團體工作者卻發現以團體工作的方法來協助以上症狀的病人，比使用傳統的心理治療來得有效（Garvin, 1997）。

葉龍（Yalom, 1975）又認爲有一些成員極易被團體所淘汰：

1. 外在因素：如會期衝突、地點不適中等。
2. 團體中的偏差者：如某些成員的行爲與態度爲其他成員所抗拒。
3. 親密性問題：如過早自我揭露、撤退型行爲、過於恐懼自我揭露，以及非現實性親近需求者。
4. 恐懼情緒感染：對成員的任何問題均不願觸及者。

團體成員的選擇除了考慮以上幾個因素之外，有時爲了特定目標也會加上其他的一些因素，如社經地位、種族、宗教，以及教育背景等。

二、團體

團體是一種個人的組合（collection of individuals），但是，並非任何個人組合都稱得上團體。蕭（Shaw, 1976）將一般學者專家界定團體時所注意的特性舉出六項：(1)團體成員的了解與認識；(2)動機與需求的滿意；(3)團體目標；(4)團體組織；(5)團體成員的互賴；(6)互動。據此，他認爲「團體是二個或二個以上的人組成，經由互動而產生交互影響。」而一般所謂的小團體（small group）則特別指二人以上二十人以下的團體。

社會工作對團體的界定更重視實施的運作，哈佛德（Hartford, 1972）認爲「至少二人以上，爲了共同目的或相近的旨趣所組成，經過一次或多次的會面，成員之間產生認識、情感與社會交流，爲了實現目的而出現一系列規範，發展集體目標，形成凝聚力。」這個定義涵蓋團體的大小、地點、會面頻率、目標和互動。

另外史華滋（Schwartz, 1961）認爲社會工作的團體有三個特性：
1. 團體是互助的，成員需要有某種程度的忠誠，以便爲共同的問題工作。
2 團體是一個關係體系，由於團體成員價值、目標與背景不同，透過互動而表現出特有的組織型態。
3. 團體是個有機體，互賴、互動，而且不斷地變遷。

團體的類型，可以有許多種分類方法，一般社會學與社會心理學的研究，經常從人數、性別、年齡、種族、意志、功能、關係、態度等特性來加以區分。團體在社會工作上的運用，有其獨特的區分方式，茲臚列於後：

(一) 依成員關係來分

1. 初級團體（primary group）：又譯為基本團體，這種團體小到容許成員面對面（face to face）接觸，而且接觸的時間長到足以建立恆久關係，這種關係使成員交互認同與影響。
2. 次級團體（secondary group）：這種團體提供或多或少的親近關係，但成員間不一定必須見面或認識，主要是因為共同利益或旨趣的結合。

這是社會學家顧里（Cooley, 1909）所採用的概念，前者通常指家庭或同儕團體（peer group）；後者可以用來指涉社團或各種會社。社會工作用不同的方法實施於這兩類團體。初級團體採用團體工作；後者則採用社區工作或社會行政來處理。

(二) 依團體的取向來分

1. 心理團體（psych group）：這種團體較非正式（informal）與同質性（homogeneous），成員加入團體在於獲得情緒的滿足和發展適應的人際關係。
2. 社會團體（socio group）：這種團體較正式（formal）與異質性（heterogeneous），加入團體為了追求明確的目標。

這個概念是曾寧斯（Jennings, 1950）所提出，前者重在情感的分享；後者重在工作的效果。其實，許多團體均兼具兩者，通常以何者占優勢來決定。也有以個人導向團體和任務導向團體來區分團體任務的不同；也有以成長導向團體來相對於任務導向團體。但是克那普卡（Konopka, 1972）認為以社會行動團體（social action group）來取代任務導向團體較為妥當，因為她相信任何團體都有任務需要達成，成長與社會行動都是團體的任務。

(三) 依團體的組成來分

1. 強制團體（compulsory group）：又稱聚合團體（convened group）、非自治團體（not self-governing group）、非自決團體（not self-determining group）或外力影響團體（influenced by outside forces

group），這種團體不考慮成員的期待，其依賴性與攻擊性均強，憤怒、不合作、沉默且易於怠工，如學校班級、軍隊的行伍、酒癮、藥癮、精神科診所的案主等團體即是。

2. 組成團體（formed group）：又分機構組成團體（agency-formed group）和工作者發起的團體（worker-initiated group）。成員有選擇性的加入，如會議、委員會、工作團隊；又如精神科病患的家屬組成的團體「討論共同問題和尋求解決，以及幫助大家澄清思慮與感受」。這種團體以問題為中心，所以較積極，但難免也會有抗拒、撤退的傾向，也較會形成對工作者和機構的排斥。
3. 自然團體（natural group）：沒有壓力，不靠外力糾合，已形成規範體系和目標；如街頭玩伴，只知道大家混在一起玩，但誰也不知道誰促成了它。所以，也可叫它自律團體（autonomous group）、自我形成團體（self-formed group）或成員自組團體（member-formed group）。

通常一個團體會有重複情況，如一個街角幫派（street-corner gang）本是自然團體，但若社會工作者去協助他們，則又成了組成團體。

(四) 依成員進出的自由程度來分

1. 封閉性團體（closed group）：團體成員進入或退出與增加或減少之自由程度較低，尤其對新進成員，要受到舊成員嚴格的審查，所以團體變動較小。
2. 開放性團體（open-ended group/open-entry group）：團體成員出入團體較自由，團體變動情形嚴重。

團體雖然不易截然劃分其類型，但無論如何，它對社會工作是有實質的意義（Hartford, 1972; Heap, 1977；林萬億，1980）。實務上，開放性團體的組成有其必要，例如：社區團體、自助團體、互助團體、社群媒體討論團體等。開放性團體是一種特別形式的團體，有著與封閉性團體不一樣的動力與領導能力的需求。讓團體領導者憂心的是它的凝聚力與團體發展被進進出出的成員攪亂。因此，各式各樣的開放性團體必須有不同的機制設計來管理因成員進出自由的影響。只是以封閉性團體的帶領知識與技巧來帶領開放性團體的組成、安排是不夠的。開放性團體帶領技巧強調定義團體目標、規範、進展的重複儀式（Galinsky & Schopler, 1987; Wilder, Staniforth, & Fenaughty, 2018）。亦即，團體領導者必須不厭其煩地因應新成員加入、舊成員離開造成的團體動力、團體凝聚力及溝通模式的改變、處理新成員加入可能的團體衝突、重申團體規範、掌握團體目標不致脫軌、對團體發展階段的精準判斷等。

(五) 依團體的目的來分

1. 休閒團體：團體活動純粹爲了享受休閒愉悅，經常不須有固定領導人。通常由機構提供場地與設備或節目，讓成員自行運用。在社區活動中心與俱樂部中採行較多。
2. 休閒技藝團體：不只是爲享有休閒活動而來，還包括透過團體習得遊戲的技巧，如橋牌、桌遊、球類運動、冰刀、直排輪、舞蹈、花藝、美食等，這是一種較定期，且考慮成員的文化、興趣、教育、時間等因素。
3. 教育團體：爲了學習更複雜的技能，如成人教育、領導才能等，團體要有長期的計畫、領導幹部、財力支援等條件。
4. 自助團體：透過社會工作者的推動而組成，且靠內團體的力量而維持，以達成團體自身的自標，如戒酒匿名團體（alcoholics anonymous）、家長會、病人家屬團體、寄養家長團體等。
5. 社會化團體：爲了達成行爲變遷與社會學習所組成的團體，如青年四健會、兒童同儕團體、青年社團等。社會工作者提供安全的環境、領導成員做有目的的討論，以及開發資源滿足社會化的需求。
6. 治療團體：犯罪、酗酒、藥癮、心理疾病等團體，需要專家的指導與執行治療過程。在治療性團體中需要有較深度的領導技巧，以及專門的治療技巧。
7. 病人自治團體：在精神醫院，或採用治療性社區（therapeutic community）的方式來治療病人，經常讓病人組成自治團體，來解決一些自身共同的問題，這種團體大多由社會工作者從旁協助，並作爲機構、社區與病人間的橋梁（Brieland, Costin, & Atherton, 1980）。

8. 任務取向團體：團體被設計來達成某些任務，如社會運動、成立社團、消滅貧窮、取締不法、打擊敵人等（Wayne & Cohen, 2001）。

三、團體工作者

社會團體工作中的團體工作者（group worker）通常是由社會工作者來擔任。工作者在社會工作的團體中，其角色與地位不同於成員。雖然，在不同的團體發展階段與不同的團體工作模型裡，工作者的角色與地位會有所改變。但是，基本上，工作者還是不同於成員，其理由如下（Henry, 1992）：

1. 工作者與成員的責任不同。工作者有設計機構任務、進行專業判斷與活動，以及聚集、組合、服務的責任；成員卻沒有被指定去履行這些職責。
2. 工作者可以選擇成員，而成員卻沒有資格選擇工作者。
3. 工作者的功能不在於因團體而獲得成長、改變或達成專業目標，但可以分享這些附帶成果，而成員卻是完全可由團體獲益。因此，工作者的行爲屬於專業行爲，而成員的行爲是一般人類行爲。

角色是指一組特定的行爲模式。成員的行爲是在於尋覓協助、解決問題與自我爲焦點的行爲類型；而工作者的行爲較屬於提供協助、促成問題解決與他人爲焦點的行爲模式。

工作者在團體中的角色，因不同團體工作模型與不同的團體發展階段而有異，藍格（Lang, 1972）認爲：

1. 團體有不同的型態與秩序存在。
2. 由於特定的需求、能量，以及成員的特性不同，團體有不同的差異。
3. 工作者應該引導自己與朝向以團體爲實體的行爲。

因此，藍格相信工作者的角色應從「初級的」（primary）到「可變的」（variable），再變爲「催化的」（facilitative）。這是工作者的功能與介入行爲不同而有的演變。而工作者的位置應從「中心的」（central）到「軸承的」（pivotal），再到「邊陲的」（peripheral）。如果再考量享利（Henry, 1992）所主張的團體工作過程與團體工作契約，則社會工作者在團體工作過程中角色與地位的演變可以組成一個矩陣圖如圖4-1。

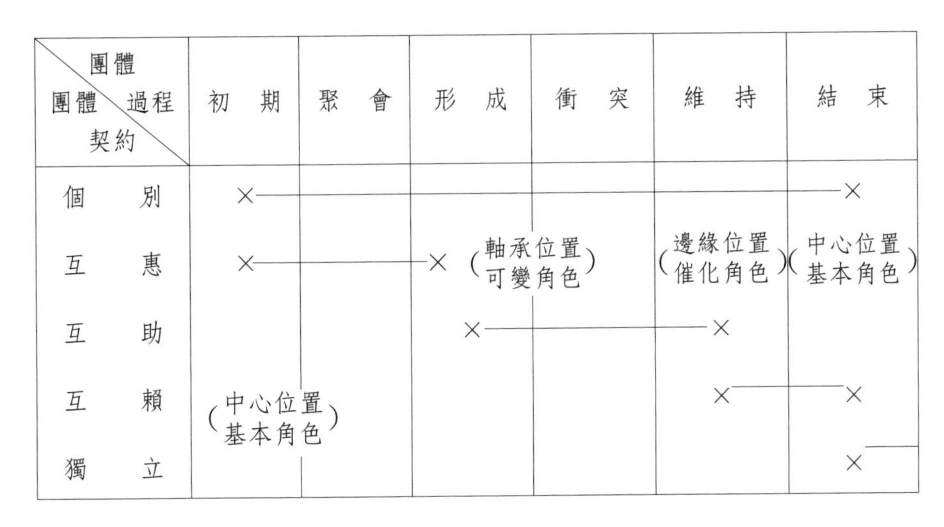

圖4-1　團體工作者的角色與地位

圖4-1中工作者在團體初期的位置是中心位置，角色則屬初級的。具體而言，工作者的責任是選擇成員、聚合團體成為一個實體，設計團體的時間、地點、規模，以及團體功能的預設與團體前會談。

到了團體聚會期，工作者繼續引導、催化團體討論，觀察每一位成員的活動參與。俟進入團體形成階段，工作者的角色成為可變的，其位置也進入軸承的，工作者從中心與初級的角色與地位中「退讓」其角色，使自己在逐漸上升的團體中淡出。

一旦團體進入維持期，團體本身是一個整體與實體，其有能力自我引導、自我指揮，團體的內外體系同時進展。對團體而言，工作者的角色比較是個資源的提供者。

最後團體又回到凝聚力下降的階段，工作者要重新扮演中心的地位與基本角色。由於每一個團體工作模型不一致，所以，如此的團體工作階段與工作者角色的關係並不盡然可援引。然而，就一般情形而言，這個架構是可以善加利用的。

四、團體的設施與環境

團體工作通常是由機構的社會工作者來執行，因此，機構對團體工作的過程有相當的影響力。下列各項就是機構對團體工作的影響（Garvin, 1997）：

1. 爲何機構要採行團體工作方法：關於這一點在本書第七章中會詳述。但是，我們可以理解到，每一個團體都有不同的目標，而每一個機構要使用團體來進行社會工作服務也一定有其目標。因而，社會工作者應協助機構確定團體的目標，也應評估團體目標的可行性，以及協助團體成員協商團體的目標並認識團體目標。
2. 機構對成員資格的認定：機構如何來徵募團體成員將會影響到團體的發展，例如：機構的偏好或機構決策的標準。通常涉及幾個因素，如成員資格決定的標準由誰來決定？如何決定？以及強制與否？這些因素使團體成員有很大的變異性。通常社會工作者要釐清這些因素的影響。
3. 團體工作者的地位與角色：團體工作者是機構的人力，他可以是獨立的一部門，也可以直接由服務工作者兼任；如果是採綜融途徑（generic approach）的機構，如社會局、學校、社會福利機構的社會工作者，就必須兼具個案、團體、社區，以及行政工作的能力。不過，社會工作發展趨勢顯示，任何社會工作者應同時具備各種基本的社會工作方法，較不主張由社會工作方法來區分工作性質，應由服務對象或機構功能來區分是較合理的。
4. 機構提供團體工作資源：團體工作實施的地點、設備、諮詢顧問與其他資源，大部分由機構提供；當然，有一些資源是可由社區、家庭中獲得。但是，若無機構的支持，很多資源都會有捉襟見肘的窘狀。
5. 機構對目標的決定與修正：任何團體工作目標都不可能只考慮到案主的需求，一定會兼顧機構的目標、團體本身的目標，以及社區文化的期待。所以，機構有能力參與目標的決策與修正。
6. 機構對團體的社會與物理環境的影響：機構所提供的設備、活動空間與環境安排對團體有決定性的影響。另外，機構對團體的社會環境，如重要他人、團體士氣、行政支持、社會關係，以及團體的互動也會因機構行政的效率而有影響。

7. 機構與團體的草根領導人才的互動：團體在精神醫院、矯正機關、住宿式治療中心（residential treatment centers）有較高的控制力；而在社區服務中心的團體，反而受到地方人士的影響較大，因此，團體成員的自我認識也就產生於機構與地方領導人物的互動上。
8. 機構影響團體服務的意識形態與技術：機構所堅持一貫的態度，如治療取向的機構或以精神分析爲主流的機構，會左右團體工作者的方向，以配合機構的意識形態與治療技術理論。有時機構的態度會引導社會工作者的技巧，反而忽略成員的需求。
9. 內組織關係對團體的影響：團體工作者所屬的機構的組織內部關係（intra-organizational relationships），如人事間的好惡、工作設計、組織氣氛、工作滿足等，對團體工作者的工作情緒會有影響；同時，也影響到團體在機構的地位與排序。

第二節　團體的外部結構

團體的外部結構（external structure）指的是團體的規模（size）、時間（time）與空間（space）等三個因素。這三個因素會影響團體目標的達成與互動的內涵。

一、團體規模

團體越大則溝通越困難，個人分享的溝通頻率越低，組織越不易堅實，參與機會越少，匿名性越高。但是，緊張較少、吸引力大、資源較豐富、意見較多。反之，團體越小則利弊互見。至於團體人數多少才是適中？不同的學者有不同的看法；不同的團體目標，也有不同的適用性。

詹姆斯（James, 1951）觀察各種團體的經驗，從玩伴、購物者與工作團體的9,000個例子中，發現71%是2人為一組，21%是3人為一團體，6%是4人，只有2%是5人或5人以上所組成的團體。所以，他強調非正式的團體是人越少越好（引自Hartford, 1972）。

另外，瑞瑟（Thrasher, 1927）從895個街角幫派中發現，有22.1%是由6人組成，有21.5%是7到15人組成，16%是16至20人組成，大部分是50人以下，以15人為中型的團體（引自Hartford, 1972）。顯然，一定的規模才可能完成既要有情感滿足（兄弟姊妹情誼），又要有任務達成（占地盤、包娼賭、圍事、鬥毆等）的雙重功能。

貝爾森與史汀諾（Berelson & Steiner, 1964）認為團體5人最為適中，因為每個人可以直接的發生人際關係。而史拉特（Slater, 1955）卻認為6人的團體最理想，6人以上則會鼓舞團體攻擊性、競爭與不協調。史拉特又發現在大團體中成員的心理自由擴張，但是生理自由受到限制。團體成員越多成員越會從團體討論中撤離（Hartford, 1972）。

薛佛（Shepherd, 1964）認為2到3人的團體最好。而辛德（Synder, 1975）從實證研究中發現，團體大小是團體成員滿足團體經驗與否的決定因素，4至5人的團體經驗滿足略高於8至9人的團體。此外，辛德也指出團體由奇數成員所組成的具有合作與和諧的特徵，而由偶數所組成的較傾向於敵視、歧異的特徵。

米勒（Miller, 1956）提出一個數字作為團體成員多寡的標準：「7加減2原則」，也就是團體由5人至9人組成的最為理想（Henry, 1992）。

事實上，不同目標的團體也有其人數的偏好。曾寧斯（Jennings, 1953）認為團體4人最適合休閒娛樂，如看電影、打牌、打球等；5人最適合進行討論；8人最容易產生任務，才有足夠的能力與資源來完成團體的工作任務。佳文（Garvin, 1997）認為口語取向的團體治療最好是7人左右，兒童團體最好小一點，以免延宕注意力的集中；如果團體用來澄清價值時可大一些；團體價值一致時可小些；社會控制團體為了避免面質（confrontation），因此可大些：「另類角色獲得團體」（alternative role attainment group），如角色扮演、心理劇、社會劇團體，為了注意每一個成員的衝突經驗，因此可小些。如果團體成員有恐懼暴露的擔憂，則可從大團體開始嘗試。

薛佛（Shepherd, 1964）也提出治療性團體人數較少，3至5人即可；活動團體可以稍大，但是超出25人即難以稱爲小團體；工作團體或會議團體大都在5至9人間；討論性團體也不宜超出15人；督導團體以8到10人爲原則。

從以上的分析中，我們可以歸納出幾個原則，以作爲決定團體規模的參考：

1. 團體要能以圍坐而相互看得到對方，且聽得到對方的聲音（Phillips, 1957；林萬億，1980）。
2. 團體大到使成員均能得到刺激，小到足夠參與個人認知工作（Berelson & Steiner, 1964）。
3. 團體以小到能產生工作效果，大但能被工作者掌握（Garvin, 1997）。
4. 若團體必須增大時，就要將結構分化，使每一個次結構（substructure）仍然有足夠的參與，且團體成員必須容忍領導者中心（leader centered）（Hartford, 1972）。
5. 封閉性團體可以不太重視團體成員的多寡；但是，開放性團體的大小卻很重要，以免因成員的流失而解散（Hartford, 1972）。

二、團體空間

柯義爾（Coyle, 1930）認爲團體的空間可以產生限制，使團體成員在一個特定的場地內集中焦點於團體，同時達到心理內涵的形成。

團體的空間因素可以透過以下三個向度來分析：

(一) 活動場域（territoriality）

這是指個人或團體對地理區域的占有傾向。空間占有與禮讓影響到團體的衝突與互動。活動場域也是一種「生態空間」（ecological space），其對團體成員的參與有直接的影響。活動場域又可分爲個體活動場與團體活動場兩者。前者是指個人占有的桌椅、坐墊、抱枕、床褥、房間等，意味著個人對他人的防衛與對抗。空間的擁有提供個人一種保護與安全感。

團體活動場是指團體的位置（location）與地點。團體的空間占有通常很大，建立較大的活動範圍是用以保衛團體，防止入侵，如街角幫派常以社區之一角頭作爲其勢力範圍，拒絕他團體涉足。固定的團體地點有助於團體的認同感；地點的安排也要適合團體的目標；團體的位置可以發展出一種制度化的神聖性（institutional sanctity），也就是地盤的不可侵犯，成爲社會共同認可的制度設計，如同一種家的感覺，他人不能任意侵入，使家庭成員保持持續穩定與導向（Hartford, 1972）。這也是由地理活動場域所延伸出的社會或心理地盤（social or psychological territoriality）。

(二) 個人空間

這是指個人與他人互動的主要環境，不侷限於地理界限，個人認爲那是私有的，不可硬闖。若被侵入，則人際關係會產生負向反應（negative reactions）。當有人入侵個人空間時，個人經常採用睜眼、挑眉、甩臉、低頭、聳肩、撐腰、沉悶、看錶、雙手環抱、環視四周、急促呼吸、玩弄手指（腳），以及移動座位或側身等防衛性動作。有時候會因情境的非人格性（situational impersonality）使個人空間暫時寬解，而不起負性作用，例如：玩兩人三腳遊戲、口銜吸管傳遞橡皮筋遊戲、用臉頰協力托物傳遞遊戲，以及突圍遊戲等，個人會因焦點集中於職責的履行、競爭的情境而忽視個人空間的解除。當然，個人空間的寬緊也受到個人偏好的左右，例如：看對眼的人坐在身邊，人們會表示歡迎；反之則會不經意地表現嫌棄。

個人空間有數不清的互動距離（interaction distances），人與人由陌生到認識，接著成爲朋友，更進而知交，互動距離縮短。通常互動初始，女性間距離比男性短，而異性間距離更長。人口的密度可以改變互動的距離，如在大的空間中，互動會較少；而人多的地點，磨擦的機會增加。地位高的成員會選擇較有利的個人位置，而且與他人保持較大的空間距離，以顯示自己的尊貴與神祕（Shaw, 1976；林萬億，1980）。

(三) 空間安排

物理距離會影響心理距離，而空間的安排也會影響團體的動力。空間安排給每一個人一種安全與歸屬感，尤其是團體中的座位安排，通常每個人都會有座位偏好（seating preference），座位表現了互動特徵與領導關係。坐面對面的人互動較多，但常具有競爭性或對話的需求；並肩而坐的人經常是合作的對象；座位距離越遠，越缺乏友善、認識與平等地位；領導者或好出鋒頭者，經常會坐在上位或主位；領導者也較可能出現在人多的一排（Shaw, 1976）；不想出鋒頭或不想積極參與或是團體的觀察者常坐在最不顯著或社會安排位階最低下的位子（林萬億，1980）。

從社會建築（socio-architecture）的觀點來看，英國精神科醫師奧斯蒙（Osmond, 1957）從精神醫院病房的設計中發現，座椅的安排會影響人的社會互動。椅子常是以圍成圓圈者居多，擺成一個同心圓的座位稱為「社會花瓣」（socio-petal），這種安排鼓勵人們互動；反之，如果每一張椅子都各自分開，則稱之為「社會遁逃」（socio-fugal），表示坐在椅子上的人希望與他人保持距離，而較不傾向與他人互動。因此，團體圍成一圈的面對面安排是最好互動的安排方式。椅子的距離可彈性調整，通常，成員會自動調整椅子的距離（Garvin, 1997）。

桌子可能會影響成員的溝通，因為，它使人可以隱藏自己的部分身體，但是卻是個「安全區」（safety zone）。因此，在團體初期可以擺設桌子以減除不安與緊張，到了第二、三次會期後就可以放棄用桌子了，除非為了記錄的方便，可以繼續保留。

房間的大小應大到足以供應團體的活動之用，在大房間之內，由於缺乏明顯的界限，工作者可用椅子形成一個圍籬；太小的房間由於過度親密，易於造成成員的焦慮（Garvin, 1997）。

當團體有外來壓力時，他們經常表現出較密集的座位安排；反之，他們對團體產生恐懼時，會坐得較鬆散。如果房間太冷時，團體成員也會靠得較緊；反之，則必須保有較寬敞的個人空間。不論如何的安排，工作者應該選擇成員都能看得到你的位置，尤其是團體初期與結束前。

三、團體時間

團體的時間因素包括四個層面：團體的期間、聚會期（session）的長短、聚會的頻率與聚會的時間等。時間是決定團體目標的重要變數；時間決定目標的範圍與廣度，也影響助人過程的結構。時間也刺激成員對團體經驗的投入與承諾，時間短的團體，成員對精力水平（energy levels）的提升有助益；而長期的團體會因結束期還在遙遠的未來，而使會期的精力水平降低。若從「暫時目標階梯」（temporal goal gradient）的觀念來看，在固定團體期間內，投入增加，則目標達成的程度會提高（Henry, 1992）。因此，團體時間會決定投入的程度，而形成目標達成的快慢。

團體投資在個別成員的時間多寡，端視成員的行爲與問題而定，如果團體已對成員的目標有充分的了解，且成員已決定去完成目標，則簡要的關注之後，即可給予評價、回饋，甚至於面質。如果工作者必須花很多時間在同一位成員的問題上，則他必須考量這對團體的影響；如果團體已發展至相互關懷，且充分了解他人的需求時，這種情況就容易被接受。在小團體中對個別成員所花費的時間即使稍有不均也較易被接受，而在大團體中則不易被接受；通常大團體總是需要較長的時間，如每次會期要2至2個半小時（Garvin, 1997）。

通常在情感連結上，一個團體的聚會期以45分鐘到1小時是最適中的。任務性團體爲了達成結論是可以延長時間，但太長的團體聚會期必須花精神來維持團體的注意力。如果團體是以馬拉松（marathon）方式進行，則可以長達3至5天（關於馬拉松團體在本書第十三章詳述）。團體聚會的次數也會影響團體的互動，次數增加，則團體互動可以提高；如果團體成員厭煩聚會次數，則他們可能會使意見儘快趨於一致（Hartford, 1972）。不過，危機團體的聚會次數就不受一般情境的限制。而團體開始階段的聚會頻率可較高，到了團體維持期，聚會頻率就不必太密集了（Henry, 1992）。

選擇聚會時間也是重要的，如果爲上班族的家長舉辦的討論會，選擇週末或週日較佳；要找爸爸來開會，晚上8點是較適合的；一些女性的休閒團體則午後的下午茶時間較恰當。

總而言之，團體的期間長短要配合團體目標，治療性團體通常較長，而任務性團體較短；長程團體可以加以階段化。團體聚會的頻率，原則上以一週一次爲原則，再視團體的情境而調整。團體每次聚會的時間，最好以每一成員能分配到的時間爲計算基準，1到2小時是正常的，馬拉松或問題繁雜的情境另當別論。

第三節　團體的目標與契約

一、團體目標

在社會工作團體中，所謂團體目標應包含下列四個目標的整合：服務目標（service goals）、工作者的目標（worker's goals）、個人目標（individual goals）與團體目標（group goals）（Hartford, 1972）。

服務目標是一般性的，在團體成立之前即有的，由機構或制度賦予，又可稱爲機構目標。團體目標是特殊化的，由團體成員自行決定。個人目標是指每一成員個別的目標，成員的期待、希望與參與目的；個別目標可以是明顯揭露的，也可以是潛意識與未公開的。工作者的目標是由社會工作者針對團體的整體所賦予的期待，通常是社會工作者的專業判斷與經驗的產物。

修普樂與葛林斯基（Schopler & Galinsky, 1974）認爲爲了團體的效果，成員必須對於團體所追求的目標有足夠的共識。亦即，團體有足夠的支持去動員全體成員以達成特定目標，或是成員大部分表現對團體目標與優先順序的同意。通常團體目標產生的三個要素是（Henry, 1992）：

1. 個別成員了解團體目標的本質與功能。
2. 工作者假設與期待團體是一個整體，評估每一成員的需求與功能層次，以及工作者自己期待介入什麼與如何介入。
3. 機構與組織對組成團體的初衷。

工作者與成員對團體目標的看法經常會有差異，即使是成員間也有明顯的不同。米爾斯（Mills, 1967），曾警告我們「團體目標既非個人目標的總和，也非可從成員身上直接推論得到的。」社會工作者常把工作者的目標與團體目標混淆，也可能把個人目標與工作者的目標當成團體目標的一部分。事實上。團體目標應該是一種經協商而得到的。因此，團體目標與其說成是團體的最後狀態，不如說是過程概念，相對地界定團體目標比絕對地界定來得有利。例如：初始目標可能是推動成員與工作者的力源，而在團體發展過程中目標可能會改變（Henry, 1992）。

如果以團體發展階段來說，通常團體初期成員並不會有明顯的目標表達，而是透過同意才達成目標的陳述。俟團體形成時，目標才可能明確地被界定。目標的界定過程中，個別的成員、工作者與次團體都可能左右目標的擬訂。工作者應該在早期的團體互動中協助團體界定目標。

葛拉瑟等人（Glasser, Sarri, & Vinte, 1974）認爲團體初期目標越明確越好。但是某些團體並不太強調目標的確立，如強調此時此地的團體。某些團體工作的模型並不強調團體中的個人目標，尤其是目標取向的團體。工作者考慮幾個目標順序，但必須將個人目標與團體目標兼顧。個人目標雖然由個人去達成，但個人目標的達成也是個人參與團體的結果；而團體目標則是團體共同參與的結果。團體目標盡可能包含所有個人目標，例如：一個高中學生所組成的團體，成員的個人目標是訓練自己更有自信地與同學互動，而團體目標之一則是使成員更有自信地在社會情境中行動自如，而另一個團體的目標則是改變學校的管教規範以免對個別差異懲罰過當。

二、團體契約

契約（contract）是雙方或多方交換期待成果的意圖與責任。夏皮洛（Shapiro, 1968）提到契約的使用已見諸心理治療、婚姻與家庭諮商、社會社區精神醫學（socio-community psychiatry）等機構，他建議教育、工業與政府部門，以及任何團隊合作的設施都應訂立契約。契約也被使用於矯正機構或教會的團契中。湯瑪斯（Thomas, 1967）的「社會行爲途徑」（socio-behavioral approach）也強調行爲的特殊契約。

佳文（Garvin, 1969）認爲，從倫理的觀點來看，契約的理念是社會工作者對案主自決的承諾，案主不能被操縱著朝向目標，也不能以不被接受的手段達成目標。他界定契約爲「工作者與團體成員間對問題處理的看法，以及使用手段的一系列同意。」這個說法與夏皮洛（Shapiro, 1968）的看法相近，夏皮洛認爲契約是人際劇場（interpersonal drama）中清晰地持續期待與協商。

史華滋（Schwartz, 1962）指出社會工作中契約表達的重心是團體與機構間的相互期待，和使其結合在一起的一般規範性條件。他也提到「工作契約」（working contract）的概念，指的是案主與工作者在當前的條件下，肯定他們期待的功能。他又說，契約是一種初步的工作同意；是一個參考架構以便人們選擇第一個反應。因此，助人機構、團體與其成員開始具有工作關係時，雙方必然具有共同的理解，了解爲何他們會共同工作在一起。

至於團體工作契約的內容，佳文（Garvin, 1997）認爲應該包含五個部分：

1. 團體整體與機構間的。
2. 團體與工作者間的。
3. 團體成員與工作者間的。
4. 成員彼此間的。
5. 成員與團體間的。

因而，團體工作的契約必須包含目標、達成目標的手段、維持團體的行動、出席會期與收費與否。

至於團體工作契約是否要訴諸筆墨，佳文與葛拉瑟（Garvin & Glasser, 1974），以及史華滋（Schwartz, 1971）都未曾提及契約要文字化，而都視契約爲一個團體的過程。但是從團體治療的角度，羅斯（Rose, 1977）主張契約最好寫出來，包括收費標準、出席、延期、家庭作業、會議注意事項、研究參與和工作者的責任等。

在團體工作過程中，艾斯特與亨利（Estes & Henry, 1976）提出五個契約的型態，以作爲分析團體發展過程中團體工作契約的發展脈絡。

(一) 個別契約（individual contract）

個別契約是爲了成員本身個別化的目標，在團體前期與治療性團體中常見。

(二) 互惠契約（reciprocal contract）

互惠契約是發生於團體前期，成員與工作間相互同意的一連串會談，當同意產生，即表示互惠契約產生。

(三) 互助契約（mutual contract）

互助契約是成員彼此同意，以及成員與工作者爲了達到目標所採行的行動上的一致。工作者參與互惠與互助的契約的訂定是爲了分享成員的情境。

(四) 互賴契約（interdependent contract）

互賴契約是一種集體目標的表達，工作者、成員，以及機構視團體爲一個整體，對團體的產出、內容，以及治療工具均了解且同意。在邏輯上，互賴契約是團體取向的契約已經達成。

(五) 獨立契約（independent contract）

獨立契約有異於個別契約。個別契約是個人進入治療情境中仍然保有自己的喜好；而獨立契約是成員從團體經驗中重新開始；獨立契約是團體結束後一個人更能自信地掌握未來的論題；獨立契約也是一種測量團體是否有效地協助個人的指標。

如果將契約的型態與團體發展過程相配合就會如圖4-2（Henry, 1992）：

團體過程 / 團體型態	初期	聚會	形成	衝突	維持	結束
個別契約	×	──	──	──	──	×
互惠契約	×	──	×			
互助契約			×	──	×	
互賴契約					×	×
獨立契約						×
	團體建構的活動		團體組成的活動		團體結束活動	

圖4-2　團體工作契約型態與團體發展階段

參考書目

中文部分

林萬億（1980）。社會團體工作。臺北：中華民國社區發展研究訓練中心。

英文部分

Berelson, B., & Steiner, G. (1964). *Human behavior*. NY: Harcourt, Brace, and Jovanovich.

Brieland, D., Costin, L. A., & Atherton, C. R. (1980). *Contemporary social work: An introduction to social work and social welfare* (2nd ed.). New York: McGraw-Hill Book Co.

Cooley, C. H. (1909). *Social organization: A study of the larger mind*. New York: Charles Scribner's Sons.

Coyle, G. (1930). *Social process in organized group*. NY: Richard R. Smith Inc.

Estes, R. J., & Henry, S. (1976). The therapeutic contract in work with groups: A formal analysis. *Social Service Review*, *50*(4): 611-622.

Falck, H. S. (1988). *Social work: The member perspective*. NY: Springer.

Friedlander, W. A. (1976). *Concepts and methods of social work* (2nd ed.). Englewood Cliffs, New Jersey: Prentice-Hall, Inc.

Galinsky, M., & Schopler, J. (1989). Developmental patterns in open-ended groups. *Social Work with Groups*, *12*(2): 99-114. doi:10.1300/ J009v12n02_08

Garvin, C. D. (1969). Complementarity in role expectations in groups: The member-worker contract. In *Social Work Practice* (p. 128). NY: Columbia University Press.

Garvin, C. D., & Glasser, P. H. (1974). Social group work: The preventive and rehabilitative approach. In P.H. Glasser, R. Sarri, and R. Vinter (eds.), *Individual change through small groups* (pp. 35-49). NY: Free Press.

Garvin, C. D. (1997). *Contemporary group work* (3rd ed.). Englewood Cliffs, New Jersey: Prentice-Hall, Inc.

Garvin, C. D., & Reed, B. G. (1983). Gender issues in social group work: An overview. *Social Work will Groups, 6*(3/4) (Fall/Winter): 5-17.

Glasser, P. H., Sarri, R., & Vinte, R. (1974). *Individual change through small groups*. NY: Free Press.

Greif, G. L., & Ephross, P. H. (2011). *Group work with populations at risk* (3rd ed.). Oxford: Oxford University Press.

Hartford, M. E. (1972). *Group in social wor*k. New York: Columbia University Press.

Heap, K. (1977). *Group theory for social workers: An introduction*. Oxford.

Henry, S. (1992). *Group skills in social work: A four dimensional approach*. Itasca, Illinois: F. E. Peacock Publishers, Inc.

Jennings, H. (1950). *Leadership and isolation* (2nd ed.). NY: Longman.

Jargon, J. (2022)。解讀「TikTok大腦」：沉迷社群短片，給孩子帶來什麼改變？*The Wall Street Journal*，2022.4.15。《風傳媒》華爾街日報選文。

Kanter, R. M. (1977). *Men and women of the corporation*. Basic Books.

Klein, A. F. (1972). *Effective group work*. New York: Association Press.

Konopka, G. (1972). *Social group work: A helping process* (2nd ed.). Englewood Cliffs, New Jersey: Prentice-Hall, Inc.

Konopka, G., & Friedlander, W. (1976). *Concepts and methods of social work*. NJ: Englewood Cliffs.

Lang, N. C. (1972). A broad range model of practice with the social work group. *Social Service Review*, *46*: 76-89.

Luchins, A. (1964). *Group therapy-A guide*. Random House: New York.

Maloney, S., & Mudgett, M. (1959). Group work and group casework: Are they the same? *Social Work*, April.

Mann, R. D. (1959). A review of relationships between personality and performance in small group. *Psychological Bulletin*, *56*: 241-270.

Manor, O. (2000). *Choosing a groupwork approach: An inclusive stance*. Jessica Kingsley Publishers.

Martin, P. Y., & Schanahan, K. A. (1983). Transcending effects of sex composition in small groups. *Social Work with Croups*, *6*(3/4) (Fall/Winter): 19-32.

Miller, G. A. (1956). The magical number seven, plus or minus two: Some limits on our capacity for processing information. *Psychological Review*, *63*: 92-95.

Mills, T. M. (1967). *The sociology of small groups*. Englewood Cliffs, N. J.: Prentice-Hall, Inc.

Osmond, H. (1957). Function as the basis of psychiatric ward design. *Mental Hospitals,* 23-29.

Phillips, H. U. (1957). *Essentials of social group work skill*. NY: Association Press.

Redl, F. (1951). The art of group composition. In S. Schulze (ed.), *Creative group living in a children's institution*. NY: Association Press.

Rose, S. (1977). *Group therapy: A behavioral approach*. Englewood Cliffs, New Jersey: Prentice-Hall.

Schopler, J., & Galinsky, M. (1974). Goals in social group work practice: Formulation, implementation, evaluation. In P. Glasser, R. Sarri, and R. Vinter (eds.), *Individual change through small groups*. New York: The Free Press.

Schwartz, W. (1961). *New perspectives on service to groups*. NY: Columbia University Press.

Schwartz, W. (1962). Toward a strategy of group work practice. *Social Service Review*, *36*(September): 274.

Schwartz, W. (1971). On the use of groups is social work practice. In W. Schwartz and

S. R. Zalba, (eds.), *The practice of group work*. New York.: Columbia University Press.

Shaw, M. E. (1976). *Group dynamics: The psychology of small group behavior* (2nd ed.). New York.: McGraw-Hill.

Slater, P. (1955). Role differentiation in small groups. *American Sociological Review, 20*: 171-182.

Shalinsky, W. (1969). Group composition as a factor in assembly effects. *Human Relations, 22*(5): 457-464.

Shapiro, S. B. (1968). Some aspects of theory of interpersonal contracts. *Psychological Reports, 12*.

Shepherd, C. (1964). *Small groups: Some sociological perspectives*. San Francisco: Chandler Publishing.

Synder, N. (1975). *An experimental study on optimum group size*. University of Pittsburgh Press.

Thomas, E. J. (ed.) (1967). *The socio-behavioral approach and applications to social work*. NY: Council on Social Work Education.

Trecker, H. B. (1972). *Social group work: Principles and practices*. Chicago: Association Press.

Wayne, J., & Cohen, C. (2001). *Group work education in the field*. Alexandria, VA: CSWE.

Wilder, K., Staniforth, B., & Fenaughty, J. (2018). Social workers' perspectives of open group work education in social work. *Advances in Social Work & Welfare Education, 20*(2): 101-114.

Wolman, C., & Frank, H. (1975). The sole woman in a professional peer group. *American Journal of Orthopsychiatry, 45*(1): 164-171.

Vinter, R. (1967). *Readings in group work practice*. Ann Arbor, Mich.: Campus Publishers.

Yalom, I. D. (1975). *The theory and practice of group psychotherapy* (2nd ed.). New York: Basic Books.

第五章
團體過程

團體過程（group process）是指發生在團體裡的所有一切，以及團體內成員間或成員與工作者間的互動與溝通模式。依據拉虎特（Luft, 1963）的看法，團體過程是團體內行為意義的推演，這些行為包括口語的，如討論；非口語的，如沉默或聆聽他人的演說。懷特孟（Whitman, 1964）界定團體過程為一種動力、情緒發展與表達情感的模式（Balgopal & Vassil, 1983）。

團體過程包含了團體此時此地所發生的；同時也包含成員與工作者或成員間的互動與溝通行為。因此，它影響團體工作的功能一如團體結構變數。但是，在團體工作中，團體結構變數較能由社會工作者來掌理，而團體過程則較難掌握。雖然，結構變數可以影響過程，工作者也可以適度地左右團體過程，但是，毋寧說是引導、催化而非控制。團體過程是一種流動的力量，工作者應該要了解團體過程的本質，才能適當地處理團體所發生的一切。本章將對團體工作有顯著影響的團體過程變數加以分析，這些變數包括團體的互動模式、次團體、衝突、溝通、角色與文化、規範、代罪羔羊、凝聚力與決策等。

第一節　團體的溝通與互動

一、互動過程與人際關係

當人們組成一個團體時，即開始從事伯恩（Berne, 1961）所說的：「社會儀式與打發時間」（social rituals and pastime），人與人的互動於焉產生。在團體的組織中至少有五種型態的人際關係將發生：

1. 情感或情緒的接納與排斥。
2. 利益的連結。
3. 地位的安排。
4. 領導與追隨模式的產生。
5. 溝通模式。

已有不少學者提出對人際互動的研究架構，其中以莫連諾（Moreno, 1934）的社會距離測量（sociometry）與社會圖（sociogram）最爲出名。社會距離測量是研究團體動力、團體的演進，以及團體關係的方法（Moreno, 1934）；社會圖則是用圖示來表達個人與他人的關係。包格達（Bogardus, 1947）的社會距離量表（social distance scale）與貝爾斯（Bales, 1950）的互動過程分析最具代表。

紐康（Newcomb, 1956）認爲有吸引力的團體應具有相似特性的個體，所謂相似性是指共同的利益旨趣、價值，以及人格特質。黑爾（Hare, 1976）另外加上相似的年齡、智慧、技巧與意識形態等。而希包特與凱利（Thibaut & Kelley, 1959）運用報酬與成本的概念來分析人際吸引與人際關係的運用，報酬（rewards）指高興、滿足與滿意等。總之，在團體中由於利益與感情的互賴而使成員產生不同的互動模式。高夫曼（Goffman, 1961）將互動區分爲兩種類型，一是焦點互動（focused interaction），即是成員與他人溝通是爲了相關的共同目標；二是非焦點的互動（non-focused interaction），這是指團體中爲了修正自己、評估、緊張、信任、舉止、態度與行爲，而從與他人的接觸而導致的互動，所以，非焦點的互動是與團體組成並存的。

團體中由於感情、利益與人格相似性，而會有一些基本的人際關係模式，如下圖示。

(一) 成對關係

1. 互助成對（mutual pair）

這表示兩人立基於平等的地位相互扶持協助，利益均霑。

2. 求愛成對（courtship pair）

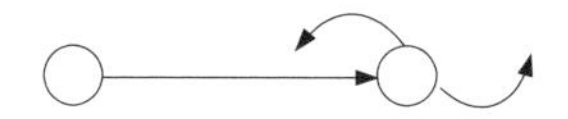

這表示其中有一人向另一人求愛，亦即某一個人對對方有仰慕或偏好，而另一人可以逃避，也可以回報，這已隱含了兩人間不均衡的感情與利益基礎，被追求者顯然較有選擇權。

3. **依賴－支配成對**（dependency-dominance pair）

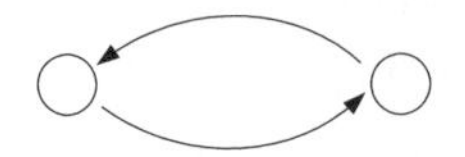

這表示兩人之中有一人依賴他方，而形成被支配的現象。

4. **虐待與被虐待成對**（sadistic-masochistic pair）

這表示其中一人是虐待者而另一人則心甘情願被虐待，所謂的一個願打，一個願挨，即是這種情形。

5. **互補成對**（complementary pair）

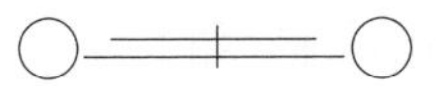

這表示雙方均需要對方，但並非完全相像的兩個人，而是各有優缺點，各自是不同特性的人，例加：一個粗枝大葉，一個心細如毛；或者一位脾氣暴躁，另一位則是性情溫順。

(二) 三人關係

（圖中，實線表正關係，虛線表負關係）

1. **和諧關係**（harmonious）

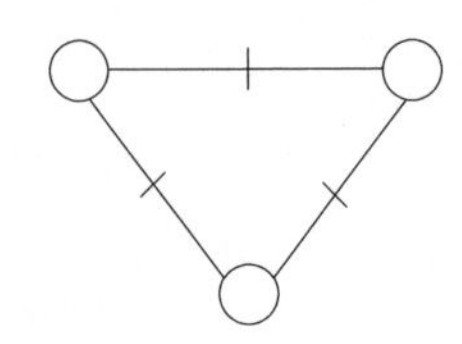

這表示三人立基於平等的地位相互支持與利益均等分配。

2. **仲裁關係**

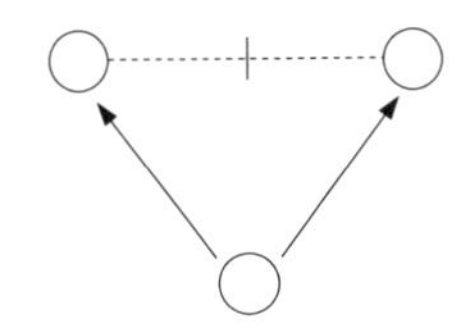

這表示三者之中有一人擔任仲裁者或調停者，另外兩人則是競爭或不協調的成對。擔任仲裁者則面臨矛盾選擇。

3. **競爭關係**

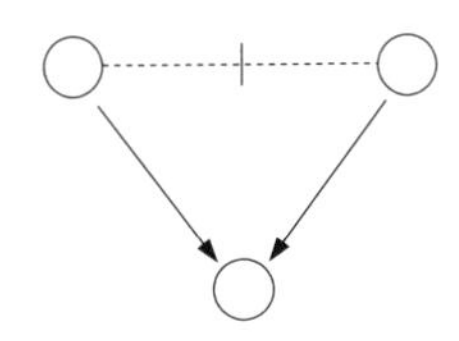

這表示其中兩人是具有共同利益的競爭者，而其利益均集中於第三者；因此，第三者是在兩位相互競爭而又有共同旨趣下的標的人物。

4. **聯盟關係**

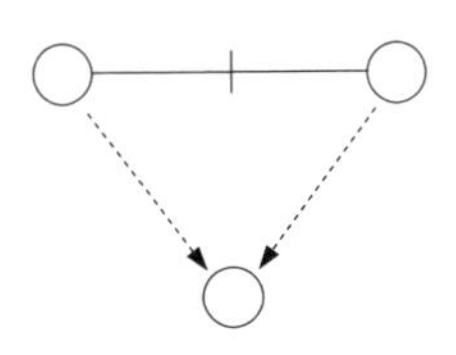

這是典型的二對一（two against one）關係，其中有兩人利益一致，共同對付第三者。

5. **同盟關係**

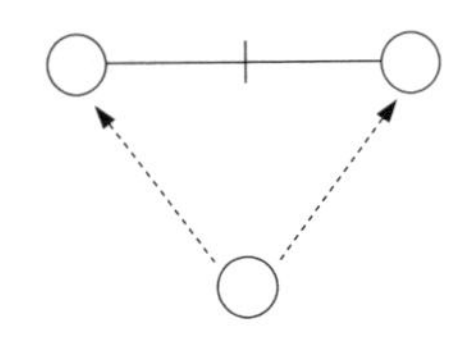

這表示其中兩人結成同盟共同防禦第三者的攻擊。

在三人關係中由於利益的分配與關係的深淺，經常形成多變的二對一關係，能和諧相處是萬幸了。

(三) 四人關係

四人或四人以上的關係，經常形成二對，或三對一關係。在三對一關係中又可能產生內部的二對一關係。這已是相當複雜的情況了，在次團體（subgroup）一節中，再將團體中的關係擴大為小圈圈來處理，在此就不再推演了。

二、溝通

溝通（communication）是一種接受、傳遞與交換訊息的過程。當人們一進入團體，他們所做的一切，從打招呼開始就已經是在溝通了。通常他們先是調查他人的背景，所以就會問一大堆的小問題。溝通與互動很相似，互動（interaction）是一種人與人接觸間交互刺激、反應與影響的過程。所以，互動包含較廣，而溝通是互動的一環。

溝通的媒介主要是語言的溝通，人們日常使用的溝通工具大約80%是口語溝通（Mintzberg, 1973）；除了口語溝通之外，非口語的溝通如身體動作、表情、手勢也都是團體中經常使用的溝通工具。在團體進行過程中，偶而也會使用紙筆書寫來達到溝通的效果，基本上這也是語言溝通的一部分。

溝通依其傳遞訊息的直接與間接情況，可分為「顯性溝通」（overt or manifest communication）與「隱性溝通」（covert or latent communication）。顯性溝通是直接用口語或非口語或準口語的方式來傳遞訊息；隱性溝通是用隱藏或暗示訊息來取代或修正顯性溝通，如「又要下雨了」，這暗示「但願不必去上課！」（Heap, 1977）

溝通受到文化的影響很大，例如：使用語言的差異、手勢意義的不同等。此外，在團體中影響溝通的因素首推地位（status）。地位可分為兩類，一類是外在地位特性（external status characteristics），這是指團體的參與者在外在世界所擁有的社會地位，如財富、背景、聲望（Berger, Cohen, & Zeldich, 1972）；另一個類屬是內在地位（internal status），這是指個人在團體中的成就地位。通常團體在開始的時候，外在地位特性常決定溝通的模式與效果，直到團體結構穩定之後，內在地位才成為影響溝通的要素（Ridgeway, 1983）。

(一) 溝通網絡

當團體剛進入一個固定地點的時候，它的溝通網絡（communication network）經常取決於環境的結構，例如：在餐桌上用餐，一開始一定是隔鄰的先相互溝通；坐在餐桌中位的人可以輕易地與兩旁的人溝通；但是，坐在較尾端的人卻不容易主動地與人溝通，除非有人從中引介，否則，他經常放棄與人溝通的機會。因此，坐在中央的人就成為溝通網絡的核心或優越位置。這個溝通的原則簡單地說就是「近鄰性」（proximity）。關於這個原則，費斯汀格（Festinger, 1950）從麻省理工學院已婚學生宿舍中研究發現，學生們友誼的建立是先選擇最靠近的房客當朋友，其次才是隔兩間的，第三優先則就輪到隔三個門以外的鄰居了。而住在走道盡頭的房客，就成了整個宿舍溝通網絡的邊陲；另外，住在靠近樓梯的房客很容易與上下樓的房客交朋友，因為樓梯提供最好的溝通管道。

除了費斯汀格的研究之外，貝弗勒斯（Bavelas, 1950）實驗研究發現，在五個人的團體中，產生下列四種溝通網絡：

1. Y形溝通

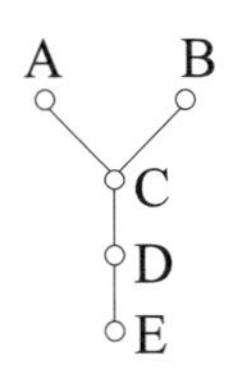

2. 車輪形溝通

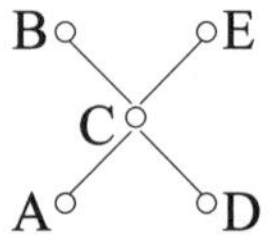

3. 圓形溝通

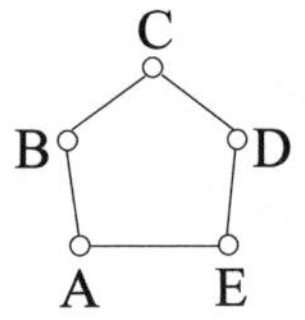

4. 鏈形溝通或風箏形溝通

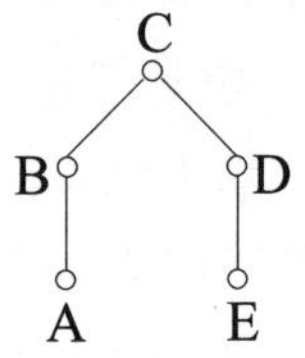

以上四個溝通網絡受到位置的距離與位置的集中性兩個因素影響。例如：A與E在圓形溝通網絡中可以相互交談，但在鏈形溝通網絡裡卻互不相談。而C在車輪形溝通網絡中是居於中心位置，成為溝通的中心。對於此四種溝通網絡而言，車輪形溝通最具集權式，其次是Y形溝通，再來是鏈形溝通，最後才是圓形溝通。

至於團體中地位結構與溝通模式的關係，李維特（Leavitt, 1951）從以上四種溝通網絡的觀察中發現，如果賦予工作任務，則在車輪形溝通網絡中，C有92%的機會擔任領導者。在Y形溝通中C有68%的機會，再次是鏈形溝通中C有48%的機會。但是，在圓形溝通中，沒有人是最為核心的人物。

溝通網絡和團體的工作效果也有關聯，集中式的溝通如車輪形、Y形或鏈形，在處理簡單工作時效果很高；但是，碰到複雜的問題，就有賴分權式的溝通了。依照蕭（Shaw, 1976）的說法，這是因為「位置飽和」（position saturation）的關係。因為，一個人能處理的溝通負荷有其限度，越複雜的問題，越要多人來商討與交換意見（Ridgeway, 1983）。

(二) 團體中的溝通體系

密爾森（Milson, 1973）指出在團體工作過程中，經常出現下列溝通體系：

1. 無反應的（unresponsive）溝通

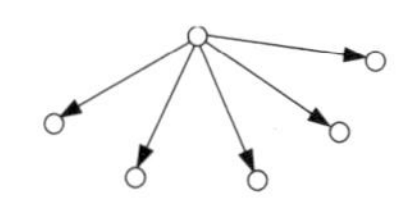

這是指團體中只有領導者在發出信號，而成員並無積極主動的反應。通常團體初期的溝通體系是這種模式。

2. 無社交的（unsocial）溝通

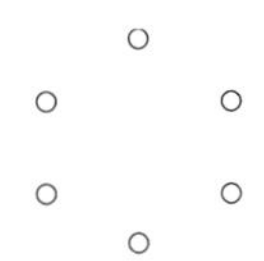

這個情境其實是沒有溝通，團體成員並未有任何社交發生。若以諾勒斯與諾勒斯（Knowles & Knowles, 1959）的看法，這種情形根本不是團體，他認為團體應該是如下的圖形：

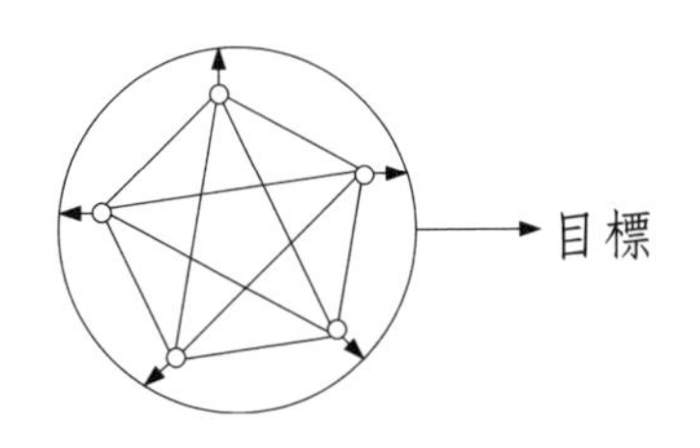

而上圖之無社交的溝通，很像他所指的個體狀態。如下圖：

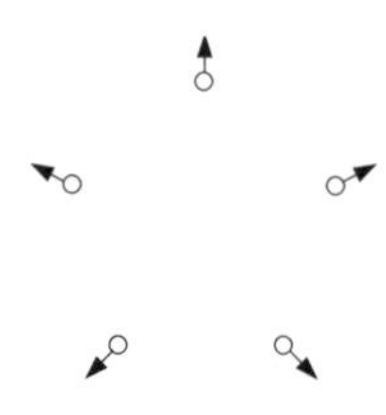

也就是成員雖然聚集在一起，儼如一個團體，但是每個人都在爲自己的目標著想，並無與他人建立關係的意願；反之，在諾勒斯與諾勒斯（Knowles & Knowles, 1959）的團體圖形中，不但個人有自己的目標，團體也有互動，且一致對外，達成團體的總目標。

3. 控制的領導者

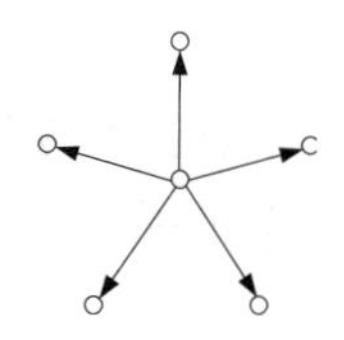

這種情況與第一種溝通並無太大差別，若有只是第一種個體的聚合，不太像個團體，倒是像一群剛聚會的個體，而這時已逐漸有圍繞在領導者四周的雛形團體。

4. 私下交談（tête-á-tête）

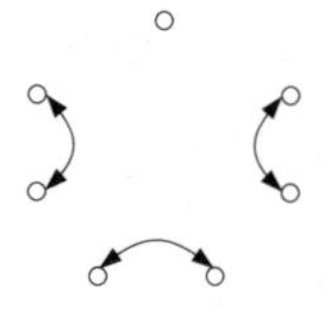

這情形多半也發生在團體初期，每位成員僅與相鄰的成員交談，團體中充斥著成對的次團體。

5. 私黨的或破碎的溝通

這種情形在團體初期或中期的衝突階段皆可能發生，團體中明顯地發現兩個私黨（cliquish），團體並未充分達到溝通的完整性。

6. 刻板的溝通

這種溝通模式很穩定，但並不充分，每個人只與自己相近的人溝通。雖然分享同等的地位，但是，並非眞正理想的溝通。

7. 理想的溝通

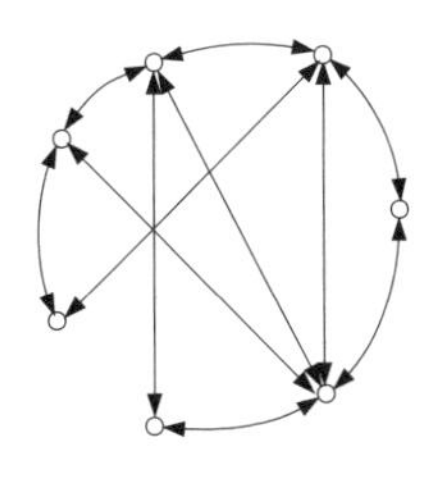

這種情況發生於團體形成期或成就期，幾乎每一個人都與團體中的他人互動，且無明顯的小團體出現，溝通路徑頻仍而多元。通常，這是最後的狀態，如果團體達到這個境界，也充分反映其凝聚力與成熟。

第二節　次團體、衝突與代罪羔羊

一、次團體

次團體（subgroup）顧名思義是指團體中的小團體或附團體，在團體工作中，團體的規模已經很小了，因此，次團體的規模更小。次團體在團體工作中是經常發生的，它對團體工作者、成員，以及整個團體都會有影響。

(一) 次團體的形成

形成次團體的原因不外乎下列幾點：

1. 成員的相似性：在團體開始階段，成員有一共同的工作就是尋找相似性的成員。相似性包括外貌、態度、價值、人格特質與適配性等（Shaw, 1976），也包括社會地位、出生背景、學習經驗等。相似性的成員自然地優先建立感情，而逐漸形成次團體。
2. 團體的規模大小：菲立浦（Phillips, 1965）指出大的團體傾向於滋生次團體。因此，團體為了避免滋生次團體，應儘量不要過於龐雜。
3. 團體的情境使然：團體過程本身就是創造次團體的情境，例如：團體開始階段，由於成員的自我揭露、人際關係的模式，像吸引力、利益與感染力不同，而形成不同的次團體組合（Hartford, 1972）。葉龍（Yalom, 2005）也認為在治療性團體中，總有三、兩成員彼此有較高的滿足感，而形成整個團體中的次團體。
4. 成員的安全需求：成員對於團體或某些他人有恐懼時，不安全的經驗使成員傾向於尋求次團體的保護，所以，當團體有衝突或變化時，容易形成自我支持的次團體。
5. 團體意見不一致時：團體發生不愉快的事件，或者意見紛歧時，次團體最容易形成。葉龍（Yalom, 2005）指出尤其是成員對領導者有難以排解的仇視時，次團體會針對工作者來發洩其挫折與憤怒。

6. 協同領導者造成的分裂：由於兩位工作者有不同的吸引力、經驗與人格特質，成員在追求自己的利益與偏好下，可能傾向於支持某一位工作者；也可能是工作者的不協調，造成團體的分裂。

(二) 次團體對團體的意義

在整個團體發展過程中，幾乎每一個階段都可能形成次團體。在團體初期，成員形成次團體是基於安全與解除焦慮的理由；在團體的中間階段，工作分工是造成次團體的最主要因素；俟團體結束期，處理分離的焦慮就成了次團體形成的原因了。因此，次團體在整個團體工作過程中並非一成不變的，它也會重組與更新。

次團體的形成對團體而言有幾方面的影響：

1. 分工：次團體的領袖是團體分工上很好的中間人。但是，如水之載舟覆舟，次團體也會糾眾抵制團體的分工。因此，公平分配、賞罰分明與用人唯才是團體中分工的原則。如此，才能化阻力為助力。
2. 安全：次團體提供個別的、特定的需求滿足予成員，可彌補團體過大而產生的疏離。
3. 效忠：成員到底要效忠次團體或是效忠團體呢？例如：成員應先信任次團體呢？還是先遵守團體的要求呢？這對於團體成員來說是一個困境。
4. 包容與排斥：次團體的成員對非本次團體的成員可能產生排斥性。被次團體排斥的成員，可能結合其他成員成一新的黨派，也可能就此逃避團體的徵召。所以，工作者應避免次團體所形成的排斥力。

據此，次團體對團體的意義不完全是負性的，它是一種現象，也是一種結果，它隱含了下列幾個意義（Milson, 1973）：

1. 表示團體太大而不能滿足面對面的需求。
2. 表示團體不能對大多數人的利益有所回應。
3. 表示團體不能迎合需求。
4. 表示已有了替代團體的滿足方式。
5. 表示團體的聚會太少。
6. 也表示團體尚未形成以團體為中心的認同。

二、團體衝突

當人們經過一段時間的互動後，難免會產生一些歧異性，例如：權力分享不均、權威擁有的差異、對議題的立場不同、對事實的認知不一致，以及觀念、價值、偏好與需求的不同，而可能產生歧異或衝突。

衝突經常被視爲是負面的或急於避免的。然而，衝突並不全然是一種團體失功能（group dysfunction）的現象，有時候衝突反而是一種能力的提升。對於社會團體工作來說，大部分的學者均主張衝突是無可避免的，它有潛在的建設性功能，也有破壞性的失功能（Follett, 1927; Wilson & Ryland, 1949; Bernstein, 1965; Northen, 1969; Klein, 1972）。

(一) 團體工作中的衝突

弗烈特（Follett, 1927）指出衝突既然不可避免，與其詛咒它，不如去解決它。因此，她建議解決衝突的三個方式是：(1)控制；(2)和解；(3)整合。

其實，社會團體工作者對團體衝突的看法也是人見人殊。有些人視衝突爲一種不愉快、不期待、不成熟，或許也是處理不當的反映。如果社會工作者持這種看法，他一定會努力去壓抑或逃避它，這是衝突負向團體（conflict-negative group）。另外一些人就不是如此想，他們認爲團體衝突是一種不幸，但卻是團體發展過程中不可或免的結果，而且不愉快只是暫時的，很快就會過去的，這是屬於衝突正向團體（conflict-positive group）。

諾仁（Northen, 1969）界定團體中的衝突元素有下列三個：(1)衝突中存在於二或三個可界定的焦點單位與黨派；(2)這些單位必然在需求、目標、態度、價值或理念上有不可妥協的差異；(3)這些單位是環繞在上述的差異間互動。

團體中的衝突有現實的衝突（realistic conflict）與非現實的衝突（unrealistic conflict）。所謂現實的衝突是指爲達成目標的手段而衝突，亦即對手段的功能性抉擇。通常並不一定選擇最有效的工具，而是能被接受的工具。非現實的衝突是對一些模糊的議題，也許是非理性的、情緒的爭執。不過，大部分的衝突都涵蓋理性與非理性兩個層面的成分。因此，它也可能同時存有功能與失功能兩者。

威爾森與雷蘭（Wilson & Ryland, 1949）認為不論是哪一種衝突都可能解決，其解決方法是消除、壓制、妥協、聯盟與整合。這與弗烈特（Follett, 1927）的說法大致相同。

伯恩斯坦（Bernstein, 1965）認為要解決衝突，先要了解衝突的型態，他從最低層次到最高層次的衝突名單如下：

1. 身體暴力：打擊反對者使之臣服。
2. 語言暴力：蔑視反對者，使之出醜，以及將團體的感受，或其反對者的感受加以隆重表達。
3. 技巧地語言爭論：不用暴力的攻擊，而使反對者受貶抑與被忽視。
4. 尋求聯盟：將支持者連成同一戰線，進行權力的遊戲。
5. 訴諸權威決策：尋求某些有權威的人來裁判，例如：社會工作者告訴他們誰對誰錯。
6. 轉移與延宕：轉移衝突的注意力到其他事件上。
7. 尊重不同意見：努力去了解反對者的理由。蒐集必要的資料，試圖將衝突理性化。

(二) 衝突的類型

前文述及以功能與建設性與否來討論團體的衝突，這種說法是從社會學理論中的「結構功能論」（structural functionalism）出發來討論的。如果是精神分析取向的團體工作，他們所關心的衝突則是成員帶到治療情境中的內在心理衝突（intra-psychic conflict）。所謂內在心理衝突是指個人生命發展階段中未被解決的或未完成的經驗。所以，其焦點在於人格與早期的生活經驗。內在心理衝突經常反映在工作者與案主的治療關係上，即所謂的轉移現象（transference）與反轉移現象（counter-transference）。這方面的討論在個案工作的心理暨社會途徑（psycho-social approach）討論最多。

除了內在心理衝突之外，社會團體工作也注意到團體過程中的人際衝突（interpersonal conflict），此種衝突主要發生於成員間。這方面的討論以敏感訓練、會心團體，以及各種人際關係團體最是注重。

社會團體工作除了關注到上述兩類的衝突之外，又發展到了解第三種團體衝突，那就是「異體衝突」（allogeneic conflict）。這種衝突是由於個人與他人顯著的差異所造成的摩擦與不愉快的經驗。個人與他人的差異包括生理的、心理的、種族的、經濟的，以及其他社會制度的（Balgopal & Vassil, 1983）。

團體工作經常處理的眞實性、依賴與互換等論題，大都只考慮到在團體架構內的內在心理衝突與人際衝突。但是異體衝突所關注的是成員之所以效忠團體，是因為性別、年齡、宗教、種族、文化，以及其當前生活的壓力與緊張等基礎。因此，成員的自我發展就如同符號互動所主張的，是由與各種參考團體的關係中的身分與能力經驗所界定。雖然，小團體的經驗經常只有個人與人際的互動。但是，若將團體工作納入廣大社會的架構中來考慮，則團體間的關係就成為團體工作的一部分了，團體間的緊張也就不能不說是團體衝突的一部分了。而異體衝突與個人或人際的衝突是早為熟知的概念，團體工作者應該試圖擴大視野關注更廣泛的衝突領域。

三、尋找代罪羔羊

「代罪羔羊」（scapegoat）首次出現於《舊約聖經》的〈利未記〉（Leviticus），文中提到一頭羊替代其主人亞倫（Aaron）承擔所有以色列孩童的罪過，這頭羊被送到荒野，用意是在贖罪日負起兒童們的罪。後來，代罪羔羊就被用來說明一個人或一個團體承擔了他人的罪過而受罰。

尋找代罪羔羊（scapegoating）可能發生於成對、家庭、工作崗位、團體或社區，以及大社會裡。尤其是處在戰爭或衝突下的人際關係裡。在團體工作中發生尋找代罪羔羊的情況也很多，如果能善於處理，也沒什麼可懼怕的。代罪羔羊可能是團體中的個人，也可能是團體中的次團體，成為他團體發洩憤怒與挫折的對象。

(一) 尋找代罪羔羊的動力關係

1960年代之前，大部分社會與行爲科學者對代罪羔羊的研究都以佛洛伊德的心理分析理論爲基礎，該理論中的心理防衛機轉（defense mechanisms）如投射（projection）、認同（identification）與內射（introjection）被使用來解釋代罪羔羊的尋找過程。精神分析理論認爲人們將其所不欲的思考或感受，無意識地投射到他人身上，他人即成爲解決此人自身問題的代罪羔羊。代罪羔羊投射是一個人將自己的期望與衝動歸因於他人，或自我使用投射來對抗認知的危險。認同或內射是代罪羔羊擔起這個角色。此外，安娜．佛洛伊德（Freud, 1936）將認同擴大解釋爲受害者與攻擊者的認同。也就是，當個人發現別無他法時，他就會向令人畏懼的權威認同，這也是代罪羔羊產生的原因之一。

拜翁（Bion, 1961）認爲個人在團體中表現認同行爲通常有三個過程：

1. 團體處於依賴狀態期，成員們企圖壓迫工作者負起團體的責任。團體成員就用指稱某成員出了問題的技倆來誘騙工作者，於是，尋找代罪羔羊的過程完成了。如果工作者拒絕負起團體的責任，尤其是針對出了問題的成員的責任，團體就像責難彌賽亞（Messiah）般地責難工作者。
2. 接著，成員們開始尋找新的領導者，就會有一對成員會被推出來再造團體，如果失敗了，其中有一位成員會推卸責任，這一對成員又成了新的代罪羔羊了。
3. 由於「戰鬥－逃離」（fight-flight）的行爲，團體的成員爲了保護團體而奮戰不懈。

除了心理防衛之外，緊張消除也是尋找代罪羔羊的目的。成員選擇一位代罪羔羊是因爲企圖消除仇恨所帶來的緊張，這些仇恨通常是成員不能也不願去面對的（Thelen, 1954），因此，將憤怒指向工作者或團體凝聚力。代罪羔羊也可能是種族、文化、性別刻板印象的結果（Johnson & Johnson, 2003）。

1960年代之後，由於社會變遷的結果，尋找代罪羔羊的理論更形複雜，其中有兩種理論興起。首先是家庭的代罪羔羊。阿克孟（Ackerman, 1966）指出家庭偏見（family prejudice）的產生有兩種型態，一種是熟識的偏見（intra-familiar prejudice），另一種是公共的偏見（public forms prejudice）。前者是私人的，後者是針對膚色、宗教或種族。他認為由於公共的偏見使得私人的偏見惡化或尋找家庭中的代罪羔羊。

第二種理論是「受傷者內在潛意識的情緒因素」（Northen, 1969）與團體成員鼓勵兩種觀點結合，而產生的「團體成員雙向的交流」（Shulman, 1967）。

1960年代，家族治療運動對尋找代罪羔羊理論有相當的貢獻。1970年代之後，對代罪羔羊的研究已攝取更多社會互動的觀念。到今天，我們不得不承認尋找代罪羔羊不單是成員人格的問題，也是團體氣氛、文化與衝突的結果。

(二)代罪羔羊與團體過程

尋找代罪羔羊的人往往是自戀型的人物（narcissists），他們強烈地渴望自己成為優秀的人，但是事實往往並非如此，他們不一定具有如此優秀的能力與人品，而只是情緒地認為自己是如此，且付出所有的努力以建立自己如其所欲的優秀。一旦無法如願，就會尋找代罪羔羊來作為自己之所以無法達成優秀結果的藉口，其所尋找的代罪羔羊就會被責難、欺凌（bullying）、虐待、壓迫、征服等。在伴侶間的施虐、家庭中的暴力、團體中的欺凌、國家間的征服，都有這類的情事發生。而這類的超級自戀狂往往是家庭、團體、社區、社會中最危險的人物，以討伐代罪羔羊作為實現自己的欲望，或掩蓋自尊挫敗的藉口。

至於代罪羔羊的人格特質、行為屬性、潛意識情緒，以及社會覺醒，已有一些討論，大致上，我們可以發現以下幾個特質：

1. 個人在發展社會可接受的適應性反應上的失敗。也許這是個人的習慣使然。
2. 代罪羔羊較不易察覺在團體互動中的非口語線索，他經常不能技巧地表達自己的堅持，而讓人覺得他很笨拙。同時，他也缺乏去控制他人的動機，反而，受到此種行為的懲罰。
3. 代罪羔羊有潛在的自我陷入傷害情境中，這種行為顯示出其缺乏適應性的學習能力（Garland, Jones, & Kolodny, 1973）。

4. 參考團體對代罪羔羊有成見，所以模塑了他現在的行為與期待。這些參考團體包括同儕、家庭與團體成員。

而代罪羔羊本身是一個受害者，不單單由個人的人格特質所引起，團體情境也是重要因素。什麼樣的團體情境最易造成尋找代罪羔羊的過程呢？

1. 團體處理緊張情況下：團體企圖以尋找代罪羔羊來控制衝突的結果，以平衡團體的緊張，因而導致非理性的妥協，曲解了團體的情緒生活。
2. 團體角色分化的偏頗與固著：偏見有橫的、縱的或對角線的，如男女相互歧視是為橫的偏見；年經人瞧不起老人是為縱的偏見；有權勢的人鄙視落魄的人，也是縱的偏見。偏見包括價值、規範的歧異，偏見使得尋找代罪羔羊固定發生於某些處於不利地位者的身上。
3. 團體與外在社區的衝突：由於團體不能為社會所完全接納，團體無能在外團體尋找代罪羔羊，因此，只好以團體內的代罪羔羊作為維持內部與外部均衡的手段。所以此時，承擔代罪者大多數是團體內社會地位較低的成員。
4. 成員與工作者的衝突：成員不敢對工作者表示憤怒的感受，只好尋找代罪羔羊作為洩恨的工具。依懷特與李彼特（White & Lippitt, 1960）的看法，獨裁式的領導者易於導致對代罪羔羊的攻擊。黎文（Lewin, 1948）也指出，在獨裁的團體裡，成員的地位一向不高，代罪羔羊的出現反映成員爭取高社會地位的渴望。
5. 團體凝聚力不高：團體的凝聚力越高越能處理內外的衝突。如果團體不能處理內在的衝突，則會尋找一個罪魁禍首來作為引起不協調感受的代罪者。
6. 團體目標不能達成：如果團體規範是以成就取向為主，而萬一不克達成或未能盡如人意，則傷害團體規範的事件會層出不窮，找出一位代罪羔羊也就不足為奇了（Bell & Vogel, 1960）。

第三節　團體的角色、規範與文化

一、角色分化

角色與地位是很難分開來解釋的兩概念，角色（roles）是地位（status）的動態面。個人預測他人的期待而去履行其地位的行動，稱之爲角色。地位是個人占有的位置，簡言之，是權利與責任的組合。權利與責任決定個人在團體或社區的位置，當個人去行使其權利與責任而產生影響時，他就在履行其角色了（Linton, 1936）。

邊尼與席特（Benne & Sheats, 1948）認爲團體中角色的分工是在於解決團體的問題，他們指出三組團體中的角色分工爲團體任務角色（group task roles）、團體建構與維繫角色（group building and maintenance roles）及個別角色（personal roles）。而依據貝爾斯（Bales, 1950）的團體互動分析觀點，團體中有兩方面的工作在進行：工具的與表達的。這與何門史（Homans, 1950）的團體系統概念可以相對稱。何門史把團體分爲內部體系與外在體系兩者，而體系包含了成員代表團體與成員間開始的行爲群（clusters of behavior），而此處的行爲群，其實相稱於角色（Henry, 1992）。

內部體系有時被稱爲表達體系（expressive system），由於其提供成員間與成員中相互表達的機會，因此又被稱爲「社會情緒體系」（social-emotional system），包含成員社會面與情緒面的連結。用亨利（Henry, 1992）的圖構來表達團體的內在結構（也是角色分化）如下：

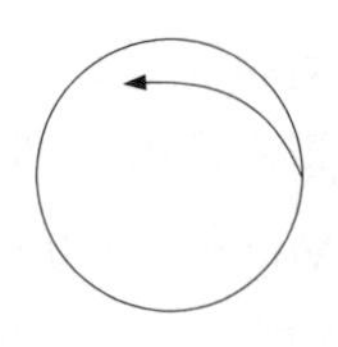

反之，如果成員爲了團體的效果與成就，而扮演某些與外界接觸的行爲，則團體的外在體系產生，因此，外在體系就如貝爾斯（Bales, 1950）

的工具的概念。再以亨利（Henry, 1992）的圖構來解釋如下：

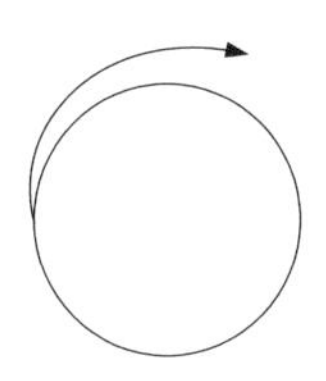

如果團體的角色履行完整，其型態應如下圖：

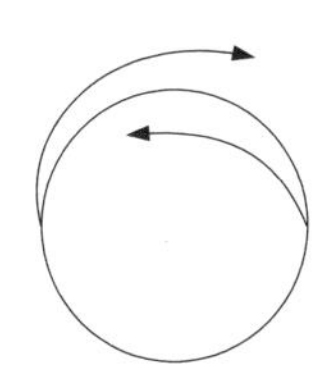

哈佛德（Hartford, 1972）認爲團體早期爲了促進成員的結合，必然多行使內部體系或表達的行爲；而到了後期，爲了達成團體任務，就較強調外在體系行爲了。

希普（Heap, 1977）與威爾森（Wilson, 1976）分別採納邊尼與席特（Benne & Sheats, 1948）的分類，將團體中常見的角色組列舉如下：

(一) 團體任務角色

這組角色的功能是在激發與協調完成共同任務的抉擇與界定，有12種角色：

1. 發起人或貢獻者（initiator-contributor）：建議新的意念或給予新的界定，或提出解決的辦法。
2. 資訊探求者（information-seeker）：尋求對提議的澄清，或尋求權威消息與事實資料。
3. 意見探求者（opinion-seeker）：不問事實原因，只問團體是否抓到要領。

4. 資訊提供者（information-giver）：提供經驗或權威報導。
5. 意見提供者（opinion-giver）：對建議案提出看法、意見、增補、修正、支持或反對。
6. 推敲者（elaborator）：舉例說明或提供合理的解釋，或將意見推演。
7. 協調者（coordinator）：為各種意見搭起橋梁，並穿梭於各次團體間，嘗試將意見與行動結合在一起。
8. 導引者（orienter）：指出意見的方向，導引目標，或提供討論方向。
9. 批判者（evaluator-critic）：提出一些標準來評價、質詢團體討論的實施、邏輯或程序問題。
10. 振奮者（energizer）：促成團體行動、分配任務、管制進度。
11. 程序專家（procedural technician）：促成團體行動、分配任務、管制進度與安排鉅細。
12. 記錄者（recorder）：提議的草擬與記錄，結論的登載。

(二) 團體建構與維繫角色

這組角色在於建構以團體為主的態度與導向，並維持團體不墜。其角色有七種：

1. 鼓舞者（encourager）：使用讚美、溫暖與團結的態度對他人，並且表現對他人意見與觀點的了解。
2. 調和者（harmonizer）：企圖使不同意見取得協調，並消除緊張與衝突，使場面輕鬆。
3. 妥協者（compromiser）：努力折衝於各種意見之間，尋求折衷辦法。
4. 守門員與稽核員（gate-keeper and expediter）：保持溝通孔道暢通，並且促成參與，激發溝通。
5. 標準設定者或自我理想者（standard-setter or ego ideal）：為團體設下一些功能運作的指標。
6. 團體觀察員與評論家（group-observer and commentator）：記錄各種團體過程的資料，提出解釋，並加以評估。
7. 追隨者（follower）：善於追隨團隊行動，或多或少接納他人意見，在團體討論與決策中，經常是一位聽眾。

(三) 個別角色

這組角色是在團體中個人爲了滿足自己的個別需求，而給自己一個角色的分派。可以有下列幾種（Zastrow, 2012）：

1. 攻擊者（aggressor）：經常使他人洩氣，反對他人的價值、行動與感受，攻擊團體與團體目標。熊老大（bear）就是這類人物，總是表現憤怒、激怒、挫折、怨恨、敵視，好像別人都欠他。
2. 阻撓者（blocker）：對他人的意見表示頑強的反對，不惜代價阻止反對意見被通過。
3. 暗槓者（withholder）：明明擁有資訊或資源，但總是留給自己，喜歡旁觀別人怎麼度過難關、推動團體前進。
4. 致命傷人者（beltliner）：每個人都有一些弱點，使自己極端敏感，例如：胖（身體特徵）、犯罪（過去的行爲）、失戀（不開心的事件），或淚點低（人格特質）。成員爲了團體和諧與凝聚力，往往會小心避免提及他人的弱點。但是，有些人就是很骯髒地故意攻擊別人的要害。
5. 入罪於人者（guiltmaker）：有些人會以讓人有罪惡感來控制別人。例如：「你都沒幫助我，而我卻一直在幫助你。」讓聽到這種話的人感到羞愧。這種人大部分都只是爲了滿足自己的需求，而非團體的利益。
6. 大驚小怪者（catastrophe crier）：這種人會把任何小錯誤、閃失都看得很嚴重，他在乎的不是團體如何發展解決問題的方法，而是聚焦在檢查事件有多嚴重。又稱問題導向者（problem-orientated）。
7. 抱怨者（whiner）：老是抱怨這個，埋怨那個，卻很少採取行動解決問題，只是希望人們注意他、同情他。
8. 背叛者（Benedict Arnold）：擁有一些團體的重要資訊，卻將之出賣給對方。這種人在團體中假裝很配合、忠誠。但是，又暗地裡阻止團體達成任務。有時，會在團體會期外批評、挑釁、分化，讓人誤以爲他很具批判性、進步性。
9. 吹毛求疵者（trivial tyrannizer）：這種人不會忠誠地分享團體關切的事務、挫折、不滿，而是干擾與打岔。他們經常遲到早退，不參加關鍵會議，卻在事後挑東挑西、吹毛求疵，名之爲表達自己的關切，卻是阻礙團體的發展。

10. 問題製造者（trouble-maker）：若破壞了團體目標，總可以找到半打以上的理由的人。
11. 奪權者（power grabber）：這種人權力欲望很旺盛，無時無刻在覬覦團體的領導權。例如：批評團體領導者、展現自己有多強、收買支持他的成員，爲的就是掌控團體。
12. 自我告白者（self-confessor）：利用各種機會表達個人而非團體導向的感受、意念與了解。
13. 心理分析師（psychoanalyzer）：總是一直在揣摩別人的心理狀態、動機、成因等，讓成員很不自在。
14. 追求肯定者（recognition seeker）：專門運用不同的方法來引起別人的注意，唯恐天下人不知。
15. 花花公子（playboy）：是個難得納入團體過程的遊蕩人物。
16. 小丑（clown）：在團體中總是嘻嘻哈哈不正經，即使別人想要嚴肅地討論議題，他還是依然故我。
17. 修補籬笆者（fence-mender）：是個築牆能手，處處封住團體的漏洞。
18. 捉漏者（cover-the cracks）：善於找到裂痕而加以掩蓋，保住很好的團隊氣氛的人。
19. 變換主題者（subject changer）：只要團體一碰到棘手問題或衝突，這種人就立刻建議換個題目，變換場景，避免衝突或無解。
20. 熱心的海狸（eager beaver）：拼命地幹活，但是較少注意到事情是否圓滿完成，比較在乎別人注意他的貢獻。
21. 支配者（dominator）：是個善於引導他人、具有權威、懂得控制、有很好解決問題能力的大師。
22. 過客（fellow-traveler）：是團體中的過客，到此一遊，志不在此。
23. 清教徒（blue-nose）：敏感而有原則，缺乏溫暖與人性。
24. 犬儒主義者（cynical）：好嘲諷別人，缺乏率直與誠懇的投入。
25. 單線思考者（one track-mind）：毫不變通，只要他反對的意見，怎麼樣都拉不回頭。

26. 自我中心者（egocentric）：凡是團體中發生大大小小的事件，他都會覺得與自己有關聯。
27. 偏執狂（paranoiac）：這種人極端不理性，懷疑成性，很難建立信任關係，凡事總是挑剔別人；他會努力找出一百個理由證明自己沒錯，錯都在他人。

以上這三大類組的角色，有積極性的，也有消極性的，但並不是負向的角色就對團體的發展不利，也不是任何正向的角色都對團體有利。同時，每一位成員在團體中也會因團體情境的改變而同時扮演不同的角色，只要團體中角色扮演不會有太大的衝突導致團體瓦解，也就不礙事了。

二、團體文化

團體文化（group culture）是團體中成員所有的事物、成員所做的事，以及成員所想的。團體成員經由與他人的互動而發展、維持、促成團體的文化。但是，文化並非團體互動本身，而是互動的內容、意義與主題。團體文化是團體控制力的來源之一，哈佛德（Hartford, 1972）認爲團體有四個主要的控制力：

1. 結構：團體組織、領導與團體管理。
2. 人際關係：人際的影響力。
3. 強制力：壓力、威嚇與恐懼。
4. 文化：團體的價值與規範。

團體文化是團體與外團體表現相異的特徵，產生我屬感，區分他、他們的指標（Henry, 1992）。而團體的特徵來自成員個人的意見、價值、生活方式、人格、角色，以及其他生活現象在團體中產生互動、有意義與影響他人，逐漸形成團體的獨特性。團體文化包括團體規範與價值。所謂團體的價值包括理念、信仰、意識形態，或有關於眞、假、對、錯、善、惡、品味、美、醜與中庸的理論。

彼德生（Peterson, 1979）認爲團體文化的最佳詮釋是視之爲團體分享資訊的過程，而這些資訊被用來引導與解釋它的行動。所以，它包含了規範，而有別於社會結構所主張的規範。組成團體文化的四個基本資訊型態是（Ridgeway, 1983）：

1. 行爲準則：就是一般所說的程序與角色規範。
2. 價值：團體用來假設與敘述目標與行爲的範疇。
3. 信仰：對世界的敘述，以及團體操作的方式，它可以肯定團體規範與行爲準則。
4. 符號：團體用之來表達信念、價值與基本身分的理念或符號，它對成員有其情緒上的意義。

團體文化來自內部成員的互動；同時，也來自環境的影響。例如：團體與他團體互動後，產生自我修正或獨特性。在現實生活中，經常可以發現一群年輕的少年男女穿著同樣格調的服裝、同樣的裝扮，與其他團體爭奇鬥豔。

團體文化表現於外，就是團體的獨特性，這些獨特性的符號表現是取名字、儀式、程序、語言、口號、關係的型態與表達關係的方式，以及裝扮。例如：有些團體成員一到公開場面，一定以自行設計的全副服飾出動，以表示一夥人的身分。而他們進出團體也有固定的儀式，如推薦大會或加盟儀式。他們使用相同的流行語言，或自創的語言，並存在大量的黑話，有時也呼叫或歡呼來聯絡或振奮士氣。他們之間的親密關係，以及表達關係的方式，如擁抱、擊掌、握手、接吻、撞胸等。在團體工作中，團體文化是展現團體爲一整體而非由個人的組合的一個指標。對團體文化的理解，使工作者能明確地覺察出團體的喜怒哀樂、合作競爭、焦慮緊張、興奮活力的現象。同時，團體文化也具有影響成員行爲的能力。

三、團體規範

當人們組成團體之後，經過幾分鐘的互動，他們很快就會建立自己的協調與管理行爲的準則，這些經過團體成員共同認定的準則，就是團體規範（group norms）。一個團體如果沒有管理行爲的標準或準則，這個團體很難維持穩定。

何門史（Homans, 1950）界定團體規範爲一種團體成員心中的理念，這種理念是可以轉換成特殊化的敘述形式，界定在某種既定環境之下，成員應該如何、必須如何，以及被期待如何。簡單地說，團體規範是指團體以屬於自己的溝通方式進行溝通，用自己的方法辦事，以及制約、影響、控制成員的行爲（Henry, 1992）。

團體規範的設定對團體的功能如下（Northen, 1969）：

1. 由整個團體來分享達成同意的責任，如此，可以促進團體凝聚力。
2. 規範能夠促進團體達成目標，即使團體的目標本身就是抽象的凝聚力或親密度。
3. 規範澄清團體的限制或界限，避免成員超出規定的行爲模式而產生脫軌行爲。
4. 對一些眞實事件的期待設定，使成員明確行事的質與量，以免過量或過深。例如：應該自我揭露到什麼程度，或應該表達多少感受等。

因此，團體規範提供一套團體達成目標的架構，也界定團體行爲表現的可容忍度，以及團體成員規約內在活動的期待水準（Balgopal & Vassil, 1983）。

團體規範形成的過程，是團體成員聚集在一起，爲了達成共同目標的追求而產生的。團體爲了達成目標，將面臨兩方面的問題：一方面是如何組織團體的資源與處理團體對外的關係，以達成團體目標。因此，必須要設定規範以界定團體與環境的關係，以及團體達成目標的手段，通常這組規範較傾向於地位的分配與領導體系。另一方面，團體必須發展處理社會情緒的原則，以滿足成員個別的需求，以維持順暢的工作關係。由於團體的型態不同，會著重在不同的規範選擇。不過，團體規範是在於增強團體的結構與生活風格，殆無疑義。所以，團體規範可以說是團體規範性的秩序（normative order）。關於團體規範性秩序有三種不同的形式如下（Ridgeway, 1983）：

(一) 程序規範（procedural norms）

這種規範基本上是界定成員間互動的準則。例如：互動是嚴肅的或是工作取向的？玩鬧的？情緒封閉的？冷酷的或情緒自然的？成員表達可以自由嗎？決策須先經過非正式的共識嗎？還是正式的投票即可？以及團體聚會的頻率等等都是程序的規範。

(二) 角色規範（role norms）

角色規範是劃定成員的行爲期待。例如：某一位成員被期待爲理念人物（idea person），他的行爲規範就與被期待扮演丑角人物的有所不同。亦即，當成員被賦予特定的地位時，他就被期待遵行應有的角色規範。

(三) 文化規範（cultural norms）

文化規範是指團體集體的信念、態度、價値、迷思、儀式與自我印象。團體文化規範是特異於其他團體的，例如：某一個團體會自詡在這個團體之內，沒有一位成員會想要離開，因爲我們的團體給大家最好的關心與照顧，這種信念也就是團體文化規範的例證。

程序規範與角色規範較容易形成，而文化規範經常一點一滴慢慢累積，在短期的團體裡很少存在團體文化規範，而在長程的團體裡文化規範成爲團體象徵的重要部分，而文化規範事實上已經可以說成是團體文化了。本書將規範包含於文化中也就是這個道理。

第四節　團體的決策與凝聚力

一、團體決策

團體決策（decision making）是團體發現解決問題的方式的決定。在團體進行決策前，會有一段思考的過程，包括思想與理念的滾動，情緒與感受的泛濫，也就是貝爾斯（Bales, 1950）所說的認知與影響的行動。但要提醒團體的思考避免陷入團體盲思（團體迷思，groupthink）。團體盲思是一種團體的心理現象，成員渴望和諧與順服，而出現非理性與失功能的決策。期待團體盡快出現凝聚力，往往促使成員不惜犧牲任何代價，降低衝突，減少批判性意見，以利盡速取得一致的共識。懷特（William H. Whyte）於1952年於《財富》（*Fortune*）雜誌首先提出這個概念。堅尼斯（Janis, 1971）以1961年美國甘迺迪政府誤信中央情報局的資訊，資助流亡美國的古巴人入侵古巴南岸的豬玀灣事件失敗的決策，以及1941年日本突襲珍珠港的經過，來形成團體盲思的模型。

堅尼斯（Janis, 1971）指出團體陷入盲思的八個警訊：(1)對團體無懈可擊的錯覺；(2)對團體的道德深信不疑；(3)集體對決策的合理化；(4)對反對者的刻板化偏見；(5)異議者出現自我審查；(6)視沉默者爲無異議的錯覺；(7)施壓異議者；(8)指派心靈守衛（mindguard）鞏固決策。

影響團體的思考的因素包括：

1. 開放的溝通。
2. 團體的能量。
3. 思考的目標條件。
4. 團體發展的程度。
5. 團體情緒的水平。
6. 成員的自我與轉向。
7. 人際網絡的本質。
8. 團體領導功能的過程。

經過團體的思考的過程，決策才可能有效。決策反映團體共識的過程，通常領導者必須協助團體成員區分事實與特殊意見的價值，澄清推論與曲解的意見。領導者在決策過程中也可不表示意見，以產生團體的不規則與挫折現象，尤其是在敏感訓練團體或治療性團體（Hartford, 1972）。

團體達到最後同意的方法，大致有下列數種（Johnson & Johnson, 2003; Henry, 1992）：

1. 投票表決。
2. 整體共識。
3. 說服少數人放棄意見。
4. 平均個人意見。
5. 由專家來說服。
6. 由權威者宣布討論後之意見。

7. 不必經過討論即由權威者宣布決定。

二、團體凝聚力

凝聚力（cohesiveness）是影響所有成員停留在團體的整合力（Festinger, 1950）。凝聚力也被說成「束縛」（bond）或「黏膠」（glue），亦即使團體聚在一起（group together）的力量（Coyle, 1930）。凝聚力表現在團體成員的我們（we）、我們的（ours），以及我們（us）上。凝聚力除了表現在隨時隨地不分離的感覺外，也表現在成員間可以呈現其個殊性（individuality）（Henry, 1992）。

凝聚力有時候直接被當成人際吸引力（interpersonal attraction）。卡特萊特與任達（Cartwright & Zander,1968）認為個別成員會被團體所吸引，主要是因為：

1. 團體本質的吸引力，如團體目標、方案、大小、組織型態，以及在社區的位置。
2. 個人的動機，成員能夠從團體中獲得需求滿足、安全、認可，以及其他事物的獲得。
3. 成員的吸引力。
4. 團體協助個人達到靠個人所不能獨自獲致的目標。

佳文（Garvin, 1997）認為除成員的吸引力、團體的目標、活動，以及社會地位之外，社會工作者也是吸引成員的重要因素。此外，希包特與凱利（Thibaut & Kelly, 1959）所指出的「相對的比較水準」（the comparison level for alternatives），也就是個人用來決定是否保有該項人際關係的標準。亦即，「機會」（opportunity），也是一個重要的變數。亨利（Henry, 1992）指出，凝聚力的產生有內外兩方面的因素，內在因素就是來自成員與團體，外在因素指外環境的壓力。佛德門（Feldman, 1968）綜合費斯汀格（Festinger, 1950）的概念加以特殊化指出，凝聚力在團體中至少有三種型態。第一種是友誼與互助的連結，即是「人際整合」（interpersonal integration）；其次是來自組織結構的「結構功能整合」（structural-functional integration）；最後才是成員分享信念的「規範性整合」（normative integration）。

凝聚力相近於團體中一對一互動的關係，葉龍（Yalom, 2005）認爲這是團體效果的重要因素，如果個人感覺缺乏歸屬感或吸引力時，成員覺察到不能從團體中獲得利益，團體將產生負效果。人際吸引力或人際整合產生的原因是由於成員的相似性，如性別、年齡、種族、社經地位，以及行爲模式如問題型態、解決問題的方法、參與活動與興趣等。

關於問題的同質性或解決問題的方式，或是成員繼續保留病態的解決問題方式，則工作者要能引發爭論，產生不同的解決問題方式，如此，團體才能刺激新的概念與行爲。如是這樣，團體就是葉龍所謂的「不一致」（dissonance）。葉龍指出，並沒有證據能證明深思熟慮的異質性團體組成有利於治療。同時，也認定凝聚力是治療性團體組成的基本方針。他肯定凝聚力是治療性團體的重要條件，因爲要使成員願意留在團體中一段較長的時期來接受成員間深度的人際過程，以達到治療效果，就必須要能使團體產生凝聚力。不過，同質性也不一定是形成凝聚力的唯一條件，事實上，社會工作者處理各種不同形式的團體，也有很多是無法完全同質性的。

芮聚衛（Ridgeway, 1983）指出凝聚力高低對團體產生下列影響：

1. 團體內溝通的品質與數量：溝通越頻繁與有效將導致凝聚力的提高；反之，凝聚力高的團體也有較多的溝通。
2. 成員維持效忠與滿足：高的凝聚力較易於維持成員在團體中的興趣。
3. 團體的權力超出個人的意見與行爲：高凝聚力的團體有較高的順服性（conformity）；因此，個人較少有自由去背叛團體的壓力。
4. 團體目標的能力：凝聚力越高，團體越有能力去達成目標。
5. 團體文化的精緻化：當飛（Dunphy, 1968）指出，高凝聚力的團體較能發展複雜的文化。團體缺乏凝聚力必然使成員用較高的心思去設計儀式來維持團體的核心注意力，而一旦團體產生了我們－他們（we-they）的觀念，則表示團體已有了心理上的界限，就不再靠儀式來維持團體，而形成較多的精緻團體文化。

參考書目

英文部分

Ackerman, N.W. (1966). *Treating the troubled family*. NY: Basic Books.

Bales, R. F. (1950). *Interaction process analysis: A method for the study of small group groups*. Mass: Addison-Wesley.

Balgopal, P. R., & Vassil, T. V. (1983). *Groups in social work: An ecological perspective*. New York: MacMillan Publishing Co., Inc.

Bavelas, A. (1950). Communications patterns in task orientation groups. *Journal of the Acoustical Society of America, 22*: 725-730.

Bell, N. W., & Vogel, E. F. (1960). *A modern introduction to the family.* Routledge & Kegan Paul.

Benne, K., & Sheats, P. (1948). Functional role of group members. *Journal of Social Issues, 4*(2): 41-49.

Berger, J., Cohen, B. P., & Zeldich, M. Jr. (1972). Status characteristics and social interaction. *American Sociological Review, 37*(3): 241-255.

Berne, E. (1961). *Transactional analysis in psychotherapy*. NY: Grove Press, Inc.

Bernstein, S. (eds.) (1965). *Explorations in group work*. Boston: Boston University School of Social Work.

Bion, W. R. (1961). *Experiences in groups and other papers*. London: Tavistock.

Bogardus, E. S. (1947). Measurement of personal-group relations. *Sociometry, 10*(4): 306-311.

Cartwright, D., & Zander, A. (1968). *Group dynamics: Research and theory* (3rd ed.). New York: Harper & Row, Publishing.

Coyle, G. L. (1930). *Social process in organized groups*. NY: Richard R. Smith.

Dunphy, D. (1968). Phase, roles, and myths in self-analytic groups. *Journal of Applied Behavioral Science, 4*(2).

Feldman, R. (1968). Interrelation among three bases of group integration. *Sociometry, 31*(1).

Festinger, L. (1950). Informal Social Communication. *Psychological Review, 57*: 271-282.

Follett, M. P. (1927). *Dynamic administration*. New York: Harper & Brothers Publishers.

Freud, A. (1936). *Ego and the mechanisms of defense*. NY: Indiana University of Pennsylvania.

Garland, J., Jones, H., & Kolodny, R. (1973). A model for stages of development in social work groups. In Saul Bernstein (ed.), *Explorations in group work*. Boston University School of Social Work.

Garvin, C. (1997). *Contemporary group work*. Englewood Cliffs, New Jersey: Prentice-Hall, Inc.

Goffman, E. (1961). *Encounters: Two studies in the sociology of interaction-fun in games & role distance*. Indianapolis, Bobbs-Merrill.

Hare, A. P. (1976). *Handbook of small group research* (2nd ed.). NY: The Free Press.

Hartford, M. E. (1972). *Group in social work*. New York: Columbia University Press.

Heap, K. (1977). *Group theory for social workers: An introduction*. Oxford: Pergamon Press.

Henry, S. (1992). *Group skills in social work: A four dimensional approach*. Itasca, Illinois: F. E. Peacock Publishers, Inc.

Homans, G. C. (1950). *The human group*. New York: Harcourt Brace Joranovich.

Janis, I. L. (November 1971). Groupthink. *Psychology Today, 5*(6): 43-46, 74-76.

Johnson, D., & Johnson, F. (2003). *Joining together: Group theory and group skills* (7th ed.). Boston: Allyn and Bacon.

Klein, A. F. (1972). *Effective group work*. New York: Association Press.

Leavitt, H. J. (1951). Some effects of certain communication patterns on group performance. *Journal of Abnormal and Social Psychology, 46*: 38-50.

Lewin, K. (1948). Resolving social conflicts. In G. W. Lewin (ed.), *Selected papers on group dynamics*. New York: Harper & Row.

Linton, R. (1936). *The study of man*. NY: Appleton Century Crofts, Inc.

Luft, J. (1963). *Group process*. Palo Alto, CA: National Press Book.

Knowles, X., & Knowles, H. (1959). *Introduction to group dynamics*. New York: Association Press.

Milson, F. (1973). *A introduction to group work skill*. London: Routledge and Kegan Paul.

Mintzberg, H. (1973). *The nature of managerial work*. NY: Harper & Row.

Moreno, J. L. (1934). *Who shall survive?* NY: Beacon House.

Northen, H. (1969). *Social work with groups.* New York: Columbia University Press.

Newcomb, T. (1956). The prediction of interpersonal attraction. *American Psychologist, 2*: 575-586.

Peterson, R. A. (1979). Revitalizing the culture concept. *Annual Review of Sociology, 5*, 137-166.

Phillips, M. (1965). *Small social groups in england.* London: Methuen.

Ridgeway, C. L. (1983). *The dynamics of small groups*. New York: ST. Martin's Press.

Shaw, M. E. (1976). *Group dynamics: The psychology of small group behavior* (2nd ed.). New York: McGraw-Hill.

Shulman, L. (1967). Scapegoats, group workers, and pre-emptive intervention. *Social Work, 12*(2): 37-43.

Thelen, H. (1954). *Dynamics of group at work. Chicago*: University of Chicago Press.

Thibaut, J. W., & Kelly, H. H. (1959). *The social psychology of groups*. New York: John Wiley.

White, R. K., & Lippitt, R. (1960). *Autocracy and democracy,* NY: Harper & Bros.

Whitman, R. M. (1964). Psychological Principles underlying T-Group process. In L. P. Bradford, J. R. Gibb, and K. D. Benne (eds.), *T-Group theory and laboratory method*. NY: John Wiley.

Wilson, G., & Ryland, G. (1949). *Social group work practice: The creative use of the social process*. Boston: Houghton Mifflin Co.

Wilson, G. (1976). From practice to theory: A personalized history. In R. W. Roberts and H. Northen (eds.), *Theories of social work with groups* (pp. 1-44). NY: Columbia University Press.

Yalom, I. D. (2005). *The theory and practice of group psychotherapy* (5th ed.). New York: Basic Books.

Zastrow, C. H. (2012). *Social work with groups: A comprehensive worktext*. Brooks/Cole.

第六章
團體發展

團體發展（group development）是指團體被視爲一個生命體，隨著組成的成員差異、目標、領導者的作爲，以及回應外部環境的互動，而朝向某個方向移動的走勢，又可說成是團體的生命循環（group life cycle）。團體發展通常不是遵循一個標準化的發展階段前進；然而，卻可以發現任何團體均有其約略可循的發展走向。正如諾仁（Northen, 1969）所說的：

「的確，沒有任何團體的移動是隨著一個有秩序的步調；但是，成長卻在一種前進與後退均不規律的階段，以及朝向新的凝聚中獲得。大多數的團體的移動還是可以看出不同的階段發展。」

團體發展受到三方面的影響，一是受到成員模糊的共同特性所決定；二是由於成員間共同目標的連結關係所導引；三是隨著團體回應外部環境的互動而前進。所以說，團體發展階段是由團體內部系統的變動不居與外部環境的互動關係所開展出來的。

第一節　一般團體的發展階段

團體發展採用階段（stage）的觀點，依諾仁（Northen, 1969）的說法是因爲團體在發展、成長或變遷中，有一可區分的時段或可辨識的程度。「階段論」的價值在於引導工作者去預測未來的情境、安排團體目標、配合需求，以及引導出樂觀的感覺，但是其風險則在於過程不一定精確吻合理論。

也就是說，團體發展階段論可以協助社會工作者或團體領導者預測團體可能的前進路線；但是，沒有任何一個團體發展的時段與路徑是相一致的。因此，工作者不能死抱著團體發展階段論，而導致與所領導的團體脫節。本節先就各學者專家對團體發展的研究結論，舉出其不同的分段標準；下一節再配合本書的觀點擬出一套綜合性的團體發展模型。

一、塞倫（Thelen, 1954）的四階段說

1. 第一階段：團體中的個人爲了造就一個他們能夠習慣，而且覺得舒適的團體習性所做的種種努力。此時，團體成員迫切地期待強有力的領導者出現，他們渴望每位成員都能參與，希望能盡快有所作爲，也期望能盡速掌握他人的資料。但此時不會有眞實感受的表白，而且每位成員都會把過去參與團體的經驗帶進來。
2. 第二階段：是挫折與衝突時期。這種挫折與衝突來自團體內部地位的不穩定，尤其是對領導地位的期盼。一方面期待領導者負起責任；另一方面又盼望自己能取而代之，以便讓事情得以進展。因此，一種既臣屬又敵視的兩極情感產生。
3. 第三階段：團體發展出一種始終如一的感情，以及不計任何代價都要避免衝突的意願。爲了滿足個人及團體的需求，團體成員一味地傾向安定和諧的情境。如此，團體將變成靜態的，缺乏團體衝突所產生的成長動力。
4. 第四階段：成熟地維持以團體爲中心的性格，並且意識到團體中他人的權利及相互影響的過程。此時，團體強調以任務達成爲主，較不強調以過程爲中心（Potter & Anderson, 1970；周勳男譯，1978: 17-8）。塞倫（Thelen, 1954）的觀點完整地呈現在其《團體運作的動力》一書中。

二、米爾斯（Mills, 1964）的團體轉型分析

密爾斯在其《團體轉型》（*Group Transformation*, 1964）一書中，指出團體的生命歷經五個時期：

1. 邂逅（encounter）。
2. 試探團體中的界限與模塑角色。
3. 協調出團體中的規範性系統。
4. 生產。
5. 分離。

三、塔克門（Tuckman, 1965）的四階段說

塔克門先從治療團體的研究中形成他的團體發展理論基礎，接著又去觀察訓練團體、實驗團體，以及自然團體，從這些團體的經驗中得到以下看法：

1. 形成期。
2. 風暴期（storming）。
3. 規範期。
4. 成就期。

四、葛蘭、瓊斯與寇洛尼（Garland, Jones, & Kolodny, 1965）的五階段說

葛蘭等人是以心理的連結（psychological connection）來區分團體的發展，他們認爲團體並非線型的發展，而是一種鑄形（matrix）或近似螺旋形（spiral-like）的發展。其對團體發展的階段分階如下：

1. 結盟前奏（pre-affiliation）：成員的結盟是團體初期發展的重點，成員對團體往往有欲拒還迎的掙扎。對團體活動或事件是否參與，常有遲疑不決的反應，以及是否投入或投入多少的矛盾。此時，成員之間關係不夠親近，必要時用一些輔助性活動來增進熟悉。
2. 權力與控制（power and control）：當成員覺得團體有潛能滿足他的需求時，團體就進入另一個階段，即權力、控制、地位、技巧、決策重點時期。成員會考驗領導者或相互試探，界定你、我、他的關係。
3. 親密（intimacy）：這個時期成員投入團體更深，願意敞開個人感受，試圖獲得他人之間的滿足感，而有所謂排行的出現，無形中會把團體與家庭比擬。此時成員之間顯得相當有能力設計與實現團體計畫，成員間相互體會到團體經驗的意義，並認識個人在其中的成長與改變。
4. 分化（differentiation）：這個時期的成長開始逐漸接納自己在團體中與別人都是不同的。開始認清領導者是獨一的人，而團體也是提供獨一

的經驗。成員要求的關係與需求都更加具現實感，成員間的溝通良好，團體凝聚力強。而權力關係得以澄清，彼此給予自主和親密的自由。團體出現成熟的親密與相互接納，自由地位與個人的需求，並有能力區分與評價彼此的關係，於是形成了良好的團體功能。

5. 分離或結束（separation/termination）：團體經驗已完成，成員面臨分別，需要發現新資源以迎合社交、娛樂、職業性的適應。結束過程中會有一些現象在團體中重現，如否定、退化、過去經驗的概括、評價過高，甚至有成員會說：「我們仍需要團體」等（Whittaker, 1970; Trecker, 1972）。

五、緬恩（Mann, 1967）的團體功能分析

緬恩採取帕深思（Talcott Parsons）的結構功能學說（structural functionalism）來描述團體的發展，這種分析原被運用於分析社會單位中爲了生存而有的行動模式，包括潛在的模式維持與緊張處理（latent pattern-maintenance and tension management）、適應（adaptation）、整合（integration），以及目標達成（goal attainment）等四個功能。緬恩將之對應於團體的發展：

1. 初期的抱怨：基本上是模式維持的功能，即成員在尋求情境的定義。
2. 早熟的觸動：反映出成員想利用新的技巧去分析人際行爲，類比於結構功能學派中的適應。
3. 面質（confrontation）：團體重新組織，使成員找到新的技巧而不太依賴領導者，很像帕深思的整合功能。
4. 內化：成員開始工作，這是目標達成的功能。
5. 分離：這又回到第一階段，成員再次對彼此間的關係下定義。所以說是一種模式維持的功能（高淑敏、陳美芳、李執中，1983: 169-205）。

六、沙瑞與葛林斯基（Sarri & Galinsky, 1974）的七階段說

1. 初期：成員參照團體的組成及可預見的目標，展望未來的發展。
2. 形成期：成員之間尋求相似性與交互性，對團體目標初步的關注，顯露出個人的社會連結與準團體（quasi-group）的結構出現。
3. 中期（I）：中度的團體凝聚力出現，團體目標的再澄清。可觀察到已投入的成員所表現出朝向團體目標的行動。
4. 校正期：成員對目前團體結構挑戰，對團體目標與運作程序的再修正。
5. 中期（II）：團體已逐漸成熟，故中期（I）的特性會再度出現，但此期比中期（I）有較高的整合性與穩定性。
6. 成熟期：團體結構、團體目標、團體運作與管制程序都已穩定化，團體內文化試著擴展到團體外，成員對內在與外在壓力能更有效地反應。
7. 結束期：團體可能由於目標已達成，或成員失調，或缺乏整合，或預訂團體聚會期間已屆而解散（Whittaker, 1970; Heap, 1977）。

七、崔克爾（Trecker, 1972）的六階段說

1. 開始階段：成員第一次聚會。
2. 出現一些團體感覺，組織與方案。
3. 團隊、目標與凝聚力的發展。
4. 強烈的團體感覺，目標達成。
5. 興趣減退，團體感覺降低。
6. 結束階段：考慮團體是否繼續。

八、亨利（Henry, 1992）的六階段說

亨利的六階段說非常神似葛蘭、瓊斯與寇洛尼（Garland, Jones, & Kolodny, 1965）的五階段說，再加上哈佛德（Hartford, 1972）的五階段說。

1. 發起：這也是一般所說的前團體階段，工作者決定組成團體，並進行相關的準備，如公告、面談等。
2. 召集：進行第一次的聚會，以及初期的趨避困境（approach-avoidance dilemma）。
3. 形成：團體建立人際連結、角色分工、團體規範形成、發展共同的目標。
4. 衝突／失衡：這個階段與前述許多學者所主張的風暴期、分裂、權力與控制等相近。
5. 維持：團體我屬感增強、穩定、有效地進行工作、治療或完成任務。
6. 結束：成員有效地運作自身的功能。

九、女性主義團體的關係模型

席樂（Schiller, 1995）依女性參與團體的特質，參考葛蘭、瓊斯與寇洛尼的五階段說，發展出女性團體發展的修正五階段，亦即所謂的關係模型（relational model）：

1. 結盟前奏：如同葛蘭、瓊斯與寇洛尼所言，成員在團體一開始企圖試探這個團體是否屬於她，信賴與初步的承諾被發展，但是趨避困境也是常有的現象。
2. 建立關係基礎：女性團體不像男性團體或性別混合團體會及早發展出控制與風暴，女性團體在初期會投注較多的努力於追求安全的連結。女人在第二階段會結合在一起形成一個結盟體，以及連結建立一種安全感。之後，才會去處理衝突或挑戰性的活動，因此，不會在此時就去探索限制與界限，挑戰地位與權威，或是競爭。例如：受暴婦女團體在此時被允許討論決定是否離開其伴侶，以及如何才能強化安全感，特別是孩子被丈夫當成人質時的恐懼。
3. 互惠與人際的同理：此時，結合了葛蘭、瓊斯與寇洛尼的親密與分化的要素，團體超越單純的連結與相似性的認知，而進入同理地連結與區辨差異，但尚未進入衝突的表面化，或相互挑戰。成員在結盟與連結的脈絡下彼此欣賞個別差異。例如：不孕症婦女團體此時雖然已發現姊妹各有不同處境，但是還是坐在同一條船上，必須相互同理對方的處境，互惠地支持對方。

4. 挑戰與變遷：女性團體也不可避免地會在團體中發生衝突與相互挑戰，原因往往不只是地位、權威，或試探工作者的限度與界限，而也包括各因爲生命經驗不同而產生的相互批判，例如：在女兒被丈夫性侵害的團體中，有婦女可能因忍受不了夫妻分離，或試圖挽救與丈夫的感情，或受不了夫家的要求而前去探望獄中的丈夫，這種個別求生存的行徑得不到其他團體成員的認同，可以預見地，會惹來群起攻之。這是女性團體很特別的經驗，因爲社會文化對女性的束縛仍是團體在短時間內所難以助其解套的。但是，經過相互挑戰之後，變遷才眞正開始，更多的確信與覺醒，或充權才會發酵。
5. 分離或結束：團體結束，準備分離的儀式與結案。

十、其他學者的看法

除了以上所陳述的九種對團體發展的不同看法外，尚有一些學者也曾提出他們的獨特見解。如諾仁（Northen, 1969）認爲團體發展是依：(1)引介；(2)試探與驗定；(3)問題解決；(4)結束等四個階段演變。

葛立德威爾（Glidewell, 1975）的看法是：(1)謹愼地試探、納入；(2)衝突；(3)團結；(4)工作。

哈佛德（Hartford, 1972）則從團體工作的經驗中理出團體發展的過程如下：(1)團體前；(2)組成；(3)整合、分裂與再整合；(4)團體功能運作與維持；(5)結束。

陶士南與瑞瓦思（Toseland & Rivas, 2011）用社會工作過程的角度來區別團體發展的階段爲：(1)計畫；(2)開始；(3)評估；(4)工作；(5)評鑑；(6)結束。這個說法其實比較不像團體的發展階段，而較像團體工作的工作過程。

爲了讓讀者易於了解，特將以上所提到的各家對團體發展的看法表列於次，如表6-1。

表6-1　團體發展階段比較

主張者 階段	塞倫 （1954）	米爾斯 （1964）	塔克門 （1965）	葛蘭瓊斯寇洛尼 （1965）	緬恩 （1967）	沙瑞葛林斯基 （1974）	諾仁 （1969）	崔克爾 （1972）	哈佛德 （1972）	葛立德威爾 （1975）	亨利 （1992）	陶士南瑞瓦思 （2001）
一	適應					初期		開始	團體前		發起	計畫 開始
二	挫折 衝突	邂逅 試探界限 模塑角色	形成	建立親近 之前奏	初期的 抱怨 早熟的 觸動	形成	引介	團體感覺	組成	謹慎地 試探納入	召集 形成	評估
三	安定 和諧	協調出團 體的規範 性系統	風暴	權力與 控制	面質	中間期 （I） 修正	試探 驗定	凝聚力	整合 分裂 再整合	衝突	衝突／ 失衡	工作
四	維持		規範	凝聚		中間期 （II）	問題解決	目標達成		團體	維持	評鑑
五		生產	成就	差異	內化	成熟		興趣衰退	團體功能 動作與 維持	工作		
六		分離		分離	分離	結束	結束	結束	結束		結束	結束

第二節　社會工作團體的發展階段

前節所述眾多學者對團體發展的看法，其中有幾位學者的看法較傾向於社會工作的觀點，也就是著重於透過對團體發展的了解，以推演出一套可運作的社會團體工作過程。因此，本節特以社會工作團體的發展稱之，以有別於一般非由社會工作者領導的團體。這幾位學者包括常被提及的哈佛德（Hartford, 1972）、諾仁（Northen, 1969）、葛蘭、瓊斯與寇洛尼（Garland, Jones, & Kolodny, 1965）、沙瑞與葛林斯基（Sarri & Galinsky, 1974）、亨利（Henry, 1992）等人。這些學者縱使都是從社會團體工作實務出發，但是其階段劃分乃有所差異。本書綜理各家學說，擬出一套適合社會工作的團體發展過程；同時，也推演出下一篇的社會團體工作過程。

一、團體啟動期（initial phase）

這個階段哈佛德（Hartford, 1972）稱之團體前（pre-group），且將之區分為私下期（private aspects）與公開期（public aspects）。諾仁將這個階段區分為兩個主要任務：啟動任務（initial task）、接案過程（intake processes）。而葛蘭、瓊斯與寇洛尼則使用結盟前奏（pre-affiliation）的概念來說明之。沙瑞與葛林斯基的概念則稱之為開始階段（origin phase）。

依哈佛德的分類方式，團體前的私下期是指團體工作者未將團體組成的訊息公諸於世，也就是團體成員都是未知的、未整合的。伯恩（Berne, 1966）認為這個階段只是在團體組織發起人的心中存在著。工作者一面試圖去設定團體目標，讓機構認可，同時思考如何才能對潛在的成員有益；一面要複習接案的技巧或決定一些團體的基本內容，如人選、時間、方案與技巧等。

當這些私下的構思逐漸成熟後，工作者即將之公開，團體即步入團體前的公開期。公開的事務包括聚會地點、時間、期限、團體大小、目標，以及共同的注意事項等。工作者也要開始接受可能成員的諮詢，此時也是相互溝通的好機會。工作者開始安排團體前會談（pre-group interview）來決定成員的資格，評估成員的能力，並溝通目標、契約、角色行爲，以及準備進入團體。團體前的會談是工作者與成員建立初步關係的好機會。對於社區組織中的團體來說，此時是開始接觸與學習如何在社區中認知和參與各種問題與需求，以及決定開會的意願。

總而言之，團體啟動期是決定團體目標與內容，完成契約與提供服務的開始（Northen, 1969）。而這些團體前的計畫、評估、會談與選擇成員都是工作者的分內工作（Henry, 1992）。

二、團體聚集期（convening phase）

從第一次見面開始，成員進入新的情境。通常一開始團體總是充斥不滿、緊張、多話的、嘲笑與畏縮。葛蘭、瓊斯與寇洛尼描述此時的情景爲趨避困境（approach-avoidance dilemma）、判斷情勢（sizing up the situation），或試探水流（test the water）。

克萊恩（Klein, 1972）指出團體首次會面是導引（orientation）的開始。這時有兩組明顯的行爲發生；一組是沉靜而退縮的；一組是活力而粗糙的。每位成員總是試探性的、機伶的、揣測的，以及爲了達到目的而又考慮到安全性。在此情境下，成員的心情是焦慮的、恐懼的、封閉的、僞裝的與不友善的。對工作者來說，成員鮮有信任他的，成員不相信專業技巧，懷疑工作者的企圖，把怨恨指向代表權威的工作者身上，尤其是治療性團體與強制性組成的團體，如學校的心理輔導室、精神科醫院、少年觀護所等機構的團體。

此時工作者幾乎是聚集了成員心理與情緒，而成爲團體過程與動力的代理。成員爲了擁有歸屬感而奮鬥；領導者一面協助成員澄清期待與抱負，認定每個人的共同需求，同時又得面對成員的抗拒與過度的依賴。

三、團體形成期（formation phase）

一旦成員開始與他人互動、建立其人際關係結（interpersonal ties）、扮演團體角色、產生團體的規範體系、建立團體的共同目標，以及開始行動，於是，團體開始形成。團體一形成就會有凝聚力的產生、溝通網絡與決策模式的建立。團體體系開始運作，成員很強烈地依附於他人、團體與工作者身上。

班尼斯與薛帕（Bennis & Shepard, 1970）認為團體成員對領導者、其他成員或團體本身有依賴惑的產生。而拜翁（Bion, 1961）認為此時成員高度地依賴工作者，進入依賴狀態（dependency state），成員期待工作者提供安全與保護，以實現目標。相對於強有力的工作者，成員顯得無助、不成熟、生疏與脆弱。然而，一旦未如預期，成員也在為下一步的衝突做準備。伯恩（Berne, 1966）認為此時開始分化領導群，人們開始有其角色功能，他們發現自己的角色，清楚團體的目標，參與團體的方向，滿足自己的期待。塔克門（Tuckman, 1965）認為團體形成將產生導引作用、試探、認同、人際關係、任務的行動，以及互賴關係。而克萊恩（Klein, 1972）將此階段界定為抗拒期（resistance phase），成員為自由而奮鬥，他們反抗權威、反抗領導者、企圖滿足自己的需求、攻擊他人，以及試圖爭取權力。

四、團體衝突期（conflict phase）

稱此階段「衝突」是葛立德威爾（Glidewell, 1975）的用法。哈佛德（Hartford, 1972）稱之為整合、分裂與再整合時期，意指團體形成後隨即進入整合階段，但並非整合之後就不再分裂。貝爾斯（Bales, 1950）發現四個會期的團體中，第二階段具有負性的社會情緒行為發生，類似於塔克門（Tuckman, 1965）所說的風暴期。而薛佛（Shepherd, 1964）則稱之為迷戀邊緣（enchantment-disenchantment）的階段，意指團體仍然在掙扎中進行。拜翁（Bion, 1961）認為此時團體成員進入戰鬥與逃離狀態

（fight-flight state）[1]，團體成員爲了保護自己的利益，而反擊那些破壞其實現目標的成員或領導者；或者發現無法擊敗敵人，也會採取逃離團體的打算，拒絕再參加團體。工作者可以成爲指揮官，動員成員反擊，或是任由成員逃離，且必須認識到團體處境的危險，也可能會有人犧牲。但是，並非所有團體都必須經歷此一階段，有些團體是可以順利跨過的。

克萊恩（Klein, 1972）認爲此時是協商期，成員們努力在尋求安頓（to find a niche），而產生下列四種行爲：

1. 成員計謀控制團體和試探工作者的容忍力。
2. 試探領導者的主張，使其不能壓制或掌握團體。
3. 當工作者說明成員可自由表達各種意見，以及負責團體一切事務時，成員會感到焦慮。
4. 成員開始發展相互關係。

衝突本質上是成員間的競爭，一面試圖去超越其他人，一面又有強烈的分離欲望，想從不同於自己所期待的經驗中分離。這種動力的起源是恐懼喪失自主權與抗拒環境，不過，它仍然可能具有「鐘擺效應」（pendulum effect），受到前一階段依附感的影響，成員還是會再去驗定團體對他們的意義，再度選擇投入與承諾。所以說，分裂之後，可能再整合。

五、團體維持期（maintenance phase）

團體經過了輾轉掙扎與前進，逐漸能明顯地表現團體的功能與維繫團體的進行。克萊恩（Klein, 1972）認爲此時團體目標變得有意

---

1 戰鬥與逃離狀態（fight-flight state）是肯農（Cannon, 1915）提出的概念，從觀察動物遭遇到威脅時，交感神經釋放出的行爲反應，準備戰鬥或逃離現場，後來被擴大到各種反應，出現戰鬥、逃離或僵持（fight, flight, freeze），或戰鬥、逃離、僵持、乞憐（fight, flight, freeze, fawn），端視不同的動物與威脅情境。運用於人類行爲，也有類似的過度警覺（hyperarousal response）或緊急壓力反應（acute stress response）。

義，亦即團體目標突然出現。如果是以人為中心的團體，此時可能達到貝爾斯（Bales, 1950）所說的社會情緒得到支持與感受的表白。何恩（Hearn, 1958）認為目標的達成使團體形成一種團體感（groupness），或者如塔克門（Tuckman, 1965）所說的發展出一種內團體感（in-group feeling）。

拜翁（Bion, 1961）假設團體經過戰鬥與逃離狀態之後，會出現成對狀態（pairing state），成員會出現成對討論（dyad discussions），團體似乎進入樂觀與效能的階段。這種狀態較常見於治療性團體，因為非結構性、不安全與未被滿足的需求等因素，導致兩兩對話出現的機會較多。其他成員則會靜靜地聆聽成對討論的內容，從這些討論中找到對自己有意涵的話題，解決自己的問題。基本上，這階段還是一種幻覺式的未來（illusory future）多於對團體互動眞正的理解。因此，此時治療性團體還是處在反智（anti-intellectual）階段。團體在反擊與逃離階段時，很容易成為團體一致性的犧牲者。但是，這也不見得是壞事。一旦團體成員順服於團體時，團體控制與終極理性會出現，團體又回到早期目標的追求期待時，團體進入理性下潛（submergence of rationality）與個別的狀態。個人接受團體的理性，追求個人治療目標。

在形成階段曾經出現過的一體感（sense of union）或依附感（sense of attachment），不太像維持階段。前者具有較多的忠誠、安全或易於投入團體經驗；而後者則投入較深且較肯定的個人目標與團體目標，猶如暴風雨後的寧靜，或一場打鬥之後的補妝（making up after a fight）。由此，成員更緊密結合在一起，更能有共識的決策，規範的運作更順暢與有效，不同的角色與團體系統的運作也更有效，一切都是那麼美好，團體生命達到最佳境界。

這個階段的安靜像是一種暴跌（slump）或死寂狀態（dead level quality）。不過，基本上這個階段的團體是最成長的，個人或團體都朝向團體實體（group entity）前進，團體的成熟與功能充分表現，問題得到解決，精力與包容力充分投入協助團體的生存。成員中出現「我們」與「我們辦事的方式」的共同認知，凝聚力充分表現，歸屬的價值感被肯定，身分認同明確，與外團體有明確的差異，團體功能充分發揮，內外團體系統均用於操作社會過程，互動的品質與互動網極其關照到自我與他人的成長。

穩定性與強固性隱含著結束的種籽，人們內在其實都有一種調適的機能。現實的問題擺在眼前，成員所面對的團體經驗，不論是意識的、前意識的或潛意識的，都會有結束的時候，所謂天下無不散的筵席，送君千里終須一別。

六、團體結束期（termination phase）

團體由維持走向結束，結束基本上是一種個別性（individuation）的獲得，個別性是治療團體最理想的結果。

在結束階段經常出現幾個明顯的情節：

1. 兩極情感（ambivalence）：產生兩極情感的動力是憤怒，直接或間接地表達給工作者（Northen, 1969; Mills, 1964）。
2. 否定（denial）：支支吾吾與刻意忘記是結束的共同現象（Garland, Jones, & Kolodny, 1965; Hartford, 1972; Northen, 1969）。
3. 失落感與悲傷（loss and mourning）：失落感與悲傷也是一個暫時的狀況（Hartford, 1972; Mann, 1967），而反應失落感與痛苦的另一種表達方式是敵意（Garland, Jones, & Kolodny, 1965），以及過度依賴（Hartford, 1972），而過度依賴的表現方式猶如早期的社會飢渴（social hunger），期待工作者的讚美與將工作者神格化。這種行爲退化到早期把工作者當成壓抑的解毒丸。如果是低收入團體則成員對工作者的「光環效應」（halo effects）可能維持好幾個禮拜。

除了這三種情境之外，成員也會積極地回憶團體的生活經驗，同時準備紀念性的結束儀式，如舞會、拍照、交換地址、茶點、同樂、擁抱等。

從以上的分析，我們可以確定社會工作團體的發展階段與一般心理團體或教育團體的發展並無太大差別，基本上，都是可以切割成不同階段的一套連貫性過程，且過程本身都有部分重疊與再出現的特性，而整套的過程大致上都是跟從試探、納入、衝突、維持、工作與結束的發展路徑。

參考書目

中文部分

周勳男譯（1978）。Potter, D. and Anderson, M. P著（1970），有效的討論。臺北，幼獅。

高淑敏、陳美芳，李執中（1983）。團體發展的理論及互動分析。編入張老師輔導叢書，如何進行團體諮商（頁169-205）。

英文部分

Bales, R. F. (1950). *Interaction process analysis: A method for the study of small groups*. Reading, Mass: Addison-Wesley.

Bennis, W., & Shepard, H. (1970). A theory of group development. In Theodore Mills and Stan Rosenberg (eds.), *Reading on the sociology of small group*. Englewood Cliffs, New Jersey: Prentice Hall.

Berne, E. (1966). *Principles of group treatment*. NY: Grove Press, Inc.

Bion, W. R. (1961). *Experiences in groups and other papers*. London: Tavistock.

Cannon, W. B. (1915). *Bodily changes in pain, hunger, fear and rage: An account of recent researches into the function of emotional excitement.* D Appleton & Company. https://doi.org/10.1037/10013-000

Garland, J., Jones, H., & Kolodny, R. (1965). A model for stages of development in social work groups. In S. Bernstein (ed.), *Explorations in group work*. Boston University School of Social Work.

Glasser, P., Sarri, R., & Vinter, R. (eds.) (1974). *Individual change through small group*. New York: Free Press.

Glidewell, J. C. (1975). A social psychology of laboratory training. In K. D. Benne et al., *The laboratory method of changing and learning*. Palo Alto, CA: Science and Behavior Books.

Hartford, M. E. (1972). *Group in social work: Application of small group theory and research to social work practice*. New York: Columbia University Press.

Heap, K. (1977). *Group theory for social workers: An introduction*. Oxford: Pergamon Press.

Hearn, G. (1958). *Theory building in social work.* Toronto: University of Toronto Press.

Henry, S. (1992). *Group skills in social work: A four dimensional approach.* Pacific Grove, Ca: Brooks/Cole Publishing Co.

Klein, A. F. (1972). *Effective group work: An introduction to principle and method.* New York: Association Press.

Mann, R. (1967). *Interpersonal styles and group development.* NY: John Wiley.

Mills, T. M. (1964). *Group transformation.* Englewood Cliffs, New Jersey: Prentice Hall.

Mills, Theodore M. (1967). *The sociology of small group.* Englewood Cliffs, New Jersey: Prentice-Hall.

Mullender, A., & Ward, D. (1991). *Self-directed groupwork: Users take action for empowerment.* London: Whiting & Birch.

Northen, H. (1969). *Social work with group.* New York: Columbia University Press.

Sarri, R., & Galinsky, M. (1974). A Conceptual framework for group development. In P. Glasser, R. Sarri, and R. Vinter (eds.), *Individual change through small group* (pp. 71-88). New York: Free Press.

Schiller, L.. Y. (1995). Stage of development in women's groups: A relational model. In R. Kurland, and R. Salmon (eds.), *Group work practice in troubled society.* New York: Haworth Press.

Schiller, L. Y. (2003). Women's group development from a relational model and a new look at facilitator influence on group development. In M. B. Cohen and A. Mullender (eds.), *Gender and groupwork.* London: Routledge.

Shepherd, C. (1964). *Small groups: Some sociological perspectives.* San Francisco: Chandler Publishing.

Thelen, H. A. (1954). *Dynamics of group at work.* Chicago: University of Chicago.

Toseland, R., & Rivas, R. (2011). *An introduction to group work practice* (7th ed.). Boston: Allyn and Bacon.

Trecker, H. B. (ed.) (1955). *Group work: Foundations and frontiers.* New York: Whiteside, Inc.

Trecker, H. B. (1972). *Social group work: Principles and practices.* Chicago: Association Press.

Tuckman, B. W. (1965). Development sequences in small groups. *Psychological Bulletin, 63*: 384-399.

Whittaker, J. (1970). Models of group development: Implications for social group work practice. *Social Service Review, 44*(3).

第貳篇
工作過程

第七章
團體前的工作

在未進入團體工作過程的第一階段之前，讓我們先確定社會團體工作的過程，以及本書的取向。團體工作的過程固然也是社會工作爲了方便實施的管理與計畫，而設定的一套理想型態，但是，其與社會個案工作的過程卻不盡然一致，尤其在決定過程的依據上有顯著的差異。社會個案工作的過程階段劃分較是由工作者所規劃，也就是工作者立基於問題解決的需要而加以設計爲若干可區分的階段；而社會團體工作的過程毫無疑問是依團體發展的一般模式所得到。在團體工作過程中，工作者不可能有辦法像個案工作者一般單方面來決定問題解決的路徑。

第一節　社會團體工作的過程

過程（process）有時也被當成一種程序或步驟。它是社會工作的兩大核心概念之一。過程經常是動態的（dynamic）、變化的（change）與前後關聯的（consequent）。過程分析是一種縱的（vertical）與講求時序性（temporality）的分析。

對於社會團體工作而言，過程的分段，到目前爲止歧異性遠超過社會個案工作的過程，也就是社會團體工作尚未建立其在過程劃分上的共識。這是因爲團體的變異性遠高於個人，但這對於團體工作的發展來說是不利的。正如上述，團體工作的過程是依團體發展的過程來決定，如果團體發展的觀點歧異，必然帶給團體工作者對於階段步驟劃分的困惑。然而，我們總得在先人的觀點中異中求同，爲往後的學習者開展這一階段的累積。

過去，有一些學者對團體工作的過程做了整理，如諾仁（Northen, 1969）提出：(1)準備期，包括計畫與接案；(2)初期引導；(3)探索與考驗團體；(4)問題解決與穩定化；(5)結案等五個步驟。克那普卡（Konopka, 1972）則將其分爲三個步驟：(1)事實的發現，包括應用觀察與聆聽的技巧、個人接觸與家庭成員會談，以及藉家庭環境訪問來獲取團體成員的資料；(2)進行社會診斷工作；(3)採取行動或達到治療效果。沙瑞與葛林斯基（Sarri & Galinsky, 1974）以其對團體發展的理解，將社會團體工作治療過程分爲七個步驟：(1)接案、選擇與診斷；(2)團體組成；(3)建立一個有生產力和凝聚的團體；(4)經由修正來維繫團體的持續；(5)引導團體朝向治療目標；(6)團體的維繫；(7)團體的結案（Glasser, Sarri, & Vinter, 1974: 78-86）。

而國際「促進社會團體工作協會」（AASWG）於2006年所發布的「社會團體工作標準」（the Standards for Social Work with Groups）第二版將團體工作過程簡化爲四個階段：(1)前團體期（pre-group phase）；(2)團體開始（beginning phase）；(3)團體中期（middle phase）；(4)團體結束（ending phase）。

稍加細察即可發現克那普卡（Knopka, 1972）與沙瑞及葛林斯基（Sarri & Galinsky, 1974）的分段法傾向於團體治療，或者說是與社會個案工作互通。然而，團體工作並不完全等於治療性團體。因此，本書主要採用亨利（Henry, 1992）的概念，將團體工作過程區分爲六個步驟。其實，亨利的分類方法也是接受了哈佛德（Hartford, 1972）以及葛蘭等人（Garland, Jones, & Kolodny, 1965）的想法。而「社會團體工作標準」只是將過程六步驟簡化爲四個罷了。

本書所主張的社會團體工作過程如下：(1)團體前的工作；(2)團體開始；(3)團體形成；(4)團體衝突；(5)團體維持；(6)團體結束。

本書除了採納亨利所主張的工作過程外，並接受其四個向度的途徑（four-dimensional approach）的分析，她的意思是將團體工作過程中主要的四種現象均加以過程化，這四個向度是指：(1)團體發展的動力；(2)團結工作契約的形式；(3)工作者與團體的關係發展；(4)團體方案的安排。本書以下在進行各章節描述每一階段的團體工作過程中，除了將繼續維持博取眾議的作法外，主要還是以亨利女士的架構爲參考。

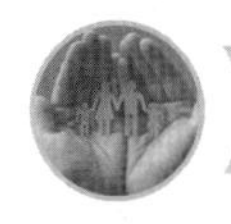

第二節　團體前的工作準備

團體前的工作主要是設計、評估、會談與成員選擇，而這些事都是工作者要去做的（Henry, 1992）。因此本章的重點話題將以工作者的角色、位置與方案設計爲主。此時工作者的角色是初級的（primary），位置是中心的（central）。也就是說工作者雖然與成員坐在一起，但是彷彿就是站在團體的中心位置上，扮演最基本的角色，處理團體前的大小事務。以下是工作者所應該進行的工作。

一、採行團體工作的構思

準備採取團體工作作爲服務民眾的方法前，一定要評估三件事：一是社會工作者的自我評估（self assessment）；二是評估機構過去與現在的經驗；三是評估成員的需求與機構的能量。自我評估包括自己覺得被指派帶領團體還OK嗎？自己的經驗與能力承擔得起帶領團體嗎？自己帶領團體的經驗與知識是哪一種模式或取向？自己還要爲這個工作指派準備什麼？（Wayne & Cohen, 2001）

關於機構經驗評估，哈佛德（Hartford, 1972）寫道：「某些人必先構思採行團體的理念。」這個理念（idea）總是配合機構的功能而產生。爲何機構會採行團體工作的方式？是否因爲團體工作的效果大於個案工作呢？到目前爲止，團體治療是否比個別治療來得更有效，仍然是個未解決的爭議。許多證據指出團體是可作爲一種治療的形式（treatment modality works）（Bednar & Kaul, 1994）。亨利（Henry, 1992）認爲對被服務者來說，團體工作不可能省時或省事，且不利於確診成員的個人問題。影響機構採行團體工作的因素有以下五點：

(一) 機構慣用的治療方式

有些機構習慣以親職教育團體來處理親子間的問題；以青年團體來矯正青年社會關係失調的現象；以兒童遊戲團體來治療兒童行爲偏差的問題。國內的情形是醫院的社會服務部偶而會採用團體工作的方法來服務特定病人，如乳癌病人自助團體、糖尿病病友自助團體、早產兒家屬互助團體、父母罹患癌症的子女互助團體等。而家庭扶助中心則採用團體工作方法來協助兒童，尤其是暑期的兒童快樂營之類的活動。善牧基金會的小羊之家則大量使用團體工作來協助家庭暴力目睹兒童的復原。受暴婦女庇護中心用團體工作來充權受暴者。學校社會工作則會運用團體工作來進行性交易少女團體、家庭暴力目睹兒童團體、性侵害創傷復原團體、中輟生復學適應團體等。少年性交易、性侵害安置機構會以團體來進行充權或促成互助。社會局的社會福利服務中心也會用團體工作來辦理低收入家庭兒童暑期育樂營、少年成長營、單親家庭支持團體、高風險家庭兒童成長營等。不過，工作者要清楚其機構所慣用的團體工作模式，以及員工對團體工作的認識，是否有偏愛某種團體？

(二) 生命循環的觀點

如從青春期（puberty）進入青年期（adolescence）；或從青年期進入成年期（adulthood），經常需要休閒活動。而休閒活動的提供，採用休閒性團體效果更大。學校、醫院、老人之家、婦女服務中心、外籍配偶服務中心等，均爲適合使用團體的機構。

(三) 社區文化的影響

對於少數民族如原住民、外籍配偶、外籍勞工等，透過非正式教育的社會化團體將有助於文化的導引功能。

(四) 工作者認為有必要

學校的社會工作者爲離婚家庭的子女組成團體，以減輕受到離婚影響的心理創傷。醫院的社會工作部門想擴展服務範疇而採用團體工作來服務癌症病房的患者與家屬，如作者曾參與榮總醫院提供的鼻咽癌病房的自助團體、松下電機公司所提供的員工大姊姊（BSSC）的團體工作實務訓練，以及國中輔導室教師提供暴力少年輔導團體，也是工作者覺得有必要而發展的工作領域。

(五) 自然存在的團體

當前社會中已存在許多自然形成的團體，或是自助團體（self-help group），如各種俱樂部、教會團體、民間社團、社區鄰里、YMCA、YWCA、宮廟陣頭，以及同儕團體，這些團體很容易接受機構工作者的介入而增強其功能。

二、設定團體目的

評估機構採行團體工作的經驗後，進一步工作者要評估服務對象的需求，到底我所提供的團體工作爲誰存在？潛在成員的年齡、性別、種族、需求、問題特性等。據此才能對即將採行的團體工作目標加以概念化，也就是思索團體將協助成員達到什麼目的。當然，目標的確認並非由工作者單方面可以決定，成員、機構都自有意見。不過，工作者的心中一定要篤定，開始試著整理一些與目標相關的概念如下：

1. 機構的目標是什麼？
2. 工作者自己的目標如何？
3. 成員對目標的理解又如何？
4. 爲了達到預設的目標，團體成員要多少人才適中？
5. 爲了達到目標，團體的會期要多長？
6. 團體長程的目標是什麼？
7. 會期的階段目標是什麼？
8. 如要獲知成員的目標，應採用何種方式得到？

俟團體目標構思成熟之後，工作者必須進一步去溝通團體的目標、團體成員的人選、下一層次的目標、時間、方案的途徑與工作技巧等。

三、召募與選擇成員

社會工作者通常透過網路社群媒體、公告、機構刊物、個別通知、機構傳單等方式來宣傳團體組成的構想。團體組成消息所要傳播的對象應以潛在案主（potential clients）或預期的成員（prospective members）爲範圍，而不宜太早限定精確的人數，以免因淘汰率太高而成員不足。基本上，篩選指標（screening criteria）有以下幾組變數：

(一) 問題或需求的性質

可以從兩方面來考慮，一方面是同質性或異質性，另一方面是問題或需求的層次。如果我們要進行一個治療性的團體，我們要求的問題同質性如同樣是犯罪問題；但是，犯罪問題可以包括少年犯罪、成年犯罪等等，又可區分爲暴力、竊盜、強暴、恐嚇取財、毒癮等。我們同時要考慮其問題的牽涉廣度與嚴重程度，才能使治療目標明確而獨特。一般說來，問題或需求最好能同質性且層次相似，例如克萊恩（Klein, 1972）在其書中就以下列九個原則作爲組成治療性團體的標準，包含了問題同質性與程度相似性：

1. 爲了發展性的任務，團體應注重同質性。
2. 適應模式與防衛機轉最好異質性。
3. 內部均衡，但朝向積極性。
4. 包含互動與運動的刺激，以使團體達到行爲改變。
5. 痊癒的程度無太大差別。
6. 預設一個角色能引起成員活動。
7. 避免引入自我疏離的成員進入團體。
8. 成員必須有某種程度的社會飢渴。
9. 成員必須以有意義的方式來進行溝通。

(二) 社會人口學上的特性

例如：團體人數多寡、年齡組成、性別、種族、居住地區等。關於此點，本書第四章團體結構中已有分析，在此不再贅述。

(三) 參與的型態

團體組成是屬自願參與，或是非自願參與；團體屬自然團體或是強制組成團體。如果是強制組成團體，例如：學校心理輔導中心的學生行爲修正團體，或是精神醫院的病人自治團體，其預期成員人數就相當有限且可靠；相反的，如果是社區中的青少年休閒娛樂團體，或是社會機構召募的成長團體，其預期成員遍布各角落，工作者較不具有決定權。

(四) 成員的能力與經驗

曾經參加過團體的性質與次數，將會影響到成員彼此間的投入程度；有些成長的經驗也會影響到行爲的改變效果。例如：有些兒童並不適合納入家族治療團體，有些學生並不習慣參加社會青年所組成的團體。另外，某些成員可能渴望參加團體，但是在某種情況下他們將被拒絕，如涉及家庭糾紛、案主的態度或信賴程度。葉龍（Yalom, 1975）從臨床經驗中發現的八種症狀的案主，也不適合參加門診密集的團體治療（outpatient intensive group therapy），其症狀名稱已見於本書第四章，此處不再贅述。

(五) 機構目標

任何篩選指標還是要與機構特性或政策配合，否則得不到機構的認可，任何團體不可能順利進行。例如：以服務低收入家庭爲主的方案，就不應該納入一般家庭的兒童參加團體；又如社會福利服務中心也不宜去帶領學生成長團體；當然，未婚媽媽之家的團體也不宜納入離婚婦女。

(六) 外在限制

如費用、優先順序、時間、地點等。繳不起報名費的成員，若不能獲得補助，自是不便獲准進入團體；不在服務區域內的居民也不是地區性社會工作機構的預期成員；時間衝突或交通不方便的預期成員通常經仔細考慮之後不會加入成爲成員；有時，工作者也可列出選擇的優先順序作爲其他條件之外的最後決選指標。

四、團體前的會談

團體前的會談主要是在於評估成員的期望與能量、問題的同質性，以及成員的目標；同時，也可以達成角色引導、溝通目標、建立契約，以及公布團體時間、地點、第一次會期的功能。

團體前會談應該針對所有的預期成員，也就是來報名或被指定有資格進入團體的成員都應該有機會接受會談的安排。因此，在初步紙上作業時，工作者宜先將客觀條件不合的人選剔除掉，以免候選成員過多而增加工作負荷量，也千萬別因爲會談耗時費力而過於大意，因爲，選錯了成員將會帶來很大的麻煩。例如：社區中的團體，經常因爲沒有進行團體前的會談而造成團體成員流動性大，目標不明確，不得不提早結束或大幅度地變動團體的目標。

團體前的會談也可以說是一種「角色引導」（role induction）的會談。諾仁（Northhen, 1969）建議工作者應協助潛在案主對團體的安排表示意見，也充分認識工作者，她主張工作者要引導成員減除團體前的焦慮與迷惑。在治療性團體中，高斯坦等人（Goldstein, Heller, & Sechrest, 1966）建議給予病人有關心理治療的基本資訊、理論基礎，以及使用的技巧等。

葉龍（Yalom, 1975）曾舉出四種原因致使某些成員容易被團體所淘汰（其原因見本書第四章）。成員如有那些困擾，工作者應在團體前會談時及早發現，將其轉介至個別治療的方案；或及早告知團體可能發生的過程，以免成員非現實的期待破壞了整個團體的進展。

至於團體前的會談形式，基本上這是一種兼具社會史的會談（social history interview）與評估會談（assessment interviews）（林萬億，2021），在於建立良好的專業關係、分析及評估案主的需求與參與意願，決定案主的成員資格。

五、引導團體成員

在團體前會談時，工作者也同時開始將團體工作契約由個別契約（individual contract）轉換到互惠契約（reciprocal contract）。當成員揭露與討論到其個人的生活目標時，這些目標隱含著「到時候我有些事想要去做」的需要感；若再配合團體發起時的目標，則團體逐漸形成互惠的契約。

互惠的契約是存在於潛在成員與工作者間對需要與需求的同意。一開始，工作者先同意或拒絕預期的成員有關於團體能提供的服務；然後，工作者與預期成員交換每一個人能有的與期待於他人的想法。

在建立互惠契約時，透過會談由工作者告訴預期的成員團體的功能是什麼？在可以預期的範圍內，工作者要提醒成員如何參與團體的功能，包括交換訊息、期待某些人進入團體、成員將如何被安排、成員被期待的行爲等。工作者也要說明其他在程序方面的期待，如要求定期出席、準時出席、缺席或遲到的請假方式、如何參與，以及如何表達自己。

六、倫理的考量

在團體前會談中需要考慮幾個重要的社會工作倫理。

(一) 信任（trust）

成員會問一些話題，譬如：「我能相信別人到什麼程度？」或是「別人會相信我說的嗎？」

工作者要加以說明，要求盲目的信任是愚昧而不實在的；工作者要以誠懇與再肯定的方式溝通，解釋團體將如何進行，成員可以有哪些期待。對於交換有關期待的意見是很重要的，事先的溝通可以避免團體進行後的失望。然而，由於團體預期成員對於一些專業服務的認知不一致，經常依賴工作者的決定，因此，工作者如何以適當的話語來表達相互的期待，是一個值得工作者去體會的經驗。通常要盡可能站在成員的立場思考其需求與期待，以及使用成員可以理解的語言表達，避免視成員的認知為想當然爾的事，而產生了不對等的溝通，徒增成員對工作者產生過度依賴，於事無補。交換對彼此期待的看法有兩個倫理上的意涵：

1. 工作者讓成員在會談中了解何者是可以被期待的，工作者應很清楚地說明自己的角色與行為。
2. 工作者在溝通成員的角色期待時，要告訴成員在尊重自己、尊重別人與尊重團體的範圍內表現其行為；如果超出了這個範圍，工作者是要介入的。

(二) 守密（confidentiality）

工作者要告訴成員，每一個團體成員的資訊都要相互分享，且讓成員知道他個人的資訊將如何被處理，例如：工作者如何處理紀錄、保存統計資料、研究、報告發表等。成員也應該明瞭他能接觸到多少紀錄，以及知道哪些資訊是可以由工作者身上獲得的，例如：工作者的資格要件、督導者對資訊的限制等。也就是工作者要肯定地告訴成員關於在團體中所迸出的訊息應如何處理、哪些可以傳播給團體外的人知曉、哪些不可以為外人道，以及要怎麼來理解這些訊息。同時，也界定機構對成員接近公務員訊息的範圍與途徑。通常，團體中所發生的內容除了因教學與督導會議之外，不可外洩；工作者於處理成員的資料時，也須先徵得成員的同意；機構組織與管理的行政事務，除非有必要，否則少被列入可告知成員的訊息之一。最後，機構或社會工作者不可違反整個社會工作社群（social work community）的共識。若有全國性組織如社會工作師公會、臺灣社會工作專業人員協會的規範，則從其規範。

(三) 會期外的人際關係

工作者也要於團體前會談時，告知成員有關團體成員於會期外的人際關係限制。如果成員間的團體外接觸與團體的整體性有關，則應將消息告知整個團體；而團體會期間最好能將團體外的人際互動蔓延，也就是避免使團體情境與社會實境疏離，才能達到「人在環境中」互動；但是，在團體外的人際關係中應減少涉及團體會期內私人的訊息。

至於工作者與團體成員的團體外人際關係應適可而止，儘量以分享團體會期內的訊息爲主：如果話題屬於團體應分享的，則不宜於會期外單獨對某位成員提及，而應讓每一位成員均有機會獲知；工作者與成員間的性關係或其他利益關係應受到社會習俗與專業倫理的約束。一般說來，團體內的一切應由成員共同去維持與支撐，工作者介入團體內的過程是團體工作訓練的課題，而涉入團體外的社會關係，只好依其專業判斷爲之。

七、聚會前的籌備工作

經過團體前會談的過濾之後，團體的基本成員可以確定，團體成員的人數、性別比例應依團體組成原則來決定。因爲團體的大小將影響到溝通、互動的進行，所以，工作者最好愼重地思考自己所即將面臨的團體的目標，作爲團體大小抉擇的參考。

接著，工作者要仔細地考慮聚會地點與人事安排，盡可能有一個固定的聚會場所，而且時間也固定。場地的安排讓團體成員能有認同的象徵，房間裡可以安排一些圖書或團體的象徵物，以表明機構接納團體的加入；內部設備可以包括一些令人心情愉悅的照片或認同的標幟，有時放一些抽象的藝術品也可激起成員的投射。

房間的大小應能充分提供團體的活動之用。如果使用的房間太大，缺乏界限感，工作者可先將椅子排好，圍成一個籬笆；在沒有小團體活動室之下，在體育館、舞蹈教室等，只要用簡易圍屏隔離，也都可行。太小的房間則反而會使人有窒息感，且肌膚過於接近會產生焦慮感。但是，隱密、資訊不外洩是團體活動空間的基本要求。

團體座位的安排，習慣上是圍成一個圈圈。然而，有時候爲了使互動的頻率提高，可以採用面對面的位置安排。座位間的距離可彈性調整，通常成員會自動調整椅子的距離以達到舒適的情境，這有助於工作者去了解團體中的人際關係，原則上只要先將椅子圍個圓圈即可。

房間內的設備要先準備好，如音響、電腦、紙筆、白板、遊戲器材、運動器材、表演的道具、海報紙等都有助於活動的展開。在團體治療的情境中最好有舒適的椅子或地毯，以利於非正式的溝通。有些團體不喜歡坐在椅子上，而偏好席地而坐；如果是這樣，工作者應先準備墊子、蓆子或清理地板，且應通知成員（尤其是女性）穿著舒適方便的衣褲。

房間內的桌子除非是需要靠桌面寫作的活動，否則能移開較好，因爲桌子使人易於隱遁自己，在會期之初如有椅子作爲安全的私人空間即可。

人事安排也很重要，接待的人要選擇對活動了解的，在機構門口要有很清楚的指示牌、路標，以免成員過於焦慮；工作者應先於成員進入房間，以利團體及早形成；機構中的其他人員應取得有關本團體的基本資料，例如：人數、目標、頻率、時間、地點、工作者等，以便團體成員詢問。任何社會工作機構最忌諱有人來詢問有關方案的進行情況而一問三不知，這表示機構管理太差。

如果預訂參加團體的成員已確定，工作者要通知他們準備參加第一次會期。通常於團體前的會談時即強調團體的聚會時間與地點，但是，爲了避免遺忘，工作者於聚會前最好再次印發書面通知單、打電話再通知，或以伊媚兒（e-mail）、Line、App等通信軟體告知預定參加的成員有關團體第一次聚會的時間、地點，尤其是如何到達聚會場所、所需時間多久，應一併澄清。

再次提醒團體的時間與地點有以下四個意義（Henry, 1992）：

1. 成員必須知道何時何地參加團體第一次聚會。
2. 時間與地點是團體生命的兩個重要外在結構因素。
3. 工作者通知成員關於團體聚會的時間與地點，使工作者成爲成員心目中的「中心人物」。工作者成爲團體的焦點本是團體初期的適當位置；另外，也是工作者與案主間關係的再強調（Vinter, 1985）。
4. 再通知團體的聚會時地，也能讓成員有機會再抉擇是否參與團體。基本上，這是「趨避困境」的一部分。

如果帶領的是虛擬團體（virtual group），團體的環境設計就大不同了。所謂虛擬團體是指團體成員非面對面的聚會，而是透過電話、電腦網路、視訊進行團體工作。虛擬團體的出現除了因應網路科技的發達外，另外有些原因（Toseland & Rivas, 2012）：

1. 成員的身體條件限制，無法移動到團體活動室參與團體，例如：重度身心障礙者、失能老人、臨終病人等。
2. 交通距離的限制。有些地區公共交通工具較不便，成員無法每次會期均能如期參加者；或有些報名者居住地遙遠，即使有交通工具也無法順利抵達團體活動場所。
3. 議題的限制。某些議題具有社會標籤或汙名化，或是成員暫時無法擺脫面對面互動的焦慮與恐懼，例如：同性戀、性侵害倖存者、亂倫性行為者、家庭暴力受害者、性工作者、自覺身體外貌差者、低社經地位者等。

虛擬團體常見的有電話中介團體（telephone-mediated groups）與電腦中介團體（computer-mediated groups）。前者是利用電話會議（teleconferencing）或是會議電話（conference call）來進行團體。為了省成本，有一些新的免費電話如Skype，Line都可以省電話費。後者可利用聊天室（chat room）、電子布告欄、e-mail、Line、WeChat、WhatsApp messenger、Skype等，目前以混合語音、影像、文字、圖檔、影片等輔助溝通。

具有上述限制者，與其硬要團體成員聚集在一起，進行面對面團體，不如採用虛擬團體，讓成員在網路中互動。雖然虛擬團體解決了上述障礙，但是還是有許多限制，請參考本書第十八章電腦中介團體的運用，團體工作者必須事先做好虛擬團體的籌備工作。

八、克服心理障礙

大部分的團體工作實習學生或新進工作者，對帶領團體都會有一些恐懼（Wayne & Cohen, 2001: 68）：

1. 擔心團體失控。
2. 擔心成員表現敵意。
3. 擔心成員抗拒。
4. 擔心成員過度依賴。
5. 擔心團體解體。
6. 擔心被機構員工批評自己不適任。

這是很正常的反應，團體工作不像個案工作，在一個封閉的會談室中只有你和案主，即使有些許閃失，很容易補救，也沒人知道，案主更不易覺察出來。團體在一起經由團體互動產生團體動力，倘若團體工作者沒有經驗，往往無法靠經驗法則來判斷團體的動力方向與力道，一旦沒能抓到團體的動向，的確有可能使團體失控、陷入僵局。個別成員的特質與反應雖然是比較能掌握，只要在成員篩選上多注意，往往就能避開不適合加入本團體的成員。但是，團體成員的篩選只透過短暫的會談，也不保證能熟悉成員的特質，選錯人的風險仍然存在。

然而，與其逃避，不如面對。不論機構的督導或是學校的教師，要協助新進員工或學生克服帶領團體障礙（Wayne & Cohen, 2001: 69-71）：

(一) 面對擔心與恐懼

雖然學生或新進員工會對初次帶領團體有莫名的恐懼，有些恐懼來自沒經驗、不熟悉，有些來自學長或前輩的負向經驗傳言，有些是對自己的沒信心。總之，心理怕怕是免不了的。如果有新進員工或學生什麼都不怕，督導也會擔心該學生或員工是不知還是眞不怕？面對學生或員工的擔心，不宜只一再強調「免驚啦！」「我以前也是這樣走過來的！」等不痛不癢的同理，無法眞正消除緊張。此時，優勢觀點（strength perspective）可用來增強學生或新進員工的信心。督導者可與初學者討論其優點，例如：其對成員問題解決與需求滿足的強烈承諾、口才不好但有人緣、恬靜中帶有活力、觀察力很敏銳、讓人很有信賴感等。

(二)平衡期待、恐懼與失望

如同案主來找社會工作機構是爲了滿足其期待一樣的，社會工作者對團體也會有期待，期待團體成員能滿足其需求，期待自己能善盡職責把團體帶好，期待成員能配合演出。但是，猶如愛情初體驗般「既期待又怕被傷害」，怕嚐到的是苦澀的，而不是甜蜜的，又怕被譏笑錯失良機。督導要協助學生或新進員工平衡期待與失望，不必要對團體的功能過度期待，也不要把自己過度涉入不確定的新經驗中，更不宜攬下所有經驗美好與否的成敗責任。也就是不必過早讓自己陷入當局中（self in situation），那會使自己對初體驗有太多的遐思、嚮往、期待，以及責任，一旦經驗不理想、不愉快，就會帶來高度的失望、挫折，甚而恐懼，造成對新經驗的誤解。平衡的方式是回到現實，分擔責任。團體動力的分享是甜蜜的，但帶領團體有其風險；領導者的角色是重要的，但絕非單靠領導者一人的力量來推動團體動力，要相信成員也都會有推動團體的強烈動機。

(三)將恐懼看作是提醒的信號

如前所述，有些學生或新進員工如初生之犢不畏虎，對於帶團體一點緊張也沒有。這反而會讓督導心生狐疑，到底這些人是眞不怕，還是根本不知道怕。與其到了團體中才怕起來，不如事先就把怕的感覺講出來，讓擔心成爲是一種提醒的信號，提醒學生或新進員工做更多的準備，例如：閱讀、找人討論、準備器材、回顧經驗等。

(四)從經驗中學習

不論實習學生或新進員工至少有一點點經驗，例如：作者在教團體工作的課程時都會在第五、六週起進入團體經驗階段，三小時的課程中會留一半的時間給學生經歷一次完整的團體生命。當然，訓練研究生擔任帶領者是必要的準備，作者會邀請研究生擔任團體帶領者，作者再親自督導這些研究生，並巡迴到各團體實地參與，如此，達到教學相長的效果，對沒有團體經驗的學生來說，至少修完團體工作一門課後，已初步體驗一次團體生命經驗，而這次的經驗也可作為進入團體實戰階段的參考。因此，越多的機會讓實習學生或新進員工有機會接觸團體，是培養其成為有信心的團體帶領者的不二法門。

(五) 學習正確的團體工作實務

實習學生或新進員工之所以對團體帶領產生恐懼，部分原因是來自對團體工作的誤解。例如：認為社會工作者要掌控團體動力，或是任由團體自然發展，萬一自己無法善用權威必然會導致團體崩盤或散股。這些想像往往是因為所接觸到的團體工作模式的不同。筆者曾聽過一位臨床社會工作者批評本書根本不是團體工作，因為與她經驗中的團體差異很大，她認為團體動力哪有這麼複雜？團體工作者的角色也很單純，團體成員就是被指定來接受治療的，哪需要這麼麻煩，討論這麼多團體發展與結構的問題？這就是學習團體的不同經驗影響到對團體工作的認知。

目前國內有些學生或實務工作者使用團體治療或團體諮商的書籍當教材，就會將其學到的知識當成是團體工作的全部，一旦換一種團體經驗，就適應不良。例如：在治療性團體中，團體工作者的確有很高的權威，可以控制團體的走向。但是，在社會目標團體、互惠團體則不然，團體工作者不需要預設掌控團體才不會使團體失控。如果一直擔心無法掌控團體，就會有過度介入之嫌，反而使自己如處在高空走鋼索中，戒慎恐懼，無法放鬆自己。不能放鬆自己，就很難悠遊於團體動力中，借力使力。有時，心理治療或心理諮商會採非結構式的成長團體，這對某些習慣社會目標或任務明確的團體工作者來說，也會心裡怕怕，擔心團體失控。督導者必須理解實習學生或新進員工所學習的團體工作實務是完整、正確的嗎？若不正確，應該指導其重新認識團體工作。

第一次會期對於工作者來說，是一個新的團體經驗的開始，可能有諸多意料之外的事情會發生，工作者最好先溫習一下有關團體引介的技巧、團體發展初期的動力特徵，以及預判可能發生的情境，以便擬好應變計畫。如果這一切準備都妥善了，作者建議工作者不妨自我覺察此時的情緒狀態，讓自己的技巧、情緒達到穩定而成熟的狀態是走完一個團體的最重要部分，千萬別匆匆忙忙地進入團體，像打火般地衝鋒陷陣。因此，靜靜地坐在已安排好的團體聚會場所裡，面對模擬的成員凝思幾分鐘，沉澱自己，放鬆筋骨，使自己感覺舒服而踏實，也是一種準備周全的出場前奏。

參考書目

中文部分

林萬億（2021）。當代社會工作：理論與方法。臺北：五南。

英文部分

Bednar, K., & Kaul, T. (1994). Experimental group research: Can the cannon fire? In A. Bergen and S. Garfield (eds.), *Handbook of psychotherapy and behavior change* (4th ed.) (pp. 631-663). NY: John Wiley & Sons.

Garland, J., Jones, H., & Kolodny, R. (1965). A model for stages of development in social work groups. In S. Bernstein (ed.), *Explorations in group work*. Boston University School of Social Work.

Garvin, C. D. (1981). *Contemporary group work*. Englewood Cliffs, New Jersey: Prentice-Hall, Inc.

Glasser, P., Sarri, R., & Vinter, R. (eds.) (1974). *Individual change through small groups*. New York: Free Press.

Goldstein, A. P., Heller, K., & Sechrest, L. B. (1966). *Psychotherapy and the psychology of behavior change*. Wiley.

Hartford, M. E. (1972). *Groups in social works*. New York: Columbia University Press.

Henry, S. (1992). *Group skills in social work: A four dimensional approach*. Itasca, Illinois: F. E. Peacock Publishers, Inc.

Klein, A. F. (1972). *Effective group work*. New Work: Association Press.

Konopka, G. (1972). *Social group work: A helping process* (2nd ed.). Englewood Cliffs, New Jersey: Prentice-Hall, Inc.

Northen, H. (1969). *Social work with groups*. New York: Columbia University Press.

Toseland, R. W., & Rivas, R. F. (2012). *An introduction to group work practice* (7th ed.). Boston: Allyn and Bacon.

Sarri, R., & Galinsky, M. (1974). A conceptual framework for group development. In P. Glasser, R. Sarri, and R. Vinter (eds.), *Individual change through small group* (pp. 71-88). New York: Free Press.

Vinter, R. D. (1985). Program activities: An analysis of their effects on participant behavior. In M. Sundel, P. Glasser, R. Sarri and R. Vinter (eds.), *Individual change through small groups* (pp. 226-236). NY: Free Press.

Wayne, J., & Cohen, C. (2001). *Group work education in the field*. Alexandria, VA: CSWE.

Yalom, I. D. (1975). *The theory and practice of group psychotherapy* (2nd ed.). New York: Basic Books.

第八章

團體開始

哈佛德（Hartford, 1972）特別強調「聚集」（convening）這個概念含有「工作者組成團體」、「工作者召集一組成員」或「團體形成」等意義。佳文（Garvin, 1997）以「團體開始」來形容成員的第一次聚會。亨利（Henry, 1992）認為預期成員被通知聚會時間、地點之後，團體即已進入聚集期了。

在團體前期，工作者所要做的事包括建立團體存在的合法性、認定團體的身分地位、招募成員、選擇預期成員、辦理團體前的會談、建立工作者與成員間的互惠契約，以及籌備聚會的一般事務。而聚集期間工作者所要進行的介入受到四方面的影響：

1. 團體開始階段的動力特徵。
2. 存在的契約型態。
3. 社會工作者的角色與地位。
4. 團體生命週期所適用的方案活動。

本章和以下各章所討論的向度即依此而延伸。

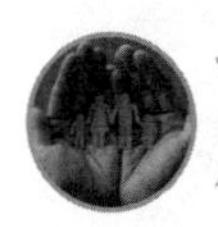

第一節　聚會初期的團體動力

團體由初次聚會所呈現的形象是「由分到合」，也就是由分別的個體融入一個團體，成員開始準備成為團體的一分子。在這過程中成員一面期待擁有自主性（autonomy），一面渴望參與或認同於與自己互補的他人（complementary others）。所以，從第一次聚會起成員就面臨明顯的掙扎與兩難，這種現象會持續幾個會期之後才逐漸穩定。

在這個階段裡，經常被提到的團體動力特徵主要有「兩極情感」（ambivalence）與「延宕判斷」（suspended judgment）（Henry, 1992）、「趨避困境」（approach-avoidance dilemma）（Garland, Jones, & Kolodny, 1965）、「探索」（exploration）（Balgopal & Vassil, 1983），或「成群亂轉／推磨過程」（milling process）（Coyle, 1930）。這些行為動力特徵正反映了成員初次進入陌生團體的心境，充

滿著焦慮、恐懼、僞裝、不友善、好奇、封閉、猶豫不決與緊張，這種心境或多或少是有別於平常所慣有的。

一、兩極情感

葛蘭、瓊斯與寇洛尼（Garland, Jones, & Kolodny, 1965）認爲團體開始時的情緒一方面受到團體的吸引，同時又充滿焦慮。簡單地說，這是一種「欲迎還拒」的心情。這種心情是矛盾的、衝突的，它表現在於「趨避」困境中，進退兩難。

「趨求」是成員對新經驗的好奇，希望從團體獲得滿足，期待與他人或社會工作者建立良好的互動關係，自許以開放的心胸進入團體，同意他人的看法，儘量去包容他人，同時也期待得到他人的包容。因此，團體中可能展現過多的「熱情款待」（bit too hearty conviviality），或者過度揭露自己以取得他人的友情與包容。

相反地，成員也極力在「迴避」一些什麼。例如：要小心地面對別人、感到陌生與害羞、不敢正面接觸或交談、盼望別人先提及自己、不願主動發言、避開別人的注目、擔心會被團體控制、恐懼他人的敵意、不相信自己會被喜歡、思忖參加團體的代價、懷疑團體達成目標的能力。總之，太多的顧忌、猶豫與害怕會湧現心頭。

除非成員有高度的自我了解，否則很難確切地知曉此時自己的行爲已有異於平時與他人的互動模式，也很難明瞭自己該如何導引自己去與他人建立良好的人際關係。因此，亟待工作者去引導團體的互動。如果團體在第一次會期即出現積極的一面，如包容力、情感得到滿足、值得信賴等，則成員會較願意投入團體的行動；反之，幾個會期之內，團體成員會表現出撤退與斷斷續續的現象。

二、探索

在第一次會期裡存在著太多未可知的世界，除非團體成員有團體的經驗，否則他們很難掌握團體將會發生什麼，也很難肯定自己的應變模式，通常成員會以不確定性來面對未知。在某種程度上，他們能察覺到自己身在何處，如何反應各種情境，以及他們的調適機能是什麼。不過，一大串的未知數，如我要改變到什麼程度才能被接受？我能接受未來的變遷嗎？重要他人能接受我所改變的樣子嗎？我能駕馭整個改變的過程嗎？以上這些思緒將占據成員的心。

對於這些未知的世界，成員會以謹愼而小心的試探去面對。每個人都在評估他人，做些無害的與擴散的交談（Northen, 1969; Hartford, 1972）。例如：

「你家住哪裡？」
「在哪裡工作？」
「我好像曾在哪裡看過你？」
「嗯！這房間布置得還不錯！」

所以，整個團體表現出散漫而多變的氛圍，多話、過早的自我表白、虛張聲勢、沉默、虛以委蛇、打哈哈與隔岸觀火。有時，某些成員也會表現出團體取向的行爲，處處在爲團體的生存著想。而在強制組成的團體裡，成員經常以抱怨來取代焦慮，以及緊扣住外在的事務，企圖界定情境，以引導或克服焦慮。例如：詢問別人是怎麼被找來的？有沒有接到什麼通知？社工對你說了些什麼？總之，成員以較多的行動來安頓自己。

三、成群亂轉／推磨

成員開始會像推磨子一樣，兜著圈子繞，談一些無關緊要的話題，誰也不願意先掀開自己的面具。直到當他發現有某位或某幾位成員似乎能對準自己的情緒頻道，他才開始試探較深入的話題。

成群亂轉的經驗像羊群還未找到去向，而在圈地打轉亂跑、亂竄，直到牧羊人或獵犬指引方向之後，才會排隊依序前進。在推磨或成群亂轉的過程將導致「成對」、「三人組」、「聯盟」，以及「次團體」的出現，這種結合直到工作者介入時才會終止。尋求結黨並非團體生命中必要的，但是，成員透過推磨過程來尋求同伴與試探行情是允許存在的。

有時候，團體初次聚會所找到的同伴會一直存在到團體結束而不分離，一方面是因相似或互補性的關係；另一方面也是不願承認自己第一次所做的決定是錯的，即使在潛意識中發現彼此的負擔，也不易提起勇氣割捨這份初次的相遇之情。其實，容忍不一定能化解本質上的歧異，因此推磨過程所找到的同伴並不一定持久。

第二節　團體成員間的關係

在團體初期，工作者與成員的互動頻率高於成員間的互動。成員間的互動是鬆散而分散的，成員寧願花較多心思去與工作者建立關係，以求及早安頓自己。然而，工作者不能一再地單獨對某些個人有反應，要努力去建立團體間的互動網絡，以塑造團體是成員共同擁有的印象。因此，工作者要協助成員建立彼此間的關係。

一、尋找相似性

在第一次會期，如果成員互不認識，那麼成員會以表面特質與經驗的基礎來互動。例如：相同的年齡、種族、性別、教育背景、社會地位、生活經驗與行爲模式；也可能涉及相似的興趣、政治立場、宗教信仰、休閒娛樂等因素作爲互動的基礎。

工作者要協助成員尋找生活經驗、困難與解決問題方式相近的成員。工作者可以鼓勵成員彼此交談，但是，絕不可因爲協助成員尋找相似性而遺漏了對其他孤獨個人的照顧，而使其對團體失去興趣。尋找相似性的話題最普遍的就是「你爲什麼會來參加這個團體？」

在某些團體中要經過一段很長的時期才能透過複雜的互動模式以討論其意圖；所以，工作者在團體初期則要仔細地搜尋成員間的相似性，以作爲診斷團體共同問題的基礎。

【案例一】

工廠中的大哥哥與大姊姊組成的自我訓練團體，在初次會期，工作者為了延續團體成員本已相互認識的程度，建議成員不妨用紙筆來介紹自己，藉此重新整頓自己過去的生活體驗。有一位成員談到當他小的時候住在鄉下，家裡較窮，所以買一雙球鞋要穿好幾年，為了保護鞋子，經常朝會完畢就把鞋子脫下來。下課回家，就把兩隻鞋子的鞋帶繫在一起，掛在脖子上帶回家。工作者表示這種情境使他彷彿看到自己小的時候。這是工作者示範了尋找相似性的願望，接著在團體中就連續地出現類似「你以前怎麼沒說過這件事？」「沒想到你小時候的經驗跟我還有這點相同，眞鮮！」「我爸爸以前也說過這種經驗，原來你們都是這樣長大的喔！」等的話題出現。

【案例二】

在一個心理健康診所門診的病患團體中，有一位成員提到他的最大困擾是初婚的時候，「突然覺得從此就要一起生活一輩子、生孩子、養孩子，賺錢不只是夠自己花就好，還要養活一家人！」另一位成員接著說他的困擾在大學入學的那段時間，「開學第一天才警覺到原來班上有這麼多優秀人才，出身名校的一堆，我開始懷疑能跟上進度嗎？好崩潰喔！」第三位成員則擔心如何進入今晚的團體，「我在來之前，猶豫了好久，今晚該不該出現，好怕自己撐不了太久，好爲難喔！」因此，工作者體會到的是大家的共同問題在於萬事起頭難。於是，引導大家從相似的經驗開始相互認識起。

有些成員在團體一開始就表現異常的積極，其目的經常是爲了奠定在團體中的地位。他們並非單純地凸顯自己，同時也追求與他人打成一片的印象，因爲那會使他成爲擁有領袖或模範的社會與心理本錢，也可能是展示其在體能上的自信。不過，工作者必須明白，並非最早出現的領袖就是最有能力或最具影響力的，尤其是在華人社會的團體中，多少仍保有眞人不露相，謙虛是美德的觀念。

二、彼此交談

在第一次會期中，成員傾向於與工作者談話；然而，工作者也要試圖提供資訊給成員作爲相互討論的話題。葉龍（Yalom, 1975）認爲在治療性團體中第一次會期所討論的話題，大多圍繞在症狀描述、早期治療的經驗、藥物治療的情形等，他認爲這種刻板化的活動是成員克服初期焦慮的一種方式。

成員開始進入團體總有些不安，只想多聽別人說；焦慮度較高的人更是要花很多時間在思考與斟酌自己如何說出第一句話，面對這種情況，工作者不宜太早期待或鼓勵成員揭露自己。工作者應該協助成員整理思路，對於不易表達的話題可以分階段處理，想到可以告訴大家的部分先表達；一時難以說明的部分可以透過大家的協助後續再說，或保留待心理準備完成時才補充。對於過於謙虛的成員，工作者應說明人人都有機會表達，想說的時候儘量勇敢說出來，不必留待最後機會才開口；對於表達能力較差的成員，工作者不宜在其未準備完成前指名發言，這將使其更加焦慮與爲難。工作者也要鼓勵成員相互交談，而不是一直以工作者作爲談話的對象。工作者可以透過下列幾種方式解除成員與工作者間一問一答的溝通方式：

1. 將成員的問題只做部分回答或根本不做回答而拋回給團體。
2. 直接點出成員間相互提供意見或給予回饋的重要性。
3. 協助盤整成員間的相似性。

三、消除曲解

成員應該相互協助對方釐清對現實的曲解，這種作法一直要持續到整個團體的生命週期，然而在團體開始時最爲重要。工作者可以透過各種方式來練習澄清曲解部分的技巧與態度，例如：直接輪流把焦點放在每一個人身上，討論團體其他成員對他的看法或對他所表達的意思的了解程度；同時可以用顏色、動物、象徵等來連結當事人。如此，能使每個人了解對他人投射情緒與意義的眞相。

有些狀況，成員會因團體不了解他的意思而感到挫折，結果導致其放棄進一步溝通的機會或對自己的表達方式懷疑。工作者不宜就此讓此一成員撤退或表示「總有一天你們會了解我的意思」之類的拒絕溝通的託詞，反而應該協助釐清語意含混的部分，或澄清表達的時機是否適切。

四、細心聆聽

成員在第一次聚會裡，如前面所提到的有些人急著表達自己，有些人卻沉默不語。有時成員爲了準備自己所要表達的話題而無暇去注意別人的表達，造成團體只是各個成員的發表會，而缺乏彼此互動。工作者應要求成員注意他人的表達內容，學習聆聽他人的心聲。工作者本身也要用傾聽的技巧來協助成員溝通。

訓練成員傾聽的方法，工作者可以使用問成員是否了解他人所說的意思，例如：「大家不知道對婷婷所說的還有不了解的地方嗎？」或是要求成員相互輪流做段落結語，例如：「請瑤瑤先說說看，婷婷要告訴大家的是什麼？」工作者還可以問成員當他說話的時候別人不注意聽，他會有何感受。如此，可以加強成員間由於傾聽而增加回饋。對於兒童團體來說，用獎品來換取成員的注意力是可行的方式。

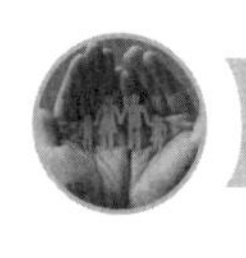

第三節　團體的互惠契約型態

團體開始階段的契約型態是「互惠的」。互惠的契約存在於每位團體成員與工作者之間，個人目標充分表達，而經過一段時間的交往，個人目標會逐漸結合成團體目標。

由於工作者居於團體的中心位置，個別成員會以工作者作爲參考的中心。對於工作者來說，成員是一群尋求協助的個人；成員之間還未連結在一起，而只是工作者與每一成員綁在一起，互動、溝通與介入。這個階段的工作模式是「有他人在場的個別工作」（work with individuals in the presence of others），而較不是「使用團體去協助個人」，理由是成員尚只是在「試探水流」，以及猶豫該不該踩進水裡的情況下。因此，團體的力量有限，用處甚少。

工作者在初次會期中與所有成員分別互動，以討論團體存在的模式，也就是界定團體達成目標的必要條件，例如：

1. 時間：每一會期的時間耗用量、多久一次會期、總計團體會期多長、每一會期的開場與結尾要花掉多少時間。
2. 地點：詳細地址與房間號碼。
3. 請假規則：書面假條、口頭表示、代理角色的安排，以及請假次數限制。
4. 費用（如果需要）：報名費、活動費、付款方式、補助辦法等。
5. 行爲準則：工作者與成員被要求的行爲標準，如守密、眞誠、角色分工、獎懲與專業關係。
6. 方案活動：預定使用的方案活動與工具準備。
7. 其他未盡事宜。

以上七項也就是互惠契約所包含的主要內容。從此個別成員不能再單獨考慮自己的需求條件來達成目標，而必須以團體共同的條件配合爲基礎來達成目標。所以，互惠契約明顯地有別於個別契約。

互惠契約通常是一般性的，而非特殊性，其參考架構是工作者與成員尋求「同在一起」的一種表現。工作者在開始時應說明成員爲了個人的目標可以有些期待，以及共同來發現追求團體目標的方式，以同時滿足個人目標。由於工作者最了解團體發展的動力特徵，所以，在這個階段工作者應扮演領導者的角色，透過他的介入使團體契約得以進行。在初期一、二次的討論中，工作者要握緊韁繩，討論的範圍應以團體原目標爲準。工作者要協助團體同意、接納與動員自己，以配合團體發展階段。過早把最後的目標限定或同意達成目標的工具，會導致成員個別的挫折。工作者應憑其所知，以避免某些成員過早做無節制的承諾與應允。

在初次討論個別目標與團體目標時，工作者應加以整合而提出總結的草案，當草案提出後，再由工作者與每一位成員齊力加以修正，每個人都應分享這份經工作者整理過的草案。

當成員觸及下一會期的話題時，對於本次會期的討論內容應做成結論。此時，回饋、修正或再處理是不可避免的。工作者要提示一些修正契約的重點，給不同背景的成員有參考改變的機會。此後，準備進入互助契約（mutual contract）的階段。

在「團體如同一個整體」尚未產生之前，成員只是暫時性尊重個人的個別經驗而考量團體的契約形式。而「團體如同一個整體」的架構產生是在成員認爲個人的目標能得到最好的服務，而加入團體共同目標的認知產生時。亦即，成員的行爲受團體的規範影響，凝聚力產生，團體的角色分化，團體的互助或互賴契約才逐漸產生。

總而言之，互惠契約是成員開始產生史華滋（Schwartz, 1971）所說的「初步工作的同意」。互惠契約是一個初步的形式，是可以改變的，只要成員同意即可加以修改。所以，工作者應牢記協助成員保有一個開放與彈性的立足點，以應付隨時產生的變化。協助成員設定一個彈性與開放的模式可以透過複查、再檢查，以及協商而來改變架構，並沒有嚴格的規則說「檢查點」一定可以找到，但是檢驗是可以接受的。在團體要走向下一個成長階段時，短暫的檢驗是有必要的，至少它有穩定與支持團體發展的功能。

第四節　工作者的角色與位置

在團體開始階段，工作者在團體中的位置是「中心的」，扮演的角色則是「初級的」。所謂中心的位置是工作者成爲團體的核心，分別對團體成員互動，具有主宰團體的作用。而初級的角色或是基本的角色是指工作者有固定的任務待達成，較不受團體變遷影響而改變的。

在團體前期，工作者要面對一對一的個別關係；俟團體聚集時，變成一對多關係，面對面與成員工作在一起。第一次會期時成員並未形成一個團體，只是一個「個體的集合」，工作者應接受每個個人都有獨特的形象。工作者有時會發現團體前會談時多話與較有反應的成員，進入團體之後反而變得沉默了；相反的，在個別會談時表現較沉默的成員，卻變得愛說話多了。在第一次聚會裡，工作者努力使團體前會談所建立起來的關係能夠維持，工作者所溝通與互動的對象是針對每一位分別的成員爲主。

工作者在團體初期表現其中心位置的意義有以下幾點：

1. 表示工作者與每一成員均有個別的溝通管道，意即每一個成員都是工作者服務的對象。所以，其溝通網是「車輪型」的。如下圖8-1所示。
2. 表示工作者此時是團體的中心人物。

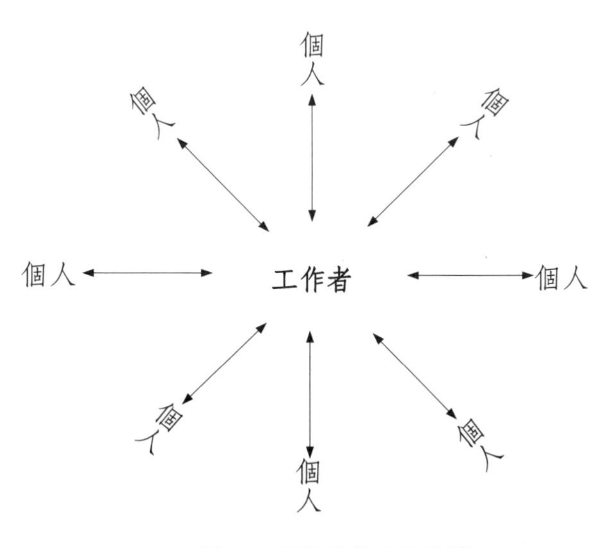

圖8-1　工作者的中心位置

3. 表現工作者的中心功能，從中心位置可以觀察與評估每一個人的人際關係與互動模式，以及個人能量，也可以進行支持、激發與修正人際模式。

當個人開始表示自己的看法時，就是工作者發揮催化溝通的作用的展現。工作者協助成員與他人建立關係；協助成員感覺到其與他人相處不是那麼困難。不過，關於工作者激發團體溝通的功能，卓普（Tropp, 1971）的團體中心模式（group centred model）不認爲有此必要，他相信「讓團體過程照顧團體自己」是有價值的。如果接受這種觀點，則工作者就要表現出老子所說的「無爲而治」或「以靜制動」的功夫了。

不過，由於工作者的治療能力與資訊擁有，使他成爲成員的資料來源。因爲不可能有任何成員具有形成團體或評估他人需求的能力，縱使有能力也不可能超越工作者。工作者通常不會選擇一位比自己能力更強的成員，那是不必要且應該避免的，除非是社會任務團體或社會行動團體。此外，成員也不必有判斷他人需求的職責。

工作者的計畫也使他成爲團體的核心，不只是靠著知識的力量，規劃本身也是權力。工作者有目的的設計、引導團體走向該走的路徑。雖然工作者不見得能完全預測到團體發展的路徑，但是他卻可以提供基本的藍圖。

權利和義務使工作者成爲溝通的焦點，譬如安排第一次會期的時間、地點、空間；同時，又得安排一些細節，例如：進入聚會場所的方式、座位等，都顯示出工作者必須照顧到每一位成員。

在第一次會期或往後幾次會期，有可能發展出下列三個任務階段：

1. 初始團體規劃，再扣緊團體前會談所衍生的團體事務。
2. 關切團體手邊所發生的既定事件。
3. 將焦點置於將發生的團體生命內涵。

基本上，工作者應避免團體跳躍。團體生命所未經歷過的，往往就是未來成員滿足的根據。爲了彌補經歷的不足，團體仍然會付出代價，譬如脫軌或再循環。通常，都是工作者先開口提醒，包括說明團體的目標、團體進行的步驟，再提醒團體前會談所提過的話題。所以，這個階段使話題公開化。在第一次會期中，每一個話題段落，工作者要停下來問一些問題，如成員對討論是否清楚、是否了解團體所發生的、是否有其他的想法等等。爲了使成員熟悉他人的存在，工作者應鼓勵成員自我介紹，揭露自己的背景與想法。自我介紹除了增進成員的相互認識外，也是爲了促使成員進行語言的溝通。口語溝通是重要的且有其價值，尤其是團體初期成員對非口語溝通模式互不熟悉的情況下，開口說話是最起碼的要求。

當每個人都介紹了他們自己，工作者可以開始導引團體進入團體目標的討論了。如果團體早已形成具體而熟悉的目標，則這一階段就很單純；否則，對目標的爭議是團體初期最複雜的部分。

成員在這種情形之下，開始學習社會技巧，如果成員有額外的、相反的與個別的目標提出，其複雜情形可想而知。此外，某些團體的目標很抽象或模糊，如「增進人際關係」或「提高學習能力」等，很不容易抓取到目標的核心。如此，也會使成員不知所措，不斷地澄清與討論是有必要的，唯有透過共識的目標才是可靠的。有些團體厭煩冗長的目標界定，但要知道如果跳過這階段只不過是暫時迴避而已，終究還是會再回過頭來討論的。因爲，目標不明確或無價值的目標不是社會工作團體所期待的。何況，目標的界定本身就是團體動力的一部分。

第五節　工作者的態度與技巧

由於成員對工作者的信賴與對團體的信任，再加上初次會期的團體互動是以工作者爲中心，成員們花費大部分的時間與工作者溝通，期待工作者能解決成員個別與團體的問題。葉龍（Yalom, 1975）認爲在治療團體初期，成員依賴工作者如一位全能、全知的父母。

在開始階段，即使成員對工作者是不顧一切地依賴，工作者仍要對每一位成員表達自然的關懷，最起碼應該能叫出每一位成員的名字；工作者應針對每一位成員問一些問題，或鼓勵一番；工作者也有責任進行開場白，表達一些有關團體責任的分享。由於團體初期的焦點在工作者身上，所以，工作者格外地要注意自己的態度與帶領團體的技巧，以便激發團體成員間的互動。

一、工作者的態度

帕樂夫、瓦思科與吳爾芙（Parloff, Waskow & Wolfe, 1978）認爲工作者在團體初期的最主要行爲是同理（empathy）、眞誠（genuineness）與溫暖（warmth）。

㈠ 同理

同理是一種設身處地的態度、能夠站在別人的立場來理解他人的行爲與感受。對於工作者來說，此時要精確地回饋成員的經驗與感受，而這種回饋與誠懇是自然表現出來的。例如：

【案例三】

一位成員表達他的感受時說道：

「當我回到家時，我好害怕發現我的太太不在家。」

此時工作者緊扣住該成員的感受，回應道：

「對你來說，那是一種令你提心吊膽的感覺。」

成員感到被了解，接著說：

「就是這樣，我實在不知如何是好！」

在團體中很重要的要素是成員間彼此的同理；同時，同理的態度越高，團體的凝聚力也會相對提高。工作者要使成員的同理態度增強，一面可以透過示範同理心的正面價值，一面透過活動來訓練他們。同理心的訓練可以經由注意自己的反應、角色扮演，以及給予回饋等方式獲得。對於一位社會工作者而言，同理心不宜當成一種技術來訓練，而應將這種態度納入自己的行爲模式裡，隨時自我培養，將它內化成爲生活的一部分，才能在適當的場合裡自然而眞實地表現出來，否則匠氣太重，徒增成員的排斥。

通常同理心在團體中會逐漸增加，成員會相互觀察，彼此衡量何時可以增加同理的行動（empathic acts）。如果團體在這方面進展太慢，工作者可以把同理心的增強視爲是團體的目標之一來處理。在團體初期，工作者可以要求成員相互砥礪，管制自我訓練的成效。

(二) 真誠

眞誠包括誠實與開放的心胸。眞誠要靠自我覺察來確信。眞誠的態度是將生氣表達出來，也將溫暖說出來。工作者要適度地揭露自己，這個適度的標準應以能因自我揭露而達到示範成員開放的態度爲準。眞誠的態度表現在工作者回饋成員的行爲是以成員的立場來理解之，工作者不可依自己的偏見來判斷成員。然而，工作者也不可爲了避免成員生氣而隱藏自己對團體的不滿，適時委婉的面質仍然是必要的。例如：

【案例四】

一個由青年所組成的社會化團體，在團體初期，成員一直不願意觸及彼此的關係。工作者指出，如果他們一再避免討論彼此的關係，是一種浪費時間的作法。

【案例五】

一個由家長組成的團體，為了解決子女的行為問題，在第一次聚會中只是一味地抱怨自己的子女。工作者就告訴他們，在團體中不只是抱怨自己子女的問題，也要更誠懇地對待他人。

【案例六】

一個由年輕人所組成的團體，準備學習領導才能。團體開始不久，玉珊提出她在人際關係上的困擾，小羅低頭不語，不願去面對玉珊的問題。工作者要提醒小羅（協助小羅面對矛盾的感受）面對玉珊的問題，也要鼓勵他表達對討論玉珊的問題所產生的不安；同時，工作者也要支持小羅去告訴玉珊是否願意接受他協助解決一些問題。

總之，眞誠的態度有助於消除彼此的猜忌與增加成員的相互信賴。

(三) 溫暖

溫暖通常指一種「非占有的溫馨」。舒爾曼（Schulman, 1978）指出溫暖包括同等價值、少懲罰、非防衛性與親近性，又為了測量溫暖的程度，而將溫暖區分為積極重視與尊重。積極重視是表現於工作者對成員的事務有興趣，且關心其福祉，所以，也包含有接納的意味。尊重是表示工作者尊重成員的努力，即使努力是失敗的，工作者也要一面表示遺憾，一面肯定成員曾努力克服困難的事實。

【案例七】

當小婕說出她考試失敗的事，她一面哭著，一面臭罵她的老師故意整學生當樂趣。坐在旁邊的工作者一面將手輕拍小婕的肩頭，一面說道他可以理解小婕的心情，同時問小婕團體可以如何來協助她。小婕說舒怡也跟她一樣不幸被分發到這一班，也許舒怡可以告訴她如何來應付這種困境。

二、工作者的技巧

在前一段裡我們已接觸到一部分工作者可以使用的技巧，以催化成員間的互動。在這裡，本書將諸多社會團體工作技巧中較適用於第一次會期的部分，分述如下：

(一) 評估與觀察

評估與觀察是提供作為介入的資訊基礎，透過評估與觀察來了解成員個別的與集體的行為，以及構成未來的成長與目標的再形成。工作者在開始階段應定一些基線（baseline），基線的設定將有助於成員契約的協商、評價功能的表現，以及協助工作者設定目標，作為研究與評估的素材。成員或團體的成長與行為改變，實取決於成員與工作者所想要達成的目標。

通常在團體確定所欲求的目標時，需要蒐集各種資訊，有時候方案活動較容易蒐集到個人或團體的基本資料。而評估與觀察應以成員爲中心的取向，蒐集資料的重點在於家庭、學校、社區、工作場所、社會、文化等面向。在團體前的會談已獲得了部分資料，團體初期應結合這兩次資料蒐集所得到的結論。

在團體工作過程中，成員也被訓練去參與相互評估對方的資料。團體成員雖無相同的評估方法，但是，相似的文化、生活體驗、問題性質與需求，較能體會到對方的處境。此外，成員應被教導去使用評估行爲的架構，例如：何者是行爲的前因與後果。工作者可以透過「交流分析」（transaction analysis）來增加彼此的了解；「角色扮演」也是一個評估行爲的方式，相互扮演對方比較容易獲得客觀的自我了解；方案活動是最常見的一種評估手段，例如：自我介紹遊戲、「金魚缸」都是可行的方式。所謂「金魚缸」是指由團體中的某一個人或一組人接受其他人的觀察，再由觀察者給予回饋，以尋求自我行爲的了解。觀察者有時被指定塡寫問卷等評分工具。

(二)示範

示範的技巧表現在工作者凸顯與運用「缺席角色的替補者」（the absent role taker）（Henry, 1992）的行爲，也就是當成員中少了某些角色或不嫻熟某些角色，工作者即刻示範或補足所需，或可能需要的角色，以維持團體的內部社會情緒系統與朝向外部環境的目標達成。在第一次會期間，對於成員來說應該是高興而滿足的，成員希望得到友善、安全與緊張的解除。所以，工作者要協助成員感受滿足、接納、歡迎與包容，以及協助成員將焦點擺在個人與團體的需要上。因此，工作者的示範行爲就很重要，要試著表現一些行爲讓成員去模仿，例如：感受滿足感、問問題的技巧、尋求資源的方法，以及給予回饋的方式。由於示範行爲足以形成團體的社會與情緒氣氛，所以格外要小心與準確，成員常常以觀察工作者的待人處事態度來決定是否納入團體。

(三) 催化連結

成員在團體初期由於尋求相似性的結果，可能會出現「次團體」；工作者為了使團體能逐漸形成，他可以用催化（facilitating）的技巧來介入，以便連結每個個人與次團體。因為，如果團體不是具有「團體實體」的單位，則不構成具服務或協助的工具和環境，它只能說是一種「有他人在場的個別工作」，要利用團體壓力來協助個人就永遠不可能了。催化的行動開始先由工作者接觸個體，此時，成員並未有連結關係（connection relationship），如圖8-2所示。

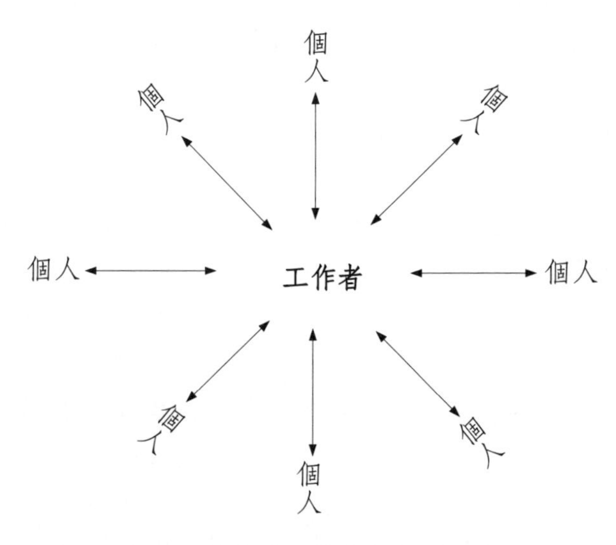

圖8-2　團體初期工作者與成員的關係

工作者開始介入團體使成員逐漸形成連結，如圖8-3。工作者在聚集階段主要是與成員建立初級連結關係（primary connection），到了團體形成期才有可能產生團體系統（group system）。

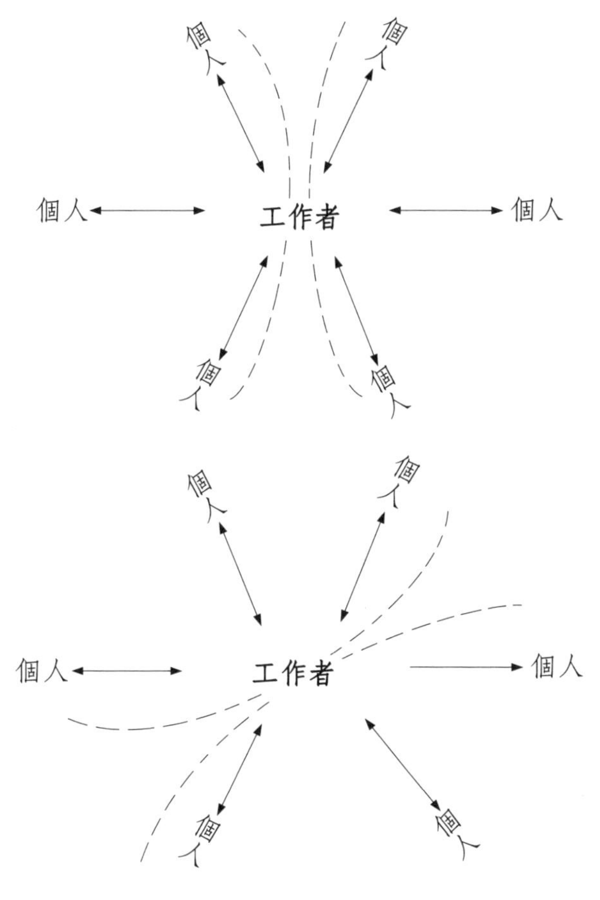

圖8-3　團體初級連結關係

第六節　打破僵局的方案活動

團體初次聚會，成員的心情是焦慮的、矛盾的、緊張的、探索的與猜疑的；而團體的氣氛也是僵硬的、混沌的、冷漠的、封閉的與不溝通的。因此，透過方案媒介來打破僵局、增進認識、製造氣氛、解除緊張與建構團體是有必要的。所以，團體初期的方案活動應是坦誠的、眞實的、可信賴的與非競爭的。

在設計第一次聚會的方案活動時，工作者宜考慮到下列兩個因素：

1. 成員的能力與人格特質：包括體力、情緒或心理能力、智力、經驗與文化背景。
2. 方案活動的結果與團體目標相結合，也就是工作者要使用與團體發展相稱的活動。

團體方案媒介的使用並非爲活動而活動，而是有目的的活動。團體初期經常被使用的方案媒介大致可以區分爲以下兩大類型：

一、評估與相互認識的活動

這組活動的作用主要是增加成員的相互認識，最基本的作法是自我介紹的活動；其次，再透過增強記憶來彼此認識。以下介紹幾個活動供讀者參考。

(一) 認識遊戲

每人發給一張印好六個題目的紙片，每一位成員被要求去找尋至少兩位成員的六種特質與自己相似的，然後將他們的名字寫在紙片上。六個題目的內容如下：

1. 來自相同的縣市。
2. 兄弟姊妹（或子女）人數一樣多。
3. 對蟑螂（或壁虎）的反應相似。
4. 家庭的職業相同。
5. 喜歡野餐（或露營、看電影、溜排輪、跳街舞、爬山、游泳……）。
6. 不喜歡運動（或逛街、吃麻辣鍋、吃蔬菜……）。

當每個人都找遍了所有人詢問六個題目之後，工作者開始要求大家討論剛剛的過程，如找人問話的方式、策略、座位變動的新情境等，團體的「冰凍」就被打破了。

(二) 自我介紹

自我介紹是老掉牙了的活動，但又必須進行。最常見的就是輪流介紹（round robin），簡單扼要。要變化也可以，例如：問題交換（problem swapping）、談談大家來之前的感覺，或是我最尷尬的經驗、我最得意的一件事（Toseland & Rivas, 2012）。自我介紹的方式很多，端賴工作者判斷團體的特質來進行，通常採用的方式有下列幾種：

1. 談談你自己：工作者請每位成員輪流談談自己的基本質料，例如：姓名、從哪裡來、年齡、畢業的學校、工作、故鄉的特色、願望、興趣等。

   這種方式有時稍嫌刻板，工作者爲了使介紹活動生動活潑，可以加以改變如下列：

2. 交互介紹：工作者用各種方式來將團體分成兩人一組（如找同姓、同年或穿同樣顏色衣服的），要求他們先相互介紹，幾分鐘後再回到團體來將剛才所得到的對方資料推介給大家。
3. 發現寶藏：請成員五分鐘內找出每位成員值得推薦的優點、特徵。

介紹的方式還是可以再求變化，總之，只要能讓每位成員有機會認識對方的遊戲都可以採行。做完介紹之後，如果還怕大家忘了彼此的基本資料，可以進一步使用增強記憶的遊戲，例如：「棒打薄情郎」之類的遊戲，讓那些叫不出別人姓名的成員接受紙棒打，直到每位成員都能熟記對方的姓名爲止，至於遊戲方式可以自行設計。

二、創造熱絡氣氛的活動

破冰遊戲（icebreaker games）主要目的是在打破僵局、舒緩情緒與暖身（warm up）之用。簡介幾種如下：

(一) 說哈囉

工作者請每位成員對著隔壁的成員說些問候語，例如：

「你好！」
「很高興見到你！」

被問候的成員要回答，例如：

「很好！你呢？」
「謝謝，我也很高興！」

依次輪流之後，團體的氣氛會變得較和諧。

(二) 哼小調

工作者建議團體來唱一些大家熟悉的歌，如校園歌曲、兒歌、流行歌曲等均可，唱歌時可以走動或相互依偎，到適當的機會就可以停止，且轉移話題討論大家的感受。接著，可以進一步進行介紹或其他團體任務的活動。

(三) 猴子、女孩、男人

團體成員分成兩人一組，相視而立，由工作者下指令，例如：右邊動作，站右邊的就要做出猴子、女孩、男人中的某一個動作；站在左邊的同步做動作，如果右邊做出相剋的動作，就算贏。輸贏是猴子抓女孩，男人打猴子，女孩打男人，類似剪刀、石頭、布。輸的被淘汰，贏的繼續挑戰下一位，直到最後贏家出現。

這個遊戲也可以改為小精靈指揮魔術師變出巨人。亦即，小精靈贏魔術師、魔術師贏巨人、巨人吃掉小精靈。

(四) 配對成組

團體成員依團體帶領者的指令動作，例如：襪子穿一樣顏色的、穿同樣鞋子的……。沒找到伴的就淘汰出局。

(五) 猜猜我是誰

團體成員報數分成兩組，單號背對雙號站立，不可回頭偷看。雙號每人選定一位單號成員，依序分別用手指在其背後用力寫一個字，完成後變換位置站立。團體帶領者請單號成員轉身，指認誰在其背後寫字，被指認出的即被淘汰。剩下來的成員繼續玩下一局，直到最後剩兩人爲止。

(六) 親愛的，笑一個

指派或輪流請一位成員站在團體中間，請他對著他所選定的成員說：「親愛的，請你笑一個！」被選定的成員要回說：「親愛的，我不能笑（或我笑不出來）！」中間的成員要想盡辦法，說些讓被指定的成員會笑出來的話，或是動作，但不可以有身體接觸，直到該成員笑出來爲止，微笑也算。中間的成員繼續往下一個指定者，或是變換角色，繼續玩下去。直到團體氣氛熱絡。

除了上述介紹的活動外，團體帶領者也可以參考坊間出版的團體活動書籍，或是上網去搜尋符合團體發展階段的活動。不過，筆者仍要強調，活動不是團體發展的主體，我們是藉方案媒材來運作團體，讓方案媒材有效地配合團體目標才是重要。不論是破冰、暖身活動，都不會玩整個會期時間，只要達到熱絡效果就該停止，進入團體預定的進程。至於團體方案活動設計，請參考本書第十六章。

參考書目

英文部分

Balgopal, P. R., & Vassil, T. V. (1983). *Groups in social work: An ecological perspectives*. New York: MacMillan Publishing Co., Inc.

Coyle, G. L. (1930). *Social process in organized groups*. NY: Richard R. Smith.

Garland, J., Jones, H., & Kolodny, R. (1965). A model for stages of development in social work groups. In Saul Bernstein (ed.), *Explorations in group work*. Boston

University School of Social Work.
Garvin, C. D. (1997). *Contemporary group work*. Englewood Cliffs, New Jersey: Prentice-Hall, Inc.
Hartford, M. E. (1972). *Groups in social work*. New York: Columbia University Press.
Henry, S. (1992). *Group skills in social work: A four-dimensional approach*. Itasca, Illinois: F. E. Peacock Publishers, Inc.
Northen, H. (1969). *Social work with groups*. New York: Columbia University Press.
Parloff, M. B., Waskow, I. E., & Wolfe, B. E. (1978). Research on therapist variables in relationship to process and outcome. In S. L. Garfield and A. Bergin (eds.), *Handbook of psychotherapy and behavior change: An empirical analysis* (2nd ed.) (pp. 233-282). NY: John Wiley.
Schwartz, W. (1971). Social group work: The interactionist approach. *Encyclopedia of Social Work*, *2*: 1252-1263. NY: National Association of Social Workers.
Schulman, E. (1978). *Intervention in human services* (2nd ed.). St. Louis: C. V. Mosby.
Toseland, R. W., & Rivas, R. F. (2012). *An introduction to group work practice* (7th ed.). Boston: Allyn and Bacon.
Tropp, E. (1971). Social group work: The developmental approach? *Encyclopedia of Social Work* (vol. 2) (pp. 1246-1252.). New York: National Association of Social Worker.
Yalom, I. D. (1975). *The theory and practice of group psychotherapy* (2nd ed.). New York: Basic Books.

第九章 團體形成

一旦成員開始與他人互動，建立起人際關係結（interpersonal ties）、扮演團體角色、產生團體規範、確定團體共同目標、團體結構形成，我們稱此為團體形成。如果是短期團體，這個階段可能在第二次聚會時即出現；如果是開放性團體，則團體形成期會隨成員的進出而在不同的階段出現；如果是長期團體，就不拘泥於團體形成的單一會期，很可能是由幾個會期中逐漸形成（Hartford, 1972）。通常成長性團體與治療性團體的聚集過程較長，因此，團體形成較晚。

第一節　團體形成期的團體動力

一、團體規範的出現

團體規範是指口語與非口語的溝通規則與影響他人行為的方式，也表示團體獨特的行事風格與展現團體有別於外界的特性。團體規範包含守密、責任、參與、開放、眞誠、非評判地接納對方、高度地自我揭露、自我了解、不滿行為的表達，以及勇於接受改變等（Garvin, 1997）。

規範是造就凝聚力的重要因素，也是治療的有利工具；規範使團體維持一種「動態的均衡」（dynamically balanced）與「創造性的緊張」（creative tension）的狀態（Henry, 1992）。休茲（Schutz, 1966）特別強調規範對個人需求的滿足，個人在團體中的需求包括給予、獲得情感滿足、控制與被控制，以及包容與被包容。這些需求在聚會初期就多少會顯露出來，而在形成期，個人可以透過溝通來表達需求，而規範則是調節溝通的基礎。

成員表達個人的需求，例如：

「我很想和大家一樣有說有笑。但是，我實在不太懂得要怎麼做才好。」（被包容的需求）

「謝謝大家給我鼓勵，我會表現得更好。」（表達情感的需求）

此外，透過非口語的行動來表達控制的需求，例如：有人未徵詢他人的意見而變換座位或調整燈光、空調等。不論口語的表達或非口語的行動，總會影響到他人的行爲。可以發現，此時期每一成員都試圖將團體帶向自己喜歡的或想像的方向與位置。期待自己的需求能在團體中達成，這是一種自我中心的希望（egocentric hope）；但是，可以理解的是，因爲人們面臨的還是不確定的未來。

規範引導團體的行爲、安排團體經驗、管制團體的互動。當團體發展出規範時，個人已能分享較深的情緒，可以透過積極的語言來接觸對方，個人也可經常尋求他人作爲表達對事件的思考與感受。因此，此時團體的行爲方式已具備兩種情境：

1. 需求表達：用較肯定的方式來表達需求與滿意。
2. 目標導向：團體系統已能影響與控制成員的行爲，使之朝向目標。

在團體規範的建立過程中，工作者的職責是評估、評鑑與管制。工作者對團體規範的評估與管制是在於協助團體規範有價值，或檢驗規範是否有害於團體；如團體存在干擾，就會破壞團體的互動體系，工作者應採取評估的介入。當工作者評估某些團體規範是負向的，例如：每位成員都要輪流發言，不發言的要被處罰表演動物叫；或對他人發言都要表達正向支持，少負向批評等，則工作者可以使用不鼓勵、改變或修正來介入。有時候因爲情境不允許，使工作者不能即時介入，而須另尋適當時機才修正之，例如：有其他更重要的議題待處理，或成員尙未覺察負面的規範對團體或成員可能帶來的傷害等。

規範的產生絕不是由工作者說「這是我們的規範」、「那也是我們的規範」就成，因成員才是規範的決定者，同時也是執行者。如果成員未能執行團體規範，工作者應透過要求成員依規範來行事，如此才能加強規範的功能，而工作者的行動不可專斷，寧願依循團體的情境，就團體成員能容忍的範圍內來處理。

對於團體中有人不遵守規範而其他成員未出面表達不滿時，工作者可以採直接介入，對不遵守規範的成員說：

「語彤，我們剛剛才說過，當別人在發表看法的時候，要注意聽，不要在底下竊竊私語。」

「宥翔，還記得上次我們決定在團體中有些話可以不說，剛剛品妍不想再談下去，你就不要強人所難。」

有時候，工作者也可採間接介入的方式來回應成員失功能的行為（dysfunctional behavior），例如：

「我想知道當你在發表看法時，有人不在乎的樣子，你的感受如何？」

「當有人談話內容占用大家太多時間，你有什麼感想呢？」

「詠晴，願意談談別人對妳的態度，妳的感覺如何嗎？」

「宇恩，說說看當你講話中被打岔的感受好嗎？」

工作者也可以透過順水推舟來增強團體規範的履行，例如：透過成員已引發的楔子來繼續強化規範如下：

「我不知道別人覺得我們的團體的表達方式是否夠開放；但是，我個人覺得……。」（語彤幽幽地說著）

「語彤的意思是說我們可以有更開放的方式來互動，妳覺得哪樣比較理想？」

如果語彤在團體中的地位屬於較高的一位，那麼她所提出的建議大概會被接受；否則，不太會被考慮。因此，工作者要判斷此時是否應該更開放地表達，如果是的話，工作者應該扮演「贊助者」的角色，支持語彤的說法，因為語彤的提議是有益於團體的發展。工作者如是說：

「語彤的提議聽起來很有道理，大家覺得怎麼樣呢？」

由於工作者在此時仍具有高度的權威傾向，當工作者評判是好的規範，團體也比較容易承認那是對的，而將語形的提議納入團體的規範體系中。

工作者也可引進外界的參考團體，以加強規範；也可以與其他相鄰的團體建立關係，以加強團體規範的遵行。團體形成期所訂的規範並非一成不變，它會隨著團體發展的需要而適度改變。不過，解鈴還須繫鈴人。理想上，規範的改變應由成員來決定。

二、團體結構形成

團體形成期，成員開始確立角色體系，分化領導群，溝通頻率提高，成員關係偏好明顯化，於是，團體的結構較明顯地出現。團體結構是指由成員關係的模式所組成，其型態包括下列幾種（Garvin, 1997）：

1. 溝通結構：誰在什麼情況下，對誰說了些什麼。
2. 社會距離測量結構（sociometric structures）：誰喜歡或不喜歡誰，尤其是次團體的互動。
3. 權力結構：誰用何種方式來影響他人。
4. 領導結構：誰對團體決策貢獻最多、誰完成團體目標最賣力、誰在減緩團體的緊張、誰在增強團體的凝聚力，以及誰在維護團體正式與非正式的規範。
5. 角色結構：誰占有正式被承認的位置，例如：主席、祕書等；誰的位置由團體活動中產生，例如：攻擊者、修補籬笆者；誰在非正式團體中有位置，例如：暗樁者、小丑與背叛者。

團體形成期間，團體結構會明顯地發生變化，所以，工作者在團體開始就應把各個結構都製成圖表，以觀察團體形成後的結構特徵。

(一) 溝通結構

理想的溝通結構是將最多的成員納入溝通網。在團體初期的溝通網通常是如圖9-1的型態，這種型態的溝通被形容爲反應不靈敏的。

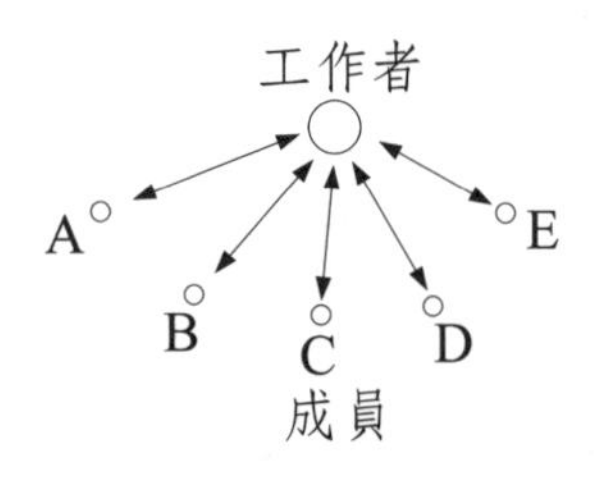

圖9-1　團體初期的溝通網

到了團體形成期，成員間的互動會逐漸增多。但是，距離理想的溝通網還是有一段差距。大致上，可以用圖9-2來表示。這是一種私黨的或片斷的溝通網（Milson, 1973）。

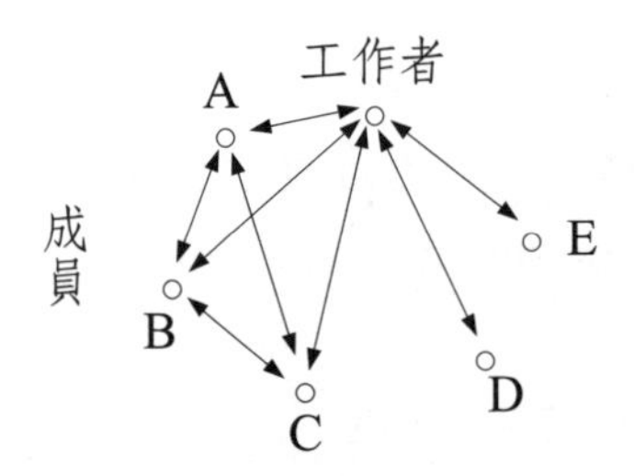

圖9-2　團體形成期的溝通網

關於溝通網（communication network）的描繪，羅斯（Rose, 1977）建議用表9-1來計量成員間溝通的頻率。

表9-1　團體溝通次數計算表

	怡君（worker）	語彤	品妍	宥翔	詠晴	宇恩
怡君（worker）		1	1	1	1	1
語彤	1		2	2		
品妍	1	2		2		
宥翔	1	2	2			
詠晴	1					1
宇恩	1				1	

從表9-1中可以看出團體工作者怡君與每一位成員均有溝通。而語彤與品妍、宥翔溝通各一次；品妍也是只與語彤、宥翔溝通各一次；宥翔也是只與語彤和品妍溝通各二次。顯示，語彤、品妍、宥翔有形成次團體的態勢。詠晴、宇恩都只與怡君溝通各一次，或許他們兩人與語彤、品妍、宥翔較不熟悉。透過以上表格可以繪成溝通網。

(二) 社會距離測量結構

在團體初期不易產生，而一直到團體需要透過性別、種族、年齡等來決定事務等，就會明顯地產生。工作者應避免造成團體的分裂，可以透過鼓勵參與來使成員打消分裂的念頭。

(三) 權力結構

某些人在團體中有較多的權力，主要是依靠專業知能、擁有重要資源、具權威性格，或者身強力壯足以傷害別人等。工作者可以鼓勵成員運用既有權力來達成目標，但是，不可以傷害他人。工作者可協助弱者使用權力，可以透過角色安排、自我肯定訓練，以及權力賦予來增強弱者的權力，亦即充權弱者。

(四) 領導結構

沙瑞與葛林斯基（Sarri & Galinsky, 1974）認爲，團體初期的領導者通常是最有攻擊性與最自信的人。爲了彈性發展團體，工作者應試圖保持團體的領導關係順暢，強調以暫時性工作任命與輪流參與來影響團體。在團體形成階段，領導者並不穩定，爭奪的機會還是會存在。

(五) 角色結構

團體初期，工作者協助成員界定每一個位置的本質。廣泛地來說，在團體活動中都可能創造位置，如角色扮演、遊戲，工作者在安排角色時最好能配合成員的目標與任務。角色結構可以協助成員處理團體聚會之初的「兩極情感」，也可以發現成員的問題。關於團體角色的分化，由於對團體形成之初格外重要，本節將另立一項來討論。

三、角色分化（differentiation of role）

進入團體是個人建立其行爲模式的理想環境，每個人的行爲都會受到環境的影響，尤其是環境中的重要他人。團體中的角色可分爲內部與外部：內部角色傾向於處理使自己納入團體的角色扮演，所以是「社會情緒的」；而外部角色屬於完成任務的行動，所以是「任務的」。意即每一位成員都可能扮演兩種角色。

如果成員的行爲是生產性與自我滿足的，工作者應該給予支持；反之，如果團體已經充斥無益的行爲，工作者應制止團體互動，而以角色扮演來使成員預演其行爲，以產生更有生產力的行爲方式。工作者也可以使用徵詢其他成員對某些不具功能的行爲，或不能達成目標的行爲給予建議與回饋，以制止無益行爲的蔓延。

不論哪一種介入方式，工作者總是期待成員產生特定目標、目的取向與功能整合的角色行爲。工作者要觀察成員的行爲是否朝向以團體爲整體（group-as-a-whole）的行爲，可以從內部與外部系統的行爲來衡量。如果團體的行爲逐漸出現此兩種行爲，則可以確定團體發展已向前邁進。

團體越成熟越能自我維持，對於不同行爲表現方式與角色履行也較熟練。因此，工作者應鼓勵成員扮演兩種行爲，其行爲的表現，可以從成員對他人行爲的評論、協助他人導引或模塑方向，以達到團體目標的界定，以及對他人的行爲給予正向的評論，即表達歸屬感或對他人的感受等。

一開始，成員習慣小心謹慎地使用其一貫的人際行爲方式，這是由於早期「趨避困境」還未完全消失，以及團體規範尚未完全能夠支持成員放手地表現新學來的行爲。雖然如此，上述兩種角色行爲仍然應開始被試著運作，這是工作者責無旁貸的職責，工作者自己則經常扮演「缺席角色的替補者」。工作者與成員一樣有特定的行爲模式，他的行爲更具「生產取向」或「過程取向」。不論哪一類，工作者都是爲了團體上述兩個角色功能運作而努力。

工作者爲了促使成員的角色分化，可以進行一些介入，如下兩案例：

【案例一】

工作者為了使成員更能履行團體中的問題解決行動，而在團體聚會的第二次，即建議成員使用輪流總結的方式來進行討論，可以促進每一位成員都有機會嘗試任務或工具的角色。

【案例二】

一個由國中男生所組成的團體，第三次會期時，工作者為了解決學生違反校規的問題，提供比賽的遊戲（如警察捉小偷、奪寶等），在遊戲過程中，工作者仔細地去觀察成員如何執行遊戲規則。

第二節　從互惠到互助契約

團體形成階段的契約形式，是從包含「初步工作同意」的互惠契約到互助契約，每位成員均認識到個人的目標對其他人有潛在的利益，人們開始參與共同的事務。在互助契約下，成員開始投注精力在特定的目標，朝著達成目標的方向前進，也許這些目標是成員所共同同意的，不過，工作者總是得加入一部分意見。

互助契約的特徵是抽象與外推（extrapolation）。所謂抽象與外推的意思是，在早期的互惠契約裡，個人尋求將自我目標在團體生命中實現的可行性，工作者儘量讓個人去了解他們所追求的是什麼，所以，針對他們的個別性加以通則化（generalize）或普遍化（universalize），以發現個人目標與他人的相關聯。在團體形成階段，工作者就要努力發展高序位的陳述方式，以說明團體的前途與如何達成團體目標。高序位的表達是指以我們的共通需求與需要表達，而不是個人特殊的狀況表達。

互助契約的相對應是團體決策達到均衡點，意即每一個人所帶來的潛在決策區域有重疊，也有差異，而從這些決策同意範圍內尋找到一個最適當的點，也就是上述的抽象化與外推的意義。工作者應加強成員去了解個別需求的通則化或普遍化，然而，通則化與普遍化並不是要成員放棄個殊性，而是使其朝向未來的展望。

互助契約的形成是由每一位成員的表達內容裡加以綜合而成的，從高低序位陳述的概念中綜理出新的概念。工作者要協助成員表達其概念，使其逐漸擴充原有的概念，而不是一直以「我」的觀點來表達，應逐漸以「我們」的觀點替代之。工作者也隨時提供一種「團體是一個整體」的情境，所以，成員表達應被鼓勵以「我們大家」、「我們每一個人」、「我們」或「我們的」等語詞。當團體逐漸形成是一個整體時，就是團體凝聚力的提升。

成員不只是用團體的語言來表達契約的形式，也要納入團體整體的概念進未來的討論中，然後，再協商團體的契約。互助契約是成員同意他們自己、工作者，以及其他人期待的行爲。工作者要從各種形式中評估團體是否達到互助的階段，如果已達到這個階段，則表示成員的同意是以團體整體爲同意。因此，可以引導團體前進，成員的行爲也有方向，團體可以一起工作，團體的會期、政策、頻率、地點、費用等都容許再討論與再協商。

第三節　工作者的角色、位置與技巧

在團體形成期，工作者的地位是軸承的位置（pivotal location），角色則是可變的角色（variable roles）。軸承的位置指的是有時工作者站在中心位置，但是，如果團體已不須如此時，工作者可以退到「邊陲的地位」（peripheral place），端視團體的發展過程而定。

可變的角色是指如果團體活動上有需要，工作者可以是個催化者；如果團體允許的話，工作者改擔任「缺席角色的替補者」，而較不是催化者。由此可見，工作者在團體的形成期所扮演的角色還是在過渡的情況下。至於工作者在此時期所常用的技巧，可以歸納爲下列三者（Henry, 1992）：

(一) 支持與鼓舞參與（supporting and encouraging participation）

工作者使用支持與鼓舞參與來協助綜合與增強互動模式的連結性。支持與鼓舞參與是工作者就本身對個別成員的了解，以及對團體整體性的了解來運用。工作者對規範模式與角色分化是否進行介入，端視團體的情況而定。規範模式與角色分化是成員間溝通的結果，工作者爲了引導出規範模式與角色分化，而支持成員投入溝通網與交流過程中。同時，鼓舞成員參與、介入、保護、修正、再引導或刺激成員間行爲、規範與角色的功能運作。

(二) 協助綜合過程（helping the synthesizing process）

協助綜合過程是促使成員整合於團體導向的行爲中，引導成員從互惠契約進入互助契約。當成員開始討論互助契約時，工作者從領導者的角色中退卻。如果團體仍然未達到這個程度，工作者應引發此種討論與表達的可能。所以，支持的作用一面在於促使成員朝向以團體爲導向的行爲，一面在於綜合成員的契約型態，從互惠到互助。

(三) 增強互動模式的穩固（reinforcing the consolidation of interactional pattern）。

工作者不斷促使成員互動，使產生社會情緒結（social-emotional ties），成員開始爲他們的目標與任務工作。此時，工作者是一個觸媒（catalytic）。

工作者的介入使團體產生一種新的且有別於成員集合在一起的形象，也就是「整體大於部分的總合」的原理，到目前爲止，團體已是一個「部分的總合」。但是，由於成員互動的頻率增加，互動體系自然產生，團體中的成對增多，成對間的互動擴大，大體系也就逐漸形成。有時候工作者還要繼續上一階段所進行的協助發現相似性、互補性、共同性等工作，以增加團體的互助。

工作者執行可變的角色是在「活動的」與「催化的」之間取捨。活動的角色扮演內部體系與外部體系間的「缺席角色的替補者」，而催化的角色是擔任一個「諮詢的角色」，亦即團體有需要時才提供資源。

工作者在這個階段應經常扮演三個角色：一是初級的角色，在於「權衡」理念、權力與團體計畫的優劣，扮演最基本的決策參與者；另一是「催化」的角色，不做什麼，只是在於反映成員的行動，讓成員發動；最後是「樞紐」的角色（pivotal role），亦即進行支持的工作，問一些簡單的問題，做一些小小的評論。

第四節　團體建構與維持的方案活動

團體形成期的方案活動主要在於加強團體實體感，活動設計就應考量成員的需求與能量，包括達成何種目標與達成目標的步驟。成員的能力隱含著團體成員能意識到未來要做什麼、能與他人認同、他們的歸屬，以及表達他們所期望的是什麼。因此，工作者所設計的活動應以能達成團體的自我引導爲優先。

由於每位成員有不同的限制，如對於抽象、概念化的能力、社會情緒的限制，或者一些文化、社會、經濟的因素，所以不能馬上有預測未來的能力。工作者要把握住基本與中心的理念，協助成員設計一些活動，例如：建立行爲模式的活動、產生團體規範的活動、感受團體爲一整體的活動，或者嘗試介紹一些活動給團體，讓團體自行採取。工作者要管制活動的進行，並引導下一個活動的思考。

此一階段團體活動的目標是能產生「像團體的行爲」（group like behavior），因此，活動的帶領是讓每位成員均能參與，且非競爭性、具變化性，以及能增加溝通網絡的運作爲目的。

正如上述的，工作者考慮團體活動的引進時要注意活動對成員行爲的影響，以及考量成員的能力。以下三個面向可以作爲分析團體活動的參考：

(一) 成員的能量與需求

1. 需求什麼：生理、情緒、社會或智力的，共同的或個別的。
2. 能做什麼：生理、智力、情緒與社會的。
3. 不能做什麼：生理、智力、情緒與社會的。

(二) 活動本身的考慮

1. 有活動指引？
2. 活動指引根據什麼？
3. 何種身體活動要導入？活動量多少？
4. 技巧的層次高低。
5. 涉及的互動形式與頻率。
6. 報償的形式與來源。

(三) 角色分化的與規範的動力

1. 團體活動進行的領導。
2. 帶領者是否由成員輪流擔任？
3. 成員角色分配如何？
4. 團體期待的行爲線索是什麼？
5. 成員會有何反應？
6. 每個人都準備參加了嗎？
7. 非競爭性的互動嗎？
8. 團體所運作的溝通模式與網絡是什麼？
9. 團體是工作與分享均一起嗎？
10. 成員有表達他們的感受的機會嗎？如何表達？
11. 成員的工作配合任務需求嗎？如何工作？

團體活動的用意是爲了增進團體的互動與達成團體目標，如治療或任務完成。因此，活動一定要配合團體發展的特性與成員的需求。以上的團體活動方案分析準則是提供一個多面向的參考，以引導工作者採行團體活動時不至於脫離團體發展的軌道。

以下示範幾種團體形成期的活動，讀者可依上述原則加以推演，設計出適合自己所帶領的團體的需要。

(一) 同心協力

由領導者指定一位成員站在團體中央，另外徵求兩位成員站出來，用手指尖與先前站在團體中央的成員以指尖相接觸，不能說話，只能用手指尖的推力，三位成員各自用指尖的壓力去試著引導他人走向自己想去的地方。

經驗告訴我們，如果其中兩人不協力合作，任何人都很難靠自己一個人的力量單獨把另兩人帶到自己所想去，而又不是他人所同意的地方。因此，顯示出在團體中唯有透過合作才能使團體脫離「僵局」。

這個活動可以擴大到讓所有成員參加，讓每一位成員的左右手指尖各接觸到兩旁的成員，而每位成員各選定自己要走的方向，開始推著成員們到自己要去的地方。結果若不是團體僵持在現場，就是團體亂成一團。

總之，在團體中每個人有個別的目標，但是，若不經集體的合作，很難如願以償，非但自己的目標不能達成，團體的目標也不得進展。

(二) 圖畫完成

這個活動的目的在於增加成員的合作經驗，同時也可以訓練成員的聯想力與創造力。圖畫的題材可以自選或由團體規定，團體可以共同完成一張圖或分成若干小組分別作圖。成員們輪流在圖畫紙上循著他人的筆調，或追隨，或自創，以豐富作品的內容。在作畫過程中，其他成員可以提供意見，但不可捉刀，以符合普及參與和合作的精神。作畫完成後，團體成員分別就整幅畫的內容與個人貢獻的部分加以表達感受與動機。

團體接力的成果在於呈現個人的力量不及團體整體的力量，同時也表現出每位成員有其獨到的思考與創造力。在畫中也可以顯示出如果成員缺乏對整體畫面的共識，必然會產生格格不入的筆調與色彩，如此將破壞畫面的整體性與和諧。如同一個團體應有的規範與共同目標，若不在分工與共識之下來運作，必然參差不齊。

圖畫完成的活動可以將形式改爲故事完成，藉著共同思考來完成一個完整的故事。如果現場有錄音機、錄影機，或手機錄影，可使情境重現，以增加活動的效果，但必須經過成員同意方可錄音、錄影。

(三) 突圍與闖入

這組活動是讓成員感受到團體的凝聚力與壓力。團體固然是解決問題的有效單位，同時也是形成壓力與構成障礙的來源。成員如果有異於大多數人的想法，他將受制於團體的規範而不得自由表現；相反地，如果團體有高度的凝聚力或團體感覺，則團體外的分子要介入本團體就非常困難。

突圍的活動是由成員自願一人站在團體中間，其餘成員手拉手圍成一圈，站在中間的成員可以使用任何方法（除了動粗之外）謀略突圍，活動時間可規定以三到五分鐘爲一單元，如果突圍不成，則換另外一人，如此循環操作，每人依序嘗試，最後討論個人突圍的經驗。透過此活動使每位成員感受到被團體限制的痛苦與無奈，也覺察到團體的力量遠在個人力量之上。

闖入則是由團體中推派或自願一人先行離開團體，而其餘的團體成員試圖使凝聚力增高，譬如，找尋一個共同有興趣的話題，聚精會神地談論，或手拉手、肩並肩進行暖身活動。幾分鐘之後，請該團體外的成員嘗試闖入團體，時間可限制爲五到十分鐘。團體成員要極力避免防線被突破，但是，闖入者不可以動粗，或性騷擾。之後，要求團體與個人分別表達排斥他人或被排斥的滋味。通常一位團體外的介入者會遭到團體強烈的排斥，表達團體排斥外人的方式，有時是漠視之，或是冷眼怒視，更強烈的情形是公然侮辱或推擠之。而團體遭到介入時，如果團體的凝聚力不夠，很可能被分化或遭侵犯。這個活動也可以讓成員體會到包容力的可貴，一個團體能眞正包容別人，也反映出成員的成熟發展。

除了以上所提示的團體活動之外，尙有許多活動都可以作爲此一階段的節目，如送禮物給團體、腦力激盪、描述我們的團體、救生圈等都可以試著用，端視團體領導者如何來生動化這些活動。

參考書目

英文部分

Garvin, C. D. (1997). *Contemporary group work* (3rd ed.). Englewood Cliffs, New Jersey: Prentice-Hall, Inc.

Hartford, M. E. (1972). *Groups in social work*. New York: Columbia University Press.

Henry, S. (1992). *Group skills in social work: A four-dimensional approach*. Itasca, Illinois: F. E. Peacock Publishers, Inc.

Milson, F. (1973). *An introduction to group work skill*. London: Routledge & Kegan Paul.

Rose, S. D. (1977). *Group therapy: A behavioral approach*. Englewood Cliffs, New Jersey: Prentice-Hall, Inc.

Sarri, R., & Galinsky, M. (1974). A conceptual framework for group development. In P. Glasser, R. Sarri, and R. Vinter (eds.), *Individual change through small group* (pp. 71-88). New York: Free Press.

Schutz, W. (1966). *Interpersonal underworld*. Palo Alto, CA: Science and Behavior Books, Inc.

第十章 團體衝突

「衝突」在團體生命中不必然是一件壞事。衝突提供一種動態緊張（dynamic tension）的反應，它是否會造成傷害，端視團體的容忍力與管理衝突的技巧而定，這也是屬於團體生命中的一部分。但是，衝突並非團體必然的過程，有些團體並沒有如本章所要討論的衝突期。

如果會有衝突發生，大概是在團體形成之後。團體形成後通常會即刻產生「整合」（integration）現象，而衝突就是整合現象之後的「分裂」（disintegration）。貝爾斯（Bales, 1950）發現在四個會期的團體中，第二個會期會有負向的社會與情緒行爲，也就是塔克門（Tuckman, 1965）所說的「風暴期」。薛佛（Shepherd, 1964）稱這種現象爲「迷戀邊緣」，也就是所謂去留之間的再掙扎。

第一節　團體發展的衝突動力

團體衝突的來源是什麼呢？主要是因爲成員們在爭取誰掌理團體。葛蘭、瓊斯與寇洛尼（Garland, Jones, & Kolodny, 1973）稱之爲「權力與控制」，沙瑞與葛林斯基（Sarri & Galinsky, 1974）認爲這是一種規範性的危機與權力的掙扎（Balgopal & Vassil, 1983）。從團體前期的會談到團體形成期間，工作者擁有最大的權力，他用各種方式來引導團體，如產生團體的概念、認定團體成員的資格、決定誰來參加、選擇成員、邀請第一次聚會、開始討論共同目標、主張方案的使用，處理團體中的大部分事務；更甚者，工作者引導團體的方向，使成員在工作者所期待的發展下形成，工作者也可單獨與個別成員分享資訊。總之，工作者是權力的核心。

而成員則一直在同意與追求一致的情況下，放棄他們的部分或全部意志，期以獲得最大與最好的團體目標。然而，當團體形成，成員開始有更多的責任去左右團體，也有更積極的態度去討論他們所期望的。具體來說，即是「這是誰的團體？」這種感覺很容易追溯到早期團體開始階段爲了處理兩極情感所做的投入，也可以關聯到團體形成期成員所做的承諾。

成員開始在團體中帶動變遷與模塑方向，期以走向他們所期待的方向，尤其是成員已經有一些經驗來表達自己的願望。現在，成員更學到以自己的權力去影響別人，以及感受到在團體規範體系下自己的行爲被影響。分工的結果，也使成員產生不同的地位，角色扮演產生了團體內部與外在的體系。成員在前兩個階段中已學會了表達情感的、包容的與控制的需求，以及被教導去學習推動團體到共同同意的目標。但是，不同的精力產生不同的投入。

成員當初所估計的精力預算是相對稱於爲了自己的目標而推動團體來達成，這是不會被遺忘的，他們了解以自己的能力可以推動團體。當他們全然地與團體相連結而感受到連結的意義時，他們產生了一種動機要去推動團體，而且是以自己的方式去推動。這種連結的意義是成員有與他人互動的經驗，且從投資於與他人的互動上產生了某種程度的成效。然而，不管此時團體開放與分享的程度如何，以及成員已經獲得了多少，他們仍然相信還有更多的事情將會發生。問題是，他們不知道如何去得到、什麼是每一個人所期待的，且能全然獲取的。這些想法不論在意識中或潛意識裡，有某程度是一個「扳機」（trigger），扳機一扣，子彈就飛出去，而這些引信的引爆就成了衝突的事件。

成員會衡量他們已花費了多少時間，如果要達成他們所要的結果，還需要花多少時間。成員也再次地投注更多的努力去擁有團體，以尋求團體朝向自己的方向前進，爲個人或團體的需求提供服務。對工作者的挑戰於焉產生，挑戰的內容包括需求未被滿足、共同目標忽略了個別目標、採行的目標達成方式不能滿足個人的偏好、大家是否投下足夠的心力來完成，或者對團體的一些遐想。

敵視、焦慮、沉默，甚或不適切的積極和埋怨出現在成員的口語或非口語的表現中，衝突悄悄地進入團體。成員討厭任何積極的行動，他們寧願撤退，刻意表現自己與他人的距離，此時，團體表現不出任何整合的樣態。

諾仁（Northen, 1969）與哈佛德（Hartford, 1972）均指出此時的人際關係缺乏魅力，撤退、憤怒、鬥嘴等情形成爲團體動力的一部分。其他感受如價値衝突、人際關係的情感兩極、工作者與成員的權力鬥爭一一出現。典型的問話也出現在這個階段，例如：「工作者心目中的團體是什麼？」「我們能在未來獲得什麼？」「以前的承諾是否仍然有效？」

工作者經常是這些事端的「目標」，因為他最明顯；接著，下一個目標是某些成員，尤其是代罪羔羊型的人物，以及工作者的支持者。成員根本不想去了解眞正的問題所在，而是為自己的利益與偏好在鬥爭，如果此時有人要求團體應該有結構，他們會批評無此必要；同時，有人使用團體太多的時間，也會遭到指責。總之，衝突是不太有理性的，而且成本很高。

工作者對衝突的介入是包容，靠著非防衛性的回應與解除壓力來達成。非防衛性的回應是工作者涉入摩擦中，同時協助成員處理此時的感受，工作者的態度必須是平靜且合理的，以及不勉強的接受衝突的事實。

此時，不得不再提及以前曾談過的老話題，如果成員的組成不當，就無法達成工作在一起的機會，包括人格或行為因素，都可能使團體無法產生凝聚力。値此衝突之際，也正是考驗團體組成是否妥當的時機。另外，如果工作者缺乏經驗、沒有能力與不稱職，也足以使團體因衝突而瓦解。

工作者對成員的批評應有兩種態度：冷靜與理性。所謂冷靜就是不衝動的反應，而理性是指無偏見、客觀地面對批評的議題。工作者應將衝突的問題擴散為團體的事務，讓團體共同來解決衝突；工作者也應了解在此情境下團體應如何面對。團體在衝突階段也是達到維持階段的準備期，因此，使團體再形成是有必要的，工作者有責任去認清、解決、投入、分享衝突。

團體經過衝突之後，會產生新的團體認同、新的秩序、增加系統的連結力量，以及平衡工作者與成員間的決策均衡。

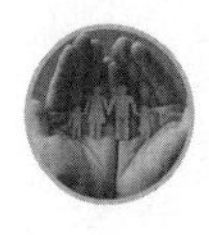

第二節　互助契約的型態

互助契約是成員彼此同意且與工作者同意為了達到目標的行動。這個同意在衝突階段表現最為強烈，成員可以去反省、協商、採行以前所訂的契約。成員挑戰與質詢工作者，他們要往哪裡去？如何達成？以及由誰來協助契約的達成？契約審視的範圍包括可行性與存在必要性，所以，工作者應該協助成員去探求對契約的新觀點，以及保持暢通的討論。工作者協助成員修正其原先所承諾的一切，也經由成員幾次聚會的經驗，判斷什麼才是他們所共同祈求的。然而。工作者一定要堅持團體組成的目標範圍，可以提升原有目標的層次，但不宜改變原始目標。

目標同意之外，亦應考慮達成目標的工具，亦即工作者要評估成員所陳述的目標是否付諸行動，還是手段與目標互不相干。爲了澄清此點，工作者可以詢問成員手段與目標是否連結在一起。

總之，互助契約的同意仍然是成員間與工作者的同意，而只是更清楚地界定爲了達成目標的工具是否也同意。

具體而言，工作者的角色與地位是在進行契約協商與修正。工作者的地位與角色也隨著團體發展而改變，影響改變的因素包括「什麼被同意」與「被誰所同意」，亦即誰是強制執行者（enforcers）？強制什麼？在團體發展的過程中，工作者的角色與功能也成爲團體同意的一部分，工作者也參與本身角色與功能的持續界定，正如成員的角色被個別地與集體地界定。

在這個階段，強制機制（enforcement mechanism）更明顯地顯現。強制機制是成員同意去進行某些事，強制力量的強弱端視成員的一致性情況，如果成員企圖去做些什麼，而卻沒有這種自由，則同意還是沒有產生作用。

第三節　工作者的角色、位置與技巧

在這個階段，工作者必須體認到團體已有了自治（self-governing）的能力，只是尚未達到完全自主的狀態。工作者的工作是去引導以團體爲焦點的互動，其主要可以使用下列三種技巧（Henry, 1992）：

(一) 穩定系統

工作者擔任一位契約協商的提醒者，其運用穩定系統的技巧是在於盡可能去調和成員的關係。在衝突階段，工作者更是要表現高度的和諧態度，因爲，成員把工作者推上「火線」（fire line），他們感受到工作者過去所作所爲有種種的不當；成員也開始發現團體沒有作用，缺乏協助的能力，他們期待團體能被運作。據此，工作者通常是第一個被認爲是有責任去運作團體的人，團體的遲滯使工作者淪爲團體的首要戰犯，成員攻擊他、指責他，他被認爲是無能的、無益的。工作者面對這種情況，應該努力自我協助與協助團體渡過難關，最佳的態度是表現出始終一貫的態度與和諧的聲調，如成熟地表現出溫暖、誠懇、接納、引導、同理與尊重等，而這些態度是維持系統穩定的良方。

(二) 把議題拋回團體

工作者將議題拋回給團體是表現其軸承位置（pivotal location）與可變角色（variable role）的實質功能。把議題拋回團體是指工作者不擔任最後的決策者，而是一位提醒者與創造思考的媒介，他用啟發性與示範性的表達以鼓勵成員表達不同的看法，讓任何引起爭議的話題能透過共同的參與得到共識。也就是如前所述，創造一個以團體爲焦點的問題解決情境。工作者將議題拋回團體可以表達的方式，例如：「大家覺得這樣做是否恰當？」「其他人有沒有進一步的想法？」「有沒有不同的意見呢？」「要看這個建議對大家的影響如何，不妨讓我們再仔細地思考！」「大家覺得怎樣？」等的語氣。但是，把議題拋回團體的用意並非要工作者完全放棄主張或權力，他仍然可以有介入的行動，只是比以前的各個階段更撤退，而表現更少的引導與主動的角色罷了。因爲，工作者相信成員自己能掌握團體事務，不再需要全力去引導團體過程；工作者以自己的知識和經驗來驗定團體自主性的能量有多高，而來決定自身角色涉入的深淺。

(三) 善於利用衝突

對於成員間的衝突，工作者宜冷靜和敏銳地覺察出問題癥結所在，不宜有威脅、指責、挑釁或懲罰的行爲。工作者對於衝突的發展，有人認爲應該介入，以使團體結構不受損壞，但是有些人則持相反的看法，他們認爲衝突有益於自我再認知，成員可以從別人的回饋中了解衝突的本質，工作者可以引導成員從衝突過程中獲得同理的能力。更何況，衝突本應由團體成員來處理。通常在團體發展過程中，衝突是有意義的，工作者不一定必須即時介入，但是一定要去面對它。面對衝突的方式可以是直接介入，也可以採取漠視的態度。

衝突既然有其積極的意義，工作者必須協助成員使用衝突，其方法是澄清衝突的本質，作爲掙扎於衝突中的成員的支持者，以及協助成員去解決衝突所帶來的緊張。關於工作者是否協助成員去了解團體的經驗，有兩種不同作法：一是不必去解釋或協助成員認知他們所面臨的社會過程，也就是說工作者站在「不必去運作過程」的立場，讓團體過程自然發展。相反地，另一種是工作者的倫理守則中有一項是關於案主的自決，案主有權要求在非控制下達成目標。所以，工作者不可自行操控所有團體發展過程，而是應告之團體可能的發展過程，而讓成員明瞭團體衝突的經驗。

工作者協助成員澄清團體的過程，他可以將議題提升到意識的層次與使之語言化，如「有沒有人想談一談現在團體發生了什麼？」或是「談一談現在的感受，如何？」這些話題都有助於使衝突趨向理性的面質（confrontation），而避免衝突被壓抑而流入潛伏性的危機層次。

工作者介入衝突時不可太早關閉衝突，也就是工作者不能爲了及早跨過衝突的障礙而粉飾太平，刻意地使團體表現牽強的和諧。工作者應牢記團體是屬於所有成員共同擁有的，如果有任何衝突，應由成員共同來面對；而且，有時候衝突是有益於團體的發展，譬如，爲了避免團體成員進入一廂情願的服從，或是早熟的決策，以及避免團體失去活力，適度地讓團體經歷衝突並無大礙，反而有益。過分保護團體的工作者應切記，要祛除「不忍心看到團體衝突的窘態」的想法。

在充斥衝突的插曲（conflict-filled episode）即將結束前，適時的介入是必要的。工作者要重新拼組（rehashing）團體的結構與過程。工作者短暫地採取回到中心位置與初級角色，協助團體準備結束衝突，認清到底團體發生了什麼，爲何讓大家不愉快。即使有一些負面的批判，也是值得的。負面的自我評價（negative self-evaluation）或是嚴重的破壞性後果都必須面對，好讓團體重新被排列拼湊。這個重新拼組或改編的過程，讓成員意識到他們是會得到協助的，工作者不會放下他們不管；他們也必須學會問題解決或衝突解決的技巧（conflict-resolving skills）。唯有透過解決衝突能力的培養，團體才可能邁向成熟，工作者宜協助成員渡過不舒服、不滿意、意見不一致的衝突插曲，然後學習包容差異，而不是迴避或壓制衝突。

總之，工作者應協助成員澄清與確認引起衝突的議題，且去面對它。如果讓衝突被及早地稀釋掉，只是代表衝突轉入地下，或是換個時間爆發而已。重要的是，工作者應協助成員發展解決衝突的技巧。

第四節　團體衝突管理的方案活動

衝突階段主要的學習重點是容忍與解決衝突的技巧，因此，選擇方案活動應考慮以下幾點：

1. 每個人都有機會表達自己的偏好與觀點。
2. 每個人在團體中均擁有同等的時間與空間。
3. 採行具有規範行爲效果的工具。
4. 團體需要有團體擁有感。
5. 活動最好是熟悉的，且能提供穩定與持續性。
6. 適合衝突階段所需的一致性行爲或分化性行爲。

配合以上六點原則，本書亦如前列章節般推介幾組適用於衝突階段的團體活動。

一、價值澄清

爲了改變團體的情境，讓成員認識每個人都有其不同的價值觀，同時也可肯定與修正個人的信念，工作者可以引介下列兩個活動（Garvin, 1997）：

(一) 價值拍賣（values auction）

團體帶領者發給成員一紙資本額，每個人所擁有的金額原則上一樣，如一千元或一萬元。再將一份列有拍賣品（亦即價值）的海報紙或是印製好的小紙片公開，要求成員以自己所擁有的資本額，購買上列的價值。領導者開始叫賣每一項價值，由開價較高的成員得標，喊價所支出的金額即從個人可支配金額中扣除。拍賣完成後，團體進行討論，以分享成員間價值選擇的偏好不同或相同的原因與感覺。

價值拍賣的內容通常是列入如友情、愛情、美滿婚姻、性關係、健康、工作保證、環遊世界、美、帥、洋房、汽車、高學位、社會地位、子女、人類和平、升官、發財、領導能力、效率、平等、正義、溫暖、尊重、包容、同理、面子、快樂、自主、獨立生活、享受孤獨等。

(二) 鱷魚河（alligator river）

這個故事是說阿碧（Abigail）愛上住在河對岸的葛雷（Gregory）。河裡有凶狠的食人鱷魚，橫跨河流的唯一橋梁，前陣子被暴風雨帶來的洪水摧毀。阿碧想渡河去會見情人，她自己沒有渡河的船隻，於是她求助船伕辛貝（Sinbad），辛貝垂涎阿碧美色，要求以一次性交作爲渡船資。阿碧當場拒絕，求助於她的朋友伊凡（Ivan），伊凡說他沒有船，幫不了忙。阿碧在進退兩難之下，決定與辛貝性交之後渡河。辛貝實踐諾言，在與阿碧魚水之歡後，愉快地將阿碧送到河對岸葛雷的懷抱。阿碧會見葛雷後，坦白告知爲了渡河見他，出軌與辛貝性交。葛雷一聽之下，就生氣地把阿碧給甩了。心碎的阿碧把被葛雷拋棄的故事向其朋友史龍（Slug）訴苦，史龍很同情阿碧，認爲阿碧爲了渡河見葛雷，千辛萬苦，不惜犧牲身體，眞心換來絕情，就前去找到葛雷，把他痛扁一頓。阿碧知道葛雷被打的消息，心中大喜，嘲笑葛雷也會有今天。

團體帶領者可以詢問成員對故事中五位角色人物的評價，再逐一討論個人偏好的原因。這個故事結合了愛情、性、忠誠、友誼、利益的價值抉擇。

除了以上所舉鱷魚河的故事之外，也可以將故事改爲荒山中的飛機失事，或是鐵達尼號郵輪（Royal Mail Steamer Titanic）船難的故事，將故事的角色增加爲理性（rational）、羅曼蒂克（romantic）、自私（selfish）、犬儒主義（cynicism）、實利主義（pragmatic）、道德（moral）等，使故事的情節更複雜。

由於工作者對成員的情緒影響很大，所以，價值判斷的影響也會很大。工作者應避開自己的價值判斷，不要讓成員覺得是在「講道」，或投工作者所好。價值中立可以促使成員自我暴露，工作者要告訴成員他們所說的一切要自我負責。如此，價值澄清的活動才有意義。

二、角色扮演

利用角色扮演來增進自我了解與設身處地的態度是直接而有效的。如果團體中衝突現象難以化解時，不妨使用幾種角色扮演的活動來複製衝突的情境。

(一) 角色互換

對於引起衝突或溝通不良的成員，利用扮演對方的角色方式，使原來的衝突情境或溝通情境再現。之後，團體一起來討論角色互換的結果。最重要的是，角色扮演者應坦誠地表達自己扮演他人角色的感受，以及從他人扮演自己的角色履行中得到的印象，如此，才能增進自己的自我了解。

(二) 角色衝突

由團體帶領者先預擬一個劇本，以配合團體情境發展為原則，其中試圖引起若干衝突的戲碼。演員可由成員自願或由團體帶領者視團體目標的需要而挑選。例如：主角是一位職業婦女，而先生期待她聆聽今天公司發生的故事；孩子中有人喊著要媽媽放水洗澡，有人要吃水果，有人要媽媽幫他簽聯絡簿；婆婆要她準備高血壓的藥；此時，高中同學又打電話來要她去參加同學會、公司老闆簡訊給她交代準備明天會議的資料……。

演完之後，領導者可以要求演員與觀眾共同來討論現場的觀感，包括對角色的偏愛程度、角色扮演的感受、對對立角色的看法，以及如何才能解除這種衝突情境。

(三) 衝突策略練習

每個人面對衝突情境的反應不同，除了性格差異與經驗不同外，最主要的考量還是目標獲得與人際關係的維持孰重孰輕。有人重視目標的獲得，有人重視人際關係的維持。姜生與姜生（Johnson & Johnson, 1997）將目標與人際關係雙重關注的衝突解決模型發展出五種衝突策略，且以五種動物來擬人化：

1. 烏龜：代表迴避的衝突解決，目標達成與人際關係均不重要。對陌生人，尤其見到具有敵意的陌生人，逃避而龜縮到自己的殼裡，直到自己與他人冷靜下來，情緒被控制，大家才來面對衝突。
2. 鯊魚：代表強力的衝突解決，或是「輸贏協商」（win-lose negotiation）模式。像鯊魚一般，碰到獵物即張開利齒攻擊。此時，目標非常重要，人際關係不重要。為了目標達成不擇手段，不論是強力壓制或說服對手認輸均做得出來。常見的手段是表明、給對手期限、堅持立場、開出高價、恐嚇、攻擊、懲罰對手等。
3. 狐狸：代表衝突的妥協模式，同時適度地考量目標與人際關係。如果目標與人際關係不能兼得時，狐狸可能會放棄某一部分的目標與犧牲某些人際關係，直到大家相互同意為止。通常是互讓一步，或你拿一部分我得另一部分。這種解決方式也常見於下面將討論的第五種模式「問題解決協商」無效之後的處理方式。

4. 泰迪熊（Teddy Bear）：代表柔順的衝突解決，重視人際關係勝過目標取得。爲了維持人際關係，可以放棄目標的堅持，也就是把目標讓渡給他人，或依順他人的方式來解決問題，以維持人際關係的和諧。常用的手法是幽默、給對方所需的、道歉、忍受對方的無理、找問題解決的下臺階等。
5. 貓頭鷹：這是一種面質（confronting）模式，對目標與人際關係均高度地重視，因此，試圖以「問題解決協商」來處理衝突。常見的手法是面對衝突、協商，在維持正向人際關係下，尋求雙贏的解決方法，在不撕破臉的情形下把目標說清楚。

團體過程中，每個人可分別模擬這五種動物解決衝突的策略，例如：先設定一個衝突情境如「你們都不做，都是我一個人在做，好不公平哦！」「爲什麼要用陳情的方式，我們根本就應該去抗議！」「她憑什麼可以領導我們，我要退出！」「不要老是認爲我在打小報告，我可沒那麼大嘴巴！」然後，團體領導者先將預先準備好的五種動物名字的籤給成員抽，抽中的即扮演該角色，練習該角色的衝突處理模式，其餘成員則觀察團體的發展。練習結束後進行回饋分享。

除了以上所介紹的活動外，凡是有助於人際溝通的活動都可用於此一階段，如溝通訓練、人生歷程的回顧、謠言傳遞、深度自我描繪、回饋、踩氣球等均是。Scannell（2010）的《衝突解決遊戲手冊》（*The Big Book Of Conflict-Resolution Games*）蒐集許多衝突解決的遊戲，可供參考。

參考書目

英文部分

Bales, R. F. (1950). *Interaction process analysis: A method for the study of small group groups*. Mass: Addison-Wesley.

Balgopal, P. R., & Vassil, T. V. (1983). *Groups in social works: An ecological perspective*. New York: MacMillan Publising Co., Inc.

Garland, J., Jones, H., & Kolodny, R. (1973). A model for stages of development in social work groups. In S. Bernstein (ed.), *Explorations in group work*. Boston University School of Social Work.

Garvin, C. D. (1997). *Contemporary group work* (3rd ed.). Englewood Cliffs, New Jersey: Prentice-Hall, Inc.

Hartford, M. (1972). *Group in social work*. New York: Columbia University Press.

Henry, S. (1992). *Group skills in social work: A four-dimensional approach*. Itasca, Illinois: F. E. Peacock Publishers, Inc.

Johnson, D., & Johnson, F. (1997). *Joining together: Group theory and group skills*. Boston: Allyn and Bacon.

Northen, H. (1969). *Social work with group*. New York: Columbia University Press.

Sarri, R., & Galinsky, M. (1974). A conceptual framework for group development. In P. Glasser, R. Sarri and R. Vinter (eds.), *Individual change through small group* (pp. 71-88). New York: Free Press.

Scannell, M. (2010). *The big book of conflict-resolution games: Quick, effective activities to improve communication, trust, and collaboration*. McGraw-Hill Companies.

Shepherd, C. (1964). *Small groups: Some sociological perspectives*. San Francisco: Chandler Publishing.

Tuckman, B. W. (1965). Development sequences in small groups. *Psychological Bulletin, 63*: 384-399.

第十一章
團體維持

如果從「分久必合，合久必分」（separation-union）的觀念來看，維持階段是團體生命中的合，在這個階段團體達到最高的結合與凝聚，它的內外在系統更形整合與有效，治療工作也在此階段進行著。簡言之，團體更統一與高生產力。另一方面，如果從轉形（transformation）的觀點來看，團體從衝突轉形到維持，也就是團體維持自己的生活與維持自己的義務與工作；此外，契約也從互助契約轉化爲互賴，工作者的角色與地位也從軸承位置轉變到邊緣位置，角色則從可變角色轉變爲催化角色（Henry, 1992）。

第一節　維持階段的團體動力

如果從三個階段的團體發展理論來看，團體的工作期應該包括團體衝突與維持的過程，也就是團體中期（Garvin, 1997; Balgopal & Vassil, 1983）。邊尼（Benne, 1964）稱此時期爲從兩極（polarization）到矛盾（paradox）的工作階段。貝爾斯（Bales, 1950）認爲團體中期是從任務與社會情緒兩極中取得均衡。班尼斯與薛帕（Bennis & Shepard, 1970）稱之爲權威與互賴情況下搖擺不定。拜翁（Bion, 1961）則認爲這是工作與情緒的動力階段。在這個階段，一面透過互動而產生和諧一致，一面在進行問題解決。

團體發展到了中間期更能扣緊現實，雖然仍會出現衝突，但是經由掙扎與智慧的選擇而得以解決，反應出團體過關（working through）的能力。

如果由來已久的規範遭到破壞時，可能產生規範的震撼（normative shock），這是一種過渡現象，成員有權利得到清晰的引導，而工作者有責任提供清楚的答覆。休爾曼（Shulman, 1979）提出互助概念，意指當成員相互交換意見、思考、感受、理念、技巧時，各種對立被面質、操作與超越時，團體的互助系統形成，此時，一如塔克門（Tuckman, 1965）所說的成就階段。這又與葛蘭、瓊斯與寇洛尼（Garland, Jones, &

Kolodny, 1965）所說的差異（differences），哈佛德（Hartford, 1972）所指的團體維持與運作，或是沙瑞與葛林斯基（Sarri & Galinsky, 1974）所謂的成熟，以及葛立德威爾（Glidewell, 1975）所強調的工作，應是名異而實同矣！不論如何指稱，此時，有一共同現象是成員間的感情很凝固，而且也承認成員間彼此的價值交換。因此，在團體的中期最主要的特徵是衝突、親密與互助。衝突的現象表現於對結構的挑戰、權力傾軋、權威眞空、撤退、憤怒、吵嘴、情感兩難與價值對立等現象，在本書前一章已有論述，此處不再贅言。

諾仁（Northen, 1969）、哈佛德（Hartford, 1972）認爲團體成員爲了避免再衝突，會有一些努力表現出來，例如：更形親密、更放鬆緊張、傾聽、支持、自我表白、分享尊重等。道奇（Deutsch, 1973）、米爾斯（Mills, 1967）及緬恩（Mann, 1959）等人均認爲團體的凝聚力若強，則人際衝突與團體衝突必可減少。

一旦過了衝突階段，團體的情境則演變爲工作、技術交流、安全感、自由、互惠、親密、同理、經驗、接納個人歧異性、肯定個人位置、權利與義務的履行等（Northen, 1969; Hartford, 1972; Sarri & Galinsky, 1974; Garland, Jones, & Kolodny, 1965）。塔克門（Tuckman, 1965）特別強調成就，而米爾斯（Mills, 1967）則強調診斷與評估問題，以及尋求解決問題的方法。

史華滋（Schwartz, 1971）解釋團體的工作是一種團體的精力朝向特定的任務所產生的一切，而葛立德威爾（Glidewell, 1975）則指出工作是持續投入、交換、轉換、吸收與資源的產出。賈魁斯（Jaques, 1970）認爲工作是以個人爲中心，但是，很重要的是被團體所支持的變遷過程。若以拜翁（Bion, 1961）的說法，則工作應包括情緒性與任務兩大項（Stock & Thelen, 1958）。不論如何，團體維持階段的中心任務包括社會情緒的維繫與工作任務的完成兩大項，殆無疑義。

團體發展經過了沙瑞與葛林斯基（Sarri & Galinsky, 1974）所說的修正期之後，會顯現出高度的凝聚力、對目標的承諾，以及結構的適當性。由於成員增加親近，表達共同性超過差異性，如此易於導引成員放棄追求個人目標，工作者應支持個別成員表達其個別性與共通性，也就是吻合葛蘭、瓊斯與寇洛尼（Garland, Jones, & Kolodny, 1965）所說的「差異」，讓成員表達其獨特性。同時，工作者也要檢視團體條件，以決定要強調或隱藏目標取向的活動。下面就讓我們來分析此階段的團體情況（Garvin, 1997）。

一、團體結構

(一) 溝通結構

成員發展親近的關係，且承諾相互協助，溝通網成爲成員間相互溝通增加，而成員與工作者間溝通減少的情況；溝通構成與生活情境相結合；同時，也引導成員尋求團體服務；討論內容也會改變溝通模式，如有些成員僅在某些話題上參與討論。通常，我們於團體形成初期極力鼓舞成員參與討論，所以會不惜使用輪流發言或總結的方式來達成要求參與的效果。但是，團體到了維持階段，就應該容許成員有沉默的自由，因爲，這時的沉默是一種成熟的或是自主的。從成員參與討論的情況也可以看出成員的情緒反映，不過，工作者仍然要試圖去改變溝通模式，以使團體達到理想的溝通模式。

(二) 社會計量結構

工作者應評估次團體在團體中的本質，這可以從互動關係、同進同出、關懷與情感交流中看出。工作者千萬別去探討誰與誰較相近，以免造成成員的恐懼，成員們還是會恐懼被排斥的。在團體的中期還是可以發現團體中成對、次團體的競爭、疏離、代罪羔羊，以及內在衝突等。

(三) 權力結構

有些成員會使用影響力去影響團體決策與過程，如果這足以產生互助或團體是一個整體的反應，則是可以接受的。影響團體的決策不只是正面的，有些成員會將團體帶向偏差活動，工作者不應因限制不利於個人或團體的行爲而受挫。有時團體外的重要他人，如父母、教師、親屬、朋友也會使用權力以影響團體。

團體如果有能力使用「近似共識模型」（consensus-like models）來進行決策，則表示團體已經很整合了，至於其他決策方式，則因應團體的情況而定。所謂共識是指一種磨合與協調成員的所有觀點，達到一個均衡點。共識並非百分之百同意每個人的想法，而是尊重少數人的意見，將少數人的想法納入一致的同意中。亦即，成員們發覺使個別的善意納入整體的善意中更爲理想，而放棄一些個別的想法，以追求整體性。

(四) 角色結構

在這個階段，成員應擁有技巧去履行責任，工作者應訓練成員去提供與探求資訊，也會有成員希望跳開原有的角色，譬如擔任丑角的成員希望表現嚴肅的一面，仲裁者希望置身事外，被動的人開始信心大增。工作者應支持個人的改變，同時也增強團體的效果；另外，工作者應協助團體提供不同的機會給成員有嘗試新角色的可能性。

二、團體過程

過程是一種持續的行動、操作或者一連串的變遷，葉龍（Yalom, 1975）界定過程爲人際交流的關係牽連；佳文（Garvin, 1997）則認爲過程是團體成員活動與互動的變遷，以達成目標及自我維持。在本書第五章中已專章分析，在此，僅就團體維持階段的主要團體過程加以闡釋。

(一) 角色分化與運作

角色分化（role differentiation）是團體實體產生內外體系的過程。在團體生命中，角色分化是由團體內部與外部系統的創造者轉變爲維持者，轉化的焦點是由分化到履行。在團體維持階段，角色屬於任務的（或工具的）與社會情緒的（或表達的）行爲，因工作者的鼓勵與成員的表達而相互間產生更多的情感結，人際關係的滿足與效益也增長。社會情緒行爲也促成團體的結合，以及形成堅實的體系。

同時，任務行為也因工作者或其他成員的請求而達到澄清與追求。任務行為滿足了成員自我實現與利益的目標，也使團體得以維持且產生行動。因此，在團體維持階段，團體體系保有相當的活力，成員相互表達感受，且維持達成目標的軌跡，社會情緒與任務取向的角色充分維持住團體系統。

角色履行（role performance）幾乎是自然地表現，工作者不必刻意去扮演缺席角色的替補者；成員很了解自身行為的範圍，將在每一會期創造一些團體的事務。這種情形可以在團體預先決定下一次會期的「議程」中得到證明，成員會去命名、促成與修正該議程。

由於團體的衝突剛過，成員需要去發現新的情緒均衡點，有些成員可能會因團體衝突過於激烈而缺席或封閉自我，通常這會發生於衝突後的第一、二次會期，團體對於缺席一、二次的成員應給予注意與關切，以鼓勵他們再整合於團體中。因此，社會情緒的重要性常高於任務性，換句話說，在團體生命中，成員更著重於為了完成任務而集結在一起的「關係」（Henry, 1992）。

然而，對於其他成員來說，對團體的期待與願望在於目標的再安排，以及重新協商團體的工具與目的，以便激發成員去肯定或再肯定（reassurance）對他人與團體的承諾。

(二) 目標轉換與追求

團體目標的決定通常發生於團體形成期，成員表達各自對團體的期待，以及對團體所能完成的任務的敘述；而目標轉換則經常發生於團體維持階段，成員感覺到團體很好，但是希望有更好的目標與新的目標，以使他們繼續結合在一起。結合在一起的感覺在團體發展過程中也變為一種目的。當成員感覺很好時，目標轉換變得更有力，然而這也是團體結束的徵兆。感覺很好經常是短暫的，尤其是任務取向的團體，成員經常會問道：「我們是否脫離了應有的軌道呢？」或是：「雖然我很喜歡與大家聊天談心。但是我們在一起總得要工作的啊！」有時也會直接地說：「我寧願大家先把工作告一段落再說！」較委婉的說法是：「我也覺得這種感受很珍貴。但是，我們終究要把事情辦完。」

因成員感覺到不滿足而促使目標位移，團體就出現較多的工具性行爲，不但成員表現如此，工作者也經常會如此（Henry, 1992）。關於團體目標的追求，通常發生於整個團體過程中，而以團體維持期最爲顯著。所以，團體的維持階段又被說成是「工作期」，或是「生產階段」與「任務完成階段」。希包特與凱利（Thibaut & Kelley, 1959）界定目標追求的過程是一組獲致目標手段的行動。

達成目標的行動抉擇通常是由團體來決定，有些行動是採取團體活動的方式，如角色扮演、遊戲、唱歌等。前幾章裡，筆者一再強調方案活動本身既是治療的工具，也是團體發展的過程，即是這個道理。

在傳統的團體工作術語裡，團體達成目標的活動稱爲方案。克那普卡（Konopka, 1972）認爲在團體會期間，工作者所採行的活動稱爲方案，這些活動不必符合團體工作者本身的興趣與特殊的需求，而是以成員的偏好爲主。更早的學者如威爾森與雷蘭（Wilson & Ryland, 1949）所寫的團體工作書中即已強調方案的重要性，她們曾建議採用手工藝、舞蹈、戲劇來進行。

有些團體工作者採用任務來表示團體目標的追求，而以生產、討論，以及問題解決來表示各種不同階段的效果。若以團體問題解決的角度來看，團體過程即是由團體活動所組成。貝爾斯（Bales, 1950）認爲團體問題解決可分爲三個階段：導引、評估與控制等。在社會工作的團體中，團體問題解決與活動任務經常是必要的。

(三) 團體規範與凝聚力

在這個階段裡，團體的規範主要是建立制度化與合理化的行爲，例如：座位安排、說話方式、出席與缺席的處理、分享的層次、面質的方式、表達的態度。此時，所有的一切行爲大抵上都有穩健的模式，團體的規範一再強化「一切正常」與工作。團體越能一致地接受規範，越展現出團體的生存力與生產力。

同時，在此一階段的團體凝聚力亦達到頂點。團體凝聚力是團體願意在一起、相互吸引的信號，成員再肯定團體經驗的價值，努力去建立團體功能與結構的均衡，表達出歸屬感與認同感。

團體凝聚力事實上是可以計量的，從團體成員投入與融入團體的程度可以看出。例如：當成員表示「處境相同」時，即可以證明團體的決策容易產生；又如，當成員進行團體再組、再形成，更多的領導與責任被履行，也是團體吸引力的表現。此外，溝通更順暢、資訊傳達更容易被了解、相互認同等，均表示團體凝聚力很高。

至於團體凝聚力是否能由工作者來推動，答案是肯定的。工作者可以觀察哪些成員尚未被納入人際溝通的網絡中，或是哪些成員的人際溝通網太偏狹與太緊密，而協助他們納入溝通網，以及示範「我們」、「我們的」等概念來表明團體的整體性，以加強團體凝聚力。然而，我們也必須承認，光靠這些不一定能完全提高團體的凝聚力（Henry, 1992）。

(四) 共享屬性與個別性

蕭（Shaw, 1976）界定共享屬性爲團體成員對事件的了解。這裡所指的事件是由團體全部或大部分成員所產生的，以及由團體過程所發展出來的，亦即團體在界定成員的現實性方面已被建構得很理想。

在社會工作的團體中共享屬性可能是與議題有關的，如社會階級、種族、生活方式、欺騙的念頭等；也可能是目標的達成，例如：成員學習如何去分析前因與後果之間的關聯，他們也學習強制自己或接受他人對自己命運的修正。

拜翁（Bion, 1961）認爲治療團體不像任務團體那樣目標清楚、結構分明，每位成員常處在不安全、焦慮與壓力之下。團體成員發現個人目標無法達成、團體不足以依賴，就會出現戰鬥或逃離的狀態（fight-flight state），團體衝突一觸即發。依拜翁（Bion, 1961）的團體基本假設狀態（group basic assumption states），懷德克與賴伯蒙（Whitaker & Liebeman, 1964）用團體過程來進行心理治療，他們使用團體焦點衝突模型（group focal-conflict model）來描述團體事件，由衝動（impulse）或期許（wish）與事件相關聯的恐懼（associated fear）兩者組成，前者是干擾動因（disturbing motive），後者是反應動因（reactive motive）。例如：一群少女期待討論性行為的話題（此即干擾動因），但是她們害怕工作者會拒絕她們（此即反應動因）。因此，她們設定「她（指工作者）可能攻擊我們」，就先發制人而攻擊工作者，這種行為解決了期許與恐懼間的衝突，但並未能協助這些少女們達到討論性行為的目的。所以，工作者要協助少女們了解衝突的本質，才能發現治療性的解決方法。

團體焦點衝突是由於成員理解到其他成員的觀念、動機與情緒，而有共同的參與。焦點衝突也提供給工作者一個進一步了解成員特質、情緒與行動的工具，它告訴工作者有關成員如何來理解與行動一個團體事件（Garvin, 1997）。

團體在解決問題或達成目標方面趨向於擁有共享屬性，然而，成員也面臨轉型的過程，一方面從衝突中尋求再整合、再組與聯合，以獲致穩定的環境來「做他們的事」；另外，又朝向結束階段而發展「個別性」。

個別性發生在團體經過維持階段之後，成員在團體的安全網之下，進入自己的領域。就像成年人從家庭中開枝散葉，發展自己的特性，每個成員開始發現自己與他人的差異性（Henry, 1992）。

第二節　從互助到互賴的契約型態

互助契約（mutual contract）是從團體形成階段即開始建立，成員認識到個人目標可以透過團體目標來達成。到了衝突階段，互助契約成了穩定團體體系的來源，直到團體能夠自我維持時，成員交互同意、相互依賴，且與工作者一起工作，以便達成共同目標。

共同同意對團體而言是使資源聚集在一起。互助契約隱含著依賴，而互賴契約（interdependent contract）則隱含著依賴與獨立。兩者間有顯著的不同，在於互賴契約中，成員與工作者等全部成員均相互依賴（mutual dependence），如圖11-1。

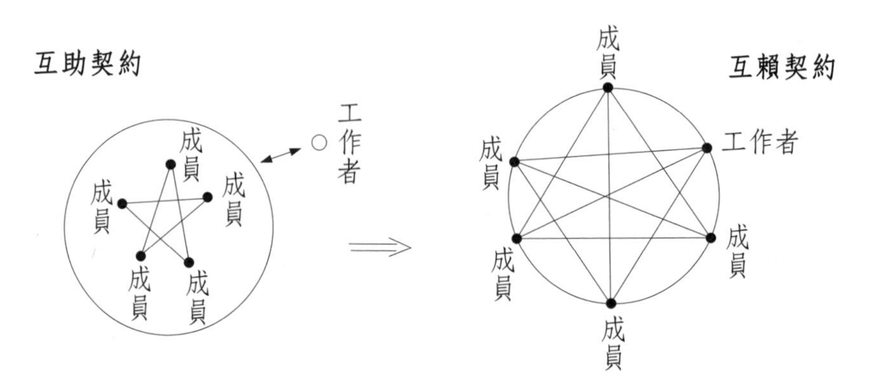

圖11-1　互助契約與互賴契約的差異

團體達到成熟的功能時，能達成與保持計畫的進展，契約形式的改變，決策、檢驗、督促、再協商等成爲秩序化。促使檢驗與再協商的過程可能來自工作者，不過，更適當的方式是來自成員。由於內部體系的建立，成員在社會情緒方面的感受使得停留在滿足感受的時間很長，而且能決定去完成一件或更多有異於初期的新任務。但是，當有成員提出「回到主題」的建議時，團體又會朝向任務體系來考慮。

此時，契約形式會改變。通常契約檢視與管制會發生於此時，包括討論達成目標的效率、工具；批判地檢驗初期目標的效力與尋求新的目標。工作者需要去預測、澄清與評估成員對新的目標的欲求程度。許多跡象顯示，目標轉換是一種成員相互吸引的符號。不論如何，成員可以表達其對初期目標改變的渴望，但是，工作者一定要堅持初期招募成員時的目標。雖然契約形式已經有數度的更迭，且對目標的表達也有所改變，但是，工作者有責任去指出開始同意的目標應被保持一致性。

契約形式的新因素是工作者參與同意，工作者參與在互賴之中，工作者是依靠成員們的集體能力去管理與維持團體體系與事務。在維持階段，由於角色分化而使成員成爲團體中的勞力，由他們集體來完成團體的任務或維持團體。

第三節　工作者的角色、位置與技巧

在維持階段，工作者趨向於催化的角色與邊緣位置。此處讓我們先澄清催化員（facilitator）與催化兩個字眼。有時催化員被視爲是工作者的完整角色，然而，若從這個字的字根來討論，它顯然是與容易（easy）有關。催化員是一個「使事情變得容易」（make easy）的人，或是「使困難降低」（makes less difficult）的人。在本書中，催化員或催化的角色並不被視爲是等同於工作者的全部角色。

由於團體在此時已經有自決、自理、自我修正與自我引導的功能，所以，工作者在此時適合擔任「非掌控的位子」（non-dominant position）的角色，或者悠閒的（laid back）的作風（Henry, 1992）。催化的角色是要讓團體運作順暢，讓團體自我管理、自我引導，因此，導引與支持是最重要的催化技巧。

一、導引（guiding）

導引的技巧是指忠告（advising）與諮商（counseling），而較不是管制（regulating）與管理（managing）。導引是知道行程且指出行程的順暢，但也不是引導團體朝向工作者所設計的方向去建議與諮商，而是朝向團體已經決定的方向去建議與諮商。

工作者此時是處在團體體系的邊緣位置（peripheral position），而不是團體實體的一部分。工作者可以有不同的觀點，他最好能看出團體的路徑，且不只是看到成員未看到的；同時，他也要協助成員減除困擾，使易於養成自我管理與自我引導。

另外一個與導引相仿的字眼是導航（steering），亦即團體領導者是舵手，而非划槳的人。導航隱含著觀點的引介，而引介這件事是被成員所知曉。事實上，這是團體契約的一部分，引介（目標）與朝向目標（手段）都被認定。導引與導航的貢獻在於目標的引介與朝向達成目標的行動。

工作者通常都以忠告與諮商的作法來達成導引的功能，而導航有如使一條船航行於星象或燈塔之前，循著航道前進。工作者告訴成員一些資訊，例如：還有多少距離與還須多少時間才能達到目的地，以及如何使船乘風破浪前進。總之，在於使航行進入「一路順風」（smooth sailing）。

二、支持（supporting）

當團體達到維持階段，其本身均有維持的能量。如同哥德式的設計（Gothic design），此建築型態，其內在結構的支持端賴圓拱與力點的平衡，而非靠著外在拱壁的支撐作爲增強系統。而團體的維持力量靠內在的角色分化、規範服從、凝聚力來支持，以及工作者行使外部支持爲條件。

工作者使用支持的技巧來協助團體，是次於團體本身內在的支持系統的增強，有如建築結構主要靠內在的圓拱或力點的均衡支持，其次才是外在的支撐。因此，工作者的支持功能在於支持團體自我管理、自我引導，使自己只擔任次級角色與支持的外力。

三、鼓勵表達差異性

當成員已在一個安全、認同與情感穩固的團體生活下，表達個別性已是時機，而且也是爲結案做準備。成員也許會暴露隱藏於內心或未被接觸到的能力與觀點，或是說明前所未曾提及的需求與陳述，或未被他人所觀察到或解釋到的問題。人們開始表現自己與他人的差異性。

成員持續地表達需求是絕對有必要的，成員擁有的資源與需求範圍的均衡是團體成長的要素。成員準備結束也是有必要的，每位成員爲團體結束後的成長目標進行初步的設定。工作者鼓勵成員表達差異性可藉著刺激或鼓舞表達來達成，或是不惜要求成員表達。有一種方法可以使用的是「即席表達」（prompt），工作者以團體發展的痕跡要求成員表達感想，即席表達經常有佳作或創見出現。

表達個別性時，成員有時會猶豫，工作者應協助他們，因此，工作者要有觀察成員準備妥當與否的能力。工作者可以使用下列說法來刺激或鼓勵表達：

「思涵，如果妳想說些什麼，我們很樂意聽到。」
「繼續說下去，怡樺，我們很想聽完妳想說的。」
「維倫，我認為你說出你的看法會對雅婷有幫助，雪茵一定也會樂意接到你的回饋。雪茵，不是嗎？」

以上所提到的有關團體維持階段的三種工作技巧是較常被使用到的，至於與達成任務或解決問題的相關的治療技術與環境變遷技術，則將於下一篇中加以闡釋。

第四節　團體維持的方案活動

到這時候，團體已趨成熟，應由團體本身來操作活動。活動的選擇最好有助於團體的共識與整合、提供安全感與歸屬感、角色分化與履行、增強規範的服從等。

文特（Vinter, 1967）建議工作者在進行活動前要反問自己下列幾個問題：

1. 成員提出什麼樣的活動？
2. 活動與此一階段的團體發展吻合嗎？
3. 這個活動的動力發展功能是什麼樣的相態？
4. 誰建議這個活動？
5. 是否有助於成員的地位與角色？
6. 是否有能力去做？
7. 如何修正方案或產生替代方案？如何開場？
8. 何種功能被操作，以促成團體是一個整體感？

工作者要衡量成員的建議是否吻合以上的考慮，徵求大家的意見，並引導完成決策。如果同意進行，最好也由成員分工操作。

適合於團體維持期的活動相當多，不過，也正因爲團體已能自我維持，且有其預訂的目標要去達成，因此，除非方案活動本身具有治療性或個人成長效果，否則，團體實不須依賴活動來維持。本章結束前，循例介紹幾個團體活動以供參考：

一、信賴訓練

信賴訓練的活動目的在於增進成員彼此的信任度，以及培養團體的安全氣氛。一般使用的方式有下列幾種：

(一) 扶倒練習

由成員輪流到團體中央，其他成員則謹慎地圍在外圈，隨時準備迎接倒下來的成員。站在中央的成員閉上眼睛，放鬆自己，再緩緩地倒向任何一方，在外圈的成員見成員倒向他的方位，應迅速接住他，再將之輕推回原位。在最初的接扶動作上，應避免讓倒下的成員倒的幅度太大，漸漸地試了幾次之後，才適合做較大傾斜的倒下動作（如圖11-2）。

這個練習也可以分組進行，兩人一對，交互練習。進行中務必循序漸進，才能培養信任感。警告成員們絕不可以有疏忽或開玩笑的舉動，以免發生意外。

圖11-2　扶倒練習簡圖

(二) 抬人高傳

成員排列成一縱隊，先將最前面的一人抬舉過肩，然後傳至最後放下。接著，輪到原先排列於第二的成員，依此類推，直到所有成員皆被高舉過爲止，之後團體進行討論。在抬舉的過程中，務必注意安全且保持氣氛的安靜舒坦。

除了以上兩種透過肢體的活動來達成信賴的練習外，也可以用爬滾過人的方式來使成員經由身體的接觸而達到心靈的融合。這個活動是讓所有成員仰臥或俯趴於地上，輪流由每一成員滾爬過其他成員的身體。不過，使用這個活動應注意成員承受體重的負荷量，與排除性別的觀念干擾。

二、探索自我

這類活動主要是讓成員學習面對自我，肯定自我。它通常透過他人的回饋與自我的統整來更新確認自我形象。在此亦推介幾個活動，以爲參考。

(一) 誰是我

這是考驗團體成員經過了數次會期之後，是否相互了解，並藉此呈現別人心目中的我。首先由每一位成員用一小紙片寫上4或5句有關自我形象的描述，包括嗜好、個性、過去、未來、優點、缺點等。然後，由主持人將紙片收回後重新抄擬一份所有成員的自找描述，影印分發給各位（或是由主持人當場唸出每一位成員的自我描述），由成員們來猜各紙片上所描述的是誰，不論猜對與否，答案先不公布，到所有描述都被猜過了，再行公布答案，且討論被了解與不被了解的感受。

(二) 重點轟炸

可以把焦點放在成員的優點上或缺點上，讓每一成員輪流到團體中央接受回饋。回饋的範圍以在團體幾次會期中所發生過的行爲爲主，被回饋者只能聆聽不能答腔，每一回饋應將語言與非語言的溝通焦點置於被回饋者身上。輪流轟炸完畢，由領導者帶領成員進行討論，討論的重點是回饋給他人眞實感受前的感覺、被轟炸時的感受，以及現在的感受。

像類似的回饋活動又可變化成其他的方式，如由每一成員來分別描述其心目中的他人，如此將每一被描述者在他人心目中的形象組合，可以得到一個或許有異於自我認知中的我，這是藉由成員的多面鏡來找到鏡中的我。

三、感受表白

這個類型的活動主要是讓成員有機會表達心中對團體、個人，以及未來的看法；也是在探求成員的眞實感受，例如：困境與遭遇；同時，具有自我肯定的訓練效果。

(一) 我在想什麼

爲了讓成員反映目前心裡的感受，團體可以使用這個活動，先讓每一位成員用紙筆畫出自己想作的畫，可以寫實，亦可以抽象。然後，將畫交回給主持人，每個人於作畫期間可以離開現場，互不窺視。主持人將所有作品置於團體中央，請大家就自己的想法來闡釋每一張畫所欲表達的意義，爾後才由原作者表示眞正的感受，如此輪流直到所有畫都被闡明爲止。

(二) 我的感受是……？

爲了讓成員有表達喜悅與憤怒的信心，工作者可以試著進行這個活動，讓團體圍成一圓圈，先將成員分成單數或雙數號兩組人，由單數號輪流向左鄰說出一句眞心話，如「我很欣賞妳的個性」或「妳很隨和」、「你很棒」，接著即由該被表達對象給予回饋，工作者可以要求首次回饋以配合表達者的需求，如「謝謝妳」或「我很高興聽到這句話」；第二輪仍然由單數號成員表達，但是對象是右鄰的成員，回答者的表示則盡可能以自己的眞實感受爲主，如「我不覺得有多好」或「你太高估我了」等。接著，換由雙數號成員發話，作法相同。透過這個活動，可以訓練成員區分社交表達與眞實感受間的差異，以及理性地表示眞實感受與接納眞實的評價。

參考書目

英文部分

Bales, R. F. (1950). *Interaction process analysis: A method for the study of small groups*. Resdong, Mass: Addison-Wesley.

Balgopal, P. R., & Vassil, T. V. (1983). *Groups in social work: An ecological perspective*. New York: Macmillan Publishing Co., Inc.

Benne, K. D. (1964). From polarization to paradox. In L. P. Bradford. J. R. Gibb, and K. D. Benne, (eds.), *T-Group theory and laboratory method*. New York: John Wiley.

Bennis, W., & Shepard, H. (1970). A theory of group development. In Theodore Mills and Stan Rosenberg (eds.), *Reading on the sociology of small group*. Englewood Cliffs, New Jersey: Prentice Hall.

Bion, W. R. (1961). *Experiences in groups and other papers*. London: Tavistock.

Deutsch, M. (1973). *The resolution of conflict*. New Haven: Yale University Press.

Garland, J., Jones, H., & Kolodny, R. (1965). A model for stages of development in social work group. In Saul Bernstein (ed.), *Exploration group work*. Boston: Boston University School of Social Work.

Garvin, C. D. (1997). *Contemporary group work* (3rd ed.). Englewood, Cliffs, New Jersey: Prentice-Hall, Inc.

Glidewell, J. C. (1975). A social psychology of laboratory training. In K. D. Benne et al., *The laboratory method of changing and learning*. Palo Alto, CA: Science and Behavior Books.

Hartford, M. E. (1972). *Groups in social work*. New York: Columbia University Press.

Henry, S. (1992). *Group skills in social work: A four-dimensional approach*. Itasca, Illinois, F. F. Peacock Publishers, Inc.

Jaques, E. (1970). *Work, creativity and social justice*. NY: International University Press.

Konopka, G. (1972). *Social group work: A helping process* (2nd ed.). Englewood Cliffs, New Jersey: Prentice-Hall, Inc.

Mann, R. D. (1959). A review of relationships between personality and performance in small group. *Psychological Bulletin, 56*: 241-270.

Mills, T. M. (1967). *The sociology of small groups*. Englewood Cliffs, New Jersey: Prentice-Hall, Inc.

Northen, H. (1969). *Social work with groups*. New York: Columbia University Press.

Sarri, R., & Galinsky, M. (1974). A conceptual framework for group development. In Readings in Robert Vinter (ed.), *Group work practice*. Ann Arbor, Michigan: Campus Publishers.

Schwartz, W. (1971). On the use of groups in social work practice. In William Schwartz and Serapio R. Zalba (eds.), *The practice of group work*. New York: Columbia University Press.

Shaw, M. (1976). *Group dynamics: The psychology of small group behavior*. New York: McGraw-Hill.

Shulman, L. (1979). *Skills in helping individuals and groups*. Itasca, Illinois: F. E. Peacock Publishers, Inc.

Stock, D., & Thelen, H. A. (1958). *Emotional dynamics and group culture*. New York University Press.

Thibaut, J. W., & Kelley, H. H. (1959). *The social psychology of groups*. New York: Wiley and Sons.

Tuckman, B. W. (1965). Development sequences in small groups. *Psychological Bulletin, 63*: 384-399.

Vinter, R. D. (ed.). (1967). *Readings in group work practice*. Ann Arbor, MI: Campus.

Whitaker, D. S., & Lieberman, M. A. (1964). *Psychotherapy through the group process*. Chicago: Aldine Publishing Co.

Wilson, G., & Ryland, G. (1949). *Social group work practice: The creative use of the social process*. Boston: Houghton Mifflin Co.

Yalom, I. D. (1975). *The theory and practice of group psychotherapy* (2nd ed.). NY: Basic Books.

第十二章
團體結束

團體結束或結案，與人際關係的中止、分手、永別，或是財務的損失等，都有一些共同的現象與反應，如收回已投入的精力、特殊情緒的呈現，以及持續經驗的中斷等。結束之後，個人從精力的投注中撤離，爲失去的人或物感到悲傷，以及努力建立新的均衡，以雷同於早期對個人、團體與目標的經驗。

失落感的因應本是人生中一個更重要的過程。成員與工作者都必須了解任何過程均有終止的時刻，結束是不可避免的現象，當結束來臨的時候，就讓它自然地結束。因此，團體結束不宜過分強調其利弊。

不論團體的時間長短，總有時間的限制，一般團體通常有8到12個會期，短程團體可能只有3到5個會期，長程團體則不在此限。短程團體中，成員一開始就預測到團體結束的時間，如果成員反對，也可以嘗試透過協商而延期。但是，如果該結束而未結案的團體，就表示團體助人的過程未完成，專業職責未達成。通常一般團體會在倒數二、三次會期就開始出現結束的氣氛。到了最後一次聚會，最爲明顯。

第一節　團體結束的動力

在日常生活裡，我們經常提到「天下無不散的筵席」、「送君千里終須一別」，又說「分離是力量的擴散」。團體的結束對成員來說是分離，但何嘗不是一種痊癒、成長與任務的達成。工作者也是一面感染到分離的情緒，同時也滿足於大功告成的喜悅。

一、成員的反應

分離的情境中，關係的解除表現在一連串強烈的情緒中，有時是積極的肯定，有時是消極的否定，情緒的表達主要是一種「兩極情感」（ambivalence），如同團體初期的感受般，大部分的成員會有一種既否定，但又有信心的感受。一般團體工作專家喜歡借用庫伯樂－羅絲

（Kübler-Ross, 1964）對死亡悲傷的研究所得出結論，來描述團體結束期成員的心理感受（Henry, 1992; Garvin, 1997）。

(一) 拒絕（deny）

拒絕的表現在兩方面，一是無視於團體的結束，而繼續用一貫的態度來互動；其次是明顯的缺席或較以往冷淡。有經驗的社會工作者都曾體驗過團體結束期成員所表現出來的支吾其詞與忘東忘西的現象（Garland, Jones, & Kolodny,1965; Northen, 1969; Hartford, 1972）。拒絕的範圍甚至於還包括對團體經驗的否認。工作者處理拒絕的方法是及早聲明團體結束的時間與理由；另外，告訴成員有關結束的經驗，以淡化分離的感受。

(二) 憤怒（anger）

當成員的拒絕得不到支持時，他們會用另一種行爲來反映其感受，他們變得具有攻擊性、喋喋不休（scolding）、假裝若無其事、批判工作者也攻擊其他成員。如藉著在聚會中故意缺席、遲到、早退，或者缺席之後仍一再追問別人對他缺席期間內團體所發生的事情的看法；有時他會故意忘掉家庭作業，亦即，不再爲團體賣力，也不與工作者一起工作；成員也埋怨工作者帶領他們進入團體且暴露自我，埋怨工作者不該宣布團體的經驗即將終止，埋怨其他成員未能就未了的團體事務加以延伸。總之，有太多的看不慣足以成爲耍脾氣的藉口。

由於成員的憤怒而使工作者會有某種程度的被羞辱感，而成員也會因憤怒的表達而擔心失去積極的經驗，所以，這種現象也是一種「兩極情感」（Mills, 1964; Northen, 1969）。工作者處理這種情況時，最好鼓勵成員表達眞實的感受，面對重點，而且也要引導成員去反映自己的需求與行爲。

(三) 討價還價（bargaining）

成員發現憤怒還是於事無補，只好積極地尋求延長會期，以增加跟工作者相處的時間。討價還價的表現是依賴與退縮，彷彿回到初次聚會般。

撤退或退化是在暗示工作者，我還沒辦法獨立去應付外界事務，所以應該繼續治療；有時正好相反，用意是在誘惑工作者與他們繼續相處。譬如，「我變得很好，我能與你一起工作了。」「在你的協助下，我好多了，我相信與你一起工作可以變得更好！」

另外，有一種特有的現象，我們稱之為「門把現象」（the door knob phenomenon），這是指成員在結束治療後，準備分離，他們會手抓著工作者的辦公室或聚會場所的門把，慢條斯理，逐字逐句地說：

「我認為我應該去做的是……。」
「有些事我以前沒說出來。但是，那確實困擾著我。」
「如果我不提那件令人困擾的事，也許它早就被忘掉了。可是，目前我卻忘不掉它。」
「我想跟妳談一談另外一些話，妳一定想知道的。」

這是一種嘔氣的反應，暗示對工作者利益與專業範圍的攻擊，因為他們不能在一起了；同時，也再試圖拖延時間，挽回長久相處的機會。對於討價還價的現象，工作者不必太去在意為何計畫不可改變，而應放較多心思於處理憤怒所帶來的情緒，以免過於對立與爭執。

(四) 壓抑（depression）

悲傷與失落是另一種暫時性的表達（Hartford, 1972）。當討價還價無效時，成員會明顯地缺乏參與最後活動的動力，成員心中充滿著痛苦、失落感，甚至會暗自流淚；同時，也可能存在些敵意（Garland, Jones, & Kolodny, 1965），譬如變得經常抱怨與面質，像在團體初期把重點放在工作者身上一樣；或是變得過分依賴（Hartford, 1972），而過分依賴的表達方式不像團體早期的「社會飢渴」，是在期待工作者的讚美與把工作者神格化，而是退化到早期把工作者當成壓抑痛苦的解毒丸。記住，工作者要允許成員有挫敗的感受，且逐漸引導他們完成未結束的任務。如果是低收入戶的團體，成員對工作者的「光環效應」（halo effect）可以持續好幾個禮拜。亦即，低收入戶成員會以在團體中所認知的工作者的形象來持續認識這位工作者，因爲他們覺得工作者是好人，帶給他們機會與希望。然而，他們會因爲團體即將結束而感到無助與悶悶不樂。

(五) 接受（acceptance）

最後一個反應是接受，成員又回歸到早期的情形，假設問題已被解決，又開始聒噪與合作。成員一方面對團體聚會以來的積極經驗進行回顧；另一方面進行一些紀念（memorialization），例如：聚餐、同樂會、拍照、交換電話、e-mail帳號、Line帳號、贈送小禮物、簽名等活動，要求與工作者維持社會關係。

葛蘭、瓊斯與寇洛尼（Garland, Jones, & Kolodny, 1965）描述團體結束是雙向的逃離，可能產生虛無的逃離（nihilistic flight），如對分離產生破壞性的反應、反抗與抗拒，也可能產生積極的逃離（positive flight）、產生建設性的動作，或自我斷奶（self-weaning）。

二、團體整體行爲

由於團體被視爲是一個整體，伴隨而來的行爲在此時顯得特別複雜，如分離、豐富、拒絕、憤怒等均有。團體維持自身的內在體系能量已逐漸消失，成員不像以前投注那麼多精力在支持與運作團體內在力量上。成員從參與中撤退，從表達情緒中撤退，他們開始表現「人人爲己」的行動。

同時，團體也陷入兩極情感中，凝聚力增強，成員變得更參與、更互助、更能支持他人，似乎團體的分離將帶給團體好的感受，以及每一位成員也很樂於協助他人。

凝聚力也受到結束的影響，但是並不是那麼容易被揮發掉，也不是在程度上稀鬆，而是凝聚力仍繼續掌控每個人，且有很好的經驗與感受，可以說是一種鬆弛與滿足，團體會期的氣氛並未因此而喪失。不可否認地，團體凝聚力已不如維持期那般處在巔峰狀態。

決策行爲也開始惡化，共識型的決策不再能維持，因爲高共識型的決策需要強度的人際關係認同與凝聚力，而此時團體的人際關係結已開始凋零，成員的精力不再如此強有力地投注於團體中，同理的了解（empathical understanding）也沒有像以前那麼表現自如。總之，決策型態已較不具有效力了。

成員開始或多或少有分離的預感，團體發展也受到波及，角色分化行爲也被個別導向（自我導向）的行爲所取代，以往個人成爲團體的勞動力的感覺也逐漸消失。這時成員充滿著退化行爲，如葛蘭、瓊斯與寇洛尼（Garland, Jones, & Kolodny, 1965）所說的「退化的朦朧」（regressive fugue）。

三、工作者的反應

工作者也會有某種程度的退化行爲，他的情緒也會受到團體結束的影響。沒有人能在團體結束的分離感受上免疫，不過，工作者應留意自己的情緒是否表面化了。通常，不像營火晚會，或是服務性社團的結束營隊般，團體工作者不被允許刻意製造結束的氣氛，也不必表現比成員更強烈的分離感。儘管如此，工作者也可以有與成員相同的感受。工作者應了解分離對成員來說，是很不容易被接受的。

四、評鑑與摘要

在團體結束階段，有兩件重要的事情要去進行，第一件是對團體經驗中自然發生的現象，例如：人、關係、系統等的評鑑與摘要（Garland, Jones, & Kolodny, 1965）。在某種層次（意識、前意識與潛意識）以及在某種形式上（正式、非正式、開放與結構），每一個經驗的結束總得反映與檢視這些參與經驗的價值。然而，這並不是唯一需要評鑑與摘要的時機，以前每一次會期都需要回顧與評鑑，以及不斷地進行評估。

強制性結束是自然過程中的一部分，不值得大驚小怪。時間架構本身是有利於團體生活的，它不僅是團體的外在結構因素，而且也是協助過程的一部分。塔虎脫（Taft, 1949）認爲時間使人們導引自己的存在，協助人們針對現在所發生的一切，產生一種此時此地的感受；同時，時間使人們有一種成長與變遷的感覺。

之前我們曾經使用過一個概念「暫時目標階梯」（temporal goal gradient），說明工作與生產會隨著時間而增加；又有一種說法是「在壓力之下生產量最高」，也就是在時間限制之下，工作者能掌握最有利的工作環境。

當工作者開始聲明「兩週之後，我們的團體即將結束。」或者「今晚之後，我們只剩下三次聚會了。」工作者就已開始進行評鑑與摘要的工作。成員也許還在繼續執行他們的工作計畫，或者只願表達某些情緒，但是，他們可以全然地決定用何種方式來結束團體。

摘要的方式有時只是簡單地回顧或反映團體的經驗，不過，也可以不只回顧團體生命，且包含回顧個人與團體的功能表現。至於評鑑團體工作的實施，本書將於第三篇另闢章節來討論。

五、通則化與穩定變遷

在團體結束階段，另一件重要的事情是計畫變遷的過程（planned change process）（Lippitt, Watson, & Westley, 1958），這不屬於自然的結束的一部分，而是人爲的。是由工作者協助成員通則化（generalize）與穩定變遷（stabilize change）而產生的，是團體結束不可或缺的部分（Pincus & Minahan, 1973）。穩定化的變遷是在結束階段的初期即開始。

變遷的通則化是工作者協助成員投射到未來的關聯事件與情境中（MacLennen & Felsenfeld, 1968），也包含使成員成爲他人的資源，成爲成長與變遷的最佳例證。變遷的穩定則是工作者協助成員肯定他們在團體中已有的成長與改變。

工作者可以憑「經驗法則」（rule of thumb），得知每一件團體中發生的行為、情緒、表達等與團體結束有關聯的事件，一旦結束期的團體動力開始運作時，即給予掌握。個人在團體結束期趨向於完成工作，而團體也不再帶進新的資料，儘管「門把理論」（door knob theory）正在運作，但是，團體的目標達成與變遷成長的過程已停止操作。團體在整合、穩定與操作以往的變遷經驗，而不是增加新的與成長的變遷議題。

團體結束期，工作者應強化成員維持變遷的能力，且不斷提醒之。團體結束後的障礙是正式組織的影響，如學校可能會懲罰成員所學到的新行為。工作者預測到這些外力的影響，應在最後不斷地讓成員驗證所學習到的行為，亦即進行重複練習。維持變遷最有效的工具是運用自助服務體系，如家庭、朋輩、同事、會員，以及其他社區團體，此即社會團體工作有別於諮商團體或團體心理治療的地方，團體工作會將人在環境中的概念帶進來，不讓團體成員隔離於此時此地的團體活動空間中，脫離其生活環境，以利成員回到家庭與社區生活的眞實經驗。當然，必要的環境變遷必須同時進行。

工作者也要協助成員如何將團體中所學到的經驗適當地應用在不同的生活經驗中，如模擬情境的角色扮演，或其他方式的銜接訓練，成員若能學習如何分析問題、了解情境，則較能反應適當的行為。

工作者也要運用團體來協助成員持續地獲得新的服務，例如：為未婚媽媽安排待產事宜、非婚生子女的收出養、學業的繼續或休學、本人的職業安置、社會生活的適應等未來的計畫，但是盡可能透過團體來提供知識與資訊。不過，提供知識比單純地提供資訊來得有用，如何使用未來的服務較告知一大堆資料來得積極而實用。

六、個別性

最後一項團體結束期的動力特徵是「個別性」（individuation）的發展（Fried, 1970）。這是指每一個成員已經發現他們有感受與信心去面對未來的情境，且認知到分化團體系統的方式是團體經驗的一部分。個別性動力是讓一個人進入新的情境中不再退回到個人以往經驗的牽扯，也就是透過摘要與評鑑以擴大變遷的穩定性與經驗的通則化，進而增強其面對未來的能力。

如果視團體經驗為一個系統操作的部分，則個人所輸入的是未經改變前的個體（individual），而產出時，仍然是個個體，只是這個個體已受到改變了，例如：行為修正、問題解決、目標達成，或治療完成。因此，無論個人在團體中表現如何熟稔與適應，最後若不能模塑出具有良好社會功能表現的個人，則團體工作並不能算成功了。

第二節　從互賴到獨立的契約型態

在結束階段，成員準備離開團體，每位成員評鑑與摘要他們現在的情境與初期的期待相比較；另一方面則穩定與通則化變遷，以準備應付未來的情境、事件與關係。每個人應該做他們所期待於團體的，以及分離後的工作，團體允許這些也納入成為團體經驗的一部分。

鮑斯曼（Bossman, 1968）的研究指出，成員憶起團體經驗的能力是在於他們參與決策的一段時期之後，而獨立契約正如同這個決策，獨立契約（independent contract）感覺上是一種為了維持變遷力量而進行的自我引導與變遷引導的決策。佛萊德（Fried, 1970）的看法認為這是「自我生根」（rootedness in the self），成員自己已經找到存活的土壤與水源，根莖已鑽入。

成員準備離開團體時，或多或少把自己置於「回饋環」（feed-back loop）上。個別契約仍然存在，只是增加了一些團體經驗；個人的生活目標仍然存在，只是增加了別人的經驗與資料，且做了系統性的修正。若依系統理論的說法，獨立契約是一種產出（output），而個別契約是一種輸入（input）。團體經驗則包含了處理互惠、互助與互賴的過程，如圖12-1所示。

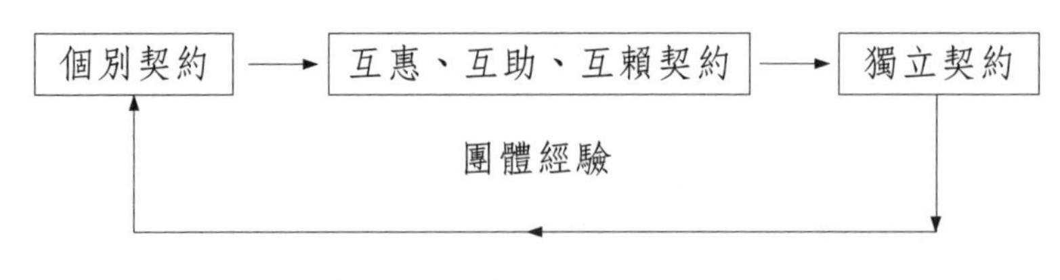

圖12-1　團體契約的系統模式

獨立契約的契約同意部分，其同意者是成員本身，他們同意以變遷爲基礎的方案，來面對未來的顯著他人、價值、制度，以及社會環境與社區居民。從互賴契約轉變到獨立契約是自然而根本的（radical）。自然是指在結束階段的動力已使社會力（social forces）與個體的連結鬆弛，個別性產生、凝聚力消失，人們的互動焦點回到自己的未來。而根本是指從成熟的團體與集體性最高的契約，轉化爲個別的、單獨的型態，以前的轉化是緩慢的、漸進的，而現在則是快速的、根本的，但也不是說轉型是毫無準備的。根本（或基變的）是指在一個階段、一個時間範圍內做了好幾個階段和長期的轉型，有技巧的社會工作者應該協助成員做好分離的準備工作。

第三節　工作者的角色、位置與技巧

結束時工作者的角色回到初級的角色，而位置亦回到中心的位置。這是因爲每位成員分別有其分離的感受與預設，如同開始進入團體時，每個人有自己的期待般，工作者的角色在彼時是很精確地指出團體如何來協助成員。

工作者在履行角色上可以採取下列三個主要技巧，以引導成員從團體中分離、引導表達分離的感受，以及協助未完成的事務能處理完畢。

一、準備結束的技巧

藉著團體了解來達到團體分離的準備是理想的，這不只是使用「時間自然會解決一切」，而且也設立「暫時目標階梯」來處理結案。結案準備必須有足夠時間來計畫最後的聚會、工作在一起、感受結束、準備分析獨立契約與摘要、評鑑等（Hartford, 1972）。

到目前爲止，並沒有很嚴格的規定結束要花多少時間，這完全依照每個團體本身內外體系的複雜程度而定。如果要有足夠的結束時間，通常至少要有三個會期，三週前即清楚地界定結束將發生於三週後，倒數第二週到最後一週則處理成員的感受，以及處理獨立契約。每個人分享他人的感受，處理一些未完成的事務，以及辦理「儀式化的結束」（ritualized ending）（Middleman, 1968）。如果團體相處超過三個月以上，結束可以多到四個會期。工作者於開始聲明結案日期後，即將自己的角色移回到團體的中心。

二、引導感受的表達

就像衝突階段時工作者需要包容每個人的感受，當分離的感受已經四溢的時候，工作者要去體會表達的背後的意義，且協助成員表達感受。「經驗法則」的運用，在於表達感受背面的意義，例如：

「柏睿，分離的感受對你來説好像是滿可怕的哦，是否可以談談你擔心些什麼？」

「思綺，妳是不是覺得自己已夠用心了，但又認爲其他的人並沒有幫助妳達成願望，是嗎？」

結束階段的溝通與互動結構，人際關係與凝聚力都有明顯的差異。結束必須是分離、個別化與低凝結性的。工作者有時可以採取拖延會期、縮短會期時間，以及不解決衝突，或不注意共同性等方法來刻意消減凝聚力，不過，對於團體結束的儀式與感受應該適度的接納。通常最後的儀式是在於表現社會地位的轉變，表達分離的感受，強調悲傷中的積極力量等功能，是故不可輕視之。最後儀式的方式可以用回顧資料展、贈送禮物、頒獎、發給證書、話別、拍團體照、臨別感言、聚餐，或其他足以流露自然感情的方式來處理。工作者的任務要求往往使自己會過分傷害到結束儀式與感性，如前述，工作者可以有與成員同樣的離情，但是，基於工作者中心的角色，工作者如何適度地表達情緒，取決於工作者的歷練與人格特質。最起碼，工作者要能做到引導情緒表達與處理結束。

三、催化團體結束

工作者要適度地中止與限制團體，以便進行結束。這是指工作者協助成員表達感受，產生未來的關係。分離的悲傷、失落感、哀愁是無法消除的，只要成員能承擔得起，也就無大礙了。其實「結束猶如開始」、「圓緣不是結束，而是開始」。哈佛德（Hartford, 1972）認為只要分離不要太不自然與匆促，也就不值得驚訝了。猶如唐代劉禹錫的《酬樂天揚州初逢席上見贈》一詩寫道：「巴山楚水淒涼地，二十三年棄置身。懷舊空吟聞笛賦，到鄉翻似爛柯人。沉舟側畔千帆過，病樹前頭萬木春。今日聽君歌一曲，暫憑杯酒長精神。」訴說沉船事件（自己被貶謫和州為刺史）發生後，千帆仍然浩浩蕩蕩前進；這裡的樹木枯萎了（自己被貶謫和州為刺史），前頭的樹林依然茂盛。結束其實也是開始，只要心存樂觀、積極，何須憂愁。

此外，工作者要協助成員解釋感受的來源與意義，使感受提升到意識與語言的層次。同時，工作者也要讓成員知道結束是成員自己要去處理的過程，工作者在處理使成員認識結束時要能分享他們的感受。最後，工作者協助成員訂出一個大家都能接受的團體系統關閉方式。

工作者是否與成員分享獨立契約，端視工作者的專業判斷，以及個人的偏好而定。不論決定如何，務必注意自我揭露與包容。工作者專業的角色在團體中應該加以凸顯，在此時，工作者不是成員，他有責任履行他的職責。

團體經常在最後一次會期完成未完成的工作，對於未完成的事務的引導表達，工作者可以直接看著對方，用一些簡短的句子如：

「偉倫，我確實很喜歡你的表達方式，但是，我希望我能知道你所關心的事情還有哪些未被做完……？」
「各位夥伴，每個人是否都滿意團體所帶給你們的？」
「有誰想到我們還遺漏了些什麼嗎？」

這樣的引導表達並非在於延展溝通，而是在於表達團體未完成的話題；也不是在於增加新的話題，而是在於圓滿地關閉話題。

工作者扮演初級的角色與中心的位置，很像團體聚會期，只是在聚會期是完成連結（整合）的技巧，而結束期是在於完成分離（分化）的技巧。在聚會初期，工作者扮演「缺席角色的替補者」，是因為成員尚未能扮演肯定的角色；而在結束期，是因為工作者專業職責所在，而介入中心的位置，以協助成員有個理想的結束。

第四節　團體結束的方案活動

團體結束期的方案媒介也由維持活動轉變為結束活動。為了強化團體系統中的社會力量的運作，在最後結束的方案裡應提供完成未竟的事務，封閉團體的經驗，協助成員成為一獨立的個體，以及協助他們面對未來。

米德門（Middleman, 1968）認為團體結束活動應該採取共同與分享的活動，意即一個團體整體的結束，仍然應由團體一起來完成。因此，團體結束的活動特性應考慮以下幾點：

1. 針對未來的需要。
2. 表現個人獨特性。
3. 表達感受。

4. 提供機會給個人完成工作。
5. 分化的行爲多於一致的行爲。
6. 配合團體發展情境。

基於以上原則的提示，在團體結束時建議可以採取下列活動範例：

一、團體評鑑

關於如何評鑑團體工作的實施，將於下一篇中專章討論。但是，在這裡我們必須先說明，團體評鑑可以納入結束活動的一部分。爲了獲得量化的資料，團體領導者可以於事前先設計好評量表，作爲評鑑工具。評量表的設計一定要針對團體的目標與特性，不可隨意抄襲他人的量表，張冠李戴，否則將會失去評鑑的意義。

如果是成長團體則以個人成長爲量度的對象，量表就應以與個人成熟度、敏感度、人際關係與自我了解等有關的題目爲主。如果是治療取向的團體，則針對成員的治療目標與復原程度加以評鑑才是重點所在，而因不同的症狀有不同的量度指標，這應接受專業團隊的諮詢。至於，任務取向的團體，則量度團體成就表現，或是工作達成的效果與效率是其重點，依此類推，不難找尋到評鑑活動的重心。

二、經驗回顧

本質上，團體經驗回顧也是評鑑的一種；然而，經驗的回顧又有強化學習效果或增強經驗意義的功能。經驗回顧可以採用不同的形式來表達，例如：藉著角色扮演或成果展示，以回憶自從團體開始以來的重要事蹟。或者，重新介紹對方，以肯定或修改團體初期的印象，再表達肯定或修正的背景與經驗。也可以將團體過程階段化，再由成員對每一階段分別摘述重要經驗，相互討論。

三、珍重再見

先要求每一位成員輪流發表數月或數週來的感言，工作者可以示範引導，重點在回憶當初加入團體的感覺、現在的印象、付出了什麼、獲得了什麼、對團體分離的感受、未來的打算，以及祝福的話語。在相互表達感受時，仍不應忘記回饋他人的感受，事實上，這也是團體成功的表徵。

感受表達之後，團體可以手拉手或肩倚肩，哼些優美柔和、饒富離別意味的歌曲，例如：今宵多珍重（崔萍）、珍重再見（夏威夷民謠）、友情（孫情）、偶然（陳秋霞）、小雨中的回憶（劉藍溪）、朋友（周華健）、車站（張秀卿）、放心去飛（小虎隊）、萍聚（李翊君／李宗盛）、有我有你（伊能靜／方文琳／裘海正）、祝福（張學友）、離別的歌（李翊君）、當我們一起走過（蘇打綠）、今年夏天（魏暉倪、蘇打綠）……等。

隨後輪流握手道別，或是擁抱，或由機構的所有工作員列隊歡送團體離開。如果團體有獎賞或贈品，則正式的頒獎與互贈禮物是有必要的，以加強該獎賞（rewards）的意義；如果團體經過儀式後仍不想離去，適度地拖延時間以緩和情緒是可以容許的，尤其是非正式的個別交談，有助於團體經驗的延伸。

第五節　團體工作紀錄

記錄（recording）是每一位團體工作者於工作告一段落時應有的工作。好的工作態度是在每一次會期後保持完整的團體工作紀錄（group work record）。但是，實務上許多人不這樣做。大部分做不到的團體工作者都以時間不夠作為理由來搪塞，或是記不來等因素來推諉。最後，只記下團體出席的次數，其他的一概付諸闕如。然而，這樣的後果卻無形中消蝕了工作者的經驗與成效。

一、團體工作紀錄的功能

社會團體工作紀錄對於團體、個人與社會工作者，以及機構都有顯著的功能，茲將其功能列述於後（Trecker, 1955；任佩玉，1972）：

1. 紀錄是改善團體工作的一種工具，有助於思考、分析與評鑑。
2. 紀錄能協助團體工作者及其團體，在工作運用上更成功。
3. 紀錄有助於工作者更加認識團體中個別成員的情況，並協助個別需求的滿足。
4. 從紀錄中可以明瞭個人及團體發展的情況。
5. 工作者可以從紀錄中看到自己的態度與立場，並可依據紀錄做必要的檢討與改善。
6. 根據紀錄可以了解與改進團體與機構及社區間的關係。
7. 紀錄可以作爲團體制訂目標與方針的指南。
8. 紀錄可以給新進員工作爲工作上的參考。
9. 紀錄中各事項可以作爲改善團體服務特質的準繩。
10. 紀錄可以作爲機構行政部門判斷與決定其服務品質的依據。
11. 紀錄可以明白工作者與團體所建立的關係。
12. 紀錄可以作爲教材與研究資料。

二、團體工作紀錄的類型

團體工作紀錄通常可分爲兩種形式，一種是敘事過程紀錄（narrative process recording），另一種是團體會期編年紀錄（group session chronologically recording）。前者是敘事式的，詳細記錄每次活動的過程。威爾森與雷蘭（Wilson & Ryland, 1949）認爲敘事式的過程紀錄是呈現發生於團體會期中的互動，而林賽（Lindsay, 1952）也認爲它是一種記載發生於團體中的逐步發展過程。而後者是一種綜合性的紀錄，包括團體的社會力、個人行爲、介入方法等（Henry, 1992）。

(一)團體過程紀錄

通常機構都有自製的團體工作紀錄表格，社會工作者只要按圖索驥即可。如果機構並未規定統一的紀錄格式，社會工作者不妨參考表12-1塡寫（林萬億，1980）。

表12-1是一個範例，社會工作者可視機構的需要加以改良，其中團體過程一欄可以再加以細分，且明確標示工作者想要詳細記載之項目，如依照本書第五章所討論的團體過程加以明列，以便社會工作者有本可循，亦是個好方法。團體過程評鑑欄亦可分爲評鑑與下一會期工作計畫等兩部分。除此之外，表格的大小亦應考慮，通常第二大欄的團體過程應占一整張，甚至印製些空白頁以便隨時附加塡寫。

表12-1　社會團體工作過程紀錄表

臺北市××社會福利中心社會團體工作過程紀錄表

(1)團體名稱：青蘋果俱樂部 (2)團體會期：第○次會期 (3)聚會日期：○○年○月○日○分 (4)聚會地點： (6)出席成員： (6)缺席成員： (7)團體目標： (8)階段目標： (9)記錄時間： (10)社會工作者：
團體過程：（詳細描述本次會期的活動、討論話題、溝通、角色分工、互動、凝聚力、士氣、決策、領導型態等。）

團體過程評鑑：（請分析本次會期達成階段目標的情況，其有利因素與不利之障礙，並擬定下一會期的目標與工作綱要。）

(二) 團體總結紀錄

團體總結紀錄或稱團體編年紀錄。如果團體是短期團體，如12次會期以內，通常只做一次總結紀錄加上每次會期過程紀錄即可；如果是長期團體，則每逢適當的階段，應來一次團體階段摘要記錄，以免因團體會期過長而無從整理。總結紀錄的表格可以參考下表12-2。

表12-2　社會團體工作總結紀錄表

臺北市××社會福利中心社會團體工作總結紀錄表

(1)團體名稱： (2)團體成員： (3)團體會期期間： (4)團體聚會地點： (5)團體目標： (6)團體成員特性： (7)記錄時間： (8)社會工作者：

團體組成：（請摘述本團體組成緣起、問題特性、組成經過，以及選定標準等）
團體過程摘述：（請摘述每一團體會期的過程，並加以連貫。）
團體工作評鑑：（請依團體工作評鑑的方法進行自我評鑑，並擬訂下一團體的工作目標。）

如上表12-1所解釋的，表12-2也是個縮影的表格，其長短與規格可以再加大，而表中的團體過程摘述是最重要的一欄，故應加以擴大，或許應以空白表格附加。團體過程的記載可以採取兩個向度，一方面是由時間的

編年爲方向，逐次描述每一會期的重點；另外，也可以從團體過程的諸項目爲軸，記載有關團體過程中的互動、溝通、決策、領導、角色分工、凝聚力等等的進展情形，由社會工作者視情形而定。

不論哪一種記錄方式，社會工作者一定要切記下列建言：

1. 今日事今日畢：不可拖延到業務檢查、考核、評鑑或團體結束一段時間了才一併記載，如此，徒增工作壓力與僞造事實罷了。
2. 記錄要詳細、明確與通順：紀錄是給自己看的，應使用專業術語，且務必具可讀性，否則幾天之後，會發現不知當初所言爲何了。
3. 保密：不可將紀錄隨地丟棄，亦不可將紀錄委由團體中的成員來保管或記載，以免徒增不必要的困擾。至於其他違反社會工作倫理的規定，就不再贅言了。

參考書目

中文部分

任佩玉（1972）。團體工作。編入蔡漢賢主編，社會工作理論與實務（頁55-100）。臺灣省社會福利研究會。

林萬億（1980）。社會團體工作。臺北：中華民國社區發展研究訓練中心。

英文部分

Bossman, L. J. Jr. (1968). An analysis of interagent residual influence effects upon members of small, decision-making groups. *Behavioral Science*, *13*(3): 220-233.

Fried, E. (1970). Individuation through group psychotherapy. *International Journal of Group Psychotherapy*, *20*(4) (October): 450-459.

Garland, J., Jones, H., & Kolodny, R. (1965). A model for stages development in social work group. In Saul Bernstein (ed.), *Explorations in group work*. Boston: Boston University School of Social Work.

Garvin, C. D. (1997). *Contemporary group work* (3rd ed.). Englewood Cliffs, New Jersey: Prentice-Hall, Inc.

Hartford, M. E. (1972). *Group in social work*. New York: Columbia University Press.

Henry, S. (1992). *Group skills in social work: A four-dimensional approach*. Itasca, Illinois: F. E. Peacock Publishers, Inc.

Kübler-Ross, E. (1964). *On death and dying*. New York: MacMillan.

Lindsay, R. (1952). *Group work recording*. NY: Association Press.

Lippitt, R., Watson, J., & Westley, B. (1958). *The dynamics of planned change*. New York: Harcourt, Brace and World, Inc.

MacLennen, B. W., & Felsenfeld, N. (1968). *Group counselling and group psychotherapy with adolescents*. NY: Columbia University Press.

Middleman, R. (1968). *The non-verbal method in working with groups*. New York: Association Press.

Mills, T. M. (1964). *Group transformation*. Englewood Cliffs, New Jersey: Prentice Hall.

Northen, H. (1969). *Social work with groups*. New York: Columbia University Press.

Pincus, A., & Minahan, A. (1973). *Social work practice: Model and method*. Itasca, Illinois: F. E. Peacock Publishers, Inc.

Taft, J. J. (1949). Time as a medium of the helping process. *Jewish Social Service Quarterly*, *16*(2).

Trecker, H. B. (ed.) (1955). *Group work: Foundation and frontiers*. New York: Whiteside, Inc.

Wilson, G., & Ryland, G. (1949). *Social group work practice: The creative use of the social process*. Boston: Houghton Mifflin Co.

第參篇
實務技巧

第十三章
團體領導技巧

領導（leadership）是一個耳熟能詳的概念，但卻不是一件稀鬆平常的事。看人家帶領一個組織或團隊，局外人經常意見很多，如同看人挑擔不覺吃力，還嫌人姿勢不好，但是輪到自己挑擔，卻如千斤萬斤，寸步難移。

團體的領導無非是權力、權威、控制的行使（Doel, 2006）。但是，行使的廣度、深度與品質，則是團體領導有效與否的關鍵。社會團體工作專家布朗（Brown, 1994: 74）提到社會工作者在領導一個團體時最感頭痛的兩種焦慮是：對權威與恐懼失控的矛盾與不舒服。意思是說想要多使用權威領導，卻深怕團體失去活力；若不積極介入團體，又擔心團體失控。這應驗了一句臺灣諺語：捏怕死，放怕飛。團體的領導者如同一鳥在手，掌握的太緊怕掐死牠，手掌放鬆，鳥已騰空飛去。拿捏之間，存乎一心，領導在團體中是一件高度可變的藝術。

我們常以爲一個團體在進行中，社會工作者必然就是這個團體的唯一領導者。事實不然，團體中並非一定只有一位領導者，也不必然只存在特定的正式領導者。

何謂領導呢？它可以說是在團體中決策權利與義務的行使（Crosbie, 1975），也可說是在成員的互動與角色相互期待下開創與維持結構（Stogdill, 1974）。除此之外，有些學者主張領導應加上目標追求的過程。因此，領導可說是（Ridgeway, 1983）：

1. 在團體中執行功能的操作。
2. 結構行爲的責任設定。
3. 團體爲了追求目標而有的決策。

本章除了討論領導的一般概念外，特別針對社會工作者在團體工作實施中的領導技巧，以及團體工作中可能遭遇的幾種情況加以闡述。

第一節　領導的本質

一、領導的角色與功能

任務達成與團體維持是團體解決問題的兩個主要活動。基本上，這兩組活動是既相對抗又互補的，領導的行使就是在支持團體去管理與駕馭這兩組問題解決的活動，而執行領導的人通常就被稱爲領導者（leader）或帶領者。當領導者提問、引發理念、規劃、要求採取行動、解釋與澄清成員的行爲等，就表示其在行使領導的任務功能。當領導者分享感受、鼓勵合作、助長自發性、協商歧見等，都表示領導者在進行穩定團體關係的功能。

麥克丹尼爾與巴格帕（McDaniel & Balgopal, 1978）從情境的與互動的兩個向度來分析領導。情境論者（situationists）假定團體動力與外在因素是團體形成正式的目標安排與目標達成的重要變數，領導便是在於指揮團體的組成與達成目標。因此，領導的形成至少有下列條件：

1. 團體的存在。
2. 共同的目標。
3. 責任分化。

而領導者受到下列五個因素的影響決定其行爲型態：

1. 成員與領導者間的人際關係結構。
2. 團體性格（group syntality）或團體過程的品質，如互動、凝聚力、團結等。
3. 團體所存在的大社會脈絡的特徵。
4. 外在物理環境。
5. 團體將面對的任務。

互動論者（interactionists）則認爲團體領導者是團體互動的結果，受到四個變數的影響（Toseland & Rivas, 2012）：

1. 團體領導者的權力、技巧、人格與服務科技（service technology）。服務科技是指團體領導者擅長的介入理論與方法。

2. 團體成員的特質、參與品質。
3. 團體的規模、物理環境、時間、團體動力，以及團體發展階段。
4. 團體外部環境如物理安排、機構或組織、社會體系與社會環境。

據此，下列四個團體互動的樣態將影響領導者的角色：

1. 角色分化是團體朝向目標，以滿足個人需求的一部分。
2. 領導是兩個人以上互動的概念，領導者評估、指揮與控制其他成員達成共同的目標。
3. 領導的評估是理解與情緒依附的結果。
4. 其所帶領的一組複雜的人際關係，成爲解釋領導角色的基礎（Gibb, 1958）。

最後，本書借用奧姆斯提與黑爾（Olmstead & Hare, 1978）所建立的領導角色與功能表列來說明，表13-1將領導者的活動依大家所熟悉的工具（或任務）與表達（或社會情感）兩組活動，配合社會結構與文化兩個變數，形成一個四個類組的矩陣。表中第一個方格強調的是組織與指揮，藉以達成團體的目標追求。第二個方格雖然涉及任務的達成，但已經考慮到理念與資訊的獲得。第三個方格所表達的是團體社會情緒的疏導，是強調社會生活的面向。領導者有解決成員間的人際衝突與緊張的職責，協助成員達到舒暢、積極的關係。第四個方格所顯示的很少發生於實驗室的小團體中，而較多發生於自然團體裡，領導者表達團體的價值，協助成員界定新的風格，如青少年的團體傾向於這方面的領導功能與角色。

表中四個方格的領導角色與功能並不適用於所有的團體，例如：非正式的友伴團體只適用於第三格或第四格（即表達社會情緒的活動），成人的自助團體，也許只會落入第二、三格了，而工作的委員會，就僅能以第一、二格的情形來分析之。不論如何，這個表列有助於我們分析團體中不同的領導功能與角色（Ridgeway, 1983）。

表13-1　領導的功能與角色

	社會結構 （成員間的關係）	文化 （理念與價值間的關係）
工具（任務）活動	社會活動的面向： (1)分工 (2)權威結構－引導功能 領導角色： (1)任務組織者 (2)決策行使	文化符號的面向： (1)知識 (2)資訊 領導角色： (1)理念人物、分析家 (2)綜理專家
表達（社會情感）活動	社會活動的面向： (1)情感結的網絡 (2)團結 領導角色： (1)黏著劑、磁吸 (2)調和者（開玩笑、主人角色）	文化符號的面向： (1)價值 領導角色： (1)風格設計者 (2)形象代表、共識製造者

二、領導的型態

傳統對於領導的研究都將領導型態區分爲兩大組，一是民主領導對獨裁領導；二是以人爲中心的領導對以事爲中心的領導。兩組有某種程度的相對應性，但不完全相同的概念。除了這兩組對立的概念外，團體領導者的型態也被區分爲：指導的（directive）、支持的（supportive）、參與的（participative）、成效導向的（achievement-oriented）或轉型的（transformational）（House & Mitchell, 1974），以及傳統上的魅力的（charismatic）領導等不同分類。

指導的領導者是透過清楚地定義成員的任務與角色期待，來完成團體的目標。當團體成員的分工不易、任務較艱難達成時，指導式領導通常較有效率。支持的領導是領導者關心成員的需求滿足，多於任務的達成，通常是在團體目標明確、成員角色分工清楚之下的較佳領導型態。參與的領導是領導者與成員站在平等地位參與團體的決策、運作等功能，亦即，團體中的討論、共識形成、分工均由團體自行產生，這是在促成團體成員負起團體成敗的責任時，較佳的領導方式。成效導向的領導又稱轉型的領導或願景領導（visionary leadership），是指透過有效的溝通、滋養自尊與相互了解的環境，激發與鼓舞團體朝向目標。轉型領導者通常需要有誠懇、好的人際關係、能建立集體性、形成團隊工作、激勵創新，以及帶領成員持續改變的能耐。魅力的領導依靠領導者個人的領袖魅力與人格特質，在團體中吸引一批死忠的追隨者，完成團體任務。這種領導者渾然天成，很難靠訓練而來。其實，轉型的領導者也會有類似的特質，只是轉型的領導者會在領導過程中建立團體的信心，朝向團體目標前進；而魅力領導者的成功較多寄望於個人特質，一旦魅力領導者淡出，團體出現權力眞空，團體目標就難以達成。

(一)獨裁領導對民主領導（authoritarian vs. democratic leaders）

1938到1940年間，黎文、李彼特與懷特（Lewin, Lippitt, & White, 1939）將5組10-11歲大的男童俱樂部導入三種不同型態的領導行爲，然後觀察這三種不同領導行爲的結果。

第一種領導型態是獨裁式的領導，領導者直接控制與引導團體活動。他的特徵是權威與決策集中，他不能容忍成員從既定的法則中偏離，也不允許成員參與決策，領導者負起所有工作的責任。因此，如果領導者強而有力，這個團體會很有效率；如果領導者很無能，則成員的工作效率將很低。

第二種領導型態是民主式的領導，它的特徵是決策分權與權威分散。領導者只是成員在目標、問題與任務上的諮詢者，成員被鼓勵去承擔作爲有能力的社會個體，以完成團體的任務，這種團體有高度的效果。

第三種領導型態是放任式的領導（laissez-faire leaders）。這種領導型態是友善的，基本上並未領導團體，領導者並不鼓勵或引導團體決策，他只是回答一些問題與給予被動的協助。這個領導型態並非黎文、李彼特、懷特的研究旨趣所在，而僅將其列入作爲比較之用。

進一步爲了方便比較，我們以懷特與李彼特（White & Lippitt, 1960）的比較分析，將上述三種領導型態列表於後（見表13-2）。

表13-2　黎文、李彼特與懷特的三個領導型態比較

獨裁領導	民主領導	放任領導
1.領導者決定所有決策	1.所有政策與決策都經過討論與決定，領導者給予鼓勵與支持。	1.團體或個人均完全自由，領導者的參與最少。
2.技術與活動步驟均由權威命令，因此，未來的步驟可以是最大的不確定。	2.活動觀點由討論中獲得。一般的步驟與技術需要領導者建議二至三個備選方案，再產生決策。	2.領導者供應材料，一旦有問題提出時，他才給予答覆，而他也不涉入討論中。
3.工作任務與工作夥伴通常由領導者任命。	3.成員可自由選定工作夥伴與分工方式。	3.領導者可介入工作與人事。
4.領導者不參加團體活動（除示範之外），但卻可憑個人來決定獎賞與考評。	4.領導者在獎賞與考評上是客觀或據實的，他也試圖以精神來規約成員而非做很多事。	4.除非被詢及，否則不做定期評量成員的活動，也不去評價或規制成員的進度。

(二) 任務對個人取向的領導（task vs. person-oriented leaders）

這種分類方式是針對團體中完成任務的能力來區分領導的型態，而將團體領導者區分爲引發和參與兩種。固然團體的任務達成效果也受到團體情境與目標的影響，但團體領導型態與團體環境的互動，是導致團體目標達成的主因，而非領導單獨使然。因此，費德勒（Fiedler, 1967）將其觀點稱之爲「權變模式」（contingency model）。

費德勒（Fiedler, 1967）發現領導者有高的「低度偏好的協同工作者」（least preferred coworker, LPC），其較屬於「以人爲導向」的領導方式。也就是說，領導者在高LPC分數時，其必然較重視同仁的參與，他會以同仁間的關係作爲優先考慮的重點，他對喜歡與不喜歡的成員不會有太明顯的區分。反之，低LPC的領導者，他所觀照到的是任務達成爲優

先，而非人際關係爲優先，他不覺得有必要去喜歡所有成員。

第二節　團體領導的技巧

如前所述，團體的領導並非單純由某一成員或社會工作者來負責。而依團體工作模型的分析來看，亦可發現每一團體型態的團體工作者也不盡然扮演相同的角色。因此，要將社會工作者在團體工作過程中的領導技巧全部涵蓋並不容易。然而，社會工作者在團體進行中有計畫與系統性地推動團體達成目標是有必要的，何況團體工作的介入也使團體中個人、團體與目標間產生關聯系統，以及維持體系。而團體工作者所應具備最起碼的領導態度與技巧，將於本節中討論；至於在團體工作過程中每一階段所適用的介入技巧，已於第二篇各章中提及，此處不再贅述。

一、團體領導者的基本態度

成爲一位團體工作者，必須具有溫暖（warmth）、同理（empathy）與眞誠（genuineness）的態度。所謂溫暖是一種非安慰地表達情感與關心，也是一種無條件地接納。溫暖通常透過非口語來表達，如面部表情、身體接觸與手勢。溫暖就像同理一樣都可以維持團體的動力、凝聚力與減少抗拒。但是，領導者表達溫暖不可以過於誇張、過度權威或施恩傾向。

同理是一種設身處地的態度，領導者能「讀」出成員的心思與感受，以及進行了解地溝通。設身處地決定於自我理解與行爲，如果人們不能抗拒固執，就很難站在另一個人的理解與行爲上來扮演角色。要能接受他人的觀點，必須以有彈性的情緒爲基礎，以及有能力去驗定自己對他人的情感。

能夠讀出他人的心思，也是產生互助的主要原則。在自我心理學（ego psychology）的概念中，同理是一種「利他主義的防衛」（defense of altruism），韋蘭特（Vaillant, 1977）認爲這是一種適應性的防衛

（adaptive defenses）。人們在團體初期懷疑成員是否會相互支持對方的問題，同理則是一種利他的情感（altruistic sentiments），由此去組合、促進與激發成員的自我概念，彈性化角色扮演，以增進共同的經驗分享。

同理成員的心思與感受在領導者的個人生活型態中不必然完整存在，因爲領導的價值體系可能不同於成員，所以，價值的困境是一個障礙。領導者單憑他過去的經驗並不能完全同理成員，因此，要透過自己的專業養成來協助自己了解成員的情境。同理的技巧是領導者企圖去了解、欣賞與參與有異於自己生活型態的人們，尤其是性別與族群。

領導者不應隱藏於自己的專業面具後面，當成員的經驗與主流社會價值相矛盾時，領導者應接受自己去忽視或澄清成員的觀點，而不是用平等的情感（equalitarian sentiments）去對待每一個成員。文化規範是領導者與成員行動的有力依據。

眞誠是一種自然表達關懷，眞實（authenticity）與眞誠常相互爲用。李維茨基與辛欽（Levitsky & Simkin, 1972）稱眞實是一種個別性的狀態（state of individuation）和眞正地成爲自己的狀態（state of truly being oneself）。

眞誠也用來區分個人與專業親密性的異同，如果領導者太客觀，他的人品（human qualities）如敏感、關懷，以及自然性就會受阻，堅守專業理想的領導者也因此失去成爲人的特質。任何社會工作者不能讓人感受到有人味，即使有再高明的專業服務科技，也不會是一位好的專業社會工作者。團體領導者可以既是人，又不失去專業所委任與託付，那就是所謂的秉持眞誠了。所以眞誠使一個領導者既不投射虛僞的印象，也不潛藏於專業的面具之後，領導者要成爲他自己，但卻不是說他的行爲可以不考慮到成員。

眞誠或誠摯並未限制領導者表達誠懇的感受，而是有目的地反映團體的感受需求。所以，正負向的溝通均可能產生，如果是負向的感受表達，也不必然有懲罰的意味。

二、團體領導者的領導技巧

托士蘭與瑞瓦士（Toseland & Rivas, 2012）將團體帶領的技巧區分為三組：(1)催化，包括納入團體成員、注意他人、表達自我、回應他人、焦點溝通、促使團體過程明確、澄清內容、引導互動；(2)資料蒐集與評估的技巧，包括界定與描述思想、感覺與行為、請求資訊、提問與探索、摘要與切割資料、綜理思想、感覺與行動、分析資訊；(3)行動，包括支持、再架構與再定義、連結成員溝通、引導、給予忠告、建議，或指導、提供資源、示範、角色扮演、預演與教練、面質、解決衝突。

以下簡要地介紹十餘種團體工作者常運用的工作技巧（Balgopal & Vassil, 1983）：

(一) 自我揭露

自我揭露（self-disclosure）是領導者有目的地針對團體的過程與內容表達個人的經驗。自我揭露最顯著的地方是表達「此時此地」的感受，以及表達對他人的了解。自我揭露的時機將決定其效果，在團體開始階段，領導者如果自我揭露有關對自己的焦慮與感受，將能引出成員對自己缺乏自信的感受表白。然而，太多的自我揭露也會造成自我懷疑，特別是關於領導者揭露自己的專業技巧不足。

通常領導者分享個人的感受也將造成成員以同樣的模式跟進。而有一種錯誤的觀點以為，領導者的自我揭露將導致成員暴露他們不需要暴露的過去。其實不然，自我揭露本身並不是目的，它只是一個過程，例如：在每一個團體事件之後，領導者與成員適度地分享他們對事情的關心。但是，關心並非目的，而領導者必須為下一個階段進行調和地延伸，例如：領導者必須敏感地意識到那些未被服務的個人需求。

(二) 面質

面質（confrontation）是領導者挑戰成員或團體，以確認那些無作用的重複行為，以及言行不一致的地方，或者面對思考、感受與行動上的逃避等。例如：領導者針對言不由衷的成員提到：「小凱，你說你不是在生氣，可是你的話中似乎是在對小偉生氣。」「妳若覺得妮妮的話讓妳不舒服，是可以生氣的，不一定要撐得那麼辛苦。」「之前我們不是說過當別人說話時要怎樣？」

面質可以使團體的過程更清楚；面質也可以使成員有下列的效果：

1. 轉移對自己的歉意到對他人憤怒的表白。
2. 使成員不只是沉溺於無聊中，而會較有興趣。
3. 引導成員去思考如何克服失敗。
4. 重拾被損壞的自我概念。

一般說來，面質有下列兩種型態：

1. 經驗的面質（experiential confrontation）：這是針對此時此地，以及語言、感受的差距，面質能使成員去面對溝通感受的弱點。
2. 行動的面質（action confrontation）：這是針對行動的挑戰。通常領導者肯定在此之前已有一些方法被提及，如角色扮演，而成員仍猶豫不決，領導者要在團體生活中去找對資料，相互配合，且於下一次會期中提出作爲討論主題。

(三) 幽默

幽默（humor）是使用輕鬆的語言或動作以引起成員的樂趣，目的在於協助個人與他人接近，以及克服困難。幽默的動力在於寬解人際的挫折，但是，在團體開始時，使用幽默要特別小心，否則在成員仍然不能接受之下，會把幽默當眞，而一發不可收拾。幽默也要有性別、族群及身體障礙敏感，避免造成性騷擾、種族歧視或身心障礙歧視。至於如何施展幽默的技巧，更是各有巧妙，但憑臨機應變了。幽默雖然是一種性格特質，但是也可以透過學習來增進幽默技巧，例如：閱讀幽默的書籍、學習開放自己等。

(四) 探索

探索（exploration）是透過措辭與引導問題以澄清問題的範圍，以及刺激溝通與增加團體參與的互動。探索的方式最好是使用開放式的問話（open-ended questions），期以最短的問話獲得最多的回答。例如：「宜倩，妳對被性騷擾的感覺如何？」而不是「妳覺得被性騷擾的滋味好不好受？」

又如：「茹喬，妳願意再清楚地說一次，讓我們更了解妳的感受嗎？」

探索性的問話也出現於開場白，例如：「馨慧，妳覺得我們從哪裡開始談起比較好？」與「逸帆，什麼原因使你一進團體活動室看來就很沉悶？」

此外，強調語氣也是探索的重點。例如：「妤婷，關於這一點，妳的想法是什麼呢？」

總之，探索問題開始總是由下列字眼帶出，如「也許」、「可能」與「或許」，如此的開頭比較容易使場面安全而被接受。

(五) 摘述

摘述（summarizing）或摘要是使團體會期中主要的觀點能被精確與扣緊地提出，通常發生於每次會期結束的前幾分鐘。摘述可作爲下次會期的安排，也提供一個持續性、涵蓋性的成果。摘述也發生於會期的開始，其目的是爲了讓缺席的成員能充分了解前次會期的梗概。摘述若運用於討論中間，具有聚焦的作用，是爲了使成員不要脫軌，盡速回到主題上。

(六) 支持

支持（support）通常是再整合與增強成員的團體能力。支持可以透過口語與非口語的方式來鼓勵成員表達，如短短的評論、點頭與表達感受。支持可以減少緊張、害羞，以及不確定，也可以引導積極、正向、聚焦的表達。不過，過多的支持會成爲「溫暖的好爸爸（媽媽）」角色，將造成團體的依賴與缺乏自信。

(七) 認知重建

在團體工作中，成員經常因習慣於固定的慣例，而較不能明確地指出下一個步驟要做什麼。認知重建（cognitive restructuring）在於改變理解或情緒重組，而這些理解與情緒足以影響成員的能力去改變或觀察自己的行為，或者有其他建設性或可理解的行為。

認知重建相似於理解重排（perceptual reordering），其目的在於打破一些被其他理解取向所吸引的長期固著。重排是一種印象活動（imaginative act），有時藉著引入新的觀點，有時也藉由提供相對情境或另類觀點來達成。

另一組與認知重建相近的技術是再編製或重新架構（reframing）與再定義（redefining）。再編製是指協助成員從另一個角度看問題，亦即改變概念、情緒、觀點來看待經驗中的情境，架構另一個框架來吻合確實的情境。但是，可能比原先的角度、立場、情緒、觀點更好，據此，整個意義就改變了（Toseland & Rivas, 2012）。例如：離婚的婦女一直怨恨其前夫，而要求自己的子女離他遠一點，造成子女的兩難。團體工作者可以請其從另一個角度想一想，前夫其實也曾是協助其子女成長，甚至扮演兒子男性角色的示範者。又如：有些受暴婦女常說結婚前他對我那麼好，那些好都是眞心的，爲何他現在會變得如此粗暴，一定是我也做錯了什麼？因爲我婆婆也這麼說，不然他爲何會打我。團體工作者要幫助成員理解，結婚前的好並不代表結婚後會好，因爲生活條件改變，如果雙方沒有體會到婚姻生活與戀愛生活的差異，婚前關係與婚姻關係會是不一樣的。但是，任何人都不應該以暴力加諸於他人身上。不論如何，打人就是不對的。

再定義是指重新對事件、關係、感受、過程、結果等賦予新的定義（Toseland & Rivas, 2012）。例如：團體工作者發現成員出現尋找代罪羔羊（scapegoating）的行爲，工作者可以請被當成代罪羔羊的成員表達自己認定的與他人的關係是什麼？同時，也請尋找代罪羔羊的成員說出自己與代罪羔羊間的當下關係是什麼？並請大家各自認定他們的關係，有助於重新界定兩者的關係，讓代罪羔羊與尋找代罪羔羊的成員重新界定各自的角色。

㈧ 角色扮演

角色扮演（role playing）在於使參與者了解自己的角色、他人的角色，或發展新的角色。角色扮演允許扮演者打破自己的性格而從別人的位置來表達自己的思考、感受及行動。「假設」的特質不但在保護扮演者，也加強創造性與敏感性。

角色扮演也可以將內在緊張與印象外顯化。角色的複雜性應與現實情境相似，而團體成員成為最安全的觀眾，扮演的重點可以在認知、情感或行為等議題上，例如：對嚴父的不滿、對施暴者的憤怒、對亡妻的思念、對自傷行為的反思、對懦弱性格的挫折，以及對霸凌行為的反思等。例如：當團體發生衝突事件，成員推擠對方時，團體工作者應評估推擠事件是否會造成人身攻擊的風險，如果會，應立即介入；倘若不會，可讓團體自行化解。但是，事後都可以進行角色扮演，讓衝突的雙方互換角色，從他人的位置來感受被推擠的經驗。

㈨ 方案使用

使用方案活動以增加、發展與履行新的角色，或增強當前的行為模式，已是團體工作中重要的部分（Middleman, 1980）。至於如何使用方案，第十六章中有詳細討論。

㈩ 前後關聯

前後關聯（sequencing）是一種持續的單位秩序，隨著成長的感覺而有的連續與移動。以團體中的活動為例，領導者得考慮每一單元活動與未來活動的關係，同時也得考慮成員能力、技巧與興趣。在活動過程中，領導者要協助成員設計、執行與評鑑活動成效。

(十一) 時機掌握（timing）

領導者在最適當的時機採取行動，且達到最大效果。例如：太早激發成員的自我揭露或過早討論感性的主題都是不當的。而所謂「正是時候」是相當難以抓取的，在團體會期中很難做好事先的時間控制準備，或許只能由領導者去抓取適當時機。在時效的掌握上，下列幾個情況需要隨情境而變化：

1. 沉默

要管理「死局」（dead spots）的方法是等待與注意傾聽。運用沉默是表示下一步已經可以開始了，過度的沉默會使成人團體成員急著轉檯，使兒童團體大亂。所以，領導者應有些行動，例如：詢問成員的感受，或進行摘述，或表達自己不舒服的感受。

2. 改變團體過程的模式

有時團體中會出現未算計在內的事件，而擾亂了有組織的活動，例如：有人以悅耳或興奮的語調表達「解放」的感受，此種情況可能會危害到團體，此時，就要隨團體的進展而改變團體模式，如再組或再整合，使未被算計在內的活動能納入團體主流過程中。

3. 牽制（containment）

在團體有衝突時，領導者要即刻停止原來團體的進度，限制團體進度，以免衝突加大；或者在團體有身體攻擊時，領導者加以限制身體的接觸。設定限制可能造成不愉快的感受，但是，這是專業實施的一部分，必要時，還是得掌握時效。

(十二) 部分化

部分化（partializing）是使問題被切割成比較容易解決的部分。部分化也是一種項目化的活動，其對成員來說有下列意義：

1. 使團體的任務可以管理。
2. 使問題片斷化而能夠由成員來處理。
3. 使成員集中力量處理某些問題。
4. 易於評鑑成效。

領導者在處理決策、衝突或複雜的問題時，部分化是有必要的，使理念與任務被澄清。

(十三)澄清

澄清（clarification）是使溝通的訊息能清晰，也使成員能自我了解。澄清的目的在於激發成員朝向目標，針對成員的需求滿足，以及成員對特定的議題與感受有混淆而產生抗拒時所使用的一種技巧。例如：有些成員對離婚有矛盾的感受，一方面擔憂自己獨自生活的寂寞，另一方面又對先生具有強烈的恐懼。因此，領導者就要用澄清的技巧，來協助成員自我了解，並透過團體的互動來協助該成員了解離婚的意義。

(十四)普遍化

每一個團體成員在團體早期都有其特別的問題與經驗，而普遍化（universalization）是指每一成員從其經驗中抽離出與他人共同可以接受的經驗，以成爲團體整體的經驗。普遍化可以整合、擴大與運用團體經驗到團體外的情境中，也可以減除特殊個人的恐懼、焦慮與害羞。

例如：在團體中雅惠談到交男朋友的經驗，她同時與幾位男孩子來往，而且容許自己與眾男性朋友之間有某種程度的親密動作存在。一時之間，某些成員杏眼瞪著雅惠直看，彷彿她做了什麼不可告人的事般。雅惠就因爲沒有得到成員正向的反應而臉紅羞愧，似乎她的自我揭露是告訴別人她是一位性行爲開放的女孩。爲了解除場面的僵局，此時，領導者宜採取普遍化的技巧，表示如果未達到論及婚嫁的地步，任何人是可以同時擁有兩位以上的異性朋友；一定也有不少人有這種經驗，在幾個較好的異性朋友中選擇自己的終身伴侶，而雅惠所說的某種程度的親密動作也不一定是指身體私密部位的接觸，親密行爲的程度標準寬嚴的確會因人、因交情而異。

(十五)示範

所謂示範（modeling）是由領導者本身行爲的表現來鼓舞成員達到同樣的行爲產生，如領導者希望使團體中多一些同理心，他本身就得經常表現高度的同理態度。又譬如，領導者期待團體採行民主的決策參與，因此，他在處理團體事務時就得處處開明且遵守民主決策的原則。其實，領導者的示範作用，對於團體成員而言，也是一種治療作用。成員可以從領導者身上尋找認同，而進行自我修正與內在化的過程。

三、團體領導者的潛在陷阱

團體工作者所面對的場景是一個經由複雜的團體動力所帶動的一群人的互動，而且場面是半公共性質（semi-public nature）的，亦即這一群人不完全是為了個人的利益與興趣而聚集在一起，其所涉入的事項有許多是與社區有關的。據此，對社會工作者來說，團體工作是比個案工作更具威脅性的。以下是一些社會工作者運用團體時常見的陷阱，提醒團體領導者要儘量避開（Doel, 2006）。

(一) 過度方案活動化

有時團體工作者為了熱鬧、有趣、打發時間，就大量使用方案活動，例如：歌唱、遊戲、打坐、冥想、競賽、吃東西、暖身活動等，把團體會期的大部分時間花掉了；或者由於原先規劃的團體活動進行失控、拖延，以致時間使用超出預訂進度，使得團體成員印象中都在玩；或者在談論哪天的蛋糕有多好吃、哪位歌星唱的哪一首歌好好聽、哪一種睫毛膏較好用等。記住，團體活動是媒介而非主體，是小菜而非主食，是過程而非目的，不宜喧賓奪主，不宜為活動而活動。關於團體方案活動設計將於本書第十六章中再詳述。

(二) 壓抑差異

由於時間、目標達成、團體凝聚等壓力，團體工作者常會不自覺地打壓差異的表達，及早結束爭論，使團體表面和諧，或是過早獲得結論。團體成員也會因為聞出團體領導者的意圖而修正表達方式，自我壓抑表達的態度與範圍。倘若團體成員急切地自動調整進入安全表達圈內，代表團體不會有豐富的內涵，也不會有多元的價值出現。這是團體進入不眞實、虛情假意、外熱內冷、行禮如儀、虛應故事的情境，已脫離團體的目的遠矣！

㈢ 自我中心

團體工作者，特別是新進社會工作者，或是主觀意識比較強的領導者，常會過度在乎自己的感受與表現，忘了團體是大家的，每位成員都有溝通、表現、被了解、被關注、被包容的需求，不只是領導者的感受要被成員照顧到，成員的感受也要被其他成員與領導者照顧到。團體領導者經常要自我檢查是否太在乎自己的表現了。協同領導者是一面不錯的鏡子。

㈣ 單面判斷

有時團體領導者會陷入以當下的感覺來推演普遍的經驗。例如：發現有人被當成代罪羔羊了，就以爲他就是天生的代罪羔羊型人物；或是有人曾提油救火，就以爲他是笨手笨腳的人；或是有人曾說笑話化解尷尬，就以爲他是笑話高手等，都不是團體領導者應有的態度。在不同的場合、時間有不同的團體氣氛、脈絡，成員可能會表現不同的角色，過早標籤化成員是不利於團體發展的。團體領導者不妨多面思考（multi-sided thinking），而非自陷於單面判斷（single-sided judgments）中。

㈤ 總機接線

團體領導者只顧把成員傳過來的訊息轉接給另一位成員，而不加上任何回應，這就是扮演總機（switchboarding）的角色。總機的接線生通常很靈巧、熟練，但是，他最大的功能只是刻板地讓來電轉接成功。可是，團體是需要多向互動的，如果團體領導者一直只是扮演總機小姐（先生）的角色，那表示團體始終只是一個個人的總和而已。

㈥ 低估時間壓力

團體是有時間性的（time limited），不可能無限延長，因此，在一定期間內要完成多少任務，團體成員自有期待，團體契約也早有訂定。作爲團體領導者就必須掌握時間管理，規劃每一個會期的主題、目標、內容、進度、分工，照表操課。特別是團體動力在運作時，往往會超出預期，如果對已知的部分都不能照規劃進行，那麼一旦團體需要額外延長時間就更不易控制了。也就是團體領導者要有好整以暇、有以待之的預備。

(七) 獨秀演出

通常團體會使用協同領導者（下節詳述），但是主要領導者常常忘了身邊還有位工作夥伴，就大演個人獨秀，不知作球、妙傳給他。有時協同領導者袖手旁觀，有時誤判情勢出手，搶成一團，導致兩人反而不能得到比一人還多的分數。為了避免出錯，慎選協同領導者是必要的，相似或互補是較佳選擇。此外，事前溝通、培養默契也是兩人的職責所在。

(八) 忘了外在世界

團體雖然暫時隔絕外部環境的干擾，但是團體是社區、社會的一部分，社會的文化必然不會因有形的物理阻絕，而中斷影響團體成員的行為。固然團體成員暫時為了達成任務而忘卻外部環境的壓力，但是家庭、學校、職場、社區、社會的影響也一直存在成員的心中。因此，團體領導者絕不能誤判外在世界的影響力，例如：誤以為性剝削少女在團體中的表現將在其繁華生活世界中暢行無阻；中輟生在團體中的承諾可適應於具排除性的（exclusive）校園生活；受暴婦女在團體中的自信可以保留回到無助的家庭中仍然堅挺；團體成員脫離家庭、社區之後真的可以放鬆自如。團體工作的生態觀、女性主義觀點、充權觀點都提醒團體工作者，社區、系統、權力、制度、文化的重要性，不可忽略。

第三節　協同領導技巧

協同領導（co-leadership）是在團體中同時存在兩位領導者共同扮演團體的領導角色。在團體工作中，擔任協同領導角色的工作者通常稱之為「協同工作者」（coworker）。並非所有社會團體工作實施過程都會存在協同工作的情況，下列幾個理由是社會工作者支持協同工作與反對協同工作的爭議：

一、團體需要協同領導者嗎？

一個團體工作過程是否需要協同領導者並沒有一定的答案，而是看團體的情況而定，通常支持團體工作應該有協同工作者的理由是：

(一) 經驗傳承

對機構來說，由有經驗的社會工作者來帶領新進工作者，協助他得到工作經驗。尤其是在機構實習的學生，更經常扮演協同工作者的角色。擔任協同領導者的經驗是新進社會工作者透過團體成員回饋而達到自我覺察（self-awareness）的最佳機會，且經由與領導者一起解決問題，有助其提升評估與介入技巧的精確度（Wayne & Cohen, 2001）。在「單面鏡」（one-way mirrors）後面訓練學生，不如直接擔任協同工作者來得眞實而有效。連現代家庭治療理論也主張督導學生的方式是臨場實習，擔任協同工作者的角色（Montalvo, 1973; Haley, 1976; Smith & Kingston, 1980; DeMarche & Iskander, 1950）。這就是杜威（J. Dewey）所說的做中學，套上一句俗話就是「沒有弄髒手哪能捏出好陶，沒有進廚房哪能煮出好菜？」

(二) 示範模仿

由於協同工作者與工作者的溝通，而讓成員學習到平等地位與位置，以及角色與責任的人際關係。成員們看到兩位領導者如何溝通、決策、分化與解決歧見，以及相互支持與接納對方的特性，而發展出自己的行爲（Henry, 1992; Doel, 2006）。

(三) 工作分擔

由於相容的協同工作者的存在，而使團體領導者增加支持、回饋的資源，讓領導者感到安全，減少焦慮，鬆弛緊張（Wayne & Cohen, 2001），尤其當團體衝突，成員將領導者推上火線（firing line）時，如果沒有人分擔或補給，領導者會感到孤立無援而恐懼失措（Henry,

1992）。團體的雙領導者既可以相互支持對方，一旦領導者因故缺席，協同領導者又可替補領導者缺席時的角色空檔（Doel, 2006）。

(四) 特質互補

兩位工作者的特質，尤其是性別不同的兩位領導者，對於成員而言，有一種「父母形象」（parental figures）的認同作用，提供相對的參考架構（alternative frames of references）（Toseland & Rivas, 2012）。葉龍（Yalom, 2005）支持在團體中有一對性別不同的領導者，以形成家庭模式的團體服務。不同性別的領導存在團體內，由於其主動的過程吻合一般家庭生活的特徵，而使團體成員易於模仿（Balgopal & Vassil, 1983）。

雖然協同領導有以上四個好處，但是，也容易衍生一些弊病，例如：角色分工不易、浪費人力、協同工作者不易學到完整的介入技巧、相互較勁，以及溝通困難等（Wayne & Cohen, 2001; Doel, 2006）。因此，有些學者主張由單一工作者（solo worker）來帶領團體，其理由如下（Henry, 1992）：

(一) 始終如一

在團體發展過程中，工作者要擔任從工具到情感表達的行為，以及扮演「缺席角色的替補者」，如果在團體中有兩位工作者，萬一兩人不能搭配得很好，會使團體不能有整合與平衡的發展。

(二) 權責純化

在團體的角色分化中，成員與工作者的地位與權力不同，工作者企圖去減少或否認這種差異是不可能的。兩位領導者的權力分配，必然產生集中而壓倒成員的努力與投注。因此，由單一工作者來帶領團體可以使工作者在團體的角色分化中清晰而均衡。

(三) 成本考量

若考慮到成本效益的問題，單一工作者既省時又省錢，對於機構的預算來說，是絕對有利的，任何機構均希望所聘的社會工作者本身能獨當一面。

基於以上理由，單一領導有其道理。但是，現實的考量，如實習學生、在職訓練，或互補上的需要，團體工作還是經常使用協同領導。因此，在進行協同工作時，應有一些必要的準備，如下所述。

二、協同工作模式的使用

既然一定要使用協同工作者，就不得不有一些防弊的準備：

(一) 配對

團體領導者的配對（matching）要考慮年齡、性別、種族、訓練背景、經驗層次、生理條件、理論取向、風格、合作經驗、對他人的感受，以及對團體工作的態度等。

通常年齡因素是要與成員搭配，如果青年團體的協同領導者是剛上大學的學生，自然很難處理其自身角色認同的問題，因此，最好找稍大幾歲的青年領導者。不過，協同領導者的年齡不宜大於工作者，除非是在訓練新進員工時，由資深員工陪同逐漸成熟的新手上陣。至於性別因素，如果女性爲主的團體，最好是由女性領導者與協同工作者來帶領。如果女性團體所處理的問題涉及到兩性關係，則由男性來當領導者或男女性各一位領導者是較有利的。而涉及性傾向議題時，其中至少有一位性傾向相對應的LGBTQIA（Lesbians, Gays, Bisexuals, Transgender, Queer, Intersex, Asexual）來帶領會更好。不過，也有學者以爲工作者與成員同性別時較不易進入工作層面（Emprey, 1977）。基本上，本書建議若是單一性別的團體是應由同性別領導者帶領，若是混合性別團體，則兩位領導者最好是異性別爲宜。

其他的條件考慮，原則上是同種族、同理論背景、同樣訓練；而不同經驗，互補風格爲宜。不過，還需要考慮實際的需求，一個機構也不容易找到完全合乎條件的協同工作者配對，能在既有資源下窮盡搭配條件就算不錯了。

(二) 溝通

準備擔任協同領導的兩位工作者一定要先溝通。溝通的重點有下列三點：

1. 計畫

不只是單一領導者需要計畫，如果有協同工作者，他也要參與團體的工作計畫，包括初期的招募成員、建立工作目標。最好是讓協同工作者協助承擔每一階段的工作，而不只是到了團體會期開始才找個助手來撐場。

通常在團體前的會談也由兩位領導者一起進行，可以由兩位領導者就所有潛在成員加以分組，分別會談；也可以兩位領導者同時對所有潛在成員進行會談。如果雙方有不同的會談模式，應相互分享觀點，在分開會談的過程中應相互諮詢與同意對方的作法。總之，了解雙方的工作模式是有必要的。

2. 評估

對團體工作評估的標準與評估方法也要協商，進行評估時也能事先加以分工，以免重複而費力。

3. 工作關係

每一位工作者要了解本身的工作特點，也要了解同事的特點；分享每個人的行爲模式與處理事件的折衝點，以及如何使用暗語，這些都要靠雙方的高度自我了解與有意願接受回饋。協同工作者的角色是需要時間才能扮演得很好，機構通常要提供時間與機會讓雙方去溝通與了解。

(三) 雙人領導的陷阱

在有協同工作者的團體中很容易產生下列陷阱，團體工作者自當小心避免（Henry, 1992）。

1. 領導者間的分化與競爭

如果某些成員過度認同某位工作者，另一些成員則認同另外一位工作者，則雙方勢必扮演對抗的角色。如某些成員習慣於聽從某位工作者的資訊、回饋與支持，當另外一位工作者出現時，則給予鄙視、不同意與不支持。爲了要解決這個問題，工作者一定要採取下列措施：

(1) 溝通：兩位工作者要從情況的「警訊」（warning signs）中去找到癥結。

(2) 相互支持：兩位工作者應站在一起，表達一致的相互支持。

2. 處理其中一位工作者缺席

在團體會期間，有某一位工作者缺席是很難預料的。當知道某一位工作者缺席時，另一位工作者應提出澄清，以免成員抗議或排斥。此時，工作者必須改變作法，以單一工作者的角色來處理團體。

3. 成員把焦點放在協同領導上

這是成員把討論的焦點擺在兩位工作者的關係與動力上，而忽視了團體的焦點。這可能發生在幾種情況下：

(1) 成員逃避其工作。成員不想配合團體的進度，而假惺惺地關心協同領導關係，或將團體績效不彰、不好玩、沒興趣等理由推給某位領導者沒說清楚。

(2) 好奇心促使成員去了解兩者間的關係，這些好奇包括：

「你們以前曾在一起工作嗎？」
「你們不工作時，做些什麼活動啊？」
「你們是一對嗎？」

處理這些問話的最好回答是直接涉及問題的背後，例如：

「我們很好奇，爲何各位會這樣問？」

或者刻意忽略這些好奇，讓團體回到以團體爲焦點的運作上。如果這是一種前述的警訊，那就去找團體發生了什麼事情的答案，而不是讓成員圍繞在雙人領導關係上打轉。

4. 性別角色的刻板印象

很多機構以爲男女工作者一起工作，就容易被懷疑協同工作者間的性別關係。其實，讓成員習得正常的性別關係是有必要的。雖然，成員會對不同性別的協同工作者有些羨慕或遐思，但是，那畢竟可以透過澄清而消除。如果一味地逃避性別的話題，反而有害於團體的功能。

5. 錯把協同工作者當成安全氈

理想上，協同工作者是將對方視爲一種朋友或夥伴，與他一起工作會感到舒坦與自信。千萬別把協同工作者當成是一張「安全毯」（security blanket）或是督導者（supervisor），一定要以平等的位置來對待對方。記住，協同工作者只是一位工作夥伴，每個人都要爲團體負責，爲自己負責，合作而非依賴，互補而非競爭。如此，才不會掉進團體中協同工作的陷阱裡。

6. 實習學生的困境

實務現場常將實習學生與督導配對進行團體帶領，以訓練實習生帶團體。但是，學生常說，在協同領導過程中，對團體過程貢獻很小，因爲他們常自認爲是一位觀察者，而不是協同領導者，所以就表現得很安靜與被動；同時，他們也不太敢去違逆督導的作法與看法，就很難開創出雙領導者的優勢。然而，實習機會難得有接觸到團體帶領的機會，爲了不錯失良機，團體工作實習督導就必須考量讓實習學生當協同領導者的配對合適性、技巧成熟度，以及充分準備（Skolnik & Skolnik, 2021）。

第四節　開放性團體的領導

開放性團體（open group/open-ended group）在社會工作的團體裡也是常見的。綜合醫院、精神醫院、社會服務部門、心理衛生中心、家庭服務機構、藥癮與酒癮的復健中心、住宿治療中心、護理之家、監獄，甚至於酒癮匿名團體、親職匿名團體等，都可能存在著開放性團體（Schopler & Galinsky, 1984）。然而，團體工作的訓練偏向封閉性團體，因爲封閉性團體成員進出受限、成員固定，而較容易預測團體的結構、團體發展階段、團體過程、團體動力、凝聚力、團體目標達成等。而開放性團體無這方面優勢，但確有需求。因此，團體工作訓練仍必須了解團體在成員進出難以限制下，團體的型態、目標、所在設施、團體發展階段、團體動力等的差異，團體領導者仍能帶領團體完成成員的需求滿足（Wilder, Stanforth, & Fenaughty, 2018）。

在團體工作中所說的開放性團體與封閉性團體，並非指涉觀念開放與保守的差別，而是指在團體中能自由來去就叫開放；反之，就稱爲封閉。開放性團體與封閉性團體各有其特色，通常取決於成員的需求，不過團體工作者也會有其不同的偏好。

一、偏好封閉性團體的理由

通常社會工作者比較偏好帶領封閉性團體。亨利（Henry, 1992）認爲，我們一直贊成團體應該較封閉的理由如下：

1. 爲了方案的方便：社會團體工作一部分的成效來自很好的方案設計，而穩定的團體實體是設計的基礎。穩定成長並不一定指線性或機械式的前進，而是矩陣式或螺旋式的進展。
2. 穩定系統的特色：封閉團體提供最好的機會去觀察與影響團體動力。
3. 是一個較佳的認同機會，團體本身就是一個肯定、安全的協助環境。
4. 凝聚力會隨著團體承諾的深度與持續相處而增加。
5. 角色分化與角色履行、溝通模式與決策過程較穩定。
6. 規範、價值與文化更強固地建立。
7. 時間的投入直接反映於改變的可能上。

但是，相對地，有些條件是不容許存在封閉性的，下列三個理由也使我們不得不肯定開放性團體有其價值。

1. 如果成員是要在他人身上獲得成長，而當成長緩慢，或進展太快時，使個人不能滿足，他就會感到無聊與缺乏耐性，若不離開團體，則成員會感到挫折。

2. 社會工作個別化的原則。個人不應是團體的犧牲者，團體既然是個實體，也是個人的協助媒介，團體應協助個人在團體中成長與改變。
3. 立基於治療效果。如果治療的最後效果是如同佛萊德（Fried, 1970）所說的，個人是以自我為根本的組成，團體成員並非是在大眾社會中的個人，應該讓個人不受制於團體的偏好。

二、開放性團體的功能

開放性團體是保證即刻可用的服務，特別是在個人危機時；同時，對於長期病人提供支持與維持其回到診所也有顯著的效益。總之，開放性團體具有下列七個功能（Schopler & Galinsky, 1984）：

1. 協助成員因應過渡與危機。
2. 提供其他型態的短期與長期治療。
3. 支持具有共同問題的成員。
4. 評估與篩選成員。
5. 引導與教育成員。
6. 訓練與督導幕僚及學生。
7. 激發成員主動向外的努力。

雖然開放性團體有其特定的功能，但是最頭痛的問題是無法確知在既定的會期中有多少成員將進出團體，也很少有文獻提到開放性團體組成的人數規定。由於其具有自我選擇、自願性與滿足需求的特色，因此，在一些治療性機構中廣泛地使用，如精神科的病房、候診室的團體（waiting room group）、社區心理衛生中心的篩選個案，以及後續照顧團體等。

三、開放性團體的領導

希爾與古拉諾（Hill & Gruner, 1973）研究指出，任何開放性團體如果夠長期，則其發展近似於正常的發展。但是，開放性團體由於不斷地重複循環前進（cyclic progression），所以，其穩定與變遷有賴先來的成員所建立的基礎。不論如何，開放性團體的領導者較具中心角色的扮演，與封閉性團體有某些程度的差異。以下是開放性團體必須考慮的工作技巧。

(一) 團體過程再循環

當新的成員加入團體時，工作者需要準備再循環團體的階段。團體發展到某一個階段有其一定的溝通模式、角色分化、目標追求，以及地位層級。當新的成員進入團體時，他們帶來新的行爲模式。然而，他們也應適應原有團體的互動模式、溝通管道、領導型態等既存的體系，這個過程在某種程度上有點像聚會期時對情境的「打量」（sizing up）。新的成員必須適應於老的系統；同時，老的系統也要適應新的成員，爲他們安排的位置。

(二) 導引成員

當新的成員進入時，團體再度回到聚會期，新的成員適應互惠契約，進而渡過衝突期、維持期。當新的成員已再循環整個團體的過程時，即已進入了維持期，看起來團體已很像封閉性團體了。

(三) 分離成員

當老的成員分離時，團體結構會出現空檔或斷裂，團體必須重新安排成員的角色、地位與位置，以塡補這些空檔或裂隙。由於某些離開的成員所留下的角色行爲並非新進成員所能取代，因此，工作者要供應殘缺的或消失的角色，扮演前面曾提及數次的「缺席角色的替補者」。團體將重新安置留下的空位，而由於舊的成員離去，所以，團體應有類似結束的動力出現。

(四) 團體核心與本質

當團體成員進出團體時，開放性團體的結構有點像一般系統理論的「過程體系」（pass-through system），是一個單位或客體進入一個從

「輸入」（input）到「產出」（output）的穩定過程，而開放性團體在本質上是過程體系的結構而非過程，這個本質是不變的。從下圖中可以發現其移動的階段有點像螺旋形與矩陣模型（見圖13-1、圖13-2）。

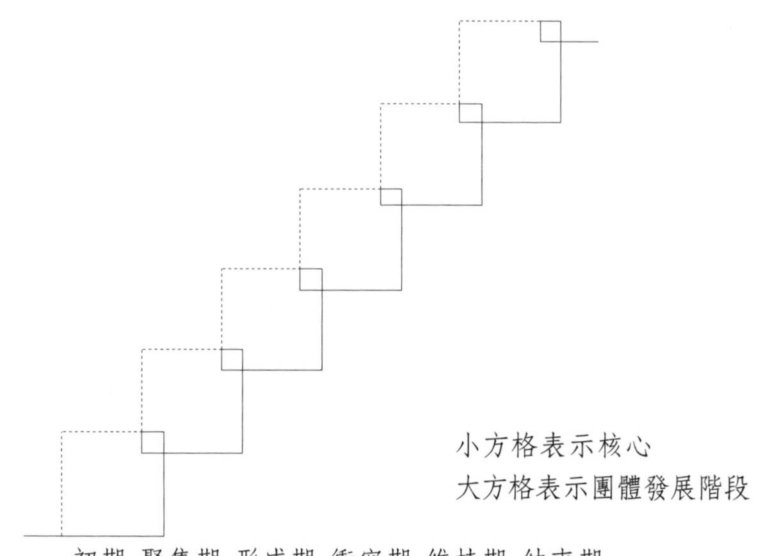

圖13-1　開放性團體的發展階段

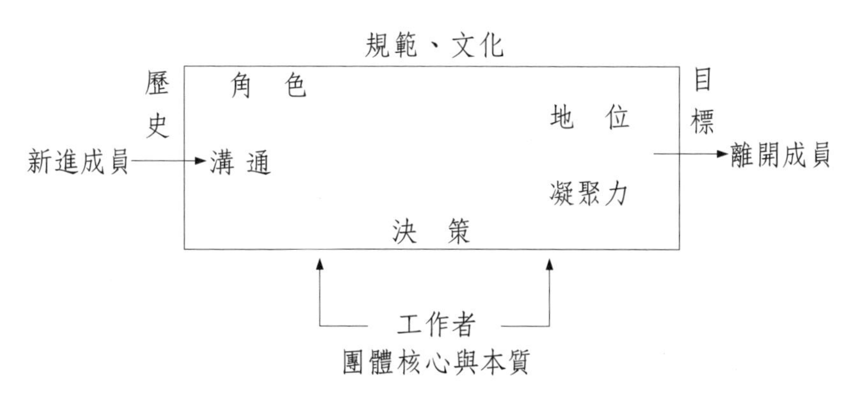

圖13-2　開放性團體的核心

除了上述四個重要的特徵是開放性團體實施過程中應注意的工作技巧外，以下三件事情也是不能疏忽的：

(一) 團體前的準備

在開放性團體中也同樣要進行一些與封閉性團體類似的工作，如招募成員、篩選成員、團體前的會談等。這些在本書第七章均已述及，在此僅是提醒而已。至於新成員的增加，有些學者建議不妨一次僅增加2到3位成員，以免新成員有不安全的感受。

(二) 成員進出的時效掌握

這需要靠專業的判斷，才能確實地掌握新成員進入和老成員離去的時機。最明顯是在團體進入衝突時期，避免增加新成員，因爲，這樣會增加新成員的衝突與不安，我們是不希望新的成員看到家庭爭吵的情境的。

其次，也不要在團體結束時引進新的成員，因爲，結束期是團體分化的階段，而引入新的成員將再度使團體回到整體性。

我們也不希望舊成員在團體形成階段或衝突階段離去，不過，這有時候並不是工作者或成員所能掌握的。由於形成階段團體正在產生體系感，如果有人離去，將帶給團體危險性。因此，較合理的團體分離時間是「團體初期」、「聚集期」、「維持期」或「結束期」。

(三) 維繫團體延續的命脈

維繫團體延續的命脈是開放性團體所重視的。在團體封閉之下，團體可以按照發展過程，發展其連續性，而開放性團體則不然。爲何我們不同意在衝突期引進新的成員？因爲，團體常態結構需要有時間去運作與發展，而運作與發展規範的最佳時機是團體初期、聚集期與形成期。規範是新進成員最有效納入團體的制約工具，而團體工作者也必須花一些時間在建立新舊成員間的連結關係（Wilder, Stanforth, & Fenaughty, 2018）。

在團體工作的經驗裡，部分人會有一個錯誤的想法認爲，唯有足夠的座席、足夠的時間、足夠的人數，成員又很快進入情況才算是團體工作。

其實，這是理想但不切實際。現實工作環境中，太多的團體工作是資源短缺的，或是開放式的。但是，這種團體並非不是團體工作的團體。要知道，社會工作的承諾並不在於擁有最有利的治療（或工作）條件下才去服務案主，而是工作者要去創造治療情境，或解決問題的條件，要以最吻合案主需求的工作方式來服務案主，而不能自設限於一隅，否則，只有在實驗室裡才能找得到一個完美的團體工作情境了。

第五節　馬拉松團體的領導

馬拉松（marathon）團體經常將團體會期展延由2個小時到2到3天不等，甚至於可以達到3到5天。因爲是將團體會期延長，所以被稱爲是「時間展延團體」（time-extended group）。這種團體通常發生於當團體的改變過程出現僵局高原狀態時，也就是當每位成員對治療的努力付出最少時（Lippitt, Watson, & Westly, 1958）。這種變遷過程的結凍狀態通常被比擬成「法庭過程」（courtroom process），也就是一種僵持在「告訴我，我是對的，他是錯的！」的僵局。例如：一個夫妻治療團體已有25個禮拜的聚會期了，但是一直僵持在「法庭過程」，治療者決定採取馬拉松來打破僵局。

例如：馬拉松設計從週末到週日中午止，總計20到24小時。參加者除了團體治療者之外，尚有協同治療者，其他的就是成員了。沒有觀察者或只來一次的成員。

馬拉松團體的規則是（Lessor, 1971: 97-103）：

1. 不可以有暴力攻擊行爲。
2. 進入馬拉松團體場地之後，不可中途離去，除非疾病或重大意外事件。
3. 守密與相互尊重。
4. 每2到3小時有5到10分鐘的休息時間，如果超過4小時以上，應該有1小時的餐點或休閒活動時間。一切就緒，開始進入馬拉松團體境界。

一、馬拉松團體過程

(一) 時間

馬拉松一開始先是一段「準備談話」（grooming talk），也就是例行儀式與打發時間，這與一般團體無異。例行儀式與打發時間可提供給成員下列功能：

1. 用安全的方式發現誰在場、誰是誰。
2. 相互增強。
3. 相互驗定。

接著是討論契約，關於團體的契約在本書第四章，以及第二篇諸章中均有詳述，此處從略。討論在馬拉松初期似乎是免不了的，經過數次的討論才能釐清契約與馬拉松規則的遵守。

(二) 活動

規則與契約確定後，在馬拉松進行過程中也不能沒有活動的提供。活動一方面是達到休閒效果，伸展筋骨；另一方面達到治療效果，例如：交流分析（transactional analysis），就可以用來進行婚姻家庭的團體治療。在馬拉松過程中，活動可以間斷使用，不一定只使用一種；有時，甚至把數個會期適用的活動一併用上。此外，在馬拉松的休息時間，可以有休閒的活動，如打羽球、桌球、游泳、木球、橋牌、音樂、舞蹈、桌遊，這些活動可以不受團體束縛，但是，時間一到應即歸隊。馬拉松進行中如果疲累了，也可就地休息，或暫時離開場地到隔室或戶外舒展身心，不過，應得到團體的同意。

(三) 親密階段

馬拉松團體的功能是在解凍與深度交心，因此，經過例行儀式與打發時間之後，開始逐漸產生親密性，如同一般團體進入團體形成期會有意見一致、相互接納的情形發生。親密階段是馬拉松目標達成的重點時期，在一種安全而自由的氣氛下，團體成員才可能深度的自我揭露，彼此才有坦誠的可能。馬拉松進入親密階段後會有一種難分難捨，忘了時間已過三更，所謂「輕舟已過萬重山」的境界，成員間卸下面具、盡棄前嫌、進入高度交心的狀態。被治療者或成員有一種解放、如釋重負的感覺，一切的僵持，一切的壓抑，如同撥雲見日，重現明澈境地。

二、馬拉松團體的帶領技巧

馬拉松團體的目的是透過展延聚會時間來解凍，因此，在馬拉松過程中最常見的是溝通、澄清的技巧。

(一) 溝通

工作者要協助成員表達自己對他人的眞實感受。有許多問題是出在人們不能彼此溝通良好，因此，在馬拉松過程中，溝通就成了重要的一環。成員們彼此學習如何表達自己的意見讓他人知道，如同成員如何與其家人溝通般。例如：成員在馬拉松過程中反覆地表達：

「我要學習如何誠懇地與我太太談話。」
「我想要表達對他人的憤怒。但是，我總是做不到，我該怎麼辦？」

透過團體中的有效溝通，成員從別人身上看到良好的溝通與不良溝通的情境與結果，而肯定自己溝通的必要。

(二) 對過去的澄清

成員經常納悶，「我如何才能了解我媽爲我所做的一切。」「爲何我老是不能安穩於一項工作上？」這些都是過去的經驗所帶給現在的困擾。工作者要試圖引導成員去澄清過去的情境與問題，很多問題是過去的挫折與未滿足所累積的，對過去的澄清可以協助成員領悟。

㈢ 對未來的澄清

有一些成員也會有類似的困惑，「我應該離開我的丈夫嗎？」「我得變換目前的工作嗎？」工作者應提醒成員對未來情境的澄清將有助於成員進行改變與否的決策。譬如，對未來的期待或承諾、資源的開展、現在事件對未來的影響等。

㈣ 澄清現在的關係

例如：「我太太與我都相互恐懼對方，我怎樣才能改善這種關係？」「我覺得我的上司似乎很不喜歡我，我該怎麼辦？」對現實情境的曲解是造成困擾的根源，而掌握良好的現在關係以增強成員自我了解與現實反應能力，將有助於改變環境與自我改變的動力。

㈤ 分享正負感受

在團體中難免會有負向感受的表白。負向感受如果未被揭發，將會壓抑到冰山底下，對成員的解凍與會心並無益處。負向感受可能造成衝突，但是，衝突所造成的柳暗花明又一村卻是團體很珍貴的一環。對負向感受的分享有賴於同理、接納與澄清才能引導負向感受成為正向效果。馬拉松團體的最後一小時，大概就是正向感受的分享了。成員彼此坦誠相對，一種眞實存在的喜悅，一種如陶淵明《桃花源記》所寫的：「初極狹，才通人。復行數十步，豁然開朗。」的體會，使成員們相互表達對團體的感恩。當團體達成預定目的時，馬拉松團體可以提前結束，無須拘泥於原訂時間。倘成員覺得尚未充分滿意團體效果，也可以決定展延團體時間。

馬拉松團體的採行通常是要有好的場地，譬如一棟安靜而自在的住宅或聚會場所，因其吃住均在現場，所以，能供應飲食與休閒器材是最好不過了。通常「文化孤島」（cultural island）是必要的，也就是在環境外部文化之內，團體存在某種程度與外界不同的文化現象。這種文化隔絕是為了避免被外界干擾，尤其是當馬拉松團體進行過程進入親密階段，或交心經驗，某種喜悅、擁抱、哭泣，甚至怒吼是常有的。何況，馬拉松團體進行過程中成員常是穿著輕便服裝，素顏出場，或坐或臥，倘若被外界干擾，就很難達到放鬆、自由、解脫的效果。如果沒有外在環境的配合，馬拉松可能變成尷尬、僵局、緊張、忙亂而累成一團，使成員恨不得草草結束、逃之夭夭。

參考書目

英文部分

Balgopal. P. R., & Vasssil, T. V. (1983). *Groups in social work: An ecological perspective*. New York Macmillan Publishing Co., Inc.

Brown, A. (1994). *Groupwork* (3rd ed.). Aldershot: Arena.

Crosbie, P. (1975). *Interaction in small groups*. Macmillan Pub. Co.

Doel, M. (2006). *Using groupwork*. London: Routledge.

DeMarche, D. F., & Iskander, G. M. (1950). On-lookers. *The Group*, *12*(3).

Emprey, L. J. (1977). Clinical group work with multi-handicapped adolescent. *Social Casework*, *58*(10): 593-599.

Fiedler, R. (1967). *A theory of leadership effectiveness*. NY: McGraw-Hall.

Fried, E. (1970). Individuation through group psychotherapy. *International Journal of Group Psychotherapy, 20*(4).

Gibb, C. A. (1958). An interactional view of the emergence of leadership. *Australian Journal of Psychology*, *10*(1): 101-110.

Haley, J. (1976). *Problem-solving therapy*. San Francisco: Jossey-Bass, Inc.

Henry, S. (1992). *Group skills in social work: A four-dimensional approach*. Itasca, Illinois: F. E. Peacock Publishers, Inc.

Hill, W. F., & Gruner, L. (1973). A study of development in open and closed groups. *Small Group Behavior, 4*(3): 355-381.

House, R. J., & Mitchell, R. R. (1974). Path goal theory of leadership. *Journal of Contemporary Business*, *3*: 81-97.

Lessor, L. R. (1971). Time-extended group treatment sessions. *Social Casework*, February, 97-103.

Levitsky, A., & Simkin, J. S. (1972). Gestalt therapy. In L. N. Solomom and B. Berzon (eds.), *New perspectives in encounter groups*. San Francisco: Jossey-Bass Publishers.

Lewin, K., Lippitt, R., & White, R. K. (1939). Patterns of aggressive behavior in experimentally created social climates. *The Journal of Social Psychology*, *10*: 269-299.

Lippitt, R., Watson, J., & Westley, B. (1958). *The dynamics of planned change*. NY: Harcourt, Brace and World, Inc.

McDaniel, C. O., & Balgopal, P. R. (1978). *A three-dimensional analysis of black leadership*. Houston: University of Houston, Graduate School of Social Work.

Middleman, R. R. (1980). The use of program. *Social Work with Groups, 3*(3).

Montalvo, B. (1973). Aspects of live supervision. *Family Process*, *12*: 343-359.

Olmstead, M. S., & Hare, A. P. (1978). *The small group* (2nd ed.). New York: Random House.

Ridgeway, C. L. (1983). *The dynamic of small groups*. New York: ST. Martin's Press.

Schopler, J. H., & Galinsky, M. J. (1984). Meeting practice needs: Conceptualizing the open-ended group. *Social Work with Groups*, *7*(2): 3-21.

Skolnik, S., & Skolnik, L. (2021). Beyond challenges: Opportunities for enhancing group work field education. *Social Work with Groups*, DOI: 10.1080/01609513.2021.1981515.

Smith, D., & Kingston, P. (1980). Live supervision without a one-way screen. *Journal of Family Therapy*, *2*: 379-387.

Stogdill, R. M. (1974). *Handbook of leadership: A survey of theory and research*. NY: The Free Press.

Toseland, R. W., & Rivas, R. F. (2012). *An introduction to group work practice* (7th ed.). Boston: Allyn and Bacon.

Vaillant, G. (1977). *Adaptation to life*. Boston: Little, Brown.

Wayne, J., & Cohen, C. S. (2001). *Group work education in the field*. Alexandria, VA: Council on Social Work Education.

White, R. K., & Lippitt, R. (1960). Leadership behavior and member reaction in three social climates. In D. Cartwright and A. Zander (eds.), *Group dynamic* (2nd ed.). New York: Harper and Row.

Wilder, K., Staniforth, B., & Fenaughty, J. (2018). Social workers' perspectives of open group work education in social work. *Advances in Social Work & Welfare Education, 20*(2): 101-114.

Yalom, I. D. (2005). *The theory and practice of group psychotherapy* (5th ed.). New York: Basic Books.

第十四章 團體討論技術

團體討論（group discussion）是一種特殊型態的團體溝通，由兩個或多人面對面互動，以分享訊息、解決問題或自我維持為目的（Applbaum et al., 1974）。丁松筠（1980）認為團體討論是一種「共同思考」，此定義隱含著思考與協同他人等兩要素。總之，團體討論是一種透過團體的互動，以進行意念、思考、訊息、感受等的相互傳遞的方式。

然而，自從1980年代初網路科技發達以來，已有更多團體討論走向虛擬化（virtualization），鄉民或網民透過網路社區（cyber communities）參與其所關心或有趣的話題討論。此時，人們並非面對面地互動來分享訊息、解決問題、滿足樂趣。這類的討論團體（群）（discussion groups）是指一群人因相同的利益、興趣，正式或非正式地聚集在一起，提供評論意見、分享訊息、解決問題。這群人是經由網路進行討論，稱為網頁討論團體（或群、組）（website discussion groups）。通常是有人將意見或資訊張貼在網頁上，其他人透過加入會員、朋友而得以提供評論、回應、參與意見，而以即時通訊（instant messaging, IM）的形式加入網路社群，或聊天室（chat room），進行線上討論群（online discussion groups）的網路討論。常見的網路討論群包括：谷歌討論群（google group）、臉書討論群（Facebook group）、推特（twitter，易名X）、Line群（Line group）、WhatsApp群（WhatsApp group）、QQ群（QQ groups）、微信（WeChat）、Kik即時通（Kik Messenger）、電子布告欄（bulletin board system, BBS）、Discord（Dcard）、Telegram（電報群、TG）等。而利用Skype、Microsoft Teams、ZOOM、Google Duo、TeamViewer、Facebook Messenger、Line、Face Time、Cisco Webex Meetings等視訊軟體，只要有網路攝影機、麥克風就是可以進行視訊團體討論，進行網路視訊會議（internet forum），突破成員無法面對面進行團體討論的某些限制。

第一節　團體討論的基本概念

一、團體討論的型態

一般來說，團體討論有三種型態（types）：

1. 主題團體討論（topic-based group discussion）：團體成員被指定討論某個議題，例如：交友、愛情、婚前性行為、援助交際、人際關係、升學壓力、賺第一桶金、就業規劃、社區問題等。
2. 案例團體討論（case-based group discussion）：團體成員被要求探討某個特定的案例，例如：學生性騷擾、中輟學生復學、校園霸凌、高風險家庭、親密暴力、老人被遺棄、自殺、自傷等。案例團體討論與主題團體討論有點類似，只是更完整地將一個或多個既有的完整個案拿來當作討論標的，協助提出更好的解決辦法，或是從案例中學習最佳的實務經驗。社會工作的個案研討會（case conference）是典型的案例團體討論。
3. 文章團體討論（article-based group discussion）：團體成員被要求以一篇報導、文章、論文作為討論的題材。通常參與者事先會收到該文章，有時時間緊迫，當場才會收到文章。此時，成員被允許利用三、五分鐘閱讀該文章。之後，利用一段時間討論該文章。成員各自對該文章發表看法，並參與討論。

而為了讓團體討論更有效率，團體討論主題的選定可分為以下四類：

1. 事實主題（factual topics）：顧名思義就是要求團體成員討論一個具體的事件或主題，例如：預防學生中輟、改善ADHD學生的人際關係、幫助新移民學童文化適應、解決社區的竊盜問題、改善學生宿舍不足的困境、幫助身心障礙者就業、提高老人居家服務使用率等。
2. 爭議主題（controversial topic）：亦即給一個具有爭議性的題目，讓團體成員腦力激盪，刺激思考，尋求共識。例如：是否同意大學宿舍可以男女同舍不同房、該不該延長外籍勞工的服務年限、該不該簽訂兩岸服務貿易協定、該不該開放性產業專區、性交易除罪化、考機車駕照年齡可以下降嗎？同志婚姻合法化、調高基本工資、安樂死、代理孕母等。

3. 抽象主題（abstract topics）：指討論主題不容易定義，也不是常有的生活經驗。例如：素食救地球、新自由主義全球化、哈日風、韓流、網路成癮、性解放、單身主義、土地正義、居住正義、過勞死、溫室效應等。
4. 案例討論（case studies）：指以具體的案例作爲討論的題材。和前述的案例團體討論一樣，找到具體需要被解決的案例，例如：探討YouBike的管理、居家服務員的督導制度、校園霸凌的預防、少年毒品濫用的防治、108課綱存廢等。此處所說的案例（case）不只是一個以人爲單位的事件，也可以是指與眾人有關的一件事。

通常團體成員年紀越小，越不適合安排抽象主題的討論。但是，可以討論適合年齡與生命經驗的爭議主題或案例討論，例如：國中生還是可以討論十二年國教、校園霸凌、濫用藥物、正向管教、未成年懷孕、性教育、援助交際、職涯探索、網路成癮、愛情與性、身體自主等主題。但是，要國中生討論素食主義、宗教狂熱、伊斯蘭國、全球化、貧富差距等議題會比較辛苦。

二、參與團體討論的態度

團體討論的技巧被用在各種聚會上，如研究團隊、工作團體、幕僚會議、簡報會議，以及各種圓桌會議等。運用團體討論來作爲團體過程的主要工具，不外乎因爲團體討論可達成以下功能：

1. 鼓勵成員參與團體事務。
2. 引起成員對團體的興趣。
3. 達成決策以解決問題。
4. 刺激思考以增加團體生產力。

團體工作的過程中經常用到團體討論的技巧，尤其是靜態的團體，幾乎以討論爲主；社會目標模型的團體更必須透過討論，以達成問題解決與團體行動的決策。團體討論基本上必須培養兩種態度：

(一) 對討論主題客觀開放的態度

要發展這種態度，有賴於從以下幾個方向著手：

1. 培養自身對意見理解的客觀和公正的能力。
2. 學習盡可能客觀地表達自己的意見。
3. 仔細而有結構地聆聽他人的意見。
4. 進一步思考意見的優劣。
5. 確實做到反思的思考（reflective thinking）。所謂反思的思考是指思考思考本身（thinking about thinking）。反思的思考是一個相對複雜的心智過程，主體不只會思考，還能將這個思考轉變成為被思考的客體。從這樣的經驗中，讓個人不只會思考，還能建構更一般的經驗，包括思考、感受與社會關係。使個人的思考可以更臻成熟，讓個人能超越社會壓力，採納不同觀點，進行獨立判斷，承擔社會行動責任。
6. 努力開放自己，甚至當聽到更好的意見時，要勇於修正自己的意見，接受別人。

(二) 對團體成員客觀善意的態度

更仔細地說，每一位討論參與者應朝著以下方向表現（Gulley, 1960: 115-126）：

1. 學習客觀地去理解與回應他人。
2. 盡力去縮小權力差別的影響。
3. 透過討論過程，建立良好的人際關係。

第二節　討論性團體的形式

團體討論可以是公開的，也可以是祕密的；進行的方法可以是正式的，也可以採非正式的。基本上，圓桌會議較屬於非正式且私密的；學術性的演講討論則是最正式與公開的。不過，所謂正式與非正式仍然只是個相對的概念，我們可以從圖14-1中看出端倪（Applbaum et al., 1974）。

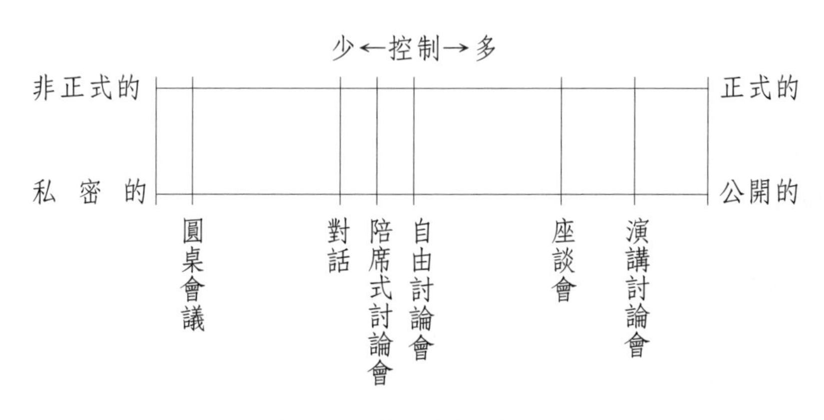

圖14-1　團體討論的控制程度

接著，本節將介紹七種團體討論的形式（Applbaum et al, 1974）。

一、圓桌會議（round table）

這種團體討論沒有聽眾，所以非常隱密，成員可以自由交換意見。它的使用最適合於小型決策團體，或是小型學習團體。為何稱之為「圓桌會議」？據說來自亞瑟王（King Arthur）與他的「圓桌武士」（Knights of the Round Table）。亞瑟王經常與圍坐在圓桌旁的武士們討論問題，他表達自己的問題讓武士們知曉，然後，互相交換意見。這種討論是在一個公平的氣氛下進行，每個人都在圓桌前或圍坐在席上占有一個平等的位置，每位參與者均有機會自由表達意見。

圓桌會議的主席扮演鼓勵交換意見的角色，同時，他也可以發表意見。由於人少，所以討論的廣泛與多元就受到限制。然而，這種討論卻最精簡而有效，尤其是在決策上。

圓桌會議的進行方式有以下五種基本過程：

1. 主席開場白，說明討論的主題與討論規則，如果需要，也可進行短暫寒暄，相互認識。
2. 視情況需要，由主席引介成員進入討論的核心。
3. 主席抛出討論的主題與子題。
4. 開始討論，主席要適時進行段落結語，以及承轉話題。
5. 討論完成，主席進行總結。

二、陪席式討論（panel discussion）

又稱爲「代表式討論」。這是一種最常見的討論會，在電視上的新聞評論性節目中，以及學術討論會上均可看到。由不同意見主張或代表不同利益的人組成討論發表人，另有一批對本主題關心或支持者在場。通常代表大約4到6人，有時3人而已，2人的情況不周延，較不足取。代表們圍坐成半圓，觀眾（聽眾）就在半圓之正前方。主席不加入討論，是一個促成有效討論的媒介，在於引導討論、起承轉合、聚焦話題，以及做最後結論。由於代表們所組成的團體都是專家，或利益代表，他們爲了解決問題，達成共識，以及解釋有利於聽眾的意念而集合在一起，自由發表他們所主張的意見。

陪席式討論有下列過程：

1. 主席宣布討論會開始。
2. 由主席介紹成員給聽眾。
3. 非正式地交談對題目的看法。
4. 正式討論開始，主席要協助澄清、段落結語、起承轉合與重複觀點。
5. 由觀眾提問，各代表答覆與澄清。
6. 主席進行結論。

三、座談會（symposium-forum）

座談會是給予每位團體成員機會，公開發表對討論主題的某個領域或部分的意見。這是一種比較有組織而正式的討論方式，座談的目的與陪席式討論有某種程度的相似。如果，我們所選定的主題很容易區分爲若干小子題，那麼座談會是比較有利的方式；反之，若主題不易區分，則採陪席式討論較易發揮。因此，採取座談會與陪席式討論端視討論的題目而定。

由於座談會是由引言人（speaker）就各自的子題進行發表，所以，引言人就得有較深的準備功夫。不像圓桌會議或陪席式討論那般可以自由表達意見，座談會的引言人無法產生團體互動的實質效果，他們不能對自己所表達過的看法進行辯護或澄清，因此，也有不同意將座談會列入團體討論的一環的說法。

由於引言人不能自由地互動，所以，座談會的座位通常以直線排列，他們發言時就像在做一場短講般。座談會的主席不發表論文，責任是介紹每一位引言人。當每一位引言人短講完畢之後，主席得將本主題與下一位演講者的題目內容相關聯。

在陪席討論會中，如果其中有一、二位發表人的表達不夠精彩，其他人可以協助其掩飾或沖淡缺失；但是在座談會上，因爲每個人有自己的主題，無法去彌補別人的遺漏或不足。每位發表人的時間也不可占用他人的部分，範圍也不可重複，否則，後發表的人的時間與內容將受到損害。因此，就有賴於主席精確地控制時間。最後，主席在結束前最好能做簡短的摘述。

座談會的過程大致如下：

1. 主席介紹討論的主題，以及引言人的分工範圍。
2. 主席介紹每一位引言人與其負責的子題。
3. 引言人發表他的子題短講。
4. 主席承轉下一位引言人的子題。
5. 主席引導座談會。如果在座談會中允許陪席式的作法，則主席可以採用陪席式的討論技巧。
6. 討論結束，主席進行結論。

四、對話（dialogue）

所謂對話就是由兩位成員在公開或私下進行溝通。印象中最多的是電視臺上的評論性對話與競選辯論，這是一種公開的對話。如果我們有機會參與求職面談，那就是一個私下的對話。如果是公開對話通常都接受聽眾的詢問；不過，有些情形是無法進行聽眾詢問的，例如：在新聞報紙的訪問對話中，無法讓聽眾參與。

對話是兩位或多位參與者直接互動，且可以自由討論他們所熟悉的話題。大部分的對話都具有主從關係，就是由一方爲主要發話人，另一方來回應，例如：新聞採訪、社會工作會談、求職面談。因此，對話的發話人要有準備，甚至於要預習，以免中斷話題或不得要領。

對話的物理環境不像前三種討論都需要安排適當的場地，對話的場地安排彈性較大，可以坐在沙發上，也可以分別在講臺之兩端。如果是公開對話，那就要安排使雙方均能讓聽眾看到正面爲宜。

由於對話中可能沒有主席，因此，對話的雙方，應讓自己活像個主持人般，自我引導問話、轉折、澄清等。不過，最好先安排某一人爲主持人，如訪問與被訪問般。雖然，身爲主持人的一方先有準備，但是，臨場的應變機智還是需要的。最後，要記住，對話的話題最好雙方都同意且有興趣；此外，如果是公開對話，那麼話題還是要讓聽眾覺得有趣，否則，只是兩人自得其樂，聽眾無法參與。尤其是學者專家與官方的代表最常犯這種禁忌。

五、自由討論會（colloquy）

自由討論會是所有團體討論中最獨特，也是最晚被知道，但又最慣用的一種，在成人教育（adult education）中被廣泛地使用。自由討論會通常由一群專家提供資料報告與問答。不幸的是，在討論的階段裡，經常出現低潮，演變成爲專家與聽眾的對答。因此，晚近又發展出兩種形式的自由討論，第一種方式是有一位主持人與一位專家的代表，由這位專家代表來提供報告，如果主持人或這位專家發現聽眾未能充分了解主題，或者有不同的看法，則繼續地討論此一話題；之後，另外依聽眾的需求更換新的討論主題，這種方法倒有些像引言人較少的座談會。

第二種方式是由一個專家代表與一位行外代表共同參與討論。專家代表是具有特殊專長的人選，行外代表（lay panel）則是主持人的助手，他與專家代表共同組成陪席式討論的要角。當特別資訊需要引介時，主持人與行外代表都可以來請教專家代表。在正式討論之後，聽眾可以對兩代表所發言的內容回應。時下某些電視的醫藥健康、婚姻家庭訪談節目採這種方式。

第一種自由討論比較有效。但是，第二種方式則由行外代表爲主要引導討論的方向，則較能與聽眾溝通，且由專家立即回答問題，等於善用了專家的智慧與行外代表的語言。第一種情況，專家的表達可能會很耗時，甚至喧賓奪主；而第二種情況卻又會浪費專家的時間與能力，有時候也會演變成專家與行外代表的一問一答，而失去讓其他聽眾參與的機會。不論如何，自由討論會雖然不是最有效的討論方式，但卻還是有其效果。

自由討論會的過程就依上述兩種加以描述如下：

(一) 單一代表方式

1. 主持人介紹專家與主題。
2. 當重要論題被提出來後，允許聽眾提問題或評論。

(二) 兩位代表方式

1. 主持人介紹專家代表與行外代表。
2. 讓行外代表來評論討論主題。
3. 當必要時，由行外代表與主持人來問專家一些問題，專家也補充一些被行外代表所疏忽的話題。
4. 由行外代表與專家代表引導聽眾問問題。
5. 主持人結束問答，並做摘述。

六、演講討論會（lecture-forum）

最常見的是在教室裡，由講者先行講一段之後，請同學提出問題來討論，這種由演講者先發表專題再由聽眾問問題的方式稱之爲「演講討論會」。演講討論總是公開的，有些人主張演講討論應該列入公開演講，而不是團體討論，理由是演講討論並不構成團體的溝通與互動。然而，在問答的過程中事實上是一種互動，且是雙向的溝通，因此，我們仍將之列爲一種團體討論。

演講討論有兩個目的，提供新的資料與激發對題目或問題的動機，以及讓聽眾有機會參與。有時演講討論會有主席主持，有時就由講員自行處理。演講討論也可能請兩位以上的講員共同主講，有時只有一位，端視主題的大小與時間的長短。不過，講員通常是具有高度組織能力者，他要能保證提供一次仔細且完整的演講。聽眾要到演講完成之後才能提問題，演講者的回答與爭議或再詮釋，是促成一個好的團體討論的基礎。

七、世界咖啡館（The World Café）

世界咖啡館是一種彈性、易於使用的方法，培養協力對話、分享互惠知識及發展新的行動機會。基於靈活的系統思考，創造動態的交談網絡，催化出組織或社區的集體智慧，以解決重要的問題。全球各地的商業、教育、政府及社區組織，已利用世界咖啡館的對話形式達到集體智慧的產生，其提供一種團體「交談是重要的」（conversations that matter）價值，意味著不論多大的團體，人際關係與人的能量足以一起形塑未來（Brown & Isaacs, 2005）。

世界咖啡館是一種結構性的交流對話過程，將參與者分爲數個小組（桌子），每組討論相關但不同的議題，並容許參與者可以不照順序轉檯更換討論組（桌子），成員在變換桌次時，被新討論組的「桌長」（團體帶領者）介紹給其他成員或自我介紹。每一議題通常於限定時間內結束，例如20分鐘，最長不宜超過半小時；接著，除了桌長外，成員可自行變換到其他桌參與其他議題討論。第二輪以後，變換桌次依序進行。各組討論結束後，大團體集合一起聆聽各組（各議題）的結論報告，成員也可自願分享參與討論的心得。爲了促進討論的進行，討論的環境被安排得像咖啡廳的氣氛，故名爲「世界咖啡館」或「知識咖啡館」（The Knowledge Café）。

在某些場合，爲了使每個人都有發言的機會，「桌長」可以主導團體討論的發言程序。但大部分時間，討論隨參與者的人際交流自然進行，使其某種意義上成爲名副其實的「咖啡館」。除了聽與說之外，討論者也被鼓勵用桌子上的草稿紙寫字，甚至塗鴉，以方便留給後來的參與者了解之前的討論內容。儘管一開始各桌的討論議題事先設定，但由於參與者自由變換，其討論結果並不一定受限於事先商討決定的。

世界咖啡館有七個核心的原則：(1)爲背景定調：什麼是對話的目的？什麼背景讓這樣的對話變得重要？(2)營造愉悅的空間：利用圖片、音樂等方式，營造出類似咖啡館一樣的自在舒服的溫馨環境。(3)探索大家認爲最重要的問題：所選擇的議題，是決定這場對話成功與否的關鍵。(4)鼓勵大家踴躍貢獻想法與意見。(5)交互激盪並連結不同意見。(6)共同聆聽其中的觀點並凝聚共識。(7)集體心得分享收穫與創新：參與者可以在最後共同回顧與反思，哪些是大家關切議題背後最重要的價值？從對談過程中學習到什麼？（Brown & Isaacs, 2005）

第三節　團體討論的技術

團體討論的技術既可以協助團體互動，也可以促進團體中角色的了解。本文將介紹幾種常用的團體討論技術，這些技術可以運用於不同的團體工作模型裡，也可以輔助以上幾種團體討論方式。

一、腦力激盪（brainstorming）

腦力激盪是用於小團體討論時，在一種無限定範圍下進行理念的引介。通常若不是專家，在團體討論時，人們總是缺乏自信，因而從討論中萎縮或失去創造力。腦力激盪可以排除阻礙互動的因素，讓成員自由發揮。

腦力激盪的方法很簡單，如果團體發現某個問題需要解決，他們就圍在圓桌邊，推選一個主席，開始建議解決問題的方法，意見越廣泛越好。如果解決問題的方法被提出了，別的成員可以要求修正或折衷，這叫「搭便車」（piggy backing），不斷地修正與衡量一直到時間到為止。

在腦力激盪中有幾個重要的規則要遵守：

1. 不可有批判與評鑑的行為。
2. 所有貢獻均應被鼓舞。
3. 創造最多的意見數量。
4. 尋求整合所有概念與解決方法。

我們要先認定腦力激盪不一定會有結果，只要我們儘量減少阻礙腦力激盪的因素就會有利於團體討論的進行。以下，我們將腦力激盪的一般過程描述於後：

1. 決定團體所要解決的問題或範圍，務必清楚地陳述主題。
2. 選定一個主席來規約腦力激盪的規範。
3. 指定記錄員，最好輪流擔任，每位成員在團體中所發表的看法都被允許且記錄下來。
4. 設定時間限制。
5. 建立一個非正式的討論環境。
6. 自由地發問與討論既定的主題與範圍。
7. 當時間一到，立即停止討論。

二、非正式小型座談（buzz session）

腦力激盪適用於已經組成團體的內部互動。然而，聽眾在團體討論中也是重要的一環，聽眾的參與對團體討論的進行將有很大的幫助。非正式小型座談是將聽眾分爲若干小團體，每位成員均有參與機會（Brookfield & Preskill, 1999），小組討論時間盡可能不要超過20分鐘以上，以免冷場或拖棚。爲了肯定參與，每位成員均給予表達的機會，當非正式小型座談小組討論完成之後，由每一小組的主席將結論提交大團體報告，此時的非正式小型座談成員仍然是匿名的，因爲，小組主席已將所有意見整理爲小組意見。小組主席所發表於大團體的看法也不能是個人的，而應以全組成員的意見爲意見。

非正式小型座談的取名是從情境經驗中得來的，如果你參加一個討論會，由一組陪席代表在發表有關「如何促使社會工作專業化？」的主題，臺下有50位聽眾。當陪席代表發表完高論之後，會場主席要求將聽眾分爲5個小組，每一組10個人，每一組給一個討論題綱，例如：「請從專業教育著手來加強社會工作者的知能」，你也榮幸被選爲主席，你們的小組在會場的一角開始討論，這種情景不正有如三五成群交頭接耳、竊竊私語嗎？故取名buzz session。

非正式小型座談的過程大致可以分爲四個階段：

1. 將聽眾分爲若干小團體。
2. 每一個小團體指派主席。
3. 每一個小團體討論一個小主題。
4. 小組主席代表該小組提出分組報告。

三、菲立浦六六討論法（Phillips 66）

菲立浦六六討論法的功能與非正式小型座談有些不同，但同樣都是運用小團體來發展某一領域的問題。美國席爾斯達學院（Hillsdale College）的菲立浦（Donald Phillips）是該討論法的創始者，六六是代表

6個人討論6分鐘。其之所以規定6個人6分鐘是為講求效率，假設在時間壓力下，人們會被激發效能。不過，不一定非得硬性規定6個人討論6分鐘，運用時是可因議題與成員而彈性調整，端視交付的討論主題複雜度與參與者的能力來調整。如果問題範圍稍大時，人數可以5人到10人不等，討論時間也可稍長。

菲立浦六六討論法的過程如下：

1. 將聽眾（或參與者）分為若干小組，每一小組5到10人。
2. 每一小組選定一位主席。
3. 設定時間限制，每一小組只能討論6到30分鐘。
4. 每個團體試圖去處理大團體所交付的題綱。
5. 小團體討論完之後，整理結論報告，回到大團體準備進行分組報告。
6. 小組主席代表小組對大團體提出報告，並進行討論。

不論非正式小型座談或菲立浦六六討論法，都應遵行下列五個原則才能奏效：

1. 討論主題必須是成員有興趣與利害相關的。
2. 小團體必須知道大團體的期待。
3. 團體必須小到足夠自由互動。
4. 時間要把握，但應隨團體大小與主題範圍調整。
5. 為了鼓勵參與，小團體的討論氣氛應是自由而非正式的。

四、配對思考（Think-pair-share）

配對思考是將團體討論分成三個階段。首先，每位成員自己思考被指定的討論主題。3到5分鐘後團體成員配對討論個人想出來的答案。配對可以抽籤、自願組成，或團體領導者指定。配對討論3到5分鐘後，回到大團體一起討論。由每一配對組先分別報告討論結果，再開放一起討論。

這樣的團體討論技術有助於讓每一位成員都能貢獻想法，團體可以蒐集到最多元、豐富的意見，且對害羞的成員幫助最大，讓他們可以順利納入團體討論中。

五、輪流發言（circle of voices）

輪流發言是先決定討論主題後，給成員3到5分鐘思考，然後依序每人輪流發言3分鐘。在他人發言時，其他人不能插嘴或打岔。第一輪發言結束後，開放討論。在開放討論時，每位成員僅能就他人已發言的內容堆疊上去，不能聚焦在自己的想法上，或是另外引出新議題（Brookfield & Preskill, 1999）。

這個方法等於逼使每位成員都必須說話，對某些不習慣在團體前說話的成員來說會是一種挑戰，不舒服是難免的。但是，用這種方法有助於鼓勵大家都說話，有效壓制聒噪的人的滔滔不絕。同時，引導成員學習專注傾聽他人的表達，因為在團體討論時必須注意他人說些什麼，才不會恍神與失焦。

六、三人輪番轉檯（rotating trios）

三人輪番轉檯是擇定討論主題後，以成員9人為例，分成3人一小組（A、B、C組）。小組中每位成員均須對主題發表意見，並將這3人編成1、2、3號，每一位成員的號碼不變，只是轉檯到別組而已。討論5分鐘後，每小組的1號留在原小組，第一組的2號（A2）到第二組，第二組的2號（B2）到第三組，第三組的2號（C2）到第一組；第一組的3號（A3）到第三組，第二組的3號（B3）到第一組，第三組的3號（C3）到第二組。如此，全新的成員出現，A1、C2、B3在第一組；B1、A2、C3屬第二組；C1、B2、A3屬第三組。主持人可以將討論主題深化，或添加新的面向、資料，以引發討論深度與趣味。每一小組繼續討論5分鐘後，再進行一次輪番轉檯。各組1號仍然不動，現在的第一組的2號（C2）到第二組，第二組的2號（A2）到第三組，第三組的2號（B2）到第一組；第一組的3號（B3）到第三組，第二組的3號（C3）到第一組，第三組的3號（A3）到第二組，如此又是一個全新的組合出現。此時，第一組是A1、B2、C3；第二組是B1、C2、A3；第三組是C1、A2、B3。主持人可以讓討論主題再深化或再添加新素材（Silberman, 1996）。最後，回到大團體進行討論，每組1號可以代表該小組三次的討論先發言，其餘人可補充，就會出現很豐富的內容。

這種討論技術有點複雜，很容易轉檯錯誤，不過，只要成員記住不能跟自己曾經討論過的成員一起討論，就不會出錯。團體人數越多越不容易控制轉檯順序；人數少於7人時，也不容易進行。每一輪討論時間也可依主題的難度延長。

七、滾雪球／金字塔團體（snowball groups/pyramids）

擇定討論主題後，成員先各自思考3分鐘，然後兩兩配對。自願、抽籤或指定均可，討論3到5分鐘。接著合併成4人一組討論，最好由主持人指定合併。討論5到10分鐘後，接著合併8人一組討論。如果團體更大，則再進行一輪討論。這樣的討論主題很容易聚焦，成員很容易發現討論人數越多，意見越不一樣（Habeshaw, Habeshaw, & Gibbs, 1984; Jaques, 2000）。

八、拼圖法（jigsaw）

擇定討論主題後，先將此主題切割成可區辨的若干小議題，每一議題由一小組負責討論，像一片片拼圖般。幾分鐘之後，再將這些不同的小組議題，透過各小組發表討論結果而拼成一個完整的結論（Silberman, 1996）。在討論進行中，可以提供不同顏色的紙張作爲小組討論議題的記錄之用，回到大團體就可將這些不同顏色的紀錄紙拼成一張完整的成果拼圖。因此，切割議題就成爲很重要的關鍵，主持人要先準備，將討論主題合理地部分化。

九、養魚缸（fishbowl）

擇定討論主題後，主持人將團體分成兩小組，一組爲討論組，另一組爲觀察組。討論組依設定主題開始討論，觀察組則圍在外圈仔細聆聽、觀察、分析，並進行記錄。約10到15分鐘之後，進行大團體討論，由觀察組成員發表對剛剛所觀察的內容、經驗。之後，討論組可以修正、補充。如此，有助於讓成員從不同角度（說者與聽者）理解討論內容；同時，透過觀察組的回饋，有助於讓討論組的內容更加豐富。可是，觀察組可能會覺得不耐煩而騷動，或忍不住想打岔（Jaques, 2000）。

十、標示法（posting）

在團體討論時，經常發現問一些未成熟的問題或超出範圍的問題，如此，會造成團體的防衛與干擾討論。由於成員不能問一些尙未被討論到的部分之問題，主席只好將這些問題記錄在黑（白）板上，或由電腦秀在螢幕上，讓成員或聽眾看得見。所以，標示法就是將成員或聽眾認定的問題或概念列於黑板上（或書面紙上）。

標示法有下列幾項功能：

1. 能夠引起參與者的興趣：經由張貼標示，參與者會發現他們共同的問題。許多成員總以爲他自己的問題一定是獨一無二的，藉此，他們可以選擇重要的問題來討論。
2. 能夠澄清問題：有些問題具有情緒性，如果張貼發布出來，可以消除一些誤解。
3. 決定問題的先後順序：如果因爲團體不能完全同意某些主題時，會產生遲滯不前的情形，經過標示可以將問題分門別類，易於掌理。

標示法的領導者與腦力激盪一樣都需要注意接受每一成員的意見，且要能掌握成員所發言的內涵，如果必要，他可以將問題請成員共同澄清，以增進成員間的互動。亦即，標示法的結果將有助於凝聚力與溝通。

標示法的過程如下：

1. 主席決定何時執行張貼標示，討論之前、討論中，或是討論之後。
2. 主席記錄所有問題。
3. 如果名單太長，或時間太短，主席或團體應安排問題的重要性。
4. 團體依序討論選定的問題。

標示法基本上也有一些限制，第一，團體必須花時間來排列與選擇問題；第二，如果領導者不伶俐，則團體討論會重複而冗長；同時，也可能涉入主觀的詮釋（Applbaum et al., 1974）。

十一、學習團隊（learning teams）

團體一開始就先將成員分成若干小組，每一小組人數約略相等，賦予小組長期的任務，亦即，團體結束前，小組成員都是學習成長的夥伴。不論哪一個團體會期，都是他們一起分組討論、完成工作，類似課堂的小組作業與學期報告，學生因一起工作而形成工作團隊，一起學習，一起成長，成員會因熟悉而產生較高的生產力（Johnson, Johnson, & Smith, 1991; Race, 2000; Slavin, 1995）。但是，也有可能出現本書第一章所說的搭便車效應，團體領導者要小心避免。

第四節　如何主持團體討論

不論用哪一種團體討論技術，要完成一次有效的團體討論，須有完善的計畫作業。亦即，安排一個適合討論的架構，方能使團體參與者順遂地貢獻力量於團體討論的過程中。

一、團體討論的事前安排

1. 選擇主題：主題要配合團體需要，尤其是考慮團體發展的進度、團體特質、團體目標、團體的能量等。

2. 討論主題的措辭：討論的問題包括：(1)事實問題；(2)價值問題；(3)推測問題；(4)政策問題等。每一類問題所用的題綱或口語化措辭均有差別。措辭最好是能引起討論的，也就是具有討論餘地的，而且範圍有限度，主題明確，考慮團體成員的能力所及。
3. 選擇適合的討論形式：是用公開討論會、陪席式討論，或是座談會，也可以是質詢會（interrogation）。但是，在社會工作中，團體常是持續性的，趨向於封閉小團體聚會，討論形式並不能改變原來團體的型態，也就是以原來團體的形式爲宜。
4. 決定物理環境安排：包括場地、座位安排、空氣流通、氣溫、燈光、音響、活動範圍等的設想。
5. 安排參與者：邀請適合參加的人員。在團體工作進行中，可以安排參與的角色，如主席產生的方式，或影響參與者角色的安排。
6. 在討論開始前的最後籌備：也就是工作者要有一份開會的準備草案，包括做以下的檢查：
   (1) 團體討論的目標是什麼？是提供資料呢？或是在於引發興趣？還是尋求創造力的突破？抑或在於發現解決問題的辦法。
   (2) 討論題材是什麼？也就是討論哪些問題？提出什麼論據？包含哪些觀點？考慮哪些解決方法？引發興趣的設想是什麼？如何舉例與比喻？有些什麼相關經驗與故事？
   (3) 安排哪些素材？包括討論階段？問題的界定？解決的辦法？決議方式？工具準備的清單？
   (4) 討論時間的配置如何？重點在哪裡？哪些可以在不得已之下先省略？哪些容易忘掉？哪些容易倒置？重點分配多少時間？次要的又占幾分鐘？引言要多少？結論需要多久？剩下的可供討論的時間又有多少？（Bormann, 1969: 43-54）

有了以上的會前準備，對於任何討論會的主持者或參與者來說，總是較安全而舒暢的。一個團體討論的主席（moderator）除了先要有以上所提到的會前規劃之外，還有一些職責或功能表現，方能帶動討論的進行。主持一個討論性團體，有以下技巧（Gulley, 1960; Bormann, 1969；丁松筠，1980）。

二、主持團體討論的技巧

(一) 開場

討論開始前，主持人應介紹參與者，或運用其他方式使成員相互認識，接著要將討論主題引出。若有特定討論題綱，則應預先準備周全；若無特定題綱，則主持人要能引發開放式的討論，試圖貢獻或激發有意義的臨場主題。也要適時告訴成員一些團體討論的規則，即使是放任自由的討論，也要以行動表示出來。

(二) 導引討論進行

一個民主式的討論氣氛，主持人應運用一些技巧以推動團體成員間的互動，這些技巧包括：

1. 了解的技巧：重複加強那些害羞、內向的成員們的意見，支持並給予再肯定；隨時注意團體動力的運作，適時反映團體的感覺與思考給大家；給予安全的氣氛，使每位成員勇於接受證據缺乏的挫折。
2. 中立的技巧：避免與成員爭論；不偏袒或屬意任何一方；不判斷他人意見；提供問題，不給予答案；提供資訊時，不予決斷，僅做利弊分析或事實陳述；隨時將自己拉回中立的位置。
3. 問話的技巧：通常有三種問話方式，(1)是否（yes or no）；(2)是或者（either or）；(3)開放式問法（open-ended）。每一種問法都有適切的時機，詢問基本資料當然可用是不是；澄清事實與溝通採用第二種問法會更令人易於回答；創造發言機會，以開放式問法較適合。
4. 摘述的技巧：主持人在以下情況要進行摘述：段落結束時、討論結束時、議題岔開時、變換主題時、發言過長時、發言複雜廣泛時、爭執很久時、發言音量過小時、對立意見時，以及發言者有語言障礙時。摘述要能清晰簡要，主持人摘述完畢應徵詢發言者的意見，以證實無訛。
5. 導引的技巧：在於使成員均等發言或密集探究，包括：暗示討論方向、提示討論重點、安排討論程序、剖析停滯癥結，以及提付表決等。
6. 催化的技巧：製造發言機會，如對多話的人溫柔而堅定地抑制，並摘要其發言，再以「除此之外，也許還有別的意見……？」引發話題；對害羞者不可逼著他發言，而是注意他，等待他們準備好發言的勇氣。避免指定發言，以免造成以主席爲中心的討論。避免輪流發言，除非事先規定，否則唯恐未準備好前產生應付、抵制的態度。避免單刀直入的回應，或盤詰到底，以免令人難堪。

7. 沉默的技巧：適度沉默以形成團體發言眞空，逼使團體成員負起責任；或接受任何意見，使成員自行判斷。
8. 限制的技巧：在以下情況，主持人應採取限制的手段來處理團體情境。
   (1) 當成員壟斷討論時：可以用是否的問話問多嘴的成員；用開放式問話問其他成員；或是切斷話題，給予適時的打岔；或是限定時間；或是調整次數；或由主席認可。
   (2) 發言層次太抽象時：主席或成員均可提醒，或打岔。
   (3) 脫離主題範圍時：如不當的舉例、引證、故事等；或牽連太廣、主題跳躍等，均應加以限制，使主軸復原。
   (4) 成員不參加討論時：對過度沉默的成員，主席可以指名詢問來引入團體，但以開放式問法爲宜，或以暗示來激發參與感；或以重整團體來熱絡團體。
   (5) 成員意見衝突時：主席應將衝突納入團體，而非個別化處理；協助澄清；表明不同意的差異存在的可能性；修正或包含各方意見；或採取訴諸表決、休會、會外協調等解決辦法；或是幽默一下，使衝突解凍。

三、團體討論的成效評量

一個有效的團體討論不只是要有有效的參與者，而且也要有有效的領導者。有效的團體討論也不單是得到預期的目標，而且也要使參與者都很感到自我滿足。所以，不只是目標的達成，如意見溝通、獲致結論、觀念產出與產生行動，而且也要重視過程的完美。因此，評量團體討論的成效通常要包括目標達成、領導、參與、討論氣氛、溝通、討論過程等指標。

在團體討論中溝通的頻率與對象可以透過前面第五章所提的溝通結構的觀察記錄中來評量，這部分可以客觀地評量。至於其他部分，則透過尺度測量來判定成效分數，下面是一個參考的範例，可以作為團體討論的評量標準。

××團體討論評量表

團體名稱：
討論議題：
主持人：
參加人員：
時間：
地點：

一、討論引言

1.長短？
2.歡迎詞？
3.是否將議題清楚說出？
4.是否清楚說明討論目標？
5.有對概念下定義和解釋嗎？
6.應用舉例是否說明？
7.是否提供討論議題大綱？
8.是否引發興趣？
9.是否講述議程？
10.是否檢查討論議程並取得同意？

二、討論主持

1.自然無拘束嗎？
2.所有的意見、觀點和經驗是否都講出來？
3.成員是否都參加？
4.討論是否都與議題有關？
5.所有重要的議程及要點都討論了嗎？
6.議程安排是否生動有趣？

三、中段摘述

1.配合預訂時間嗎？
2.有無偏見？
3.是否給予澄清？
4.有整理歸納嗎？

5.是否有簡略地歸納重述？
6.是否有中段摘要並做小結？
7.有強調採取行動的重要嗎？
8.有否檢查是否了解和接受，得到大家的默契？

四、總結與行動

1.是否使最後的重複減少？
2.以前同意的各點是否有全都給予摘要？
3.有一致同意欲採取的行動嗎？
4.對於被了解和接受的事是否給予確認呢？
5.全體是否表示有支持及履行決議的義務？

五、發問的運用

1.問題是否有清楚的陳述被大家所了解？
2.會議進行時有否使用報告式的提問呢？
3.有否使用探究式的提問呢？
4.有直接發問嗎？
5.有交叉發問嗎？

六、領導素質

1.是否有效鼓勵促進大家參與討論？
2.每位參與者是否有發表自己的意見的機會呢？
3.有沒有把自己的意見想法強加大家接受？
4.是否太堅持參與者依照大綱討論呢？
5.有沒有使參與者自願的參與呢？
6.是否很熱情、活潑和幽默呢？

這個評量表是以五等分來衡量每一個指標的滿意程度或達成程度，每一指標最高給5分，最低是1分，總計40個指標計200分。總分若超過120分以上，則屬良好的討論成效；不到120分，則表示團體討論是較無效的。不過，爲了避免平均數的掩蓋效果，團體討論主持人應針對特殊高分與低分的題目加以檢討，以便改進或自我肯定。

參考書目

中文部分

丁松筠（1980）。團體討論（黑幼龍譯）。第四版。臺北：光啟出版社。

周勳男譯（1978）。有效的討論。臺北：幼獅文化。

英文部分

Applbaum, R. L., Bodaken, E. M., Sereno, K. K., & Anatol, K. W. E. (1974). *The process of group communication*. Chicago: Science Research Associates, Inc.

Bormann, E. G. (1969). *Discussion and group methods: Theory and practice*. New York: Harper and Row.

Brookfield, S. D., & Preskill, S. (1999). *Discussion as a way of teaching: Tools and techniques for democratic classrooms*. San Francisco: Jossey-Bass Publishers.

Brown, J., & Isaacs, D. (2005). *The world café: Shaping our futures through conversations that matter*. Berrett-Koehler Publishers.

Gulley, H. E. (1960). *Discussion conference and group process*. New York: Holt, Rinehart and Winston Inc.

Habeshaw, S., Habeshaw, T., & Gibbs, G. (1984). *53 interesting things to do in your seminars & tutorials*. Bristol: Technical and Educational Services Ltd.

Jaques, D. (2000). *Learning in groups: A handbook for improving group work* (3rd ed.). London: Kogan Page.

Johnson, D. W., Johnson, R. T., & Smith, K. A. (1991). *Cooperative learning: Increasing college faculty instructional productivity*. ASHE-ERIC Higher Education Report No.4. Washington, D.C.: School of Education and Human Development, George Washington University.

Race, P. (2000). *500 tips on group learning*. London: Kogan Page.

Silberman, M. (1996). *Active learning: 101 strategies to teach any subject*. Boston: Allyn and Bacon.

Slavin, R. E. (1995). *Cooperative learning: Theory, research, and practice* (2nd ed.). Boston: Allyn and Bacon.

第十五章
團體治療技術

本書使用團體治療技術，並非意指我們在討論「團體心理治療」（group psychotherapy）的技術。而本章所指涉的治療（therapy），其實包含了處置（treatment）、矯治（remedy）、問題解決（problem solving）、協助（helping）、改變（change）等觀念，或說是一種團體治療（group therapy）。而社會團體工作者成爲一位團體治療師（group therapist），他所介入的對象不單指個人內在心理的改變，而是涉及個人、團體、環境等整體的改變。

第一節　團體治療的方法

一、團體治療的程序與方法

在團體工作的模型裡，治療模型、行爲修正模型、充權模型，以及任務中心模型等，無疑地均可以達到治療效果，這類模型有三個主要工作：(1)評估；(2)介入；(3)評鑑與結案。評估包括預判與決定接案、進行工作診斷、設定治療目標、將目標轉換爲治療計畫，最後準備助人契約（helping contract）。從圖15-1中讀者可以看出這些特性。這也是一個團體工作過程，但是，它表現了高度治療的傾向，所以，被稱爲是一套團體處置程序（treatment sequence）（Bertcher & Maple, 1974）。

團體工作的治療有三個主要的途徑，第一是直接介入法，是由社會工作者直接與成員互動，工作者成爲治療師、專家與行爲指導者；第二種是由社會工作者藉著介入團體過程來間接影響成員的行爲；第三是透過團體之外的力量來影響成員與團體。三種方式分別臚列於後。

(一) 直接法

1. 工作者成爲團體的中心，是爲認同與驅策的目標。
2. 工作者成爲象徵或代表人，被視爲合法規範與價值的媒介。
3. 工作者是個人目標和任務的推動者與刺激者。

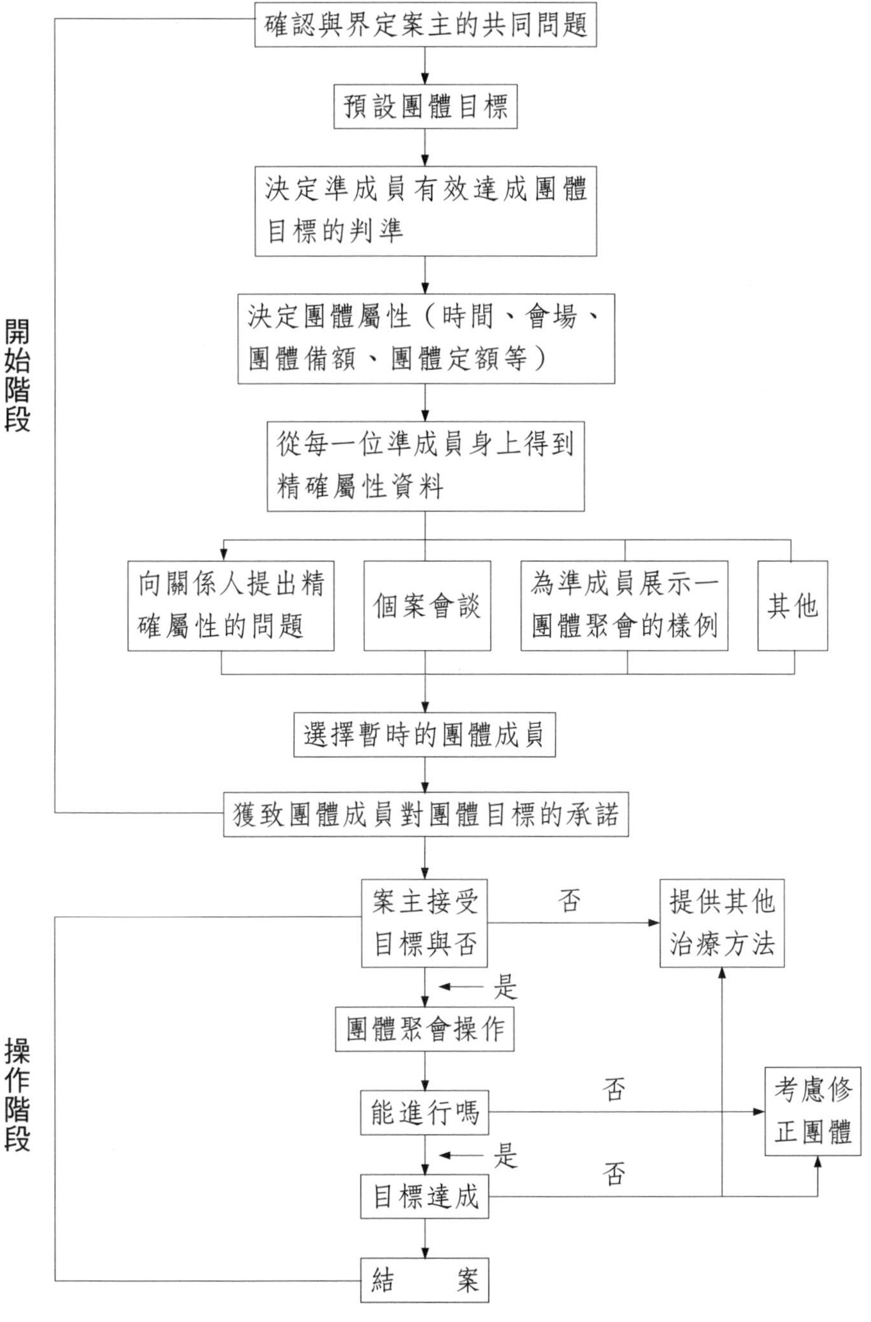

圖15-1　團體治療程序表

4. 工作者執行成員角色的控制任務。

(二) 間接法

1. 工作者影響團體目標。
2. 工作者選擇團體成員。
3. 工作者影響團體大小。
4. 工作者影響團體的操作與管理程序。
5. 工作者影響團體發展。

(三) 外團體法

1. 任何團體外的活動影響團體成員的行爲。
2. 與團體成員有顯著關係的外人，給予介入與仲裁。
3. 成員所屬的社會體系給予介入。
4. 社會環境的介入。

這三個團體治療的方法包含了大部分克那普卡（Konopka, 1972）所提出的社會團體工作助人的媒介。她認爲社會工作專業關係、團體過程、團體討論、團體方案，以及環境是促成團體成員行爲改變的媒介，其所指涉如下：

1. 團體工作者與成員間有目的地基於理解的與溫暖的專業關係。
2. 團體成員間的人際關係——團體過程。
3. 口語的溝通——討論與談話。
4. 非口語的溝通——方案活動、遊戲、經驗。
5. 有意的選擇與創造環境。

克那普卡所提的討論與方案活動在本書已另章討論，而團體治療的技術不外乎在於達到個人、團體與環境的改變，且這三者之間是相互爲用的。團體的改變會成爲個人改變的前提，個人改變也將促成團體改變；相同的，環境的改善可以影響個人或團體，而個人與團體也是改善環境的資源。因此，本章將以個人、團體與環境等改變的對象爲軸，來分析改變的媒介與方法。

二、影響個人改變的團體治療因素

團體本身未必自然可以具有治療性，團體成員的改變也不是自動發生，而是在一種由團體工作者所創造出來的安全氣氛下，才可能發生。安全氣氛的發展是基於互信與無害的環境下，成員才可能自我揭露其情感、思考，以及冒險去經驗團體的治療力量。而這種由團體治療者、成員，以及被治療者本身的行動，而有利於被治療者條件的改善的元素，就稱爲治療因素（therapeutic factors）。因此，團體工作者必須學習如何運用治療因素來改變成員。

治療因素有哪些呢？葉龍（Yalom, 1975）指出有：灌輸希望、普遍性、資訊的傳遞、利他主義、對初級家庭團體的矯正式重新摘述、社會化技巧的發展、模仿行爲、人際學習、團體凝聚力、精神發洩，以及存在因素等。布洛克（Bloch）與克朗克（Crouch）也發展出十個治療因素，其中有希望、普遍性、利他主義、人際行動學習、精神發洩等五項與葉龍的觀點相似，另有引導、替代學習、領悟、接納與自我揭露等五項。本書採借後者的看法，將治療因素逐項介紹於後（Bloch & Crouch, 1985）：

(一) 希望（hope）

布洛克與克朗克認爲病人會改變，是基於從團體中獲得一種樂觀的感覺，經驗到自己的成長或進步的可能性。希望的來源不只是從工作者，也從成員間的互動得到。成員從其他條件與自己相似卻獲致較快進步的成員身上可以感受到希望，也可從成員中對治療結果較其樂觀者身上看到希望，或者是從一些已改變了的成員身上去感染到希望。

沒有希望就沒有動力；希望無窮，動力也就十足，有夢最美，希望相隨，因此，工作者應協助成員建立希望感（hopeful）（Garvin, 1997）：

1. 當成員對療效感到悲觀時，工作者應請其他成員談談他們如何克服悲觀的感受。
2. 當成員有進步時，工作者應對其他有相似條件的成員點出這種進步，但不是對進步較慢的成員批評，而是告訴大家只要肯努力，時機一到就會有同樣的進步。

3. 工作者應要請團體成員鼓勵他人，甚至將這種鼓勵建議納入團體規範中。當人們放棄希望，幾乎就等於宣告失敗，絕望與死亡或放棄是近鄰。因此，透過不斷的鼓勵、支持，讓希望之火重新燃起，是團體工作在治療過程中的第一要務。

(二) 普遍性（universality）

普遍性是指成員有相似的關注與感受，不會覺得有疏離感。特別是在某些具有社會恥辱的成員中，如酗酒、吸毒、精神病、犯罪等，普遍化的感受可以協助他們減少拒絕。但是普遍性不是讓成員覺得他的行爲是普遍存在的，而是讓成員覺得「同舟共濟」，大家都在關心彼此，也有相同的感受。如果說某個議題會造成罪惡感、焦慮，或壓力，其他有相同條件的人也會有相似的感受。如此一來，讓成員覺察到經驗的普遍性，可以協助成員在有問題時不會再有過度主觀性，而趨於客觀。也就是不會把自己的問題特殊化、鑽進牛角尖裡出不來，認爲是自己的問題才走不出困境。

在自助團體或互惠團體裡，特別需要普遍性的感受與關懷，如受暴婦女、性剝削少女、離婚等團體。社會工作者可利用以下技巧來強化普遍性（Garvin, 1997）：

1. 在團體形成初期，讓成員相互認識時，工作者強調成員間有共同的歷史經驗。
2. 當成員在團體中自我揭露時，工作者應不斷地指出成員中有相似性的問題與經歷。
3. 工作者也可藉由分享感受與經驗來獲取成員間的共鳴。

(三) 引導（guide）

引導或輔導（guidance）是指直接提供資訊或建議。資訊的提供或建議是在於協助成員再次肯定自己的認知或抉擇，也可避免成員曲解資訊。資訊來源或建議並不是單從工作者一方，而是成員間也可以互相提供建議。建議可以是直接的忠告，可以提供相對選擇，也可給予細部指令。提供引導的作法應考慮以下三點：

1. 成員指出渴望接受指導。

2. 提供的資訊是成員缺乏的。
3. 提供資訊避免一次清倉而出，應針對成員能吸收的範圍，逐次逐步提供，必要時得利用輔助，如錄影帶、講義等。

(四) 利他主義（altruism）

利他主義指團體成員感覺到有責任協助他人。依照布洛克與克朗克（Bloch & Crouch, 1985）的說法，利他主義在團體中包括：
1. 提供支持、再確定、建議、評論等協助其他成員。
2. 分享相似的問題，以利於協助其他成員。
3. 產生一種被需要與有用感。
4. 能忘卻自己以圖利他人。
5. 認爲自己有意願爲他人做些什麼事。

在團體中，個人的改變是經由協助其他成員的改變而有。團體基本上是互惠的，幫助其他人，事實上，也是期待從其他人身上獲得協助。如果成員只想獲得協助，而不付出，通常會引發其他成員的不滿，會發生第一章所述的冤大頭效應，成員會保留精力不投入，團體的療效就會減低。工作者可以透過以下技巧激發利他主義的出現：
1. 工作者應於團體形成初期說明團體工作的功能就是互助人助，成員應一起討論如何訂定利他主義爲一種團體規範。
2. 工作者應在成員互動時點出利他的存在，鼓勵成員感激他人貢獻的價值。
3. 工作者應強化成員認識到助人與關懷他人的價值。

(五) 從人際行動中學習

當團體成員開始以建設性與適應性行動與他人產生關聯，不論是模仿他人的行爲，或回應他人的行動，都是人際學習的開始。通常，成員會依下列兩種方式與他人互動：
1. 採用新的、正向的自發性行爲與他人互動。
2. 採用新的、正向的回應他人的行動。例如：成員會以分享某些感受或議題來澄清其與他人的關係，這種動作最常見的是「伶蕙，我先確定我剛剛聽到的有沒有錯。」或「語彤，我覺得妳可以不用那麼難過，聽起來事情錯不在妳。」

我們都知道團體是一個安全窩，讓成員了解自己的人際行爲，以及嘗試新的人際行爲。工作者應協助成員從人際互動中學習，以下技巧或可協助成員人際學習：

1. 採用在過程中評論的方式，讓成員了解人際互動。
2. 協助成員告知其他成員對他人在團體中行動的看法。
3. 協助成員考慮與選擇不同的行爲方式，支持他們嘗試新的行爲，幫助成員得到回饋。

(六) 替代學習（vicarious learning）

替代學習又稱觀察學習（observational learning），是團體提供成員許多機會經由模仿觀察而學習到新的行爲。模仿（modelling）既可以從成員在團體中表現的，也可以從成員在團體外表現的學習到。在團體過程中，工作者與成員都可以是角色的示範者，成員經由觀察而模仿到示範者的行爲。通常模仿行爲有兩個階段，一是學得，二是扮演。學得是成員觀察到他人的行爲而注入其記憶體中；扮演是成員在某些觸動下以自己的方式做出仿同的行爲。團體治療其實是不斷模仿、學習的過程。工作者可利用下列技巧，協助成員使用模仿學習：

1. 當成員問到如何處理某種情境時，工作者應反問是否有過觀察經驗看到他人如何處理類似的情境；當然，也可詢問團體中是否有人曾遭遇過類似經驗，他們如何處理，從中可讓成員找到一個範本。
2. 有了概念還不夠，工作者可要求成員依照描述的情境來角色扮演。
3. 當成員已有一些有助於他人學習的行爲時，工作者應提醒成員注意這些行爲，以便模仿。

(七) 領悟（insight）

領悟在團體工作指的是成員學到或理解到一些對自己很重要，卻是過去未曾想過、參不透，或一直無法接受的想法與作法。很像我們常說的悟道、頓悟、參透。悟道不能寄託於個人稟賦，眾人無時無刻都有可能想通、徹悟，知道自己在做什麼，為什麼要那樣做；自己做出來是什麼，別人會如何來對待自己的所作所為。許多人之所以不能覺悟，是因心智被財富引誘、被權力驅使、被美色迷惑、被感情所困、被期待束縛、被妄念纏身、被關係綑綁、被利害算計、被仇恨掩蓋、被不服壓垮、被過去框住、被懶散拖住、被太多太多的為什麼問倒自己，於是陷入無盡的困局中難以自拔，掉進無助的深淵中無法脫身。如果歸因於緣分未到，必須繼續受苦等待，而不思當下修練，其實也是枉然。

成員透過與他人的互動而突然「想通了，看開了」，或悟出什麼道理，這些道理並不一定是別人覺得很重要的，而是對自己來說是重要的就夠了。例如：「誰會比我更在乎自己呢？我幹嘛要為他出賣自己的身體。」「他自在地走了，我實不須再為這件事感到內疚了。」或者「是時候了，我應該重新站起來，走我應該走的路。」「那些人比我更不足，卻能如常地活著，我還有什麼可怨嘆的？」領悟不單是成員自己想通了，工作者也可透過團體互動協助成員早日想通，例如：

1. 培養一種回饋機制，讓成員都負起責任來對他人的行為回饋。回饋可能是正向，也可能是負向的。不論哪種回饋，有助益的回饋才有益於領悟。有時負向的回饋也會讓人想通些什麼，不過，人們通常較能接受正向的回饋。
2. 工作者可以幫助成員解釋事件對成員生活的關係，假設如果怎麼樣，就會有什麼結果，再由成員自己去判斷是否會如工作者所料。這些解析可協助成員考慮調整自己所想的與所做的，而產生另類思考與行為。大徹大悟往往來自小小的提醒、驚鴻一瞥的看見，以及默默的示範。

(八) 接納（acceptance）

接納在團體中是一種團體凝聚力的表現，或是一種歸屬感、被接受的感覺。在布洛克與克朗克（Bloch & Crouch, 1985）的概念裡，接納包含三個內涵：(1)成員感覺到歸屬、溫暖、友善與滿足；(2)感到在團體中有價值；(3)覺得被關心、支持、了解、接納。

成員被接納應該是無條件的。成員做出或說出一些事是以前其他成員所無法接受的，而現在被接納了，就表示這個團體已到了無條件接納的地步。尤其是一些有犯罪行爲的成員，或被社會主流文化所排斥的成員，如娼妓、藥癮、酒癮、同性戀、愛滋病患等，在團體中更需要被接納。工作者可透過一些技巧，協助團體接納成員：

1. 當成員自然地表現出關心別人時，工作者應強化這行爲。
2. 工作者應解釋給成員知道團體在一起的價值，每一個人都是有價值的，都能對團體有貢獻。
3. 藉由分享團體活動、強調團體在大環境中的地位、提升團體目標的價值性，以及強化團體的連結而達到團體凝聚力的提高，團體越凝聚，越能接納他人。

(九) 宣洩／淨化（catharsis）

宣洩包括情緒與思考的釋放，尤其是以前曾經被壓制的。情緒的釋出指涉感受的瑩澈、痛苦的解除，不論是過去的或此時此地的。這些感受包括憤怒、情感、悲傷、痛苦等以前無處宣洩或難以釋懷的。

當成員的情緒、感受沒有被處理時，很難進入眞正的議題討論；即使進入討論議題，也很難理性、客觀地處理議題。因此，情緒的宣洩是必要的，不論是針對成員過去經驗中的痛苦與不滿，或是在團體中感受到的不平與怨懟，都需要像空氣清淨機的循環濾淨，或廚房的抽油煙機一般，不斷地將停滯、沉悶、汙濁、令人不舒服的陰霾排放出去，使室內空氣清新，適合表達與工作。如果成員的感受沒被釋出，積壓越久越痛苦，直到爆發爲止，屆時就需要危機介入。因此，工作者應協助成員滌清感受：

1. 建立團體表達情感的規範，情感的表達應被鼓勵。
2. 必要時，工作者要挖掘成員的感受，特別是在成員面對高負荷的情境時。挖掘感受並非一定得指出什麼樣的感受，而是點出可能會有些感受需要處理。
3. 成員應被鼓勵一起來討論被喚起的感受和相關的感受，直到成員可以自行處理感受爲止。
4. 工作者應使用同理、溝通、給予回饋、溫暖等技巧協助成員克服感受。

(十) 自我揭露（self-disclosure）

自我揭露是成員把自己的感受、思考、資訊、物資分享給其他成員，特別是一些隱藏已久，或不易攤開來的部分。成員要自我揭露的前提是團體情境值得信賴，否則反而是一種傷害。團體成員最怕的是當自己將心裡的話講出來，卻得不到保護與支持，而落得像一個被剝光衣服的人等著被品頭論足。

然而，不透過自我揭露，很難達到自我了解，也很難取得他人的信任，當然，也很難取得他人的協助。但是，由於自我揭露具有高度的文化相關性，在東方社會中，比西方國家更不容易自我揭露，尤其是涉及家庭、婚姻、感情、性、人際關係等敏感議題時，傾向於封閉不談，除非有很安全、溫暖、尊重的氣氛下，揭露的可能性較高。否則，抽象的表達，欲語還休，點到爲止，甚至極力排斥閃躲，因此工作者應可採行：

1. 點出一些抽象表達的背後意義，並鼓勵大家討論爲何有這種表達方式及其意涵。
2. 當成員開始自我揭露時，應提醒大家。如果有因自我揭露而造成其他成員不舒服時，應加以討論，並將不舒服的原因加以排除。
3. 如果因自我揭露而造成其他成員不舒服，且不太可能在這個會期處理掉，則應限制自我揭露的程度，留待下回再繼續。
4. 如果因成員自找揭露而受到傷害時，應立即加以保護，避免傷痕擴大。
5. 通常在團體未臻成熟的情形下，不宜要求成員做深度的自我揭露。基本上，自我揭露是循序漸進的，不急於一時。

第二節　改變個人的技術

個人在團體中產生行爲改變的主要來源有三方面：一是社會工作者的直接影響；二是團體的介入；三是來自環境的影響。

一、社會工作者與成員的互動

許多團體工作者認爲自己不應該與成員發生一對一的互動，因爲那會破壞契約。理想上，我們總是希望成員能透過團體參與而互助。佳文（Garvin, 1997）認爲在團體工作過程中是允許工作者與成員一對一的互動，但是，必須立基於以下幾個原則：

1. 要看團體是否已出現有助於成員行爲改變的動力。例如：團體已開始形成任務，大部分成員均已能各自注意聚會，團體也能關懷到非被治療的成員，以及有成員被認定爲偏差個案。如此之下，工作者可直接與成員互動。
2. 危機情形發生，不即刻給予協助將發生不利後果時。如果該成員可以等待，則俟情況出現危急時再處理。工作者經常要衡量介入的代價，如果能提醒團體來協助成員，工作者可以將這個問題提出討論，以決定團體是否願迅速地協助該成員。
3. 考量成員被協助後的負效果。有些成員因被工作者協助之後而成爲「得寵的學生」（teacher's pet），這種情況易引起其他成員的敵視。因此，工作者要協助成員時，應視這個人在團體中是否能維持足夠的獨立性。
4. 團體工作者協助個人是期望增強團體的資源，但不是爲了個人偏好。在團體早期一對一的互動較多，工作者爲了避免個別互動太多，以及被恥笑爲「在團體中進行個案工作」，通常都會一再申明鼓勵成員互動。
5. 由於團體協助成員而傷害到其他成員。例如：有成員因一提到性關係時即感到焦慮，工作者深知如果團體討論性行爲就會傷害到這位成員，因此，可另外於會期之外單獨與這位成員討論。
6. 合法的一對一信賴關係存在時，成員經常不合理地信任工作者，而較不信任團體。有些成員想與工作者同享特殊地位，或者避免與其他成員發生信任關係。
7. 協助個人比協助團體更有利於解決問題時。工作者單獨影響成員，是在團體已缺乏其他專家或經驗來處理該議題，或是成員已被孤立於團體之外時。不論如何，工作者應引導成員追求資訊，或協助個人減少疏離感。

有了以上七個原則，工作者應知道何時適合與個別成員互動，工作者可用解釋、面質、支持與提供建議等來協助成員解決問題。除此之外，工作者也要考慮到團體會期外的一對一接觸是否會抵銷成員參與團體的興趣，這應與該成員仔細討論。關於這部分，讀者可憶起團體前準備工作的倫理界定範圍所規範的會期外關係。

文特（Vinter, 1974）認為工作者直接介入成員的改變稱之為「直接影響方法」。在團體工作中有下列四種手段：

1. 工作者成為核心人物，是團體認同與驅動的標的。工作者使自己成為鼓舞、關心感受、模塑行為與強化行為的人。由於工作者的角色重要，所以十足可以影響成員的行為。
2. 工作者被視為是象徵或發言人，亦即合法規範與價值的媒介。工作者使自己成為規定規則與政策的人，以及警告成員某些行動可能產生負效果。
3. 工作者是一位策動者、激發者與個別目標的界定者。工作者使用勸告、解釋成員的行為與行為的指定，這些行動包括融化成員當前的行為，使其可變，並使成員接納，且納入個人行為改變的過程中。
4. 工作者是一個成員角色的控制者。工作者使用角色引導（role induction）來引領成員進入團體、訓練成員履行角色，以及規定成員在特定活動中的角色。工作者也負責結合團體成員去參與團體的活動，以及連結團體間的關聯，並協助連結成員的需求與地位。

工作者若不善於使用「影響的手段」，則會導致擁有過多的權力卻無助於成員的改變。工作者應依現實情況來決定自己的介入份量。另外，關於成員角色的控制，並非意指所有成員的角色都由工作者來決定，而是依實際情況需要改變。工作者鼓勵成員去履行適稱的角色，每一個議題總是以案主自決（clients self determination）與尊重個別差異為優先。為了分析之便，工作者的行動依順序先後可分為：

1. 在進行一對一互動之前應考慮下列原則：

(1) 成員們有與工作者相同意圖的行動嗎？如果沒有，他們能接受協助而有此行動嗎？

(2) 整個團體應該被要求去討論這個主題嗎？

(3) 成員偏向要求工作者協助？或是要其他成員協助？或是沒有人去管這件事？

(4) 工作者的行動會催化或隱藏其他成員助人行為的結果？

(5) 工作者的行動將如何影響團體的條件，例如：團體凝聚力、團體規範，或團體屬性。

2. 工作者在與個別成員互動過程中，觀察到其他成員的立即影響，例如：

(1) 其他成員觀察到工作者的意圖，而透過模仿工作者的行動，同意或讚美這種行動，以參與支持工作者的行動。

(2) 其他成員對工作者的行動採取負向反應，且藉著不同意與怪誕行徑來破壞工作者的行動。

(3) 工作者的行動創造了團體的過程，在這過程中，成員的意圖、內容曾被某種形式的討論過或反應。

3. 工作者與個別成員互動之後，觀察到此項行動對其他成員的影響與長期的效應，例如：

(1) 工作者所開啟的協助力量仍持續地被成員所關注。

(2) 成員以工作者作為模範，且以工作者所示範的助人模式來助人。

(3) 成員以負向方式撤退或對成員回應。

(4) 成員變得更依賴工作者的協助。

(5) 工作者的口語與行動對團體的規範、結構、過程或屬性產生影響。

二、運用團體來改變個人

工作者運用團體來改變個人，與前述由工作者直接與成員互動相較，顯然大不相同。前者是由社會工作者直接用自己的專業能力去修正特定成員的行為，而此處將討論的是由工作者介入團體過程使之有助於特定的成員，也就是發揮了社會團體工作最核心的部分，視團體為一個治療的工具。所以，道格拉斯（Douglas, 1979）稱之為「間接法」。經由團體來改變個人的技術有以下諸法：

(一) 改變個人的理解

團體的最佳情況是透過影響力而使成員有更高的現實理解（perception of reality）。要產生高度的現實理解力是透過對事實的爭議，讓每個人的觀點能從其他人身上得到回饋，而再由每位成員表達對事實的看法。

(二) 改變個人的認知

成員的問題經常是因其對情境的歸因認知，有些成員喜歡將個人的行爲歸因於環境、事件或他人的外部歸因（external attribution），有些人則將事事不順利都認爲是自己不好的內在歸因（internal attribution）。工作者爲了協助成員建立適當的改變標的，成員有必要建立適切的歸因，然後工作者再協助其認定環境。如果行爲的產生受制於環境的變異，成員習慣於改變自己的行爲以獲致更好的結果；如果行爲是團體所規定，而發生於此時此地的情境下，成員習慣於試圖去改變情境，而把結果歸因於情境。因此，團體是一個個人學習認知歸因的理想情境。簡而言之，團體應該協助個人認定問題行爲的成因，而澄清個人不當的歸因，使得改變的標的清楚顯現，才能進一步去改變引發問題行爲的眞正原因。

(三) 改變個人的情感

「情感」說得更明白些是「表達的情感」（expressing affects）。團體主要影響成員的情感是使成員更能自我了解或表達自己。工作者可以透過請其他成員提供有關情緒的類型或溝通（口語與非口語）的資訊予特定個別成員，也可以藉由安排操作機會以表達其情感。

(四) 改變個人的行動

成員能直接影響他人的行爲、思想、理解、感受，他們能用增強的原則來達到效果，例如：用口語的讚美或非口語的換贈卡（tokens）、糖果、金錢等來報償他們所喜愛的行爲；用說「不」或用批評來反對不被喜歡的行爲。工作者將協助成員提供此類的刺激。

此外，示範／模仿（modeling）也是成員間相互影響行爲的方式，由成員描述某成員在既定情境下的行爲，而成員也可以在不用角色扮演下進行此種活動。行爲的示範可由成員預演在團體或環境中的行爲。試誤（trial and error）也是一個可行的預演與建議，成員嘗試在角色扮演中行動或描述潛在的行爲（potential behavior），然後由其他成員參與評價該行爲的效果。

(五) 協助個人解決問題

問題解決被視爲是一種理性的、認知的與可界定的過程，以及評估與抉擇的手段。解決問題可以針對某個成員的問題，或是同時解決幾個成員的問題。團體會同意解決個人的問題，問題在於誰是最後的決定者。如果涉及個人的私生活，個人可以拒絕團體的支持，以免產生個人的挫折感。如果是團體的問題，則可由多數決即可。又如果個人是問題解決的主責者而不是旁觀者時，他對問題的決定權就具有否決的權力。

在團體問題解決的過程中，成員們的經驗可以提供其他成員澄清對問題的理解。工作者也可以協助成員評估問題的相似性。相似性可以經由共同問題、年齡、社會背景，以及環境相似而擴展。工作者應建議使用成員的能量，以及環境的回應來達成問題的解決。

(六) 建構成員的角色組

工作者透過特別設計的角色組來改變成員的行爲。角色的指派可以由團體成員協助工作者了解成員與團體的需求而決定。成員透過角色履行而影響行爲。有些角色是有特定的活動要去執行，例如：設計者、執行者、組長等。有些角色是非正式的，雖然存在著，但不被承認，例如：偏差行爲者，代罪羔羊等，有時是有害於團體的。另外有一些角色是建設性的，例如：仲裁人、緊張消除者等。如果角色有利於成員，工作者應當增強之；如果不利於成員時，通常透過討論，整個團體會要求成員放棄這個角色。

三、社會工作者與環境的互動

環境在團體工作裡指的是被期待改變的外在目標，例如：家庭、社會制度、機構與同儕團體等。工作者透過與環境的互動，形成個人改變的有利契機。工作者直接介入環境是立基於下列三個基礎下：

1. 環境的改變是個人改變的前提，且成員缺乏能力去改變它。
2. 成員應被仔細地考量是由自身來改變環境，或是由工作者來改變，工作者應了解成員的偏好。
3. 當成員不能以自己的方式行動時，工作者必須認定適切的變遷媒介是工作者而不是團體。

當工作者進行環境介入時，其扮演的角色有下列四種（Middleman & Goldberg, 1974; Compton & Galaway, 1979）：

(一) 辯護者或倡議者（advocate）

葛羅索（Grosser, 1973）認爲社會工作案主經常處於與社會制度相衝突的情況下，當工作者爲案主利益著想時，他就成爲衝突下案主的黨羽，他將爭取、討價還價、辯論、協商，以及駕馭代表案主的環境。例如：社會工作者爲少年辯護、爲貧窮者請命。倡議是在於爭取公平的待遇、機會與權利，而非支持犯罪、不道德等行爲。社會工作者使用倡議的作法需要考慮下列三個可能的後果：

1. 某些社會工作者扮演倡議的角色時，案主並未明確地同意，而造成態度不一致。
2. 案主可能因社會工作者的倡議而遭到優勢團體的痛苦報應。
3. 應該將倡議的共識列入「成員－工作者」的契約中，以免任何一方退避。

(二) 調解者（mediator）

社會工作調停的任務在於消除成員與環境的歧見，發現共同的基礎，以獲得最佳了解。工作者可使用激發聆聽、溝通、維護契約、以手邊的論題為焦點、說服，以及安撫等。例如：協調案主與其妻兒子女的家庭關係；協調學校教師與學生對參與社區活動的觀感。

(三) 中間人或經紀人（broker）

社會工作者擔任中間人的角色在於協助成員認識社會資源，以及協助其有效地使用社會資源。工作者可以使用資訊蒐集、澄清組織的規定、溝通如何來改變接案過程以配合案主的特殊需求，以及使案主從機構中獲得穩定的支持。

(四) 商議者（conferee）

米德門與勾德伯格（Middleman & Goldberg, 1974）描述這個角色，稱之為「兩個或兩個以上的人在一起商討意見、思慮，以及建議會後採行的行動。」通常把案主也納入決策過程中，強調溝通、問題解決的過程。

第三節　改變團體的技術

不論社會工作者的經驗與能力如何高明，在社會團體工作中使用直接介入個人以達到行為改變的機會究屬有限，而最常被用來作為個人改變的情境，毫無疑問是團體。工作者不論是用團體來達到個人改變或團體目標的達成，甚至於環境的變遷，最起碼，他必須有能力去修正團體狀況，以有利於變遷的情境。

一、經由個人來修正團體

個別的成員當其擁有下列三個機會時就能影響團體：

1. 為了達成團體的任務。
2. 可觀的權力。
3. 批判的能力。

成員擔任團體活動的安排、提供資源，以及觀察者、主席、祕書，或者調解者的角色，都足以影響任務的達成。工作者應積極地決定誰適合擔任何種角色，也要激發成員去實踐其角色，以達成目標。工作者可透過訓練來激發成員的角色履行，並透過支持、回饋，以及點破工作方法來指導成員。

其次，有關權力的部分，當成員具有領導的功能時，工作者可以施加訓練。工作者有必要介入團體的權力結構，如果有人主宰團體決策，且排斥他人，工作者應涉入整個團體，他可以與無力感的人，以及缺乏自信的成員互動，並指派其角色，以平衡成員的權力分配。工作者也可以透過提醒過分有權力欲望的人，認清主宰別人是會傷害自己的。

當成員成為團體問題或過程的維持力量時，工作者要與之互動，以修正團體情境。這種個人的維持力量來自本身的行為，以及團體的反應。最經常發生的是尋找代罪羔羊。

工作者對代罪羔羊的反應可以提醒其本人對行為的關注，或是提醒團體注意在團體中已產生代罪羔羊的情況。休爾曼（Shulman, 1967）警告社會工作者，針對代罪羔羊的情況應該採取捷足先登（preempting）的作法，工作者可以迅速地防患代罪羔羊的產生於未然，或透過寬恕其他成員以免除尋找代罪羔羊。代罪羔羊的發生是團體所共同要負責任的，因此，工作者應協助成員分擔產生代罪羔羊的責任。有時代罪羔羊是因團體對壓力或恥辱的一種「失功能的反應」（dysfunctional response），工作者應協助其引導方向，或消除壓力的來源。例如：團體未能達成預期的目標，而將責任推到領導者身上，或是將失敗的原因歸諸於缺席者身上。工作者在此種情形下，應協助成員澄清失敗的原因，以及引導新的資源或工作方向。

二、經由次團體來修正團體

次團體是整個團體的一種形式或破壞事件（sabotage），其產生的原因可能是團體中有人反對團體目標或活動，或者針對工作者的行動而來。

次團體產生的作用，是企圖在團體中安排自己或讓團體其他成員再認知他們的存在，次團體成員們大都期待能影響團體，甚至他們會以工作者爲切口（undercutting）。

【案例】

在一個社區的少年團體裡，由於成員的背景不同，其中某一位少女經常單獨與男性的工作者互動，且習慣於團體進行中坐在工作者的隔鄰，因而造成團體中另幾位少女的不滿。不但在會期內形成次團體以對抗這位落單的成員，而且以工作者作為攻擊的對象，肆意製造反對意見與形成干擾，致使團體有分裂的憂慮，且對此位落單的女孩產生嚴重的語言與關係攻擊。

此時，工作者應明察團體已發生次團體的結合，且正在尋找代罪羔羊。他應面對此種衝突採取坦然的態度，不但要包容次團體的成員，且要適度的保護犧牲者。他可以透過澄清團體的情況以解除誤解，或直接介入次團體以減除團體的壓力。最重要的是抽絲剝繭，面對產生次團體的原因，才能解除次團體成員的恐懼。因爲她們感受到女性的競爭、在團體中的位置，以及對自我形象的懷疑，因而採取形成次團體以爭取被工作者喜歡，以及肯定她們的存在。

工作者針對次團體成員的需求，協助其完成任務，獲得應有的影響力，以及肯定其角色。工作者與次團體成員討論其渴望的地位與影響力，尋求合理的解決途徑，而不是經由「反擊」來達成期待。所以如何連結次團體所祈求的，才是解決次團體問題的重點。

相反地，次團體也會促成整體工作的完成。次團體能提供資訊、協助活動，以及協助觀察其他次團體。在團體工作中，一個重要的工作是企圖去影響「部分」，以及用「部分」來改變整體。所以，次團體是團體工作中相當重要的一環。

三、經由團體整體來修正團體

工作者如何來促使團體情況的改變，或協助團體考慮未被考慮的變遷，以下幾種型態的改變是有必要的：

(一) 改變成員的認知

成員了解團體情況通常是透過資訊的蒐集，而資訊的來源則是要靠結構圖，例如：溝通結構圖，或次團體模式。成員了解足夠的可能選擇或資訊才能促成問題解決的心力投注。所以，拜翁（Bion, 1961）認爲團體成員應被教導去驗定團體過程。至於驗定團體過程的方法，除了透過溝通網絡的分析與次團體的模式分析之外，伯恩（Berne, 1961）的交流分析（transactional analysis）也是一個可行的方式。

(二) 修正成員的行為

改變行爲的方式很多，例如：用獎賞來鼓勵成員發言，以提高參與率；或用懲罰來制止某些成員的違反團體規範行爲。像是信賴訓練活動、換贈卡的發給，都可以改變成員的行爲。團體成員行爲的改變，不只是被改變的對象會受到直接的行爲修正，而且其他成員也會間接受到影響而自行修正其不被團體接納的行爲。

(三) 使用活動來修正團體

社會工作者在團體工作中一項主要的貢獻，是透過團體活動來檢驗團體的狀況與目標達成的情形。最早威爾森與雷蘭（Wilson & Ryland, 1949）即有極詳盡的討論；文特（Vinter, 1974）也指出一系列團體可用的活動。工作者要能預測物理環境對團體活動的影響，例如：在活動進行中有異性進入，或是活動的空間是否適合等。活動也要成員的參與，例如：要進行團體討論總得大家都願意聆聽；要進行球賽，總要足夠的成員願意參加。關於團體的方案活動在本書第四章，以及下一章將詳加討論。至於各團體發展階段適用的活動，則在各章中均有提及，此處不再詳述。

(四) 改變團體規範

爲了修正團體情況，工作者要協助成員改變團體規範。改變團體規範的作法，可以透過價值澄清練習來協助成員界定與改變個人的信念。價值共識是團體過程中的重要步驟，雖不一定每一件事、每一個看法都得到全體成員的共識，但也要大多數人同意。所以決策要有一些標準化的方式，例如：文特（Vinter, 1974）所說的「操作與管理程序」。共識不可傷害到個人，尤其是在敏感的話題上。

決策的規則包括會議、意見表達、修正意見與表決等，決策規則有賴於團體規範來支持，團體規範的差異性有助於使團體成爲一個實體。另一個與規範有關的是成員不得被迫去提供活動的資料，如此才能使團體有一種安全的氣氛。另外。工作者在某些情境下要限制團體行動，如對兒童團體的攻擊性，或在團體衝突時的傷害性行爲。

團體規範也可以防止反社會行爲（antisocial behavior），芮德與溫蒙（Redl & Wineman, 1952）認爲以下幾種方法都是有效的控制行爲的技術：

1. 有目的地漠視。
2. 透過幽默來消除緊張。
3. 直接暴露對方的行爲。
4. 防腐性的放逐。
5. 身體限制。
6. 允許或用權威來制止行爲。

有些人際關係的訓練雖然鼓勵解放自我，但是爲了避免產生傷害，工作者允許成員有攻擊性的動作，而且必須不能加害於人。例如：在會心團體中，允許表達身體的攻擊，但是，約定必須將雙手交纏起來，只能用身體接觸或碰撞對方。這些有目的的攻擊行爲是一種發洩，對壓抑的成員有一定的抒解壓力作用。

(五) 改變團體的情緒狀態

工作者鼓勵成員面對緊張，並勇於暴露緊張的狀況，例如：討論謠言的來源、討論壓力的來源等。解除團體緊張的方法可以透過「鬆弛訓練」、「減敏感法」等，透過肌肉鬆弛活動來達到身心鬆弛；打坐也可以消除緊張；其他如音樂、舞蹈也都是消除緊張的方式。

在團體中也常因缺乏積極性的情感表達而缺乏溝通，藍菊與賈庫鮑斯基（Lange & Jakubowski, 1976）建議訓練成員「給予與接納恭維」（giving and receiving compliments）。這個活動是由人們圍成一圈，左邊的成員給右邊的成員一個恭維，例如：「妳穿上這套衣服很漂亮。」「妳的動作舉止很優雅。」或是「你的口才眞好。」而右邊的成員就給予一個適稱的回報。第二圈則利用不同的恭維話題，如用較虛僞或誇張的方式表達，像是「妳是我見過最漂亮的女孩。」「一見面我就發現妳是最有表演天才的女孩。」「你的口才眞可比美世界上最偉大的演說家了。」然後，成員再給予適切的回報。如此循環兩次，可以發現成員喜歡某種恭維與回報，譬如，有些成員對含蓄的恭維會報以「微笑稱謝」，有些則說「哪裡，我才不漂亮呢！」對於誇張的恭維，有些成員會樂於接受，有些則會直接地給予否定的回報，例如：「少誇張了！」或「少拿我開玩笑！」

在團體中，情緒的表達有時是針對某些特殊人物而發，有時則是普遍分享。例如：妒忌、競爭、悲傷、得意等經常是因特定人物而起；歡樂、不滿、低盪、沉悶等均可能呈現每一位成員的心境。工作者要儘量使成員了解每一情緒所帶來的影響，情緒的普遍分享與討論有益於團體的溝通。

四、經由環境的影響來修正團體

影響團體的外在環境主要有下列三者：

(一) 機構

機構會影響團體的目標與內在境況。機構可以透過轉介不同需求的成員進入團體而達到改變團體的組成；機構也可以透過資源的擁有來修正團體，如房間、設備、財力與人員提供等；機構也可以透過與團體的互動來修正團體，如推薦顧問或外來專家為團體進行簡報或講演，或擔任團體的諮詢者，以達到團體目標、活動與價值的改變。

機構的偏好與專長也會影響團體，如擅長行為治療的機構，則會以行為途徑（behavior approach）來界定團體工作的進行；而如果機構的顧問或主管認定團體工作就是「成長團體」或「訓練團體」，則該機構必然要求社會工作者將團體導向這方面。如此，團體的功能將受到限制，甚至於過分拘泥於機構的作風。除了機構主管或顧問之外，機構的幕僚也會影響團體的方向，而團體間的競爭，或工作者對機構目標的認知都足以造成團體的影響。

(二) 家庭

這裡的家庭指的是成員的家庭，例如：兒童團體的家長經常介入團體目標與過程的決定。通常家長介入團體的目的主要是促使團體協助其子女盡快成長，因此，有鼓勵子女勇於參與的增強作用。另外，丈夫也可能介入妻子所屬的團體中。工作者為了事實的需要經常另組新的團體，以納入其家長或丈夫，例如：一些以兒童或少年男女為對象的機構，為了配合兒童的成長或少年的身心發展，而擴大範圍至其家長，而組成家長團體。

(三) 社區

社區對團體的影響主要有幾方面，一是社區提供參與機會，讓團體成員參與各種活動；其二是社區提供就業機會給團體的成員；第三是社區的歸屬感，為團體成員提供進入社會的踏腳石；第四是社區的文化特色造成團體的壓力，涉入團體界定規範的參考；最後，社區的資源是團體得以生存的依靠，團體很難脫離社區。

何況，團體的目標不是在於改變社區環境，就是在於預演社會的行爲。例如：社區的兒童團體可以藉著社區志願工作者來提供課業指導；街角幫派團體（street-corner gang group）由於社區的協助而發現工作機會、學習新的技巧，以平衡觀護的壓力；社區的種族團體，可以藉著社區支持而對社會施加壓力；社區也會對「中途家庭」、「住宿照顧團體」（residential care group）等團體施加壓力。

社區環境中影響團體的最重要因素是文化與種族，工作者可以透過對文化的了解，促使成員發現共同的文化遺產，而得以提高團體的凝聚力。不過，文化也有負向影響的可能。

第四節　改變環境的技術

社會工作的焦點不只在於個人，也包括激發人與環境的互動，以改變個人，甚至改變環境，始能提升個人的福祉。如本書第一章所述，社會工作者相信人在情境中、人在環境中、人在脈絡中。此處所指的人，舉凡家庭、團體、組織或社區的成員均是，社會工作者協助人們努力去解決或預防因社會功能不良所產生的問題；同時，創造一個良好的社會條件以滿足人與環境互動的滿意感（林萬億，2021）。據此，環境的改變就成爲團體工作治療的課題之一。

一、環境改變的緣由

環境改變是社會工作的焦點之一，其理由不外乎下列三項：

(一) 人與環境的互動

社會工作者相信個人行爲是其與環境互動的結果。文特（Vinter, 1974）認爲「行爲的來源是個人（特質與能力）與社會情境（社會需求與誘因）。個人在社會情境中受到他人的鼓勵、批判與認可而反應適切的行爲；透過一連串的持續互動而模塑與穩定個人行爲模式。」此種說法稱之爲「行爲的互動觀點（interactionism）」。

如果從社會功能（social functioning）的角度來理解，通常人們的社會功能受到兩方面的影響，一方面來自個人身心發展的特徵，另一方面則來自社會環境的壓力。所以，社會功能基本上是一種人群與生態的（human-ecological）、社會暨心理的（social-psychological），以及系統性的現象（systemic phenomenon）（林萬億，2021）。

如果現在的情況足以影響行爲，則行爲改變可以透過逐步的環境改變來達成；如果個人歷史的因素才是影響現在行爲的關鍵，則改變個人才是最根本之道。過去，常是個人所難以超越的「未竟事業」（unfinished business），但是，從人在脈絡中的角度更能了解歷史與空間對當下個人行爲的影響。

(二) 標籤過程

文特（Vinter, 1974）提到環境是觀察、評估與標籤（labeling）個人行爲的來源。如果從貝克（Becker, 1963）對少年犯罪原因的陳述，他認爲「偏差行爲者的特徵並不是原來存在於個人自身的，而是別人加諸於其身上的。」他又說：「偏差之有無取決於行爲者與對此行爲有所反應的人際間的互動。」亦即，如果一個人一旦被認爲是少年犯，則社會永遠認定他是無可救藥的；只要有任何風吹草動、蛛絲馬跡的線索，社會就馬上將責任歸咎於這些少年身上，即使事實上不是他們犯的錯。

要解決因被環境標籤而有的行爲歸咎，最有效的方法就是如布雷蘭等人（Brieland, Costin, & Atherton, 1980）所主張的，透過政治行動來扯下黏貼於犯罪者身上的標籤。文特（Vinter, 1974）認爲如果改變環境中的評價與標籤過程，即可改變個人的行爲。

(三) 選擇新的環境與交流

這個觀念也是與少年犯罪有關，克勞德與歐林（Cloward & Ohlin, 1969）在其合著的《少年非行與機會》（*Delinquency and Opportunity*）一書中將原有的少年犯罪理論加以修正，發展出「機會理論」

（opportunity theory），該理論支持：「許多非行行爲的發生起因於順服機會（opportunities for conformity）的限制，而非順服的動機缺乏；而相反地，如果順服的機會受到限制或根本沒有，則社會期待本身就是一個造成非行的根源。」亦即，如果社會沒有提供足夠的機會讓少年去從事符合社會期待的教育、休閒與就業，而社會卻一再期待少年應該順從主流社會的價值，例如：勤勞、成就、服從、誠實等，那麼少年將因無法滿足社會的期待而被排除、汙名。而又當主流社會中的某些人因擁有財富、權力、地位而可規避其違法罪責，如此，順服社會的期待反而成爲加諸處於不利地位的少年身上的一種壓迫，少年非行將增加。因此，社會應該負起責任，而不應一味地怪罪少年本身。倘若機會結構不變，則個人行爲不易改變。但是，要特別小心地確認行爲的根源是否因環境機會之有無，社會工作者也不可一味地將一切行爲歸諸於環境。

二、環境目標的選取

選擇環境介入的標的（targets）俾利採行環境變遷的策略，標的的選取主要考慮兩個面向，一方面是介入的系統，另一方面是介入的層次。

(一) 選擇介入系統

1. 家庭

雖然社會工作的對象經常被稱爲「案主」，在這個概念裡隱含著「殊異化」、「獨一化」（singularization）。亦即，對社會工作服務對象的小眾化、個殊化、異類化。事實上，許多「案主」是屬於與多人互動的，所以，情境屬於「多元性」（plurality）。在社會工作的概念裡，有些「案主」是可以單獨界定其行爲，如失智症，不一定要從團體或社會來了解；但是，家庭已是一個重要的「案主」概念，許多「案主」必須從家庭整體來了解（Heraud & Timms, 1970）。也就是「以家庭爲中心」來理解「案主」，而不是「以個人爲中心」來理解。

家庭被視爲是一個最基本的小型社會團體，它深深地影響到個人的行爲，例如：兒童被疏忽或虐待、兒童被收養或寄養、兒童由家長自己教養或送去幼兒園、婚姻破碎對兒童的影響、父母對青春期子女的行爲約束等等。在社會工作的團體中，家庭是一個重要的微視生態系統，支持或干擾個人行爲的變數，爲了有效解決團體成員的問題，有必要將家庭納入整個服務體系。因此，社會團體工作進行中，有許多情境是將家庭其他成員也納入團體，例如：另組家長團體，以討論其對子女行爲的規約標準；單親兒童所組成的團體也可納入家長，以解決兒童缺乏性別認同的困擾；又如幼兒園邀請家長一起來討論子女的行爲問題等。

2. 同儕

從人類行爲與社會環境的知識中，我們發現同儕團體（peer group）對兒童及少年階段的影響很大，尤其是少年階段。如果從犯罪學的「差別交往理論」（differential association theory）來看（Sutherland, 1947），同儕或次文化的環境是形成個人行爲（尤其是指偏差行爲）的主要來源。個人在參考團體中學習到犯罪的行爲，也就是個人認同於「接納犯罪行爲」的參考團體，因而產生犯罪行爲。所謂「近朱者赤，近墨者黑」，如果不能擺開影響個人行爲的朋友，個人就很難抗拒行爲的學習壓力。

同儕對個人的影響在現代社會中有越來越重要的趨勢，例如：工廠中的夥伴、學校中的小圈圈、鄰里中的玩伴，以及街角幫派的兄弟。在社會工作團體裡，如果不能解決同儕的壓力影響，實難有效地治療或改變個人行爲。又例如：濫用藥物的個人，經常是因爲朋友的壓力而無法自拔；犯罪少年也有許多是在同儕中身不由己的；未成年少女從事援助交際或被包養，很多是被朋友拖下海的。因此，對同儕團體的介入就不可或缺了。

3. 組織

組織氣氛對成員的影響，早在1930年代的「霍桑實驗」（Hawthorne experience）即已被肯定。有理想的組織設計，必然產生較高的生產力。同樣地，在社會工作機構中，環境本身就是一個治療工具，如醫療的病房氣氛與行政管理、住宿型治療中心（residential treatment center）的機構規範等都是干擾治療的變數。如果病人在醫院中獲得較多民主參與的機會，則對於社會接觸的勇氣會有幫助，因而，在醫院中的治療性社群（therapeutic community）就被肯定有其價值。如果一個少年中途之家

（half-way house）的工作人員充斥著官僚化，相信不會對培養這些少年的社會順服有幫助。因此，在社會工作團體的經驗裡，對於不合理的機構規範、不當的空間安排、不友善的工作態度，以及組織的敵視氛圍均視爲介入的目標，否則，單只尋求個人的改變，將無法獲得「案主」的合作。

4.社會

1960年代之前，主流的社會工作一直以社會整合的觀點爲主導，這是受到功能論（functionalism）的影響。社會優勢的價值認爲社會中的偏差與貧窮是一種失調或適應不良（maladaptation），所以要透過社會控制與再社會化使其適應於社會體系。這基本上是一種「社會規制模型」（social regulation model）的社會工作，也就是芮恩（Rein, 1970）所說的傳統的個案工作（traditional casework）。這種傳統的個案工作，即是貝斯提克（Beisteck, 1961）所界定的社會工作的功能是在於協助「案主」接受與適應既定的社會標準，「案主」個人適應必須包括完整的與現實的社會適應，因爲個體的生活由社區生活所界定。

爲了達到社會整合的目標，社會必須對於偏差者（deviant）治療或管理，而其方式常是透過行政來處理，較少涉及所謂利益對抗的爭議。行政、政策又常是殘補式的方案（residual programs），這些行政、政策與管理在於使人們適應他們的環境，此即所謂的社會問題控制觀。在這樣的治療意識下，要求偏差者順服於社會規範，要求個人改變其行爲，卻很少要求社會改變既定的道德界定，社會經常濫用專家權（expert power）與價值權（value power）（Segal, 1972）。

但是，逐漸地，一個新的階級產生，所謂福利階級（welfare class），它是一種長期接受社會福利的團體，他們或多或少持續地固守著福利的依賴地位，一直與生產工具的擁有無積極的關係（Rein, 1970）。他們在惡劣的環境下生存，福利地位（welfare status）帶給他們一種恥辱的象徵，例如：很多人擠在狹小而窳陋的都市貧民區裡，他們從大社會中退縮到鄰里。1965年，美國的福利受益人（welfare recipients）開始透過鄰里團體的結合，對他們受助的權利，以及人類生存的道德賦予有所要求，全國福利權利組織（National Welfare Right Organization, 1966）成立於華盛頓，福利階級革命因而展開（Eisman, 1969）。

新的社會工作模式於焉產生，也就是芮恩（Rein, 1970）所說的第三種社會工作理念「基變的個案工作」（radical casework）與第四種社會工作理念「基變的社會政策」（radical social policy）。社會工作者不只是在於協助個人適應於環境，而且也促進環境或相關的人士共同來解決困難；不只是協助「案主」適應環境的期待，而且鼓勵「案主」改變環境；不只強調順從，而且主張對現實環境進行挑戰。如此，社會工作者就不只是一個治療者，而且必須是個組織者、改革者、政策分析家、社會計畫師、社會研究者，以及科層體制的諮詢者（林萬億，1980）。

社會工作者在團體工作中的社會環境介入可以透過結合地方福利組織來改變社會立法，或參與社會政策制定，使得眞正需求協助的團體能納入福利名單。雖然這是緩慢的，但卻是一種結構性的系統化變遷。至此，社會團體工作與社區工作、社會行政、社會政策與立法已銜接上。

(二)選擇介入層次

環境介入並不一定針對整個介入目標，還得視問題或事件的影響範圍，通常與本團體成員無關的個人，並不被列入介入的對象，即使他也是環境中的一分子。以下是四個環境介入的層次：

1. 體系中的個人：如家庭中的母親、學校中的教師、工廠中的主管，這些個人明顯地被評估爲本團體成員的重要他人。
2. 體系中的一組具有相似角色的人：如學校中的所有教師、家庭中的雙親、所有工廠中的工人、幼兒園的保育員，以及社區發展協會的理事們，這些人共同影響到本團體成員的行爲。
3. 整個體系：如家庭中的所有成員、整個學校、整個工廠、整個社區，或整個幼兒園，這表示團體成員的環境整體與之發生互動而產生問題。
4. 影響體系的權威當局：如機構的委員、主管兒童寄養的社會局兒童及少年福利科、主管兒童保護的家庭暴力暨性侵害防治中心，與地方法院少年法庭或家事法庭等。

對於介入層次的選取有時會漸增，像滾雪球般逐漸擴大，例如：一個由社區社會工作者所帶領的少女團體，目標在於提供少女自我成長的機會。這群來自國民中學的少女們，提到她們的教師很嚴厲地禁止她們與男同學交往，即使在學校的走廊都不行，如果有女同學被發現在校內外與男同學一起交遊，或互通音信，都會被提到課堂來痛罵。社會工作者發現問題似乎不在於整個學校，雖然學校不鼓勵在國中階段結交男女朋友，卻沒有強制限定男女同學參加課外活動，因此問題可能出在特定教師身上。後來發現這位年長未婚的教師，對於同是女性的女學生們有較嚴苛的要求。不論原因爲何，很明顯地，社會工作者所要進行的環境介入是在單一的教師身上，而非整個學校的規定。

不過，必須提醒社會工作者，在進行環境介入之前一定要確認是否有資格去介入另外一個系統，能取得他人的認可才是有效介入的路徑。介入目標的選擇有以下幾個準則可循，讀者不妨稍加思考：

1. 社會工作者與團體成員必須共同探討，影響其行爲的決定性因素是學校制度還是個別的教師，或只是一些公務規則。如果只是個別教師的癖好，則僅去改變個人的行爲即可；但是，如果個別教師不妥協，則有必要尋求大組織的外在力量來改變他。例如：學校教師的性別歧視，或外觀取向的判斷標準，只有靠學校當局來改變其態度，才是較有效的介入方法。
2. 評估由個人改變容易，還是由環境改變容易。如果由環境來改變個人較容易，則選擇環境介入。而環境介入的層次上，以選擇最有影響力的目標來下手，如對學生的影響，教師是最直接的了，其次才是校長、教師團隊、督學等。
3. 系統變遷同時要兼顧到下列三個條件：
   (1) 體系的規則：如校規、法規與管理辦法等。
   (2) 體系的結構方式：如溝通管道、決策方式、分工方式。
   (3) 體系資源的分配：改變地點、空間安排、房間分配等對系統變遷的影響效果。

三、環境改變的策略

葛拉瑟等人（Glasser, Sarri, & Vinter, 1974）認為在環境改變過程中成員應該有最大量的介入，如此才能不需要專業的協助而能代表自己的利益採取行動。工作者可以考量下列因素以協助成員採取行動：

1. 成員的動機：成員渴望去改變環境的動機與成員的經驗很有關係，如果以前曾有的努力有獲致回饋，則其改變環境的動機較強；如果以前曾失敗過，且遭致懲罰，則可能造成挫折感。「案主」經常以過往的經驗作為評估目前情境的參考架構。
2. 成員的能力：成員的能力包括評估環境、了解改變努力的意圖，以及處理焦慮的能力。環境改變是個人的努力，也是整體團體的努力。因為，環境改變的風險可能影響到團體的結構與成員目標的關係，因此，選擇環境改變的策略作為團體解決問題的活動，一定要考慮下列兩個問題：(1)改變環境所引起的衝突層次；(2)成員的篤定程度。

當然，任何結構改變都會引起陣痛，但是，如果衝突的程度過高，使受影響者不易接受，必然形成反變遷的抗拒行為。成員自身也必須有堅決的意志去改變環境，因此，成員必須比他人更能意識到環境改變後的風險與因應之道。以下是幾個環境變遷的策略：

(一) 單獨為個別成員進行的環境變遷

由個別成員進行環境的改變，如果個別成員有能力去處理，則應由成員自行決定其變遷方式；如果，經由專業判斷發現，成員的自我決定將有害於成員的現在或未來時，工作者應介入與成員一起討論環境變遷的方式。成員可以選擇的改變方式有下列三種：

1. 迴避：使個別成員離開環境的控制範圍，以減除環境的壓力。例如：讓被虐待的兒童被收養；讓複雜家庭的少年進入學校宿舍；讓性工作者脫離保鑣的控制等等。
2. 改變反應：一個人改變自己的行為經常不需要徵得他人的同意，也不必要看他人是否有此需要。而個人先行改變自己的行為，將引發他人相對地行爲改變。譬如，個人對婚姻抉擇的自我肯定，將導致父母的介入減低。

3. 對社會或物理情境的駕馭：如將不適應的室友調整至其他房間；或者改變房間的設備使得較適合居住；或者更換編組，使同質性較高的人在一小組內；或者重新安排分工，使社區發展協會的理事們有較高生產力的組織設計。

(二) 由個人與團體進行的環境變遷

1. 解釋：由個別成員代表自己的立場，或由團體以整體成員的利益進行解釋，爲自己的利益解釋，以獲得他人的諒解與支持。
2. 教育：當環境中的其他成員有錯誤的了解時，個人或團體可以透過教育的方式來糾正不正確的觀念，教育方式可以是機會教育、提供資料閱讀，或是鼓勵其參加訓練與座談。
3. 評估：對於環境中的個人、組織進行評估，以修正其行爲。評估的方法是針對其行爲與行爲的後果進行資料蒐集與分析比較的工作，以顯示其行爲的利弊，而藉此改變環境的影響。
4. 使用影響力：由成員個人或團體出面去尋求一位有權力與影響力的人來影響環境，例如：找到父母親的兄弟姊妹來影響其對子女婚姻的介入；或請教會、廟宇的師兄或師姐來協助改變成員父母或教師的態度。
5. 討價還價：採行利益交換，或者相互讓步的方式，來爭取環境改變。例如：提供職業輔導來要求檳榔攤販改變職業；或者提供家庭經濟補助來換取更多的寄養家庭出現。
6. 面質：讓個人或團體直接面對環境，以要求環境改變，例如：與父母有代溝的子女，坐下來與父母討論衝突之所在。但是，面質也是較容易產生衝突的一種環境介入方式。
7. 大眾傳播：利用新聞媒體來申訴或抗議，例如：社區團體利用新聞報導來抗議環境汙染；又如身心障礙者可以透過新聞媒體來要求社會提供較有利其行走的馬路、舟車與公園遊樂場所。
8. 抗議：抗議可以分爲積極的抗爭與消極的抗議。積極的方式是直接引發體系的破裂；消極的抗議是一種不合作的態度。消極的抗議經常較不會產生激烈的衝突，但是其結果較不顯著，一種較嚴重的抗議是「絕食抗議」（sit-in）。消極抗議需要長期且複雜的過程，如美國的福利母親（welfare mothers）坐在地方福利部門的門前抗議，請求衣著津貼（clothing allowance）。至於積極的抗議如「示威抗議」（picketing）、「遊行抗議」（marching），更嚴重的是損毀財物、人身攻擊，甚至於暫時控制對方的自由。臺灣自從解嚴以後，遊行示威已成爲社會大眾可以接受的環境改變行動，社會福利團體介入遊行抗議的活動也越來越嫻熟。

(三) 由團體進行的環境改變

1. 合作：由團體與對本團體有影響的外界進行合作，譬如，聯合其他團體共同進行環境改善；或由團體與政府當局進行合作，以改善貧民地區的生活水準；或由婦女權利組織與政府共同進行離妓救援運動等。
2. 聯盟：由本團體與其他共同利益的團體組成福利聯盟，以尋求共同利益的促進。例如：身心障礙聯盟、老人福利推動聯盟、少年權益與福利促進聯盟、臺北市社會福利聯盟、臺灣社會福利總盟等。

環境改變已經不單指改變環境以有利於案主行爲的改變，且涉及到社會行動的進行，俾利於整個社會工作環境的改良。社會工作環境的改良將有利於社會工作者的能力發揮，所以，社會工作者在團體工作中進行爲成員利益而有的環境改善，也同時要將團體工作的方法用在爲整體社會福利環境倡議的任務上。

參考書目

中文部分

林萬億（1980）。社會工作功能與角色的探討。社會建設，*40*：38-45。
林萬億（2021）。當代社會工作：理論與方法。臺北：五南。

英文部分

Becker, H. S. (1963). *Outsiders: Studies in the sociology of deviance.* Free Press Glencoe.

Beisteck, F. P. (1961). *The casework relationship*. Loyola University Press.

Berne, E. (1961). *Transactional analysis in psychotherapy*. NY: Grove Press, Inc.

Bertcher, H. J., & Maple, F. (1974). Elements and issues in group composition. In P. Glasser, R. Sarri and R. Vinter (eds.), *Individual change through small group* (pp. 186-208). New York: Free Press.

Bion, W. R. (1961). *Experiences in groups and other papers*. London: Tavistock.

Bloch, S., & Crouch, E. (1985). *Therapeutic factors in group psychotherapy*. New York: Oxford University Press.

Brieland, D., Costin, L. B., & Atherton, C. R. (1980). *Contemporary social work: An introduction to social work and social welfare* (2nd ed.). New York: McGraw-Hill Book Co.

Cloward, R. A., & Ohlin, L. E. (1969). *Delinquency and opportunity*. Glencoe, Ill.: Free Press.

Compton. B. R., & Galaway, B. (1979). *Social work processes*. Homewood, Ill.: Porsey Press.

Douglas, T. (1979). *Group processes in social work: A theoretical synthesis*. Chichester: John Wiley & Sons.

Eisman, M. (1969). Social work's new role in the welfare class revolution. *Social Work*, April, 80-86.

Garvin, C. D. (1997). *Contemporary group work*. Englewood Cliffs, New Jersey: Prentice-Hall, Inc.

Glasser, P., Sarri, R., & Vinter, R. (1974). Group work intervention in the social environment. In P. Glasser, R. Sarri, and R. Vinter (eds.). *Individual change through social groups* (pp. 193-306). New York: Free Press.

Grosser, C. (1973). A polemic on advocacy: Past, present and future. In A. J. Kahn (ed.), *Shaping the new social work* (pp. 76-96). NY: Columbia University Press.

Heraud, B. J., & Timms, N. (1970). *Sociology and social work: Perspectives and problems*. Oxford: Pergamon Press.

Konopka, G. (1972). *Social group work: A helping process* (2nd ed.). Englewood Cliffs, New Jersey: Prentice-Hall. Inc.

Lange, A., & Jakubowski, P. (1976). *Responsible assertive behavior: Cognitive/behavioral procedures for trainers*. Champaign, IL: Research Press.

Middleman, R. R., & Goldberg, G. (1974). *Social service delivery: A structural approach to social work practice*. New York: Columbia University Press.

Redl, F., & Wineman, D. (1952). *Controls from within: Techniques for treatment of the aggressive child*. Glencoe, Ill.: The Free Press

Reid, K. (1991). *Social work practice with groups: A clinical perspective*. Pacific Grove, CA: Brooks/Cole Publishing Co.

Rein, M. (1970). Social work in search of a radical profession. *Social Work*, April, 13-28.

Rein, M., & Rainwater, L. (1978). Patterns of welfare use. *Social Service Review*, Dec., 511-533.

Segal, B. (1972). The politicalization of deviance. *Social Work*, July, 58-65.

Shulman, L. (1967). Scapegoats, group workers, and pre-emptive intervention. *Social Work*, *12*(2): 37-43.

Sutherland, E. H. (1947). *Principle of criminology* (4th ed.). Philadelphia: Lippincott.

Vinter, R. D. (1974). Program activities: An analysis of their effects on participant behavior. In P. Glasser, R. Sarri, and R. Vinter (eds.), *Individual change through small group* (pp. 233-243). New York: Free Press.

Wilson, G., & Ryland, G. (1949). *Social group work practice: The creative use of the social process*. Boston: Houghton Mifflin Co.

Yalom, I. (1975). *The theory and practice of group psychotherapy*. New York: Basic Books.

第十六章
團體方案設計

團體方案設計（programming）或活動設計是一連串的活動規劃，合乎邏輯順序地滿足團體設定的目標（Lindsay & Orton, 2011）。早期的社會工作大都以「談」或「討論」的方式進行，與專門從事「做」或「活動」的教育與康樂人員迥然有別。自從團體工作發展之後，強調「活動」與「討論」合一，認為靜態的「談」與動態的「做」同樣重要，均足以影響個人或團體的成長與改變（Shulman, 1971）。

尤其是早期團體工作的核心模型——社會化模型（socialization model），幾乎以活動作為其主要的部分。雖然治療模型的團體工作並不完全認同社會化模型，但是，1940年代至1950年代間，活動仍然是團體工作的重心，而所謂的活動與方案幾乎是相互為用的概念。雖然在本書前面第四章，以及第七到十二章中均有提到團體方案活動的設計，但是，由於團體方案媒介在團體工作中的地位，本書不厭其煩地再將其重新整理，將之列為團體工作的重要技巧之一，以饗讀者。

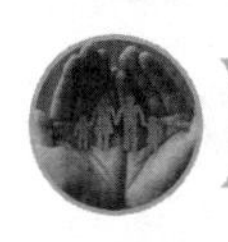

第一節　團體方案活動的功能

所謂團體方案活動包括吟唱、手工藝、話劇、團康、登山、露營、遊戲、運動、競賽、桌遊，以及各種紙筆活動都算。但是，在社會團體工作中所採用的團體活動，並不等於一般休閒活動的團康遊戲。團康遊戲重在於休閒娛樂的效果，縱然團康活動也有達成相互認識、促進熱絡氣氛的效果，但終究只是有暫時性與不連續性的效果。

而在團體工作中的團體活動，不但具有媒介效果，而且還能產生治療的功能。所謂媒介效果是透過團體活動的進行，所產生的對話、表情、儀態、身體接觸、溝通或彼此經驗的分享，這些都成為人際互動中滿足人們共同需求的交換媒介（medium of exchange）。而治療作用是指這些活動雖然與休閒活動無異，但是對個人具有特殊的治療意義，也就是所謂「治療性休閒」（therapeutic recreation）。例如：音樂、美術、舞蹈、演劇、陶藝、花藝、植栽等，已成為團體工作中的治療性休閒活動，或是音樂治療、舞蹈治療、演劇治療、園藝治療。目前已有許多醫療機構使用治療性的休閒活動，在美國，於1965年成立了全國治療性休閒活動協會（National Therapeutic Recreation Society），屬於「全國休閒與公園協會」（National Recreation and Park Association）的一支（Kraus, 1978）。

治療性休閒活動的發展，主要是因「醫療模型」（medical model）過分強調病理（pathology）與疾病（disease），而排除了全人（whole person）觀點（Peterson & Gunn, 1984）。現代的生理－心理－社會模型（bio-psycho-social model）針對全人的觀點，包括生理功能（physical functioning）、心理功能（psychological functioning）及社會功能（social functioning）（Mosey, 1973）。透過治療性休閒活動可以促成治療效果與休閒功能，如果從問題解決的過程來看，活動無疑地是達成目標的有效工具（Gentry, 1984）。

通常團體工作的方案活動具有下列功能（Shulman, 1971; Lindsay & Orton, 2011；李南雄，1980）：

1. 人際接觸的提供：人際接觸的需要，首先從「剝奪嬰孩身體刺激」的觀察中證實，一個嬰孩若失去人際接觸，將立刻呈現發育不良，甚至死亡的現象。《交流分析》（*Transactional Analysis*）一書的作者伯恩（Berne, 1961）指出「愛撫」（stroking）的觀念，強調母親對嬰孩的肉體接觸是嬰孩身心發展不可缺少的要素。此愛撫的需要，以後逐漸成為人對社交與交談的需要。團體活動或方案提供作爲成員在團體脈絡下發展互動關係的絕佳媒介（Allan & Allan, 2017）。
2. 資料的彙集：在團體中爲達到共同目標，成員和社會工作者各自貢獻專屬的資料。有些人對職業訓練感興趣；有些對婚姻、家庭或親職教育較關心；年輕人則希望在進入企業界之前，有一連串的參觀旅行。每一個人在團體中獲取資料，活動也增進團體達成目的。
3. 預演：在團體活動中學習新的社會經驗，爲未來的社會生活做準備，如發展社會技巧，可透過角色扮演來達成。
4. 偏差行爲的容許：在團體中成員建立互賴互信的氣氛，即使在團體規範制約之下，團體成員表現了偏差的行爲，也會有某種安全感。團體活動容許成員表現不滿意或偏差的行爲，而且可促使成員對禁忌或敏感的問題提出討論，這些都可以達成自我開放的目的。

5. 導入（entry）：成員透過特殊的活動經驗，進入平常較難以啟口的敏感性與禁忌性問題；每位成員在不知不覺中進入深藏的感受領域，所以藉活動爲媒介的溝通，可以進入難以討論的範圍。同時，團體活動也是吸引團體成員願意加入團體的誘因之一。
6. 催化、團體成長或發展：透過一系列團體活動或方案，催化、引導團體一步一步前進。
7. 團體活動提供團體的結構：團體方案讓成員某種程度感受到確定性與安全感。結構式的團體活動幫助成員預測下一步團體將往何處去。亦即，團體活動創造團體的脈絡，團體脈絡帶出團體的界限，團體界限產生團體規則、結構、一致性與可預測。

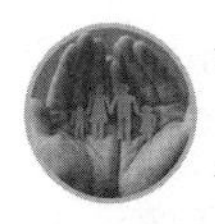

第二節　影響團體活動的要素

彼德生與甘（Peterson & Gunn, 1984）認爲分析團體活動的元素包括下列四種：

1. 名稱。
2. 物理環境條件。
3. 認知條件。
4. 互動、社會條件與情緒因素。

而更早在1955年，甘普與沙頓史密絲（Gump & Sutton-Smith, 1955）即已使用下列三個元素來分析團體活動：

1. 物理場（physical field）。
2. 參與者的表現（constituent performances）。
3. 反應行爲（respondent behavior）。

而這三個元素成爲往後文特（Vinter, 1974）與菲塔克（Whittaker, 1974）所採納的分析架構。

文特（Vinter, 1974）認爲物理場與參與者的表現組成活動設施，而活動設施產生反應行爲。個人參與活動是被激發的，而不是本然的。例如：在輕度智能障礙兒童的治療中心，社會工作者引入一些手工藝活動，以促成兒童合作的習慣與建設性的技巧。

文特（Vinter, 1974）又預測六個因素在影響團體活動：

1. 參與者表現模式的規則：如活動的規定程度與範圍，或引導參與者表現的指導方針。
2. 管制參與者活動的機構化控制：亦即在活動期間控制參與者行爲的形式、來源與媒介，也許是機構、工作者或獎品。控制的來源又隱含著團體的權力結構。工作者在團體初期更重視團體活動，例如：對一個具有攻擊性且好動的少年團體，讓他們玩捉迷藏遊戲，或是警察捉小偷的遊戲，不但可以發洩體力，而且導引成員在沒有外在壓力之下遵行團體規範。
3. 體力活動的提供：亦即是否准許成員有身體上的活動，或要求體能活動。身體活動將影響團體的互動與緊張。
4. 表現的能力要求：亦即參加者所需具備的最起碼能力，如知識、體力與情緒等。能力的界定由工作者來認定，或是由成員來裁決。
5. 參與者互動的提供：是否提供參與者互動的機會，如空間的允許、時間的控制，以及工作者的鼓勵。
6. 報償結構：亦即參與活動之後的報償方式，豐盛的獎品或稀少的報酬，以及分配的原則。報償是要讓成員覺得有價值，或能鬆弛緊張。獲獎者是一項非常重要的外在誘因，許多人將爲得獎而努力。因此，報酬可以使參與增加，同時也抵銷了規則、活動限制、能力，以及各種條件的不利。

亨利（Henry, 1992）依據團體工作階段之不同，將團體方案活動媒介區分爲三個型態：團體建構的活動（group building activities）、團體維持的活動（group sustaining activities）與團體結束的活動（group ending activities）。每個過程所適合的活動需要搭配團體發展的動力特徵與階段目標，因此，分析團體活動也必須掌握這個縱的時間階段的效果。不過，基本上分析團體活動的功能適當與否，仍是以下列幾項爲主：

1. 成員的能量：包括體力、智力、情緒或心理能力，以及社會能力。
2. 方案將導致的行爲結果：即團體發展階段特徵與活動的關聯；團體成員能量與人格特質對方案預期效果的影響；以及團體階段目標與方案結果的關聯。
3. 方案執行的操作考慮：如時間分配、角色分工、領導、權力分配、執行技巧等。

關於這部分在本書前面各章中均已分別提及，讀者可相互對照參考。在現實環境中許多素材都可以作爲團體活動的資料，端賴使用者如何將之適當地引入團體工作過程中。而要有效地引用，則有賴一套分析活動的技巧。

團體活動有採用大型者如登山玩水、露營郊遊、體驗冒險，須勞師動眾來舉辦；小則只要一些紙筆、一席斗室即可達成預期效果，不論哪一種方案活動均須考慮諸多要點。除了上述所介紹的分析方案的要素之外，本文進一步引用「結構化團體活動」（structured group exercises or structured experiences）所須考慮的原則作爲參考，有利於讀者對於採行團體活動的考量（Pfeiffer & Jones, 1972；王慧君，1979）：

1. 團體目標：工作者在運用團體方案活動時，應先檢視團體的目標是什麼？而且在團體活動進行中，也無時無刻要緊扣住團體目標的達成，才是工作者的功能所在。不同的團體工作模型所能採用的團體活動不同。
2. 團體發展階段：團體工作是持續性的，不同的團體發展階段，有不同的需求。因此，對不同團體發展階段的活動安排要能契合情境，如介紹成員的活動應在早期；回饋性活動應在一段落之後；競爭性的活動也不宜一開始就出現。
3. 團體大小：每個團體活動有人數限制，其原因在於達到最高的效果，所以團體大小也要以適當的活動來搭配，才能發揮團體活動設計的最大價值。
4. 聚會時間：每一個團體聚會時間，工作者應有所體認，而每一套被用來發展團體的活動，所需時間應先估計好，切勿產生一個多於預定時限的活動節目，也不要使一個團體聚會尚留下許多空檔的時間，活動進行的速度應掌握準確。換句話說，適量的活動資料配合限定的時間，才是工作者的守則。

5. 工具準備：每一個團體活動常需要一些材料，包括紙筆、道具、表格、音響、獎品等，應事先準備好，列成清單，而且做最有效的配備。然而，有些團體活動無疑地受臨場的限制，工作者宜注意工具準備要與資源配合。
6. 環境安排：環境包括場地空間、室內格局、室外排場、座位、燈光等。通常能移動的桌椅較有利於活動；場地的隱密性適合坦誠表白或解放自己；房間的大小或格局都足以影響活動效果。總之，活動的情境氣氛是可以事先安排的。
7. 過程導向：每個團體活動都是一個動態過程，在每一過程中所呈現的團體動力，都應被視爲有意義。而工作者應熟悉每個活動過程中應投入多少資料，每個介入行動應銜接順暢。要如何開場白、如何轉折、如何接續、如何結束回饋等，均應步驟化。
8. 彈性運用：並非每一個活動均適用於任何團體，每一種團體經驗也感受不同。工作者應依自己的能力、團體的興趣，以及其他各原則，將團體活動加以修正或變化，不但可以創造更多的活動節目，而且不致僵硬閉塞。
9. 工作契約：每一類的團體工作類型，工作者的職責不同。工作者應認清自己的立場，能介入多少？應介入多少？何時介入？但是，不論工作者的角色爲何，均應熟悉團體活動中，每一互動所產生的意義。切記，工作過程採用團體活動是在於達成社會團體工作的目標。
10. 活動評鑑：工作者要先訂出活動的評鑑標準，透過評鑑來改進活動或發展團體。評鑑活動通常包括活動的適應性、活動目標的達成、滿足程度、個別成員的反應、團體反應等。

不只是結構性團體活動才需要遵守以上原則，每一個可以用來納入團體工作過程的團體活動，都可以運用以上原則。團體領導者應善用各種團體活動的經驗，有目的地將團體活動納入工作過程。

第三節　如何設計團體活動

雖然社會團體工作並不像一般休閒活動般需要籌辦許多團體活動，但是，一位社會工作者如果能具備設計團體活動的能力，不但在團體工作中能有備無患，而且，也可以在社區工作中發揮領導的才能。社會團體工作中所採行的團體活動並非以表現爲目的，而是藉著活動爲媒介，以達到團體工作的階段目標。因此，一個團體工作中的團體活動主持人並不必要是能說、能唱及能跳的團康高手，而更重要的是善於觀察團體發展的動力，懂得促成團體互動，以及具有領導才能。然而，如何設計一套適合所帶領的團體之需求的團體活動，卻是每一位社會工作者所應具備的起碼能力，即使是借用他人現成的活動，也要能運用得當。因此，本節將以團體活動設計與執行的過程，分別加以探討。

一、活動設計前的情境評估

任何團體活動不論是娛樂性或是教育性，甚至於治療性，都是有所爲而爲。不管是墊檔、破冰、解凍、媒介與助興，都是有目的的。有目的的活動所欲達成的效果，並非單靠活動本身即能達成，而是必須得到情境的配合。因此，工作者先要對情境進行掌握，才能設計出適用的團體活動。情境的評估，包括以下幾項：

(一) 團體目標是什麼

團體成立之初由社會工作者與機構共同決定了團體目標，再加上個別成員所提出的個別目標，而使團體在聚會初期即有了團體工作的目標。雖然在團體中期會因衝突而修正團體目標，但是，無論如何，社會工作者要確知團體工作的目標爲何，才不至於使團體成爲無目標的航行船隻。而在任何的團體過程中所投注的行動，應該與團體目標相關，至少不悖離團體的主要目標。

(二) 團體發展階段的動力特徵

團體發展是一個螺旋狀的前進路徑，已如第六章所述，即使不靠社會工作者的推進，團體仍然會自然發展。團體發展的階段論被社會工作者納入成爲社會團體工作的發展過程，團體工作的每一個階段有其不同的階段目標，而團體本身的發展也有其動力特徵。社會工作者可以促成此種動力特徵的改變，但是，要進行任何干預之前，也非得配合此種動力的發展不可，所謂借力使力，才能推動團體成長，任何活動的介入，應以納入團體動力發展的特徵爲基本。

(三) 由誰來設計此項活動

並不是所有團體工作過程的活動都必須由社會工作者提議或設計，也不必然是由社會工作者主持。社會工作者應評量此時是否仍該由自己提出團體活動的建議，或是要求團體成員接納由工作者所預設的任何團體活動。如果爲了使團體成員角色分化與分配權力，最好是鼓勵成員自己設計團體活動，或是指定由某幾位成員負責活動設計。此時，工作者是一位支持者與資源人物（resources person），而較不是主持人。若由成員自行設計活動是較有利的，則工作者應予指導與諮詢，避免團體活動成爲團康遊戲，好玩卻與團體的過程與目標不搭調。

(四) 考量參與者的能量

有多少人將參加這個活動，他們的性別、年齡、學歷、經驗、偏好、人格特質如何？亦即，這個團體活動的對象是誰。大部分團體成員沒太多變換，但開放性團體成員不斷更換，他們的能力、就緒程度有某種程度的改變。所以，應該考慮在此時的成員適合進行何種特性的活動。因而，成員的情緒能力、智力、體力、社會關係能力、參與的士氣與意願、階段性的偏好、學習的能力等都應仔細加以考量。否則，團體活動會因曲高和寡或格格不入而遭致失敗。

(五) 參考相關的活動資料

目前已有許多種團體活動被引介到國內，本書前已提及。社會工作者並不須在意採行他人已發展出來的活動設計，而貴在於是否用得恰到好處。如果已有現成的活動設計在手邊，工作者應去驗定這些活動的適用性；如果需要修正，則仍應參照規則加以修改。在工作負荷極大的情況下，社會工作者手頭上最好先有一些現成的團體活動資料，以應不時之需。

有了以上五點考慮之後，社會工作者就可以開始著手設計適用的團體活動。

二、團體活動設計

(一) 目標設定

團體活動設計的首要工作是設定本次活動的目標。活動目標一定要與團體階段目標相配合，例如：團體聚會初期，團體發展的動力特徵是「趨避困境」、「探索」與「兜圈子」，而此時團體發展的目標應是促進相互認識，增進信賴、接納、包容、舒適與歡迎的感受，以及產生相互的連結。因此，任何適用於此一階段的活動應以達成上述團體發展階段目標之一部分或全部爲主。據此，工作者就設計了達成這些目標的一組活動。活動目標的設定可以用條列式，例如：

1. 促進團體連結。
2. 打破團體冰凍。
3. 增加互動機會。

也可以用敘述式，例如：本項活動的目標在於使團體成員相互認識，打破團體初期接觸的陌生感，以及創造團體成員互動的機會。

任何方案活動均須有目標，目標可以再區分爲主目標、次目標、第三層次目標，餘類推，通常，方案活動的目標是屬較特定的低層次目標；另外，活動目標也可再區分爲積極目標與消極目標。不論如何，方案活動目標宜精確而可運作。

(二) 參與者

既然我們所設計的團體活動是用在團體工作上，無疑地，參加的人就是本團體的成員。但是，我們進一步要考量的是關於參加成員的角色分工，是不是所有成員都是直接的參與者，還是有人只擔任觀察者的角色；或者有競爭的場面發生，得先分配各小組的人數。不論如何，使團體成員都納入活動中是不變的原則。如果有必要分成若干次團體時，務必考慮性別、年齡、背景、偏好與社會距離對活動的意義。

(三) 時間分配

通常大部分團體一次聚會時間不出一、二小時間，除了馬拉松團體例外。而時間的選擇又以團體人數的多寡來決定，主要是考慮到每一位成員能分配到的表達與治療時間是否足夠達成任務。而團體活動的時間又得考慮到團體會期的時間分配，通常團體活動只是團體會期的一部分，例如：肌肉鬆弛、緩和情緒與相互認識之類的活動。但是，也有一部分團體的會期幾乎以團體活動來度過。因此，團體活動的時間分配第一個要考慮的就是占用團體會期的多少時間。其次，要進一步考慮用哪個時段，有些團體活動是在團體一開始就進行；有些則是作爲結束之用；當然亦有隨機彈性應用的，這完全要看團體情境與活動目標而定。接著，要考慮的是每位成員可以分配到幾分鐘，原則上應使每位成員有等量的參與機會；不過，在某些特殊情形下，成員的時間分配不一定要相等，例如：

1. 治療的焦點人物應有較多的時間。
2. 權力再分配時，成員不必固定分享同等時間。
3. 成員自動放棄時間的分享，而經過團體的同意時。
4. 角色扮演的需要，形成有主配角之分時。

最後，還得考慮到團體活動進行時的時間安排，例如：開場白要用多少時間、結束討論要留多少時間、中間進行要有多少時間。此外，休息時間、換場時間與活動不連續所造成的空檔時間，都應加以考慮。越是精確的時間預估，越能使執行者運作自如。

(四) 物理環境

空間對團體的影響，可以從團體動力學的研究中得知。團體的物理環境包括房間、桌椅安排、燈光、牆壁顏色、溝通條件等，本書第四章已有述及，此處不另贅述。不過，値得一提的是，團體活動場地的隱密性、安靜與文化孤島。如果是室內活動，原則上要求高度的隱密性；但是，室外活動卻很難達到絕對的隱密。因此，團體的室外活動，原則上做到不主動宣揚、不涉及隱私也就可以了。

通常團體活動的物理環境，應優先考慮以團體原來所使用的空間環境爲宜，尤其在團體迫切需要有「我們的地方」的感受時，儘量減少換場地。

(五) 資源供應

團體所需要的資源包括經費、器材、人力等。有些活動是零經費的設計，例如：討論、辯論、歌唱等；大部分的團體活動都需要一點經費，例如：紙、筆、視聽器材、車資、表格、圖書、飲料、點心等的採購；有些器材是固定成本，不需要另行購買。團體活動的器材盡可能就地取材，以免過於繁雜而影響工作者的情緒。至於人力需求是因爲有些活動有待外來專家的協助，或者機構同仁的輔助，這些事先應申請支援。通常在活動設計上都記載有所需人力、物力的配置。

(六) 活動限度

團體活動有靜態如討論、唱歌、紙筆遊戲；有動態如游泳、賽球、競賽等體力活動。每一種活動都有其執行的規則與冒險性，例如：球類競賽規則、身體攻擊的限度、肌膚碰觸的禮儀，以及討論的話題所觸及到性問題的態度等等。活動範圍的限制在團體初期的活動裡規定較多，到了團體逐漸產生共識之後，團體已習慣開放的態度來互動，規範的界定也較能自主，因此，活動的冒險性與禁忌也較少。工作者針對每一活動的規範應加以明示，以免引起不安全或誤解。

(七) 活動內容

這是團體活動設計的主要部分。有時候人們習慣稱之爲活動過程，這是將活動名稱加以運作化的說明，以利於執行。例如：突圍闖關的活動，顧名思義，其活動內容即是：

1. 先徵求一位自願的成員擔任被圍困者。
2. 再由其他成員用手臂或攬腰緊連成一堅實的包圍圈。
3. 被圍困者站在圈子中央試圖突圍闖出，被圍困者的動作可以用鑽、跳、拉、推、哄騙、哀求、撒嬌、賴皮等。
4. 包圍者想盡辦法使圓圈沒有缺口，倘使被圍困者灰心或喪氣，包圍者可引誘之、鼓勵之，一段時間後，若突圍不成則結束，再換其他成員嘗試。
5. 至預定時間到時，團體結束活動，進行經驗分享。

以上這是一個範例，活動設計者要將整個活動的執行過程用最簡明的語言表達，如果執行者不是設計者本人時，仍然能一目了然。

(八) 預期結果

這是指成員的行爲反應，例如：闖關不成會有什麼反應，可能會打人、哭泣、拒絕繼續玩下去等等；也包括成員間的互動，例如：溝通網絡、氣氛、競爭與合作的情況，也就是整個團體因活動的引入之時，所展現出來的團體風貌。這一部分是與目標有高度的關聯。

(九) 獎賞

在很多電視娛樂性競賽節目中，節目一開始除了介紹節目參加者、如何進行之後，總會報告獎品的內容。所以，團體活動也不妨設計一些獎品。獎品可以是實物，如文具、徽章、糖果、貼紙等；也可以用換贈卡，如點券、換獎卡、積分卡等；在團體活動中，表揚、擁抱、鼓掌也是常用的精神鼓舞。

三、活動進行

(一) 場地安排

任何團體活動都應講求舒適與安全的物理環境。如果整個會期都以團體活動來進行，則應於事先將場地布置好；反之，如果團體活動是中途插入，則應考慮場地的轉換是否引起太大的折騰。場地布置最好由團體成員一起來分攤，包括房間的清理、牆壁的圖畫與標語、座位安排、地毯或椅墊、花瓶與飾物、掛圖與表報、音響或視聽器材等。配合活動設計的需要，例如：玩折紙遊戲時，以有桌椅為宜；做身體接觸的活動時，宜有地毯或椅墊為宜。

(二) 開場白

任何活動都要有一段或長或短的開場白，以引導活動進行。開場白的內容包括寒暄辭、介紹活動名稱、講解活動內容、角色安排、活動限制，以及獎懲規定。開場白的語言與音調要針對成員的特性，對於兒童的團體宜用明確而具有說明力的音調，與簡單通俗而具體的語言來開場；對於成年人的團體，則開場白宜輕鬆而幽默，且抽象層次可以提高；而青年團體的開場白更可融合了情感與氣氛。好的開場白可以帶給主持人一種自信與肯定的開始。不論如何，開場白總是要清楚而肯定地表達活動的意義與內容，不過，開場白通常不對活動的結果加以暴露。

(三) 角色分派

活動的角色扮演，除了刻意地權力分配與吻合治療目標之外，通常是採取自願選擇角色履行。徵求角色的方式，可以在開場白之後，也可以在之前；如果在開場白之後，則自願者已能約略地掌握角色的內涵，較不易產生焦慮。角色分工包括角色的賦予，以及角色行為的導引。有很多團體活動是允許角色輪流扮演的，這種情況下，就不必太在意角色與個人的搭配。

(四) 意外事件之處理

在團體活動中可能發生的意外事件包括下列諸端：

1. 下雨或場地臨時不適用。
2. 身體碰撞過分劇烈而損傷。
3. 不可抗力的意外傷害。
4. 心理傷害而哭泣或離席。
5. 競爭過於激烈而衝突。
6. 外人介入而破壞團體的持續性。

以上事件一旦發生，工作者有責任盡速處理。但是，任何發生於團體中的事件，也是每一位成員的共同事務。基本解決方法是團體活動應有替代方案，作爲第二選擇，以免因天候或場地不良而中斷。其次，團體對於身體外傷的因應，如果在野外，應有急救箱的準備；如果在市區內，則可迅速就醫。接著，如果有成員因團體中受到心理創傷，工作者應加以療傷。事件發生時成員若未離席，則可透過團體力量予以支持，以減輕其挫折；如果成員因受傷過重而離席，工作者應指派較有影響力的成員迅速追出，單獨給予保證與寬解創傷；或是由工作者指定「協同領導者」或「協同工作者」繼續帶領團體，而由其自身離席爲該成員進行個別處置。不論如何，不可以任由成員受到創傷而坐視不顧。最後，如果發生次團體的衝突，工作者的處理可依據團體衝突期的工作技巧加以解決，本處不擬贅言。總之，團體的意外事件將帶來成員心理負面影響，如果不善加處理，會使成員的信任感受到損害。

(五) 經驗分享

在團體活動結束，工作者一定要預留若干時間作爲經驗分享之用。經驗分享多以討論爲主，主要是討論下列幾項：

1. 該項活動令人想到什麼？
2. 活動進行中，成員有什麼感受？
3. 被接納的滋味如何？
4. 被拒絕的感受怎樣？

5. 輸贏的滋味如何？
6. 活動開始與結束後的感覺有何異同？

分享的過程可以請成員分別發表感受，然後再就經驗的異同相互討論。經驗分享的意義在於使成員回憶活動的經過，從活動中獲得啟示，並掌握此時此地的感受；同時，也作爲工作者評鑑團體活動是否達成預期的目標之用。最後，有個建議提醒新進的社會工作者，有一些團體較難進行活動後的分享，工作者一定要密切地掌握團體活動後的時效，以免不了了之。不願接受經驗分享的理由大致有下列幾點：

1. 體力消耗太多，過於疲憊。
2. 過於歡樂而情緒高亢，無法收斂。
3. 誤認團體活動純粹是團康遊戲，玩過就算了。
4. 時間不夠。
5. 活動不能引起內在的回應。

團體工作過程中的活動若無經驗分享，很難產生情感連結；如果只是玩鬧一場，那就枉費工作者一片苦心了。

參考書目

中文部分

王慧君（1979）。運用團體活動的要點。張老師月刊，*3*(5)：46-50。

李南雄（1980）。社會團體工作。臺北：萬人。

英文部分

Allan, J. R., & Allan, B. A. (2017). Stroking: Biological underpinnings and direct observations. *Transactional Analysis Journal*, *28*(Dec.): 26-31.

Berne, E. (1961). *Transactional analysis in psychotherapy*. Souvenir Press.

Garvin, C. D. (1997). *Contemporary group work* (3rd ed.). Englewood Cliffs, New Jersey: Prentice-Hall, Inc.

Gentry, M. E. (1984). Developments in activity analysis: Recreation and group work revisited. *Social Work with Group*, *7*(1): 35-43.

Gump, P., & Sutton-Smith, B. (1955). Therapeutic play techniques: Symposium, 1954: 7. Activity-setting and social interaction: A field study. *American Journal of Orthopsychiatry, 25*(4): 755-760. https://doi.org/10.1111/j.1939-0025.1955.tb02045.x

Henry, S. (1992). *Group skills in social work: A four dimensional approach.* Itasca, Illinois: F. E. Peacock Publishers, Inc.

Kraus, R. G. (1978). *Recreation and leisure in modern society* (2nd ed.). Goodyear Pub. Co.

Lindsay, T., & Orton, S. (2011). *Groupwork practice in social work* (2nd ed.). Exter, Devon: Learning Matters Ltd.

Mosey, A. C. (1973). *Activities therapy.* New York: Raven Press.

Peterson, C. A., & Gunn, S. L. (1984). *Therapeutic recreation program design: Principles and procedures* (2nd ed.). Englewood Cliffs, NJ: Prentice-Hall.

Pfeiffer, J. W., & Jones, J. E. (eds.) (1972). *The 1972 annual handbook for group facilitators*. La Jolla, Calif.: University Associates.

Shulman, L. (1971). Program in group work: Another look. In W. Schwartz and S. R. Zalba (eds.), *The practice of group work* (pp. 221-240). New York: Columbia University Press.

Vinter, R. D. (1974). Program activities: An analysis of their effects on participant behavior. In P. Glasser, R. Sarri, and R. Vinter (eds.), *Individual change through small group* (pp. 233-243). New York: Free Press.

Whittaker, J. K. (1974). Program activities: Their selection & use in a therapeutic milieu. In P. Glasser, R. Sarri, and R. Vinter (eds.), *Individual change through small group* (pp. 244-257). New York: Free Press.

第十七章
團體工作評鑑

評鑑（evaluation）與評估（assessment）在社會工作界經常被交互使用。但是，在實務過程中還是可以區分其不同意義，以免混淆。評鑑是依一組標準（a set of standards）來有系統地決定一個主體（subject）（包括組織、方案、專案，或各種介入方法）的功績（merits）、值得（worthy）、顯著性（significances）等。因此，評鑑可以作爲決策依據，亦即形成評鑑（formative evaluation），係指在方案設計過程中，檢視草案或原設計方案執行的成效，以利修正或形成定案；也可以作爲下一階段方案、組織的設計假設的（assumptive）參考，亦即總結評鑑（summative evaluation），係指在方案執行結束後，蒐集執行成果的資料以確證執行成果達成預期目的，並可作爲下一階段組織或方案執行的假設依據（Grinnell, Gabor, & Unrau, 2012）。

評估則是用在認定服務對象的特殊需求，故稱需求評估（need assessment）。當服務對象需求不同，不同專業有不同面向的評估，醫師進行健康評估（health assessment），精神科醫師專長精神評估（psychiatric assessment），臨床心理師做心理評估（psychological assessment），護理師做護理評估（nursing assessment），社會工作師則重視家庭與生態評估（family and ecological assessment）。顯示，評估是針對既存的人、事、物，透過蒐集資料、分析、計算、評價（appraise）、判斷，進行價値、需求、條件、狀態、資格等的認定，並無與原設定目的（purposes, aims, objects）比對的動作。

簡單地說，在社會工作過程中，針對服務對象（不論是個人、家庭、團體、社區、組織、社會）所做的問題分析、現況了解、情境判斷、需求界定、優劣判定、資格認定、資源擁有、風險預測、趨勢發展等，以利採取行動，稱評估。而針對計畫（plan）、專案（project）、方案（program）、行動（action）、活動（activities）執行後的績效（performance）、成果（outcomes）、產出（output）、影響（impact）等的評量稱評鑑。評鑑在公共行政領域裡，又稱考評、考核、評核。

當代社會工作者不再只是個「實務工作者」，而應是個「實務工作兼研究者」（practitioner-researcher）（Garvin, 1997），也就是社會工作實施者本身就要當個研究者（Bloom & Fischer, 1982）。

佳文等人（Garvin, Gutiérrez, & Galinsky, 2004: 6）認爲社會團體工作仍然缺乏足夠的實證研究來支持本身是一個以證據爲本的實務（evidence-based practice），但這不表示團體工作的效果不存在（Doel, 2006）。巴羅（Barlow, 1997）研究發現，以團體爲基礎的方案比個別方案對兒童行爲問題的改變更有效。

所謂以證據爲本的團體工作（evidence-based group work, EBGW）是指「立基於研究成果、影響及其可運用性，利用評鑑來確證欲達成之目的的實現，精準與熟練地運用此最佳證據（best evidence）於團體工作上稱之。」（Macgowan, 2008）

然而，研究使我們更了解什麼是有效的團體工作，了解知識的缺口，了解社會團體工作的經驗。所以說，研究是知識的結晶（knowledge crystals）（Preston-Shoot, 2004）。佳文等人（Garvin, Gutiérrez, & Galinsky, 2004: 7）進一步指出，團體工作者必須努力促使自己成爲有堅強實證基礎的實務。努力的方向是：

1. 加強研究的訓練。
2. 發展適當的研究方法。
3. 滋養研究－實務的夥伴關係。
4. 轉譯研究發現到實務運用上。

本章試圖透過社會工作評鑑，來增進團體工作作爲一個以證據爲本的實務的可能，而評鑑的素材來自前述的團體工作紀錄，以及團體結束後的成果評量。前者大量被用在團體工作者作爲一個內部研究者兼實務工作者（insider researcher-practitioner）的自我評鑑上，這種研究比較像行動研究（research-in-action）（Doel, 2006）；後者可以引進外部評鑑的量化研究。

第一節　以證據爲本的團體工作

以證據爲本的團體工作有以下幾個要素與假設（Macgowan, 2008: 3-6）：

一、納入批判性思考

批判性思考（critical thinking）有以下內涵：(1)清楚地審視事件的眞實狀況，或事物的眞實面貌，再依此眞實來作爲表達的依據；(2)以提問的態度來進行意見陳述或下結論；(3)是一種尋找合理答案的過程（Gambrill & Gibbs, 2009）。也就是任何社會工作實施都是爲了幫助服務對象，而且應該極大化助人的成果，並減少可能的傷害。如此一來，社會工作者就必須要小心地評價每一種信念與行動，務必要做到理由充分、證據確鑿（well-reasoned）。亦即，團體工作不只是需要有知識與技巧作爲基礎，而且要問這些知識與技巧是否被視爲想當然爾？不能不假思索地跟著人云亦云，而必須不斷地思考，避免錯誤與謬誤。在採取行動時，應避免基於不精確的觀察、有選擇的觀察與過度通則化（overgeneralization）的結論（Rubin & Babbi, 2014）。

二、是過程而非只是結果

團體工作者必須有系統地蒐集與評價證據，據以獲得最佳可用的證據，不能依靠自己的經驗與方便獲得的資料作爲證據。例如：將一些當下可看見的證據作爲成果，即聲稱團體工作是有效的，這可能會遺漏許多執行過程中的證據，不論是有利於團體成員的或不利的。

三、假設科學與實務相互關聯，而非將雙方視爲或操作爲對立的

團體工作者要將研究面與實務面同時考慮，從實務面來判斷是不夠的；不當的使用研究結論也是不對的。團體工作應該視實務與研究是一致的，都在於協助實務進行，以利完成團體目標。

四、假設團體生命的變數是可測量的

團體成員面對的問題、目標，以及任務，理應都要加以特殊化與評量，以利評鑑團體成員的成效，進而評鑑團體過程、團體動力，以及團體生命的各面向，例如：凝聚力、認同、文化、衝突等。

五、強調團體的成果（outcomes）

任何團體工作進行都有目標要達成，不論是問題相關（problem-related），或是團體相關（group-related），也不論這些目標達成是在團體進行中的近期的（proximal），或是在團體結束或更久以後的遠期的（distal）產出，都應該被看見。產出當然要能夠被測量。團體工作者、成員、團體決定欲求的成果，包括成員的核心問題解決，例如：到第三個會期時將降低壓抑程度、減少大麻使用量，或是新加入的成員於第五個會期會被納入成員的支持網絡等。問題解決也包括遠期的，例如：在團體結束時壓抑的程度降低到可以不必再門診、團體結束後三個月內不再使用毒品，或是提高團體成員間的社會支持網絡50%。產出也可以是團體相關的近期產出，或是過程成果（process outcomes），例如：成員滿意度到第三會期時升高30%、到第六會期時成員凝聚力提高到20%、全體成員都能在第三會期使用口語溝通。團體相關的產出也有遠期的，例如：團體結束時成員滿意度達80%、團體結束後團體成員維持定期非正式聚會出席率90%。

六、團體工作的知識、技巧來自社會工作研究方法與團體工作課程

以證據爲本的團體工作的證據取得，不可能只是從團體工作課程中獲得相關知識，必須從社會工作研究法中學習如何設計研究、測量成果、

蒐集資料、分析等知識；而要正確地設計研究、精準地測量成果、蒐集資料、分析發現，都必須具備團體工作的知識，否則使用純粹的社會科學研究方法來研究團體工作，可能會失準。例如：何謂團體動力、凝聚力、代罪羔羊、團體領導、協同領導等，不見得是純粹的研究者熟悉的。

以證據爲本的團體工作在實作上有以下步驟（Macgowan, 2008）：

(一) 形成一個可回答的實務問題

在團體工作實務上，有不同層次的問題需要被回答。在理論層次上，可以問什麼樣的理論或模型對成員行爲改變最有效？在個別成員層次上，可以問使用認知行爲改變團體對少年還是兒童行爲改變較有效？在團體結構上，可以問長期團體比短期團體對戒酒較有效嗎？在團體過程上，可以問團體領導者的性別不同對兒童團體的衝突處理有差異嗎？在議題層次上，可以問何種領導風格對少年團體結果產出較有效？

以上這五個層次的問題可以組成非常多的組合。所謂可回答（answerable）是指問題必須清楚（clear）、特定（specific）、簡潔（parsimonious）、可快速回答（answered quickly）。要形成一個可回答的實務問題在團體工作中至少要包含三個要素：(1)團體情境、問題、挑戰；(2)介入方法、技巧或策略；以及(3)成果（Macgowan, 2008: 27）。例如：運用何種團體工作介入可以幫助有親密交友經驗的國中少女降低發生性行爲的風險？或是運用何種團體介入可以降低目睹家庭暴力兒童的社會撤離？

(二) 尋找最佳證據

從以證據爲本的醫學來說，最佳的證據來源不是來自不可觀察的經驗、個人的經驗，或是個別或少數的權威意見，即使一些未經觀察或精確研究的集體共識也還不夠，而最好是透過嚴謹的研究設計得出的研究結論，或是經由整合既有研究結論的次級資料分析結果。亦即，必須經過研究工具設計、試測、信度與效度分析、施測後得出的資料才是最佳證據。

(三) 批判地檢視證據

統計數據也不全都是最佳證據。團體工作者必須從三個指標檢視這些證據：嚴謹（rigor）、影響（impact）、適用性（applicability）。嚴謹包括研究設計、資料蒐集工具、抽樣、資料蒐集方法、統計分析方法等。影響是指團體介入或技術產生的成果，例如：行為改變、團體目標達成。適用性是指使用的團體介入是與特定的成員、團體相關、適配、獲得支持。

(四) 運用證據與評鑑

一旦找到最佳的證據，進一步就要回過頭去看原先的目標設定與預期的結果測量是否與找到的最佳證據扣緊。如果證據的確指向原先設定的團體成員問題相關目標或是團體目標，測量方法、測量對象都是正確的，這些證據就可用來評鑑團體的成效，聲稱該種團體工作介入是對團體成員的行為改變或是團體目標達成有效。

雖然，以證據為本的團體工作是配合社會工作界追隨1990年代以來的以證據為本的醫學（evidence-base medicine, EBM）（林萬億，2021），其實更早以前，社會工作界已經被要求「實務工作者兼研究者」的雙重角色。為什麼社會工作者要懂得做研究呢？主要是受到「責信」（accountability）的影響。「責信」這個字眼從1970年代以來一直跟著人群服務（human service）走，主要受到幾方面的影響（Posavac & Carey, 1980）：

1. 福利受益者的運動（welfare recipients movement）。
2. 專業本身的承認。
3. 管理科學的衝擊。
4. 資料的稀少性。
5. 社會立法的變遷。

尤其1960年代以降，美國的人民與政府不再慷慨地贊助社會工作，他們要求社會工作者拿出具體成果來。社會工作專業不再擁有免於被批判的護身符，人群服務工作者並不因其慈善與人道而有免責權。人們已逐漸認識到「執行一項服務就表示盡力提供該項服務了；盡力就等於提高了服務的品質。」這句三段論式不再可靠了。服務的運作（operating）、盡力（rendering）與素質（quality）間並無本質上的因果關聯（Speer & Trapp, 1976），而必須靠著社會工作者透過評鑑、管理與計畫，來使執行與成效相關聯。本章即以評鑑為工具，來達到社會團體工作的責信。社會工作者需要面對的利害關係人（stakeholders）包括服務對象、社會工作者的專業組織、社會工作教育、政策決策者、社會大眾、方案資金提供者、方案行政人員、社會工作實務工作者等（Grinnell, Gabor, & Unrau, 2012）。

評鑑是一種方法、技巧與敏感度（sensitivities）的組合，在於決定人群服務是否被需求與被使用，是否按計畫執行，以及是否確實地幫助了需要的人們（Posavac & Carey, 1980）。評鑑與評鑑性研究（evaluative research）有些差異，前者指一種技術或方法，而後者則包括理論架構、過程、技術、方法等。通常，評鑑被納入評鑑研究的一部分。而評鑑性研究最簡單的解釋是「對於任何行動方案（action programmes）或策略政策（strategy policy）的效果加以考評，以決定是否達到預期目標的研究。」（Caro, 1971）所以它特別強調整體研究過程的科學性（Suchman, 1967; Hopps & Sze, 1978）。

如果將評鑑納入整個社會團體工作方案回饋環（feedback loop）中，其所據位置如下圖所示：

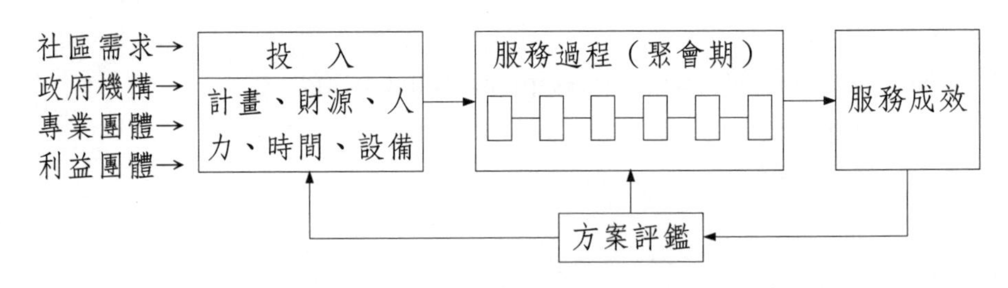

圖17-1　社會團體工作方案回饋環

對於服務成效的評鑑，我們稱之為「成果評鑑」（outcome evaluation）；對於方案執行過程的評鑑，則稱之為「過程評鑑」（process evaluation）；

對於計畫或財政承諾的評鑑，稱之爲「投入評鑑」（input evaluation）。

評鑑的主要目的在於（Posavac & Carry, 1980）：

1. 滿足信賴要件。
2. 計算資金的需求量。
3. 儲備資訊。
4. 作爲行政決策的參考。
5. 支持方案發展。
6. 從經驗中獲得學習。
7. 決定目標的達成程度。

評鑑的主要方法包括實驗設計（experimental design）、準實驗設計（quasi-experimental design）、成本分析、成本效益分析（cost benefit analysis）、成本效果分析（cost effectiveness analysis）等。而經常被使用於團體工作評鑑的研究設計是實驗設計與單一系統設計，本章即以此兩種研究設計爲主加以分析。

第二節　團體工作評鑑設計

一、實驗設計

實驗性的研究是社會科學中比較難以實施的一種研究方法，正因爲如此，它也是社會工作者在行動研究中努力的目標。有些社會工作研究者認爲實驗法是一個比較有效而嚴謹的方法，但有些則認爲某些環境中無法控制的變項最難排除。

實驗性研究的特點是對於不同變項之間的因果關係（causal relationship between variables）能有效的了解。社會科學的研究中，我們常對某一種現象的產生不知是什麼因素造成的，特別在重視團隊合作的社會工作實施中，當一個個人、團體、社區有進步時，我們並不了解是不是自己的計畫與努力所產生的效果，而實驗性的研究可能有助我們掌握自己計畫與執行的變項。

實驗性的研究有幾個特點，由這些特點可以了解其實施方法：

1. 它的情境是控制的，除了因果關係之外，其他自變項必須設法控制，如果無法控制，所造出可能的偏誤，也必須考慮。
2. 需要有細密的觀察來配合，作爲驗證假設與形成理論的依據。
3. 設計時的分組，常用隨機控制實驗（randomized control trials, RCTs）的方法，分爲實驗組與控制組（或稱對照組），使被實驗者本身（即兩組）的性質沒有統計上的差異，以便於觀察出變項的影響力。

兩個或兩個以上實驗變項的設計稱爲複因子設計，三個以上的實驗變項稱爲拉丁方格設計。實驗設計主要包括以下幾種（徐震、林萬億，1983）：

(一) 實驗組與控制組的前後測驗

實驗組與控制組的前後測驗設計如下表17-1，屬古典實驗設計（classical experimental design）。

表17-1　實驗組與控制組的前後測驗

團體	治療前	有無治療	治療後	差異
實驗組	A_1	✓	A_2	$A = A_2 - A_1$
控制組	B_1		B_2	$B = B_2 - B_1$

註：A_1代表實驗組治療前的情況
A_2代表實驗組治療後的結果
B_1代表控制組治療前的情況
B_2代表控制組未治療而再予測驗的結果
A代表$A_1 - A_2$的分數
B代表$B_1 - B_2$的分數

最後差異數爲AB，如果A等於B，則代表治療效果不顯著；相反地，若A與B有顯著差異則代表治療效果可能爲正或負，端視測量的分數而定。

(二) 控制團體的後測

實驗組有進行團體工作介入，控制組則無，治療後的結果從A – B的差異中看出。

表17-2 控制團體的後測

團體	有無治療	治療後的測驗
實驗組	✓	A
控制組		B

註：A代表實驗團體治療後的結果
B代表控制團體未予治療而加以測驗的結果
A – B表示治療的效果

(三) 拉丁方格測驗

如果我們要研究治療模式的團體工作與認知行爲模式的團體工作，由不同性別的社會工作者來執行，哪一種比較有效。我們可做如表17-3的研究設計。

表17-3 拉丁方格設計

治療模型 / 工作者	治療模型	行為模型
女性社工師		
男性社工師		

研究者從機構中找出目睹家庭暴力的兒童若干人組成團體，這些團體成員具有相同的問題與特質，將這些成員隨機分派由男女性別不同的社會工作者採用不同的團體工作模式介入。最後，再給予測驗，可以得出不同性別的領導者對於同一團體工作模型的差異，以及相同的性別對於不同治療模型使用的效果。

(四) 所羅門四個團體的設計

所羅門（Solomon）四個團體設計是將實驗組與控制組的前後測驗，與控制組的後測兩種實驗設計加以合併使用而成。如下表17-4：

表17-4　所羅門四個團體的設計

團體	治療前	有無治療	治療後	差異
實驗組	A_1	✓	A_2	$A = A_2 - A_1$
控制組	B_1		B_2	$B = B_2 - B_1$
實驗組		✓	A'	A' – B'
控制組			B'	

(五) 準實驗設計

準實驗設計（quasi-experimental designs）又可分爲兩大類（Campbell & Stanley, 1966）：

1. 時間序列設計

時間序列設計（time series designs）可減少成熟效應（maturation effects）與歷史效應（effects of history）的干擾。時間序列設計的重點是將單一元素界定，加以可量化的觀察，再設計時間限度，然後進行事前與事後的介入與控制。如圖17-2所示，觀察的對象是兒童被虐待的次數，時間爲每週一單位，第二週到第四週爲團體進行的時間，結果發現其在未進行社會團體工作介入前兒童被虐待次數不變；在介入期間兒童被虐待次數逐漸減少；而介入後顯示穩定的次數。可見，本項社會團體工作介入是有效的，但未達到完全治癒。

2. 配對非等量控制團體設計

將兩組分別予以觀察，實驗組實施社會工作介入，而控制組則無。實驗期間界定爲兩週，在實驗開始，兩組成員之互動次數平均每人差距爲1次；實驗後，其平均每人互動頻率均增加，但是實驗組增加到4次，而控制組僅自然增加到2次（如圖17-3）。據此，本項實驗結果，可以說明有

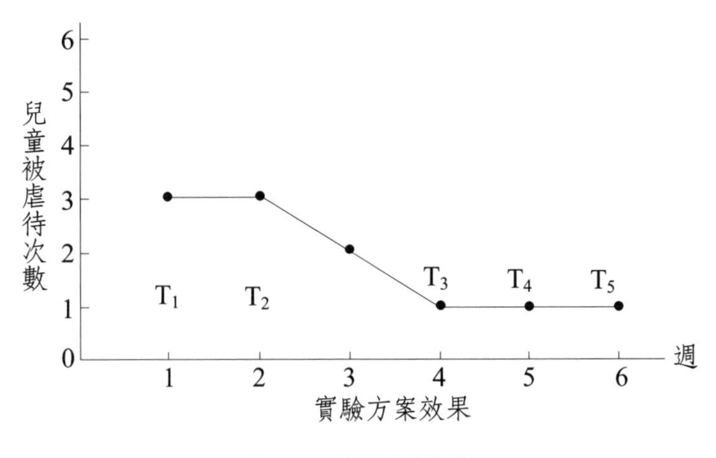

圖17-2　時間序列設計

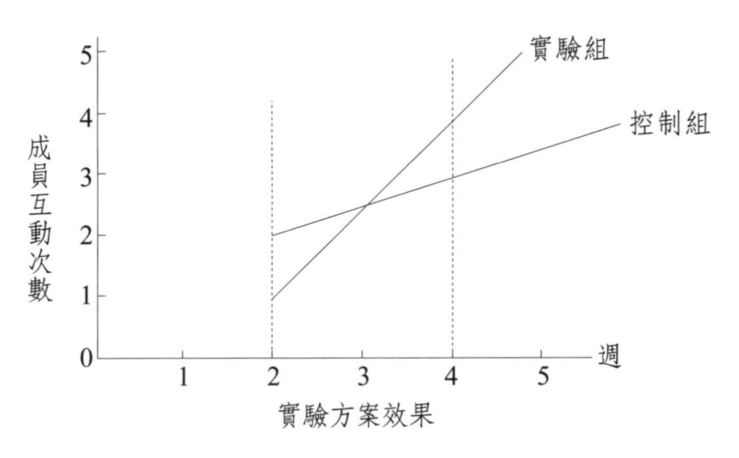

圖17-3　配對非等量控制團體設計

社會工作者介入的團體，在一定介入期間後，團體成員互動頻率比無社會工作者介入的團體來得多。

綜合以上所列實驗設計的梗概，我們將其用法加以比較列表（見表17-5）（Posava & Carey, 1980）。

表17-5　採用隨機指定團體的評鑑設計

實驗設計	符號	能被解答的問題
（一）控制團體的後測	XO O	團體工作引起成員的改變嗎？
（二）兩因素的設計	O XO YO XYO	是由一個或兩個方案引起團體成員的改變？ 是由兩個變數的結合而產生特殊的改變？或是兩個方案相干擾？
（三）所羅門四個團體的設計	O XO O　O OXO	方案引起團體成員的變遷嗎？
（四）時間序列加上隨機指定	XO　O　OOO OXO　OOO O　OXOOO	方案引起成員的變遷嗎？ 方案的效果能持續有效嗎？

註：X、Y代表團體工作方案
　　O代表觀察

要評鑑一個實驗設計的好壞，可以從下面三個方向著手（林清山，1976）：

1. 所選用的實驗設計能不能適切地回答研究者的問題。換言之，實驗設計必須要配合研究者的研究問題與假設。
2. 所選用的實驗設計能否適當地控制自變項。除了實驗者所操縱或改變的自變項外，如果還有其他的自變項也能影響應變項，則所得到的實驗結果就會被混淆而難以解釋，如此，研究者就沒有把握說所得到的實驗結果是純粹地操縱或改變自變項所造成的結果，因此，控制自變項，使其他因素不致干擾是十分重要的。
3. 採用此一實驗設計所得的實驗結果能否推論到其他受試者或其他情境，如果能推論到其他情境，則這一種實驗設計的外在效度（external validity）高，也就是說代表性高，否則只是單一情境中產生的結果而已。

二、單一系統設計

單一系統設計（single system designs）有不同的說法，如密集或標記研究（intensive or idiographic research）、單一研究（single N or N=1 research）、單一主題研究（single subject design or research）、單案研究（single case-study design）、時間序列研究（time series research or design）、單體研究（single organism research），或單案實驗設計（single case experimental design）等。此處使用「系統」的概念，主要是因爲在社會工作中「案主體系」（client system）的概念遠比「案主」來得較完整。

單一系統設計基本上是一種從單一體系中跨越時序地重複蒐集資訊的過程。單一體系可以是個人、家庭、團體、組織、社區或者其他的集團，每一個體系可以視爲是一個分析的單位（single unit）。單一系統設計有以下幾個重要的特質（Bloom & Fischer, 1982）：

1. 問題特殊化：單一系統設計的研究對象必須是工作者與案主體系所共同同意要去改變的部分。例如：行爲、認知、情感、環境障礙，或任何幾種交雜的問題。工作者必須能將這些問題清楚而明確的界定。
2. 問題的測量：發展一種或多種測量問題的方法，例如：行爲觀察法、標準化測量、自我錨定與排列法（self-anchored and rating scales）、案主成績表或日誌（client logs）等。可以同時使用多種測量方法或單一方法。
3. 重複測量：單一系統研究的核心是對標的問題進行資訊的重複蒐集，亦即每隔一段時間，工作者、案主體系或相關的觀察者必須對標的問題的改變情形進行資料蒐集的工作，所以說是重複蒐集。時間的界定，可以是固定的時序，或變遷發生前、中及後。
4. 訂定基線（baseline）：所謂基線是在社會工作介入前對標的問題所進行有計畫且系統化的資料蒐集，所得到的問題面貌。基線的蒐集期間通常是3到4天，或1至2週內訂定。基線資料是用來協助我們比較介入前後的變遷情形。

5. 設計：設計是一個系統化資料蒐集的安排。設計的重點依不同的進行階段，如基線期、介入期、不同型態的介入期，或退回基線期等。不同的階段有不同的資料蒐集的特性。依照設計的嚴格執行，實施者不僅可以看到標的問題被改變的情形，也可以確定介入是否對改變有影響。
6. 明確界定介入方法：實施者必須對自己所使用的介入方法明確地界定，也就是說你必須知道你在做什麼？你所採行的介入方法必然有你自己的理由，相信那是最好的一種，對於你的介入目標最有效果。但是，在單一系統設計研究，並不管你用了什麼介入方法，這完全依你個人的專業判斷，其所要求的是工作者能清晰地界定自己所使用的介入方法。
7. 資料分析：單一系統設計不像其他研究所使用的複雜統計，而是靠著純粹的視覺資料分析，也就是工作者將標的問題變化的情形做成資料模式，如資料層次、傾向、曲線等圖形，頂多加上簡單的統計即可。用這些圖表即可發現標的問題改變的情形，而發現介入的效果。

總之，單一系統設計是由社會工作者一面進行社會工作服務，一面身兼研究者，對同一案主體系在不同時間上比較治療與行爲改變的結果，這是引用了時間序列設計的方法到社會工作實務上（Arkava & Lane, 1983）。

接著，我們將討論幾種不同的單一系統設計結構。

(一) AB 設計

AB設計是最基本的單一系統設計，在A的時段裡表示未進行社會工作介入，僅進行資料蒐集，例如：觀察行爲發生的頻率、發病的嚴重度、或是與他人互動的次數等等，也就是建立基線。B時段是社會工作介入的時間。AB兩相比較，可以發現團體成員行爲改變的情形。AB設計如圖17-4。

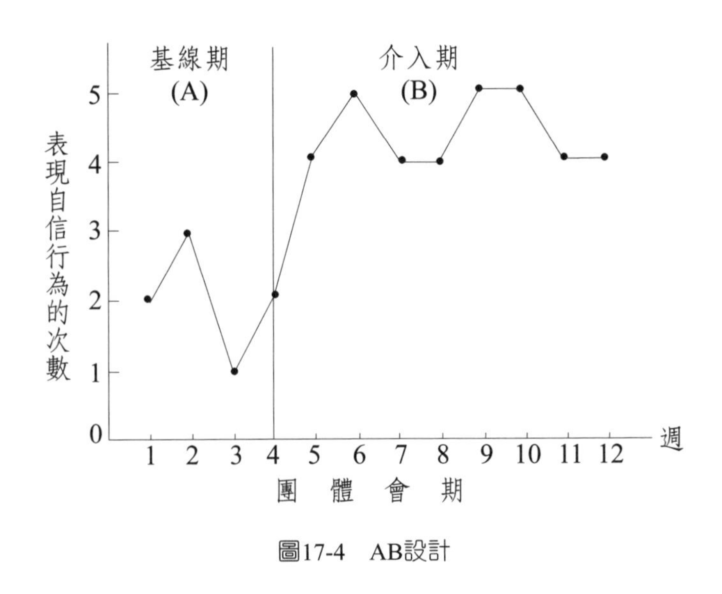

圖17-4　AB設計

圖17-4表示某個團體在前4週的觀察期（亦即建立基線的蒐集資料期）平均每週的會期中表現自信行爲的次數爲1到3次。第4週之後開始由社會工作者介入，結果發現，平均表現自信行爲的次數跳到4到5次，顯示團體工作的效果相當明顯。

但AB設計有些限制，例如：它不能確定介入的結果與介入是否有關，理由是因沒有辦法控制其他變數，因此，會產生許多不確定的解釋。不過，如果沒有其他可選擇的方案存在時，AB設計還是可行的。

(二) ABA 設計

ABA設計增加了一個階段的觀察，能從治療結束後的結果變化來證明治療的持續效果。如果治療後的效果減退了，則明顯地表示沒有治療就沒有改變。對於第二個A的設計，通常採中斷治療（withdrawal of treatment），或暫時停止介入，這表示不再予以治療而回復到無治療狀態的基線期。

採用中斷治療有些冒險，有些研究者指責中斷治療是違反社會工作倫理，可能導致不可收拾的後果。但是，何森與巴羅（Hersen & Barlow, 1984）認爲，並沒有證據指出中斷治療會產生不良的後果。

ABA設計最簡單的說法，是在AB設計之外引進一個第二基線期，如圖17-5。

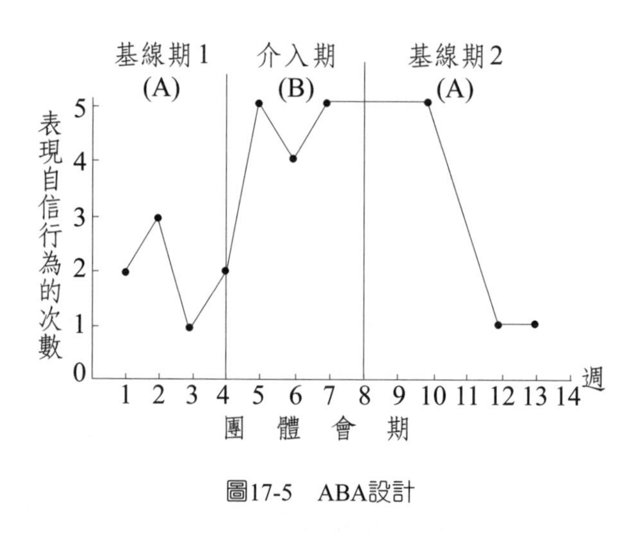

圖17-5　ABA設計

圖17-5第一基線期表現出團體成員有較低的自信，接著進行社會團體工作介入之後，發現自信行爲提高很多。社會工作者認爲治療完成，採行中斷治療，再予以觀察，發現自信行爲於前兩週仍然維持治療效果，但是，於治療後第3週又遽降。我們至少可以肯定這種方式的治療有暫時性的效果，卻無法眞正提高團體成員的自信行爲。

ABA設計也有許多限制，第一是有違反社會工作倫理的嫌疑，社會工作者如何能於介入幾週之後突然撤走呢？其次，若在團體成員有不可回復性的症狀或問題時，也不可使用，因爲問題一旦消失後就不可能再有介入，例如：偏差行爲消失了，就不可能有行爲修正的正當性。事實上，工作者也不再有機會重演原來的情境，例如：對未成年懷孕的團體工作，就不能用ABA設計，因爲情境不再複製。其他如短期的密集團體也不可能有ABA設計的情境。

(三) ABAB 設計

由ABA設計再往下推一個階段，就成了ABAB設計，ABAB設計是以回復治療（reversal of treatment）作爲結束，由於是兩個治療階段，所以更能明顯地證明治療是否有效。ABAB設計的邏輯是透過兩個基線期的行爲與治療期相較，以驗定行爲與治療的因果相關。

由圖17-6可以看出這個設計的基本圖構。在第一介入期之後有明顯治療效果，俟停止介入之後的第3週自信行爲又顯著的下降，再加以進行第二次介入後，又逐漸回升，且保持到團體結束。可見，此種社會團體工作介入是與成員的治療目標有顯著的相關。不過，仍然必須設法排除在社會工作者未介入時的行爲復發。

ABAB設計也要顧慮到行爲是否不再重現，如果行爲很快就變化，則此種設計也是無法操作的。此外，倫理性的考慮也有必要，如果中途停止介入，而又回復介入，是否爲團體所接受，尤其短程團體更由不得社會工作如此來去自如。

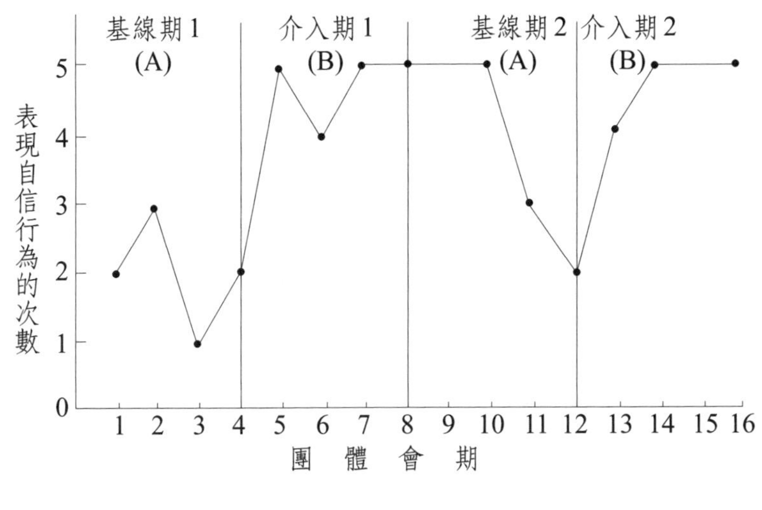

圖17-6　ABAB設計

(四) BAB 設計

BAB設計是沒有介入前的基線期，介入期成爲一個開始，第二階段A才中斷治療，最後再度回復治療。研究者選用BAB設計是因爲有些團體必須一開始就進行介入，不允許有觀察的機會，例如：監獄的受刑人團體、看守所的收容人團體、危機介入團體等。

BAB設計的基本架構如圖17-7。

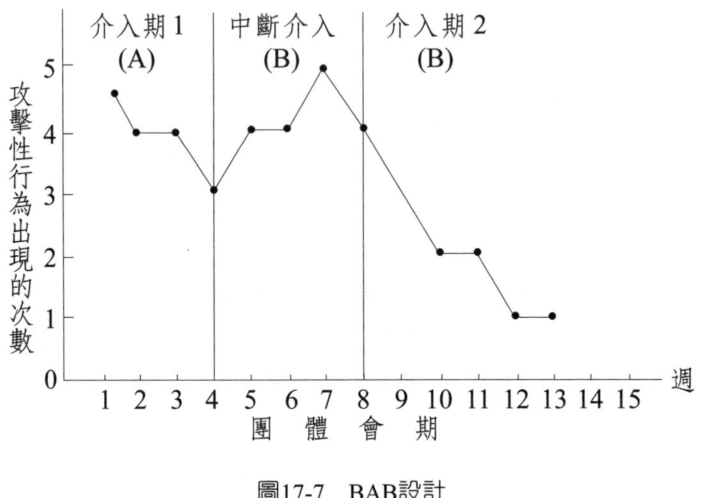

圖17-7 BAB設計

圖中在第一介入期內，攻擊性行爲出現頻率在一個會期中由5次逐漸減到3次，中斷介入之後，又回復到5次，俟第二次進行介入，行爲頻率又下降至1次，表示介入的效果是顯著的。

(五) 多基線設計

由於一些設計在處理中斷介入的困境，如ABA、ABAB設計，使用多基線技術（multiple baseline technique），就可以避開中斷介入的困境（Baer, Wolf, & Resley, 1968）。這個途徑是選定幾種不同的標的行爲，對每一個行爲均建立基線，再加以評鑑改變後的行爲效果。在多個基線中，也許有些行爲並未因介入而有所改變，或者改變的程度不一。

多基線設計可以用在「單一主題設計」或是比較不同團體的過程。研究者可以對每一個目標行爲界定基線，然後對單一行爲加以介入，依此，來決定標的行爲是否改變，以及觀察其他行爲是否也跟著改變。針對第一個標的行爲介入之後，再導入其餘的標的行爲的介入，以確定其餘行爲的改變情形。行爲的改變可能是單指被治療的標的行爲，也可能包括未被治療的行為，研究者可以測量得知介入間的互動。這種設計可以把它視為一系列的AB設計，在每一個基線之後，使用同樣的治療技術。

這種連續介入的技術，也可以觀察得知對不同的標的行為，採用同樣的治療技術，所產生不同的效果。如果不同的介入產生相互干擾，我們就很難去判斷到底哪一個介入與效果是因果相關的，這是多基線設計本身所不及的。基本上，我們假定每一標的行為是獨立的，如果干擾情形發生，暫時沒有辦法加以區分，因此，不做推論。

雖然如此，多基線設計仍是社會工作評鑑中的好方法，它避免了中斷治療的問題，也提供一種針對對立設計（alternative design）的有效評鑑工具。

多基線設計如圖17-8。圖中表示我們所選定的標的行為分別是：

1. 降低成員的防衛性接納行為。
2. 減除成員尋求代罪羔羊的行為。

在基線期的觀察資料中，我們發現成員這兩方面行為出現次數均很高，而第二標的行為（尋找代罪羔羊的次數）的基線期較長。第一介入期進行對防衛性接納行為的介入，發現防衛性行為有明顯下降的趨勢；而同時也發現代罪羔羊的尋求次數也獲得減低。接著進行尋求代罪羔羊的介入，發現尋求代罪羔羊的次數也有了明顯的下降，顯然兩種介入均是有效的。治療結束後，追蹤訪查發現兩種行為雖然有回升的趨勢，但是都比原來的基線行為要來得低，顯示介入具有某種程度的效果。

(六) 變化指標設計

變化指標設計（changing criterion design）是指在介入期間內的績效指標（criterion for performance）予以系統化地調整。例如：對團體的凝聚力，不同的階段有不同的要求，因此，工作者可以在不同的團體發展階段訂出不同的績效指標。俟第一階段達到績效指標之後，再提高該指標，如此，循序漸進，以達成最後的團體目標。如果團體正如指標提高般地達成應有的凝聚力，則表示團體工作的效果顯著。

變化指標設計如圖17-9。圖中第一階段為基線期，第二階段為介入期，期中再分為三個階段（BCD），每一階段有不同的績效指標。而工

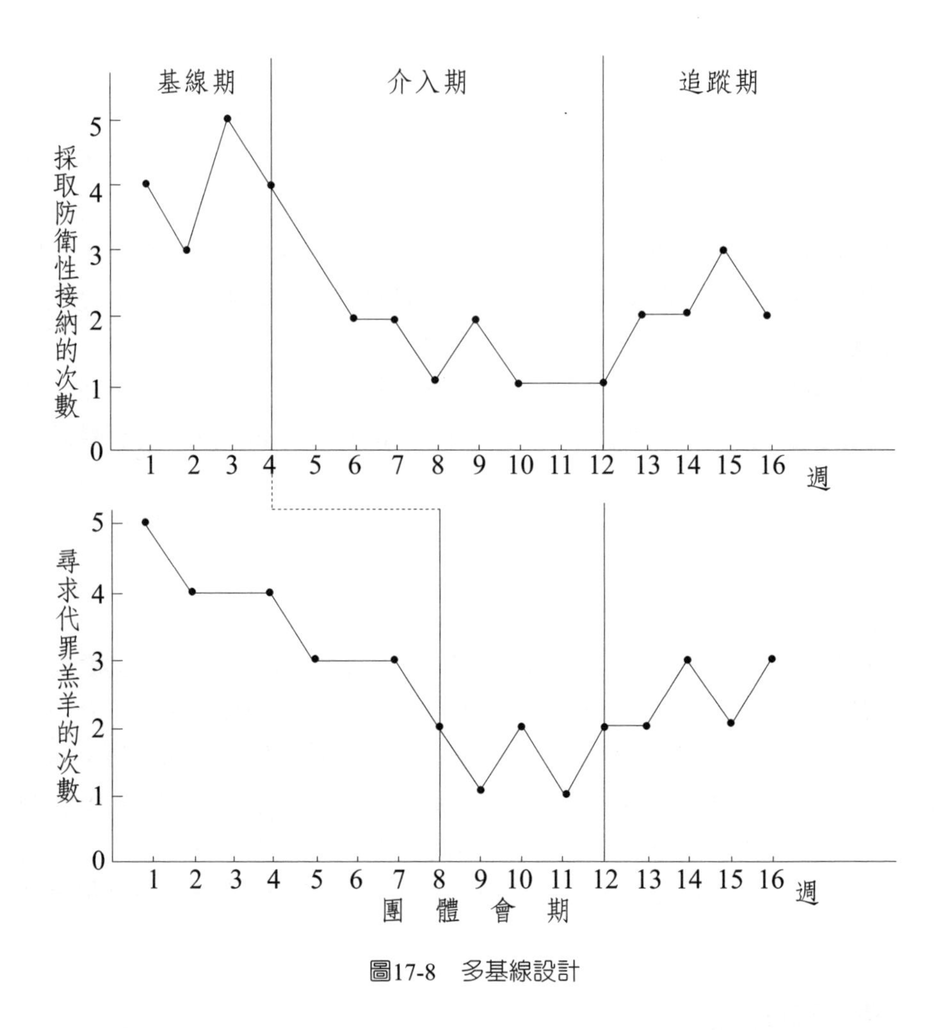

圖17-8　多基線設計

作者比對績效指標與行爲結果之後，可以發現介入是否如期有效。變化指標設計適合於行爲漸進改變的情境下使用，例如：咬手指頭、咬鉛筆、拔頭髮、抽菸、濫用藥物、講髒話、性騷擾、肯定訓練等，也可以使用於學習評鑑上，對於團體工作應該相當適合。

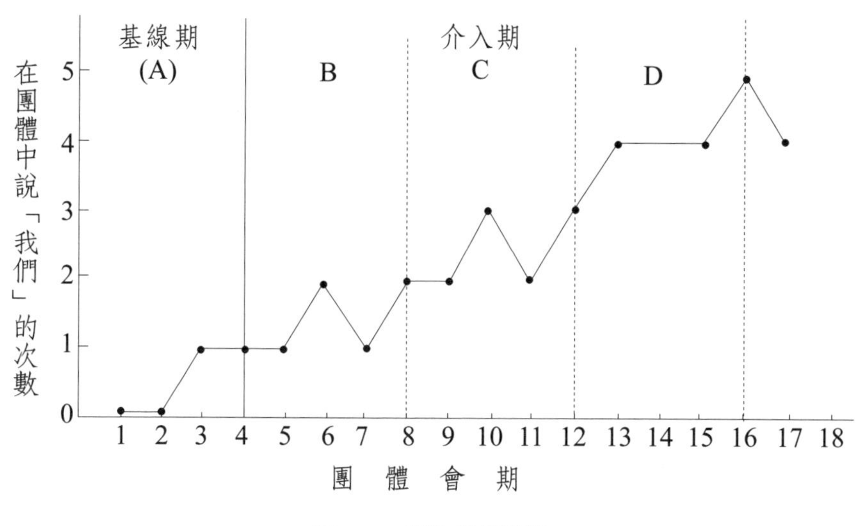

圖17-9　變化指標設計

(七) 多程序設計

多程序設計（multiple schedule design）是針對相同的目標採取不同的治療方法的研究設計。這個研究設計假定在不同的環境下，行為會有不同的反應，尤其是學習的成效。

多程序設計容許工作者檢定不同的治療技術用在不同的情境中，而針對同一種特定的標的行為上，例如：我們為了驗定少年在中途之家的復原情形快，還是在少年矯正學校的效果較好。或者比較不同的團體工作模型，也有可能是由同一個社會工作者手上擁有兩個以上的團體，如果是相同問題的對象，採行不同的介入方式，就可以用這個研究設計。

多程序設計如圖17-10。圖中表示兩個同樣問題的團體，由不同的方法介入，上面的方式是先採用B方式的介入（如團體自治）然後再採用權威介入的方式。而下面的圖形正好相反，先讓權威介入，再適度地讓團體自治。結果顯示，對少年說髒話次數的修正，有兩種不太一致的結果。

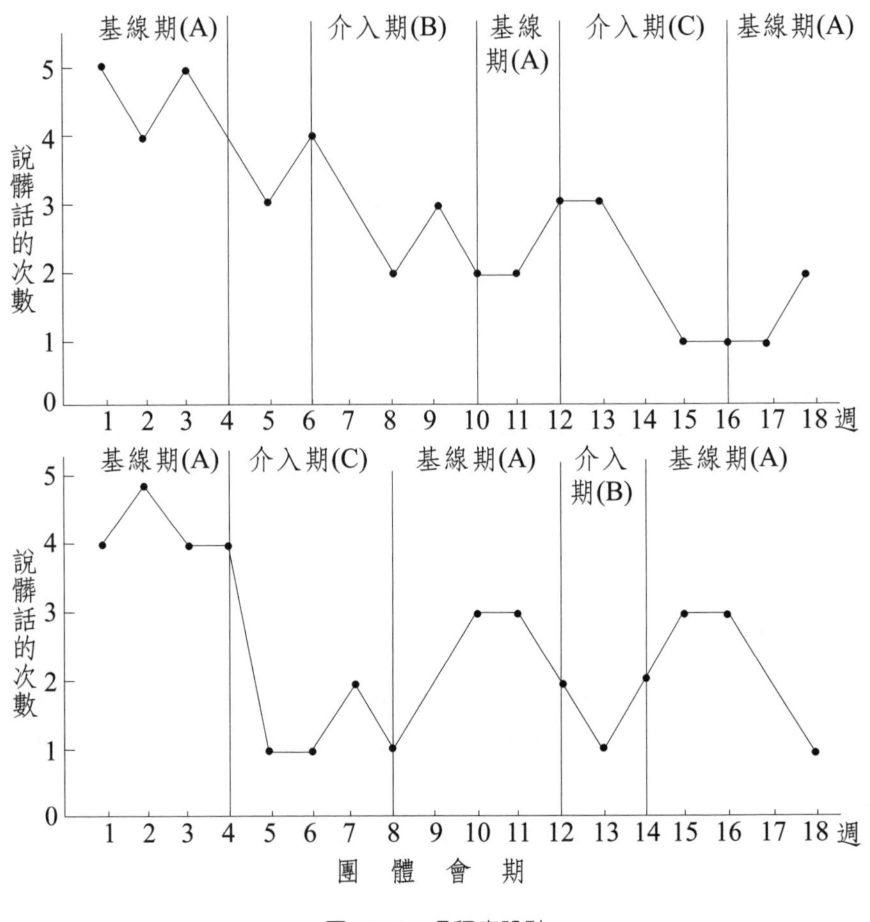

圖17-10 多程序設計

以上所建議的單一系統設計的七種基本研究設計，都只是提供一個最基本的範式，至於進一步的變化，則有賴使用者視需要加以調整設計。

綜合以上的分析，單一系統設計有它的利弊。對於社會工作而言，單一系統設計對每天都在工作中的社會工作者是既可學習又可運用的一種方法。其次，單一系統設計非常適合某些社會工作實施模型的運用，例如「任務中心取向」（task-centered approach）的社會工作（Reid & Epstein, 1972）、「問題解決模型」（problem-solving model）（Compton & Galaway, 1979），以及行爲修正模型（behavioral modification model）、心理治療模型（psychotherapeutic orientation）等都相當有用。至於折衷模型，如費雪兒（Fischer, 1978）的「有效的個案工作」（effective casework practice），以及「實證的臨床實施」（empirical clinical practice）（Jayaratne & Levy, 1979）都可納入採用。

但是，它也有一些缺點，例如：前所述及的中斷介入與回復介入，會產生倫理上的困境。其次，它也無法協助我們了解什麼樣的團體工作介入對什麼樣的人較有效。此外，研究者與實施者的角色混淆也可能會使部分社會工作者感到爲難。不論如何，它仍然對社會工作專業有許多助益（Gambrill & Barth, 1980）。

第三節　行爲結果的測量

團體工作的資料蒐集不全然靠量化資料，質性資料也可以當成證據，但是，以證據爲本的團體工作還是大量依賴量化資料。資料蒐集的來源包括（Toseland & Rivas, 2012; Grinnell, Gabor, & Unrau, 2012）：

1. 過程筆記。
2. 自我報告、訪談資料。
3. 問卷。
4. 分析團體工作進行過程的素材、成品。
5. 回顧團體進行的錄影、錄音紀錄。
6. 觀察紀錄。
7. 角色扮演或體驗活動表現。
8. 有效可信的測量。

在社會工作中評鑑的設計是一個難題，解決了設計的問題還是不能有效地完成工作評鑑，因爲，介入與結果是否相關，如何來測定產出的行爲呢？如溝通、決策、自我滿足、自我概念等都很難找到特定的行爲測量標準。雖然如此，我們還是得試圖找到一些行爲測量的工具。

一、個人行爲改變的測量

對於團體成員行爲改變的資料，可以從以下四個途徑獲得：(1)從成員的自我報告（self-report）中得到；(2)從工作者的觀察中得到，這要靠逐次紀錄的完整性；(3)從觀察員的紀錄中獲得；(4)最後還可以從重要他人（significant others），如父母、工廠同事、學校同儕、朋友、伴侶等所提供的資料得到。

測量個人的改變，基本上可以使用下列技術（Garvin, 1997）：

(一) 行為計量（behavioral counts）

工作者可以透過各種指標來測量成員的行爲，如完成家庭作業的次數、在學校缺席的次數、團體中的溝通次數、表達積極感受的次數。關於這方面，工作者可以事先製成表格來進行觀察記錄。

葉龍（Yalom, 1995）的療效因素測量表（curative factors scale）被廣泛地使用來測量團體治療的效果，包括12個治療面向：(1)利他性；(2)精神宣洩（catharsis）；(3)凝聚力；(4)存在性；(5)家庭再扮演；(6)引導；(7)希望；(8)認同；(9)人際投入；(10)人際產出；(11)自我了解；(12)普遍性。

(二) 目標達成測量（goal attainment scaling）

科薩克與佘孟（Kiresuk & Sherman, 1968）認爲，個人成果目標的測量必須有下列要件：

1. 目標明確化。
2. 目標是具體且有企圖去達成。
3. 目標必須被回顧檢視。

科薩克與蘭德（Kiresuk & Lund, 1978）將目標達成測量（GAS）用到社會工作的實施上，其過程有下列四個步驟：

1. 設定治療目標：在開始團體前會談，以及團體初期，社會工作者即與成員共同討論個別成員的治療目標。治療目標是要能期待且合理的。

2. 治療者視情況需要增加一些目標，包括成員暫時未準備接受的。
3. 將目標列出。
4. 將目標依其重要性予以加權。
5. 將各目標達成的程度界定爲五分等級量表，這就是成果水平（level of outcome）。
6. 再將成果水平化爲分數，即成果值（value of outcome）。
7. 觀察行爲改變的程度，予以記錄。
8. 計算治療效果的分數。
9. 比較治療前後的分數。

以上過程舉例說明如表17-6：

表17-6　少年團體的治療目標達成測量

產出水平	產出值	學業成績	缺席次數	犯上次數
		權重15	權重10	權重20
情況惡化	–2	49以下	✓ 9次以上	7次以下
低於期待	–1	✓ 50-59	6-8	✓ 4-7
期待水平	0	60-69*	4-5*	2-3
高於期待	+1	70-79	1-3	1*
非常有效	+2	80以上	0	0

表17-6中是針對少年團體的治療目標達成測量，治療目標分爲學業成績、缺席與犯上等三個。加權數如上表，目標之產出水平確定如表中的數據，治療前的情況如上打「✓」者，治療後的情況爲打「*」者，最後，計算治療成效，如下公式：

$$T = 50 + \frac{10\Sigma W_i X_j}{\sqrt{(1-p)\Sigma W_1{}^2 + P(\Sigma W_j)^2}}$$

註：W_j代表加權數

　　X_j代表產出值

P代表間相關值（inter-correlation）

ΣW_j^2代表每一加權值平方之總合

$(\Sigma W_j)^2$代表每一加權值總和之平方值

我們將上表各數值代入公式，得出

$$T=50+\frac{10[15(-1)+10(-2)+20(-1)]}{\sqrt{(1-0.30)(15^2+10^2+20^2)+0.3(15+10+20)^2}}=33.53$$

這數值表示治療前的T值，再計算治療後T值為：

$$T=50+\frac{10[15(0)+10(0)+20(1)]}{\sqrt{(1-0.30)(15^2+10^2+20^2)+0.3(15+10+20)^2}}=52.99$$

比較兩T值的分數，52.99大於33.53，因此，肯定治療的效果顯著。但是，顯著性有多高，卻在本表中無法顯示出來。不過，這個計算方式卻使我們易於區分在多治療目標之下，每一目標的達成程度參差不齊的情況下，仍然可以確定總體目標是否達到預期效果。譬如說，學業成績進步了，但犯上次數卻增加，而缺席次數未改進，如此，單憑紀錄是無法確定是否治療有效，只好計算來判定之。

(三) 情緒狀況的自我測量

由工作者詢問成員對自己的情緒評分，從0到100分，這種測量包括對焦慮程度、非理性程度、憤怒，以及和諧性等均可用。

(四) 價值澄清測量

將需要澄清的價值列出，然後每一價值列出七等級的程度，由成員來自我評級，如表17-7：

表17-7　價值澄清測量表

價值論題	1	2	3	4	5	6	7
1.你對自己的位置感到驕傲？							
2.你曾公然肯定自己的位置？							
3.你曾從許多可能性中選擇現在的位置？							
4.你曾仔細考慮選擇這個位置的前因後果？							
5.你是否在自由的情況下選擇這個位置？							

以上這組價值都環繞在「位置」（position）上，從這個表格中我們可以發現成員對自己的位置的肯定程度。

(五) 自我了解與情緒了解的測量

團體工作的重要任務就是促成成員自我了解與參與決策，所以，測量成員自我了解的程度與掌握環境的能力是重要的成果測量，這個部分可以用問卷設計來獲得。

(六) 心理測量工具

許多心理學或行爲科學的工具，可以用來作爲社會工作評鑑的測量工具。例如：費雪與柯克蘭（Fischer & Corcoran, 1994）就認爲許多發展成熟的心理測量工具，都很適合社會工作者拿來評鑑個人的成長或改變，這些量表都可由團體成員自行塡寫。

二、團體改變的測量

(一) 行為計量

對於團體情況（group condition）的改變，可以透過成員行爲的表達，如感受表達、自我暴露表達、尋求他人協助、準時赴會、聲明尊重他人價值，以及用語言表達對他人的尊重等，這些都可以透過成員或工作者，以及外人的觀察而得到確實的資料。我們再次地提醒，團體工作紀錄是非常重要的資料。

(二) 團體結構測量

團體結構測量可以透過幾個明顯的結構，如溝通結構分析、社會測量結構分析、權力結構分析等來總合顯示團體的境況。關於溝通結構測量表在本書第九章已有說明，此處不再贅述；而社會測量結構也可以透過成員在團體聚會中或聚會外的接觸頻率紀錄而作出圖形，如圖17-11。

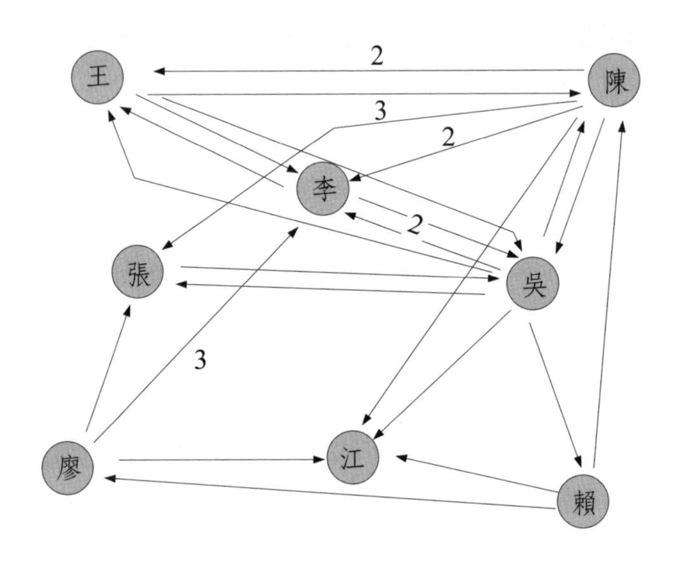

圖17-11　社會測量結構圖

從圖中這8位成員的互訪頻率來看，陳先生主動與他人聯繫的次數最多，高達9次，但只獲得回訪3次。而主動訪問他人的次數最少的是江小姐，她從不主動去與他人接觸，而卻獲得他人訪問4次。而李小姐所得到的訪問次數最多，計6次，但是，她也外訪他人有2次。因此，可以發現團體成員中李小姐的聲望最高，受到大家的尊重；吳先生的地位也很受重視；廖先生與賴小姐兩位成員是整個團體中最居弱勢者。若以團體中的互訪情形來區分其次團體的組成，也可以發現吳、賴、江、廖、陳等5人較可能產生共識；而陳、吳、張、王也可能形成另一個次團體。

至於權力結構可以透過意見分析，如某人提出意見而其他人的反應支持與否、同意與否，或者漠視等，來看團體中誰在做決定，以及如何決定。

(三) 團體過程的測量

了解團體過程更為重要。團體解決問題的能力是團體的主要目標，了解團體問題解決的能力可以透過團體成功解決問題的次數，如協調不同意見、變換場地、處理衝突等來評量。團體過程的變遷主要是凝聚力的有無，凝聚力靠團體的參與和投入，考量團體凝聚力可以用問卷來調查（Yalom, 1995）。漢飛的團體面向指標（Hemphill's index of group dimensions, HIMD）所包含的13項指標常被用來測量團體過程：(1)自主；(2)控制；(3)彈性；(4)享樂語調；(5)同質性；(6)親密；(7)參與；(8)滲透性；(9)兩極化；(10)功效；(11)穩定；(12)階層化；(13)黏著（Toseland & Rivas, 2012）。

(四) 分享特質的測量

測量分享特質可以透過成員對事件的看法，如同意或不同意、成員的相似性與歧異性來獲得資料。團體氛圍測量（group atmosphere scale, GAS）是一個不錯的團體心理暨社會環境的量表，包括12個次量表：(1)攻擊性；(2)順從；(3)自主；(4)秩序；(5)結盟；(6)涉入；(7)頓悟；(8)實用性；(9)自發性；(10)支持；(11)多樣；(12)清晰。每一個次量表包含10個題目，測量團體特質的眞假（Toseland & Rivas, 2012）。

(五) 社會心理工具測量

如貝爾斯（Bales, 1950）的互動測量（詳見第二章）、拜寧（Byrne,1971）所發展出來的評估成員活動完成的相似性、克羅斯比（Crosby, 1979）對成員地位、權力、聲望的研究，都可以用來測量團體的境況。

三、環境變遷的測量

環境變遷包括評鑑社會福利政策是否改變、福利受益人是否增加、社會福利機構是否增加、學校是否發展新的課程，以及是否有新的社會立法等，主要的環境變遷評鑑的測量工具有下列三種：

(一) 檔案檢視

首先是已發表的文獻檔案，如機構的報告、報章雜誌的報導，以及其他研究結論。從文獻中可以發現機構、組織與政策的變遷。其次是成員個人的經驗簡述，如成員對環境的觀感、環境壓力的增減、機構提供服務的品質是否改變，如病人感受到醫生、護理人員的親切態度，以及行政體系入口設計（access design）的改善等。

(二) 訪問

訪問法是針對環境中的相關人士、單位與組織進行訪問，以獲得其對環境改變的資訊，如訪問父母，以確知其對成員的管教態度是否改變等。訪問法提供社會工作研究的基本方法，讀者應可從其他書中或課堂獲得詳實的知識，不在此處詳述。

(三) 量表

慕斯（Moos, 1973）發展出一種量表來評量環境變遷的情況，如結構、表達信仰的自由、衝突的解決型態等。葛尼（Guerney, 1977）發展出測量人際關係改變的量表，如人際關係量表（interpersonal relationship scale）、關係變遷量表（relationship change scale）等，都可以用來探究環境的改變情形（Garvin, 1997）。

關於環境變遷的測量與評鑑比較，可以用社會工作研究的方法來處理，社會工作者不難找到適用的研究法來使用於自己的團體工作上，這是較可以期待的。

雖然團體工作者努力研究如何使團體工作效果可以藉由評鑑研究加以

證實，但是研究的限制仍然存在，其中關於研究，設計者至少有三方面的問題（Brower, Arndt, & Ketterhagen, 2004）：

1. 如何隨機指派控制團體。
2. 如何能研究團體過程的自然性（naturalistic）。
3. 如何能透過統計來計量團體過程的自然性。

的確這些都是研究者需要努力克服的。至於測量的問題，至今仍困擾著研究者。首先，團體工作介入的分析單位到底是成員個體，還是團體？理論上，團體工作成果應以團體為分析單位，而非個體，分析個體的技術並不難，但是分析團體的技術則較受質疑，以個體分析來取代團體易陷入生態謬誤（ecological fallacy）與化約謬誤（reductionist fallacy）中。其次，概念定義的共識建立也很困難，例如：何謂凝聚力、分化、整合、互惠等？

第三，測量的個體化（individualization of measurement）也是研究團體工作的限制，前述許多量表都以個人為施測對象，且採用常態基準測量（norm-based measure）或常態參照檢定（norm-referenced test, NRT），對小樣本較不敏感。亦即，每一個尺度（scale）均有一個相對於一般人口群分數（常態基準）的標準化平均數（standardized mean）與標準差（standardized deviation）。而這種研究採用普同的（nomothetic）研究途徑，亦即藉由發現各種因素來提供作為一個普遍化推論的解釋現象途徑，其解釋並不完美。反之，個殊的（idiographic）研究途徑，亦即採個體前後評估（ipsative assessments）或指標參照評估（criterion-referenced assessments），前者是指測量個人的改變是依據個人介入前與介入後的差異來決定其介入成效；後者是個人的介入成效依據其渴望或期待的行為改變達成程度而定。或許，使用許多特質、解釋因素來解釋一個單一成員的行為改變途徑，較適合個人的變遷（Magen, 2004）。

最後，信度（一致性）、效度（精確性）也是團體工作評鑑常遭遇的困難。樣本小、定義不明確、測量工具的有限性、行為改變的非線性，都是團體工作評鑑的限制，有待社會工作研究法的發展。

參考書目

中文部分

林清山（1976）。心理與教育統計學。臺北：東華。

林萬億（2021）。當代社會工作：理論與方法。臺北：五南。

徐震、林萬億（1983）。當代社會工作。臺北：五南。

英文部分

Arkava, M., & Lane, T. A. (1983). *Beginning social work research*. Boston: Allyn and Bacon, Inc.

Baer, D. M., Wolf, M. M., & Risley, T. R. (1968). Some current dimensions of applied behavior analysis. *Journal of Applied Behavior Analysis*, *1*(1): 91-97.

Bales, R. F. (1950). *Interaction process analysis: A method for the study of small groups*. Resdong, Mass: Addison-Wesley.

Barlow, J. (1997). *Systematic review of the effectiveness of parent-training of programmes in improving behavior problems in children aged 3-10 years*. Oxford: Health Services Research Unit, University of Oxford.

Bloom, M., & Fischer, J. (1982). *Evaluating practice: Guidelines for the accountable professional*. Englewood Cliffs, New Jersey: Prentice-Hall, Inc.

Brower, A., Arndt, R., & Ketterhagen, A. (2004). In C. D. Garvin, L. M. Gutiérrez and M. J. Galinsky (eds.), *Handbook of social work with groups*. NY: The Guilford Press.

Byrne, D. (1971). *The attraction paradigm*. New York: Academic Press

Campbell, D. T., & Stanley, J. C. (1966). *Experimental and quasi-experimental designs for research*. Chicago: Rand McNally & Co.

Caro, F. G. (1971). Issues in the evaluation of social programs. *Review of Educational Research*, *41*(2): 87-114.

Compton, B. R., & Galaway, B. (eds.) (1979). *Social work processes* (2nd ed.). Homewood, lll.: Dorsey Press.

Crosby, P. B. (1979). *Quality is free: The art of making quality certain*. NY: McGraw-Hill.

Doel, M. (2006). *Using groupwork*. London: Routledge.

Fischer, J. (1978). *Effective casework practice*. New York: McGraw-Hill.

Fischer, J. & Corcoran, K. (1994). *Measures for clinical practices: A sourcebook* (2nd. ed.). New York: The Free Press.

Gambrill, E., & Barth, R. P. (1980). Single-case study designs revisited. *Social Work Research and Abstracts*, *16*(3): 15-20. https://doi.org/10.1093/swra/16.3.15

Gambrill, E., & Gibbs, L. (2009). *Critical thinking for helping professionals: A skills-based workbook*. Oxford: Oxford University Press.

Garvin, C. D. (1997). *Contemporary group work*. Englewood Cliffs, New Jersey: Prentice-Hall, Inc.

Garvin, C. D., Gutiérrez, L. M., & Galinsky, M. J. (eds.) (2004). *Handbook of social work with groups*. NY: The Guilford Press.

Grinnell, R. M., Gabor, P. A., & Unrau, Y. A. (2012). *Program evaluation for social workers: Foundations of evidence-based programs*. Oxford: Oxford University Press.

Guerney, B. G., Jr. (1977). *Relationship enhancement: Skill-training programs for therapy, problem prevention, and enrichment*. San Francisco: Jossey-Bass.

Hersen, M., & Barlow, D. H. (1984). *Single case experimental designs* (2nd ed.). New York: Pergamon Press.

Hopps, J. G., & Sze, W. C. (1978). *Evaluation and accountability in human service programs*. Cambridge, Mass: Schenkman Publish Co.

Jayaratne, S., & Levy, R. L. (1979). *Empirical clinical practice*. Columbia University Press.

Kiresuk, T. J., & Sherman, R. E. (1968). Goal attainment scaling: A general method for evaluating comprehensive community mental health programs. *Community Mental Health Journal*, *4*(6): 443-53.

Kiresuk, T. J., & Lund, S. H. (1978). Goal attainment scaling. In Attkisson, C. C., Hargreaves, W. A., Horowitz M. J., and Sorensen J. E. (eds.), *Evaluation of human service programs*. New York: Academic Press.

Kiresuk. T. J., & Garwick, G. (1979). Basic goal attainment procedures. In B. R. Compton and B. Galaway (eds.), *Social Work Processes* (2nd ed.) (pp. 412-421). Homewood, Ill.: Dorsey Press.

Magen, R. (2004). Measure issues. In C. D. Garvin, L. M. Gutiérrez and M. J. Galinsky (eds.), *Handbook of social work with groups*. NY: The Guilford Press.

Macgowan, M. (2008). *A guide to evidence-based group work*. Oxford: Oxford University Press.

Moos, R. H. (1973). Conceptualizations of human environments: An overview. *American Psychologist*, *28*: 652-665.

Posavac, E., & Carey, R. (1980). *Program evaluation: Methods and case studies*. Englewood Cliffs, New Jersey: Prentice-Hall, Inc.

Preston-Shoot, M. (2004). Evidence-the final frontier? Star trek, group work and mission of change. *Groupwork*, *14*(3): 18-43.

Reid, W. J., & Epstein, L. (1972). *Task-centered casework*. Columbia University Press.

Rubin, A., & Babbi, E. R. (2014). *Research methods for social work* (8th ed.). Belmont, CA: Thomas Brooks/Cole.

Speer, D. C., & Trapp, J. C. (1976). Evaluation of mental health service effectiveness. *American Journal of Orthopsychiatry*, *46*: 217-228.

Suchman, E. (1967). *Evaluative research: Principles and practice in public service & social action programs*. New York: Russell Sage Foundation.

Toseland, R. W., & Rivas, R. F. (2012). *An introduction to group work practice* (7th ed.). Boston: Allyn and Bacon.

Yalom, I. D. (1995). *The Theory and Practice of Group Psychotherapy* (4th ed.). New York: Basic Books.

第十八章
團體工作數位化

隨著電腦科技、網路、智慧型手機、虛擬社群的發展，社會工作者也大量使用資通訊科技（information and communication technologies, ICTs）來提升工作效率，而不再只是靠家訪、外展、電話、傳眞，作爲聯絡、通知、通報、轉介、服務連結、資源聯繫等的手段。同時，社會工作職場也藉由資訊管理來增進工作紀錄、檔案管理等的行政效能。進而，因應傳輸接入、網路交換、行動通訊、無線通訊、應用軟體的發達，社會工作者慣用的電話或面對面會談、評估、諮詢、諮商、督導、協調、成效評鑑等工作，部分已被線上或視訊取代，甚至發展線上團體討論、視訊團體督導、數位社會團體工作（digital social group work）或線上社會團體工作（online social work practice with groups）（Astray, González, Cisneros, & Iglesias, 2023）等，尤其是在新冠肺炎（COVID-19）疫情擴散期間，更是普遍。

第一節　資通訊科技運用於社會工作

一、社會工作的數位運用

社會工作使用資通訊科技的背景，包括：

1. 資通訊科技縮短人類地理的距離，所謂「網路無國界」，讓不同地方的人們，透過網路連結在一起。
2. 電腦網路提升學習的效能，擺脫面對面、實體教室上課的限制，網路提供前所未有的知識、資料、資訊，提供人們線上學習；也由於網路社群媒體資訊分享平台活絡，成爲人們相互學習的知識、經驗交流的主要來源，甚至某種程度取代圖書館、教室的學習功能。
3. 商務電子化普及，網路滲入每個人的生活環節，食衣住行的消費，都可以透過網路購物消費、點餐外送，突破實體商店通路的地理、時間、產品陳列空間的限制，節省了交易成本與外出消費的時間及空間限制。
4. 人們藉由在網路虛擬空間（cyberspace）裡的社群媒體（social

media），線上分享經驗、態度、價值、觀點，網路世界已組成難以計數的虛擬社群（virtual communities），某種程度取代地理社區的影響，尤其是年輕世代受到影響爲最。過去講「秀才不出門，能知天下事」，靠的是傳統的大眾新聞媒體的報紙、期刊雜誌、電視新聞。網路時代，閱讀或觀賞紙本媒體新聞的人變少了，大量被網路新聞、社群媒體取代。

5. 物聯網（IoT）運用於智慧穿戴裝置與智慧家居生活，已運用在運動健身、定位導航、健康醫療、長期照顧，以及環境資訊偵測等方面，譬如計步器、全球定位系統（GPS）、房間照明感控、氣壓感測或心律感測等。
6. 工作型態的改變。人工智慧（AI）、自動化取代部分工作，特別是重複性勞動。不論是企業、非營利組織、政府，提供生產與服務的過程都必須重新分工。例如：金融業必須讓櫃員與自動提款機（ATM）分工；行動支付與收銀員的工作也須分工；無人商店不只是超商、情趣商店、智能販賣，連蝦皮店到店也引進智能取貨；在家工作、遠距工作部分取代定點、定時的工作型態，使得勞動更加彈性與靈活。
7. 數位落差擴大。因智慧型手機、電腦、網路的有無與近用便利與否，以及使用科技的能力與資源有無，使原先以所得與資產多寡決定的貧富差距，擴大到科技設備的有無與使用科技能力的高低，產生了數位落差。所得貧窮加上數位落差的雙重貧窮，惡化了階級、性別、族群、年齡、居住環境的交織不平等，社會工作者必須敏感反應數位落差對接受服務不平等的挑戰。

資通訊科技運用於社會工作通常有以下幾種方式：(1)電子化實務（e-practices），例如：電子郵件、視訊會議（video conferences）合併面對面提供服務；(2)網路爲基礎的方案；(3)機器人、遊戲或3D虛擬環境的運用；(4)科技支持的社會服務，例如：使用手機追蹤走失兒童、失智老人；利用科技輔具協助照顧失能者、身心障礙者等（López Peláez, Erro-Garcés, & Gómez-Ciriano, 2020）。

社會工作一直都是隨社會、經濟、文化、政治環境不斷回應與改變的專業。從1860年代慈善組織會社的組成，招募志願工作性質的「友善訪問者」，處理工業革命之後，城市的貧窮、移民、住宅擁擠、公共衛生、文化衝突等議題。1890年代末，社會工作專業教育出現，進而追求專業化，不但工作方法推陳出新，從社會個案工作、社會團體工作、社區組織，到社會行政，服務對象也隨著新生的社會問題而擴大，20世紀初社會工作觸角已擴及醫療、精神疾病、學校、童工、少年犯罪、少數族群等領域。為因應1930年代的經濟大蕭條，社會工作進入公共行政領域，關切兒童與家庭貧窮、勞工權益保障及社會安全體系的建立。進而，於1960年代介入兒童虐待、老年福利、身心障礙者權益保障、軍人及其家屬福利、同志權益、遊民福利，也再次地關心貧窮、少年犯罪議題。1990年代隨著全球化的擴張，而關切新的社會風險，例如：貧富不均、工作貧窮、失業、人口販運、生態浩劫等。顯示，從服務對象及其所處的社會、政治、經濟環境的變遷來看，社會工作者在每個時代都在回應社會指派（social assignment）（Atherton, 1969）的任務。倘社會工作者無法回應科技的挑戰與社會變遷的需求，將預告社會工作的終結（Kreuger, 1997; Burghardt, 2020; Maylea, 2021）。

從以上資通訊科技的發展，可以發現社會工作者的社群、組織、職場、社會環境在改變；社會工作服務對象的生活型態、行為模式、遭遇到的困難也在改變。社會工作者必須運用新科技與服務對象溝通、建立關係、一起工作，也必須運用新科技與資源提供者或贊助者對話。當然，也必須學習運用新科技以協助自己提升工作效率、減輕人力負荷。

二、電腦中介溝通的優勢

隨著資通訊科技的發達，利用電腦與網路傳遞資訊的電腦中介溝通（computer-mediated communication）無可迴避，即使它被認為僅能傳遞瑣碎、平淡的資訊，要維持好的人際關係有其困難。溝通研究發現，溝通藉由語言（文字）、音調、肢體語言傳遞訊息，其中的訊息傳達影響對方的感覺與態度者7%是靠所說出的話語的文字內容，38%靠說話時的音調，55%靠臉部表情傳達訊息（Mehrabian, 1967）。亦即，說話的音調與身體語言才是達成有效溝通的關鍵。而面對面溝通不只是能產生親近感，同時也是最能直接觀察到臉部表情、手勢、肢體動作的變化與意涵。即使電話、書信、簡訊、電子郵件溝通可以部分聽出對方的音調，但很難感知到對方的身體語言。透過視訊補強電腦中介的溝通，的確某種程度彌補了非語言訊息的傳遞。

從解放關係觀點（liberated relationships perspective）（Hu, Wood, Smith, & Westbrook, 2004）來看，電腦中介溝通解除了某些人的面對面溝通限制，例如：個性害羞、人際關係焦慮、偏遠地區、交通不便等。網路提供更多機會讓這些人與他人互動、接受服務、線上學習等。

此外，從網路增強自我揭露（internet enhanced self-disclosure）（Valkenburg & Peter, 2009）的角度來看，增加網路科技的使用，讓人們增進解讀非語言溝通的能力，並藉由線上自我揭露，增加其社會連結與福祉。所謂線上自我揭露是指，某些個人的感受、擔心、脆弱性，不容易在面對面溝通中揭露，而在網路上，似遠又近、似實又虛的感覺，再加上可以隱藏某些身體語言，讓某些難以啟齒的話題，在網路共享的平台上較有機會自我揭露，又能得到立即的回饋。

資通訊科技運用於人際溝通，好處還包括資訊的連續性傳輸與其他溝通管道的互補性（Walther, 2011），也就是資通訊溝通可以重複、連續釋出訊息，且便捷。至於互補則更容易理解，以資通訊科技彌補面對面溝通的限制，而且可以因人因地使用不同的資通訊科技溝通。

三、電腦中介溝通的效力提升

電腦中介溝通之所以仍然有效，主要依賴線索濾出（cues-filtered-out）（Culnan & Markus, 1987）、社會臨場（social presence）（Short, Williams, & Christie, 1976），以及資訊豐富（information richness）（Daft & Lengel, 1984, 1986）等補強，分述如下。

(一) 補強非語言溝通

線索濾出理論認爲，電腦中介的溝通因缺乏非語言的線索導致溝通功能下滑，爲了彌補網路溝通中看不到對方的表情、姿態、動作等非語言資訊的缺失，於是，人們便創造了很多表情符號來生動呈現和描摹日常面對面交際中的音容笑貌等非語言資訊。亦即，網路語言的最大特色便是將口語的元素加入書寫文字中，使雙方如聞其聲、如見其人。網路非語言溝通符號非常龐雜，不勝枚舉，但依據其內容特徵還是可以分爲五大類：表情符號、電子副言語、虛擬形象、交際場景和「言」外之意。透過網路非語言的溝通符號，讓遠端臨場（telepresence）有面對面溝通的效果，使「遠在天邊」的網友，有如「近在眼前」般的眞實。於是，那些看似缺失的社會線索又得到了補足（宋昭勳，2012）。

網路表情符號是利用各種標點符號、數字、字母的組合，創造出多種既形象又抽象化的表情符號（emoticon），例如：:－)表示最普通的笑臉；:－D張嘴大笑；:－>邪惡戲謔的笑；(^o^)大笑；(^－^)微笑；v和平或者勝利等；用3個英文字母組成的Orz，形如一個跪在地上的人，表達「五體投地」、「跪地投降」、「跪拜」等意思。網民不只可以借用他人創造出來的表情符號，也可以自創表情符號，只要符號具直觀、幽默、創意，就可能被廣泛使用，創作個性化的網路表情，不但有助於網路溝通，也成爲一種時尚。網路表情已進化到更加直觀和形象的表情圖片，例如：MSN的臉部表情符號；再進步到以動畫形式呈現，例如：日本考阿妮（Kaoani）的不斷彈跳的圖形，呈現臉部表情、動作、身體語言、情感表徵的多重意涵（宋昭勳，2012）；進而，豐富的表情貼圖，除了漫畫人物外，也包括可愛動物，增加表情的豐富與多元，且更具溝通的趣味性。

電子副言語是各種不同性質或種類、伴隨語言的聲音，可以分爲兩種類型，一種是功能性發聲，如笑聲、哭聲、歎息聲、呻吟聲、咳嗽聲及因驚恐而發出的喊叫聲等；另一種是伴隨有聲語言出現的語音特徵，如語音、語調、語速、語頓、音質、音高、音量、停頓等。網路語言最大的特色便是把口語元素加入書寫文字中，以彌補非面對面交流過程中所缺失的音容、笑貌等社會線索（social cues），以期達到未見其人、如聞其聲之效，例如：5555555~~~~~~表達嗚嗚哭聲；Zzzzz~~~~~表達睡著了。數字諧音或諧音造字在網路聊天中很普遍，例如：9494=就是就是；51880=我要抱抱你；53719=我深情依舊；7456=氣死我了；3166=沙喲娜拉（再見）；on9=online；C9=師奶等。同時，網友也大量使用華文拼音首字母縮略詞，如：GG（哥哥）、MM（妹妹）、TMD（他媽的）、BT（變態）等，還賦予別字以新義，如菌男（俊男）、黴女（美女）、果醬（過獎）；甚至巧妙地反用詞義，如：天才（天生的蠢材）、蛋白質（笨蛋加白癡加神經質）等（宋昭勛，2012）。

網路虛擬形象（avatar）根據自己的喜好，形塑自己在虛擬世界中的形象，選擇髮型、服飾、表情、場景等。這類虛擬角色通常爲卡通形象，常出現在論壇上、聊天室裡和遊戲中。虛擬形象更加直觀，又簡單易懂，且變化多樣，廣受網民喜愛（宋昭勛，2012）。

網路交際場景是指雙方在網路交流過程中的「共時表演」舞臺。得利於即時通訊科技的完善和發展，給網路交流者提供很多共時的聊天背景，這種典型的非語言環境構成了雙方表演的舞臺，讓情感表達、資訊傳遞、氛圍調節等產生戲劇模式（theatre model）的效果。例如：你可以選擇自己的照片或下載一張能表達自己心情的圖片；然後，再爲對話視窗選擇背景，與正在連線聊天的對象共用浪漫典雅的「薰衣草」、絢麗多彩的「海底世界」、熱情奔放的「美麗心靈」、綿綿細雨的「黃昏小徑」、夜色朦朧的「夢裡水鄉」等；此外，還配有悅耳的音樂旋律，網民可自選圖片、音樂以配合聊天的主題與氛圍（宋昭勛，2012）。

「言」外之意是指使用文字的字體、字形、顏色、語法規則等，來表達言語之外的意涵，常見的有：(1)加強語氣與視覺凸顯，例如：i WARN u!（我警告你！）；(2)重複符號和文字字母，表達強烈的情感，例如：Kisssssssssssssssss u !!!!!!!!!!!!!!!（吻你！）；(3)多語夾雜或借用英文語法表意，例如：吃飯ing（正在吃飯）；(4)雙音疊字型，增加調侃和親暱色彩，例如：東東（東西）、笨笨（笨蛋）、Hughugs（多次擁抱）、nodnods（不停點頭）等；(5)拆開文字，標新立異，例如：青見（靚）、丁頁（頂）等；(6)文字多媒體化，輸入不同字形、顏色讓文字表達更活潑吸睛（宋昭勛，2012）。

(二) 社會臨場

社會臨場是指在線上社群（online community）裡透過多元的非語言親近行爲，提升溝通者的社群感，即使線上溝通不像眞實生活接觸般，卻也可以促進互動關係。至於如何縮短網路溝通的遠距感與增加社會臨場感的策略，包括人性化的互動、同步（synchronous）互動、非同步資料提供（asynchronous）等。而同步互動也可以利用音樂與影片連結、肢體語言、臉部表情等豐富非語言內容，增加社會臨場感，縮短人際距離。非同步資料提供是指在上線前上傳相關的資料，讓對方可以事先閱覽，並準備對話的議題與材料（Kendall & Kendall, 2017）。社會臨場理論在線上教學或遠距教學的發展至爲關鍵。

(三) 資訊豐富

資訊豐富是指資訊能力（ability of information）會改變媒介使用者的理解。資訊越豐富，越能達成溝通效果；反之，溝通的資訊越模糊不清、難懂、容易產生誤解，越不利於溝通。資訊豐富的特徵是（Daft & Lengel, 1986）：

1. 能同時掌握多元資訊線索。
2. 能激發迅速回饋。
3. 能引發個人聚焦。
4. 使用自然語言。

面對面的溝通資訊最豐富，因爲傳遞資訊較精準、有效的即席澄清與解釋，再加上臨場的非語言資訊及輔助資料提供等。相較於面對面溝通，電腦中介的溝通往往比較缺乏社會脈絡的線索或關於團體成員的社會資訊（Lira, Ripoll, Peiró, & Zornoza, 2007）。不過透過視訊軟體，將在不同地方的參與者連線在一起，只要資訊夠豐富，相當程度可以取代面對面的溝通，至少比用電話、書信、傳眞、文件轉知的溝通效果好。面對面溝通與電腦中介溝通關鍵差異不在能力，而在速度，雖然電腦中介溝通速度較慢，但是電腦中介溝通更強大而持久（Walther, Anderson, & Park, 1994）。

第二節　新冠肺炎疫情與社會工作實施的典範轉移

雖然，資通訊科技，包括手機、電腦軟硬體、溝通視訊媒體，進入社會工作領域已有一段時日，包括正式的線上諮商／心理暨社會治療、混合線上與面對面實體元素的實務，以及非正式的溝通聯繫配合面對面的實務運作（Mishna, Milne, Bogo, & Pireira, 2020）。但是，2019年底開始大規模傳染的新冠肺炎，導致相關公共服務不是關閉，就是暫停，而社會工作服務因涉及人民生存與生活，不能說停就停，反而須扮演最後的前哨站（last outpost）功能，透過數位橋梁（digital bridges）連接服務對象與社會福利體系（Richert & Nordgren, 2022）。

過往社會工作者靠著「外展與會談」（walks and talks）完成工作，疫情期間必須配合疫情發展改採數位科技輔助溝通，促使社會工作者及其機構大量地引進資通訊科技來取代無法面對面的服務輸送，改採遠距服務或虛擬照顧（virtual care）（Ashcroft, Sur, Greenblatt, & Donahue, 2022）。大部分的社會服務機構已採用Zoom、FaceTime、WhatsApp、Skype、Google Hangouts、Microsoft Teams等視訊軟體作爲平台，提供正式服務。然而，就全球社會工作者來說，爲因應突如其來的新冠肺炎流行而必須改變服務方式，卻是缺乏事先訓練與支持的（Mishna, Milne, Sanders, & Greenblatt, 2022），有待社會工作者在疫後加緊腳步跟上科技進步與因應未來新的環境變遷。

一、疫情下脆弱人群的交織脆弱性

疫情期間，由於接近資訊、資源、能力、居住地區、風險評估等因素，使脆弱人群（vulnerable populations），包括經濟弱勢、少數民族、未納入社會保險者、低收入戶兒童、老人、身心障礙者、遊民、人類免疫缺乏病毒（HIV）患者、慢性病患者、精神病人等，常是最容易被低度服務，甚至被排除在公共服務之外。隨著新冠肺炎肆虐，各國的社會工作者被賦予重要的責任，照顧疫情中的脆弱人群（Farkas & Romaniuk, 2020），而這些人原本就是所得低、薪資少、工作不穩定、福利少、危機因應能力低者，更需要被協助（林萬億，2021）。

疫情期間，脆弱人群常苦於缺乏口罩、酒精等個人防護裝備（personal protective equipment, PPE）保護自己、不易獲得疫苗注射、住宅空間狹小難以執行社交距離、缺乏線上購物的資源與能力等，使這些脆弱人群更需要社會工作者的服務（Redondo-Sama, Matulic, Munté-Pascual, & de Vicente, 2020）。因此，社會工作者被認爲比其他專業更容易受到新冠肺炎流行的傷害（Amadasun, 2020），主因是社會工作者在倫理上被強制要求服務受疫情影響下的脆弱人群（Berg-Weger & Morley, 2020），導致社會工作者的心理壓力增加。其中，女性比男性壓力高，因爲女性社會工作者同時要照顧家庭成員免於受到病毒傷害，又要服務疫情擴散下的脆弱人群；反之，有團體支持、伴侶情感支持的社會工作者，受到的壓力相對低（Miller & Grise-Owens, 2022）。

社會工作者的任務除了持續服務原有的服務對象、被徵調照顧脆弱人群的防疫設備與基本生存所需之外，又必須回應因疫情而增加的心理健康、兒童保護、性別暴力等議題；同時，又被期待進行覺醒、心理暨社會支持、倡議社會包容脆弱人群等宏觀的角色（Okafor, 2021），故社會工作者在提供脆弱人群服務時，必須關注因年齡、性別、種族、階級、身體條件、居住地區等的交織脆弱性（intersecting vulnerabilities）（Ebor, Loeb, & Trejo, 2020）。

在疫情緊急下，聯合國國際兒童基金會（United Nations International Children's Fund, UNICEF）、國際社會工作者聯盟（International Federation of Social Workers, IFSW）、兒童保護人道行動聯盟（The Alliance for Child Protection in Humanitarian Action），以及全球社會服務人力聯盟（The Global Social Service Workforce Alliance）等均發出提醒的呼籲，建議社會工作者做到：(1)照顧自己的身體；(2)健康與營養均衡的飲食；(3)規律運動；(4)睡眠充足；(5)避免嗑藥與飲酒；(6)找時間放鬆；(7)做喜歡的休閒活動，例如：聽音樂、繪畫、閱讀等；(8)深呼吸、瑜珈或伸展操（Roy & Kaur, 2020）。

二、疫情下社會工作者的倫理挑戰

班克斯等人（Banks, et al., 2020a）提醒在疫情期間，社會工作者面對的倫理挑戰，包括：(1)必須創造與維護在社交距離與個人防護裝備限制下的溝通關係（例如：影響非口語溝通與人際接觸）；(2)搜尋在整體服務中斷的環境下新增的服務需求；(3)管理面對面服務可能帶來的疾病感染；(4)有時可能違反政府或機構政策提供必須的服務；(5)當與不安全的對象及在有壓力的情境下工作的同時，仍然必須照顧自己。不僅如此，社會工作者還得面對疫情結束後脆弱人群失去工作、經濟困境、心理與身體健康等的議題，如羅斯等人（Ross, et al., 2021）所說的二次疫情（second pandemic）。

國際社會工作者聯盟（IFSW）發送線上問卷調查，計有54個國家的607位社會工作者填答[1]，彙整疫情下的社會工作倫理議題如下：(1)經由電話、網路，涉及隱私與守密，或在個人保護裝備下，要開創與維持信任、誠懇及同理關係的困難；(2)由於疫情關係服務需求增加且不同，當資源分散或不足時，或完整的評估變成不可能時，如何規劃服務的優先順序，滿足服務使用者的需求與需要，就成爲難題；(3)爲了盡其所能提供服務，如何平衡服務使用者的權利、需求及社會工作者與其他人所承擔的風險，也是難題；(4)在政策不適合、讓人困惑或不足以回應環境的情況下，決定是否依國家或組織的政策、程序或指引行事，或依專業的裁量，也是難題；(5)在不安全與有壓力的工作環境下，承認與處理情緒、疲憊及自我照顧的需求；(6)利用疫情期間的工作經驗學習，再思考社會工作的未來（Banks, et al., 2020b）。

而社會工作者在疫情緊急下，也常苦於缺乏個人防護設備，復加上服務對象缺乏網路、視訊設備，很難順利利用科技取代面對面的服務輸送（Redondo-Sama, Matulic, Munté-Pascual, & de Vicente, 2020）。當社會工作者被期待採遠距服務時，由於不熟悉、不專長及科技裝備不足，也會

[1] 臺灣也有2位社會工作者填答，但遺憾地被計入中國。

造成心理壓力（Miller & Grise-Owens, 2022）。

新冠肺炎大流行的確深深地影響社會工作服務輸送，然而，經由諸多積極主動的回應，不論在疫情期間或疫後，仍能兼顧「以服務使用者爲中心」的服務及支持社會工作的人力資源。

三、社會工作服務的典範移轉

由於相鄰的專業大量利用資通訊科技來進行服務，例如：美國臨床心理師採用遠距心理健康服務，從疫情前的7%，升高到85%（Pierce, Perrin, Tyler, McKee, & Watson, 2020）；心理健康機構的遠距醫療從10%增加到90%（Canady, 2020）。配合此種趨勢，社會工作者也跟進使用資通訊科技進行遠距服務，不論線上視訊或電話溝通、訪談、評估及服務。案主本來不習慣以資通訊科技溝通，或非實體的接觸，因爲病毒的接觸風險，也變得能接受與認爲有必要，就產生了使用資通訊科技的典範轉移（Mishna, Milne, Sanders, & Greenblatt, 2022）。

利用資通訊科技進行線上學習與在家工作，已經有一段時日了。而新冠肺炎疫情期間，由於社交距離的管制、封城、封廠、關店、關校、關機構等，導致線上學習與在家工作變成無法迴避的變通之道，社會工作領域也必須回應此種變遷。透過國際社會工作學校協會（the International Association of Schools of Social Work, IASSW）的網站調查在疫情期間各國社會工作教育的線上學習經驗，收到32個國家166位社會工作教育者的回覆，發現72%認爲科技的確可以滿足專業教育的需求，但是問及寬頻是否足夠使用，則僅有60%認爲夠用；67%認爲他們會考慮繼續利用線上科技教學；另有40%認爲必須面對使用資通訊科技在社會工服務上的倫理的課題；72%承認數位不平等的確存在於學生間（Lynch, Dominelli, & Cuadra, 2022)。顯示，新冠肺炎疫情促使社會工作實務朝數位化（digitalization）發展，教育工作者與學生無可避免地也必須跟上腳步，除了利用線上教學之外，也必須學習如何管理倫理與網路禮儀議題，以利在數位環境下的專業知能發展。

除了線上教學之外，網路會議也在疫情擴散時被大量採用，例如：國際社會工作者聯盟（IFSW）2020年的年會就在線上進行。西班牙的札拉勾札大學（Universities of Zaragoza）與馬拉嘎大學（Universities of Malaga）的社會工作教授們就開發了一個YouTube頻道稱「數位社會工作」（digital social work），好讓社會工作教學與交流不中斷；同時，也舉辦數位社會工作國際會議，掌握數位社會工作的先機（López Peláez, Erro-Garcés, & Gómez-Ciriano, 2020）。

四、社會工作數位化

與社會工作數位化相關的概念是電子化社會工作（e-social work），指採行數位程序進行的社會工作實施（López Peláez & Marcuello-Servós, 2018）。年輕世代基本上是網路世代（net generation），是在網路科技包圍下成長的一代，不管社會如何稱呼他們，低頭族還是拇指族，他們就是智慧型手機、平板、電腦不離身，資訊取得、聯繫、交友、休閒，甚至工作，幾乎都靠網路完成。據此，年輕的社會工作者也都有一定的數位能力。而為了與年輕的服務對象一起工作，不論是中輟、低學業成就、學校適應、感情、家庭關係、人際關係、性、自傷／自殺、心理健康、就業、偏差行為、青（少）年犯罪、物質濫用等議題，社會工作者不論年齡、性別，都必須增進數位能力，才可能與年輕服務對象建立關係、進行評估、擬定介入計畫、提供服務、進行後續追蹤。

即使是正在衝突中的家庭，例如：兒虐與伴侶暴力，明明是要將衝突兩造適度隔開，但是在一聲封城令下，本應被暫時分隔的加害人，也必須暫時被關在家中，讓受害者繼續處在風險的親密關係中。在緊急狀況下，家庭訪視還是得進行，社會工作者必須利用個人防護裝備保護自己。倘評估染疫風險過高，利用數位科技輔助成為新的選項，社會工作者使用視訊會談、確認案主處在安全的房間裡、請案主利用鏡頭掃描家中環境，最重要的是如何創造出數位親密感（digital intimacy），才可能產生信任與溫暖的工作關係（Pink, Ferguson, & Kelly, 2020），例如：將身體前傾、臉靠近鏡頭、手勢與動作大一點、保持放鬆與微笑、確認聲音聽得清楚，讓遠距的受訪者清楚看到、覺察到社會工作者的關心、溫暖、支持。通常接受視訊訪談都會比較緊張、表情僵硬、表達簡短或不流暢、不確定對方理解程度、急於結束對話，因此，營造數位親密感是數位社會工作必須學習的新課題。

據此，米許納等人（Mishna, et al., 2021）研究加拿大、美國、以色列、英國的4,354位社會工作者，發現當面對面的服務變得不可能時，利用資通訊科技輔助，社會工作及其他助人專業的典範轉移已在新冠病毒疫情擴散下迅速展開，包括教育、訓練、諮詢、服務提供、督導、會議等各面向。

第三節　數位社會團體工作

1990年代以降，隨著自助團體運動、電腦科技的發展，電腦中介團體（computer-mediated group）成爲團體工作的一環。由於其目的主要是用來自助或互助，因此，也稱「電腦爲基礎的自助／互助」（computer-based self-help/mutual aid, CSHMA）。除了因爲電腦科技的普及化外，也是因應有些人不適合面對面團體聚會，例如：性暴力的受害者、愛滋病患、同性戀者、失智症的照顧者、物質濫用者等（Weinberg, Uken, Schmale, & Adamek, 1995; Weinberg, Scrmale, Uken, & Wessel, 1995; Finn & Lavit, 1994; Finn, 1996），甚至擴大到有健康與社會照顧需求的人們之間的自助／互助（Boyce, Seebohm, Chaudhary, Munn-Giddings, & Avis, 2014）。線上團體工作其實已經超越了傳統對團體工作的定義：「社會團體工作是社會工作的方法之一，透過面對面的互動，於小團體中協助個人增強社會生活功能。」（Garvin, 1997）雖然團體成員仍然可以在線上看到其他成員，但是，卻不是實體面對面的互動。

一、電腦爲基礎的自助／互助團體

電腦中介團體發展初期，主要透過電腦網路布告欄系統（bulletin board system, BBS），在網路（internet）系統中連結個人、機構，形成非面對面的團體（non-face-to-face-group）。電腦BBS不但提供資訊、檔案、軟體，也提案「回應討論」（echo conference）。例如：FidoNet回應討論軟體特別針對物質濫用成員設計，仿12步驟與12傳統戒酒匿名團體（12 traditions of alcoholics anonymous, AA）的作法，透過電腦虛擬情境的溝通，仍然可以順利完成自助團體的功能。電腦爲基礎的自助／互助團體對於物質濫用者來說，有以下優勢：(1)提供更多人加入網路討論；(2)連結那些心中藏著隱私議題難以啟齒的人；(3)鼓勵那些不情願參與實體團體的人參加；(4)減少社會地位的障礙；(5)促進溝通；(6)擴散相互依賴；(7)提升人際障礙的人們的溝通機會（Finn, 1996）。

以性虐待倖存者的電腦爲基礎的自助／互助團體（CSHMA）爲例，可以成功達成以下目標：(1)共享互助經驗；(2)分享資訊；(3)檢驗現實感；(4)提供成員普遍的感受；(5)討論禁忌話題；(6)開啟問題解決與預習；(7)揭露多種模式；(8)扮演助手的角色；(9)社會支持與社會增強；(10)克服疏離與孤立；(11)擴散情緒的專注；(12)發展靈感與希望；(13)成本較低可幫助更多人（Finn & Lavit, 1994）。亦即，許多治療團體的要素可以透過電子媒介來達成，例如：支持、消除羞恥與罪惡、了解普同的經驗。

此外，在網路上也有開放的討論團體，想加入討論的人們，申請一個帳號，就可以自由加入討論，除非言論違反規範，版主通常不會介入。例如：以健康與社會照顧需求而組成的社群媒體自助／互助團體，對團體的貢獻是：(1)吸引新成員與擴大成員加入。社群媒體使用者越來越多，特別是年輕世代，透過社群媒體的中介，可以吸引新的團體成員加入；(2)非正式留住成員與更新資訊。透過Facebook、Instagram、Twitter、Line、WhatsApp、WeChat、PTT等社群媒體邀請成員定期網路聚會，很容易聚集到足夠的團體成員，且訊息不會立即被刪除，有助於隨時更新進度；(3)成本相對低。社群媒體通常免費使用，金錢成本相對於面對面接觸團體低。

其對個別成員的好處則是：(1)感受被支持與連結。不只在網路互動上感受到被支持，有時成員還可發展團體外連結關係，例如：用私訊、e-mail郵件等聯繫，達到更寬廣的互助效果；(2)滿足不同的需求。在社群媒體上有針對不同議題的自助／互助團體，參與者可以選擇與自己需求相符的團體加入，比報名參加面對面團體快速與便利。不過也必須提醒，即使社群媒體已經很普遍了，還是會有人猶豫與抗拒，不論是因不熟悉科技使用，或害怕資訊外洩（Boyce, Seebohm, Chaudhary, Munn-Giddings, & Avis, 2014）。

即使是電腦、智慧型手機、平板使用普遍與便利，電腦中介團體還是有一些限制：(1)非面對面互動算是團體工作嗎？(2)資訊相對少，尤其是身體語言、臉部表情、聲調等均闕如，較不易了解對方的眞實感受，除非加裝影像設備；(3)缺乏立即回饋，要等一陣子才可能獲得對方回話，口語總是比文字輸入要快多了；(4)語意會因文字輸入錯誤，或精簡而扭曲或不全，導致溝通不良；(5)團體領導者的功能受限。在虛擬團體中，領導者的角色、地位、功能較難凸顯；(6)團體認同受限。參與者非強制性，且缺乏面對面互動的情感連結，以及團體領導者的桶箍功能不明顯，成員較難認同團體；(7)有可能因爲習慣於網路互動，減少實體人際接觸，反而增加成員的社會疏離；(8)守密倫理議題。網路團體互動較難規範成員的守密倫理，也無從確認在電腦、手機或平板旁是否有其他不相干的人在場；(9)設備限制，如電腦、軟體，以及網路塞車、斷訊都是科技的限制，不見得每個人都方便使用（Weinberg, Schmale, Uken, & Wessel, 1995; Finn, 1996）。

疫情期間，未成年母親如同其他人一樣被限制社交距離，但是，她們的嬰幼兒教養知能學習與支持不能中斷。於是，NGO利用線上團體，提供以藝術爲基礎的正念（mindfulness）方案，教導與支持未成年母親，如何在疫情期間維持自我覺察與專注於當下。當然，必須克服許多障礙，例如：家庭生活、撫育、興趣、科技設備等造成的參與率限制（Oystrick & Coholic, 2023）。

在新冠肺炎疫情期間，運用線上團體協助年輕的乳癌患者面對生育問題、家庭的瓦解、生涯的中斷、低的性愛需求等，透過線上團體互助、相互支持，不因疫情擴散而惡化乳癌確診後引發的心理情緒困擾（Nau, 2022）。線上團體工作也被用來協助亞洲移民社區跨代協力對抗疫情帶來的傷害與衍生的種族歧視[2]。使用母語溝通，以利跨代互助，提升族裔社區的復原力，線上團體工作扮演非常重要的支持力量（Lee & Rose, 2021）。

團體成員在BBS中可以參加特定議題的討論，個人也可以隨時透過自己的電子信箱加入討論。臺灣的網路越來越普及，國內也有不少討論團體，包括同志（同性戀）、新新人類、女性主義團體都有專屬討論區，當然也有一些屬於成人性教育的討論區，都可以視爲電腦自助團體的一種雛形。

如前所述，線上團體不只可以幫助服務使用者，也可以用來自助與互助。社會工作者使用自助或互助團體來助人，由來已久，不論是在醫院病房、精神病患的社區支持、社區組織、身心障礙者家長團體、學校家長會、學生同儕、職場的員工協助方案、物質濫用、性侵害倖存者、同志、精神病患家庭照顧者等。社會工作者的自助或互助團體也被用在災難救援時的自助團體。

二、線上團體與團體效力

然而，資通訊科技的運用是否會影響團體效力（group potency）？所謂團體效力是指「團體成員集體相信該團體是有效的」（Guzzo, Yost, Campbell, & Shea, 1993）。當團體成員相信團體是有效的（團體效力高），決定了團體的效能或有效性（effectiveness）。比較面對面團體與線上會議（電腦中介溝通團體）的團體效力差異研究指出，在團體初期的

2 由於新冠肺炎從中國武漢被發現，且中國官方疫情資訊不透明，導致歧視中國人的事件增加，包括個別的小型攻擊事件或暴力、集體形式的排斥、禁止等。因難以單獨從外貌、語言分辨中國移民與亞洲其他國家移民，致使亞洲移民經常一起受到攻擊。

團體效力並無差異，亦即，溝通方式在團體初期並不影響團體效能。隨著面對面聚會次數增加，團體效力會增加；隨著線上團體聚會次數增加，團體效力仍可維持穩定，關鍵在於對新科技溝通的不適應會隨聚會時間而減弱，以及團體功能的展現。倘團體任務相關的功能獲得實現，線上溝通的團體仍然能達到與面對面溝通團體一樣的團體效力與效能（Lira, Ripoll, Peiró, & Zornoza, 2007）。

線上團體的進行過程是否如同面對面團體一樣的有團體發展階段？理論上兩者無差異。不論依哪一家團體工作進行階段的學說，都可以適用線上團體，差別在於團體的目標設定不同，團體過程也會有差異。以任務團體爲例，來自線上課程團體的經驗顯示，團體進行階段可分：(1)線上禮儀；(2)意見表達；(3)線上任務團體工作；(4)線上協力工作。據此，社會工作學者將之修正爲：(1)協調（coordinating）；(2)接合（coalescing）；(3)聚合（clustering）；(4)協力（collaborating）；(5)建立共識（consensing）；(6)結束（closing）（Jacinto & Hong, 2011）。在協調階段，團體領導者應說明線上禮儀、使用科技的知能、團體成員介紹、團體目標設定，以及協商團體規範、聚會期間、頻率等，其與面對面團體的差別是多了線上禮儀與科技運用管理，例如：發言規矩、麥克風開關、聲音大小、影像呈現、斷線因應、補充資料提供方式、線上互動禮儀等。其餘階段幾乎與面對面團體無異。

在疫情期間，受限於維持社交距離的規定，義大利的社會工作者組成社會工作者互助團體（Social Workers Helping Each Other）（Cabiati, 2021），邀請45位社會工作者加入，起先分成兩個小團體，分屬兒童保護與移民、老人、貧窮社會工作者。第一次線上聚會，發現兒童保護社工人數較多，決定再分爲兩個小團體。每週線上聚會一次，每次一個小時到一個小時半，總計進行28次，分享因應疫情的資訊、策略、經驗、心得與相互建議。團體進行中，有些社工無法全程參與，有33位社工穩定參加。從團體分享的內容發現，主要可分爲三個大議題：實務與組織議題、社會工作方法與倫理議題、個人與情緒議題。實務與組織議題主要關切是社會工作者如何運用數位科技與數位能力、數位焦慮、如何維持基本服務、如何在停止面對面服務時尋求替代作法。社會工作方法與倫理議題包括如何在封城情況下確保兒童免於受家庭暴力威脅、如何改變評估方法、如何發展新的介入技巧、如何確保評估與介入方法轉型仍然能有效執行社會工作服務。個人與情緒議題包括：疫情不確定下的工作與生活、個人與專業關切點的調整、個人與專業生活的平衡、線上服務的信任與同理關係的建立、發展自我照顧的策略等。雖然團體會期是虛擬的，但是團體動力是實實在在發生的。主要是成員同質性高、目標明確（期待從團體中學習因應疫情的各種新經驗）、處在疫情不確定性情境下，線上團體就成爲必要的選擇。如同實體團體工作一樣，團體領導者（催化員）鼓勵線上成員不只分享自己的經驗、感受，也要聆聽他人的意見，給予回饋，進而從中相互獲得學習、資源與支持。

線上團體工作最大的挑戰有以下幾點：

1. 團體動力受限於身體語言無法完整呈現與解讀、非語言溝通減少，或多或少會影響團體動力的發展。因此，線上團體比較適合已經發展較成熟的團體。社會工作者也可以透過設定團體規範，鼓勵成員有效的溝通。
2. 不確定線上團體成員在自家或活動場所裡是否有其他人在身旁，導致影響其表達，甚至無法確保其他成員的隱私保障。因此，社會工作者有必要事先提醒成員在團體過程中哪些資訊或素材不宜揭露，以降低洩密的風險。
3. 在線上互動中，有諸多非語言動作，例如：鼓掌、比讚等動作，在線上很快就消失。社會工作者也無法即時、細緻地觀察到成員的情緒與反應，以致無法引導成員回饋與反應當下的情境。社會工作者必須靠著語言提醒，例如：讚美、鼓勵等來加強互動；同時，提醒成員可以隨情境轉動鏡頭，適時對焦正在表達的成員，或有情緒或反應的成員的微行爲（micro behavior）。
4. 在面對面團體中，倘有成員出現偏離主題或違反團體規範的行爲，可以設定冷靜角落（calm-down corner）讓成員暫時離開團體冷卻。但是，在線上團體中，無此物理環境，一旦類似的行爲發生，相對難以處理，倘有成員憤而離線，社會工作者很難強求其留下，其他成員也難以即時介入（Hung, Lee, & Cheung, 2021）。社會工作者必須學習在電腦中介情境下，仍能透過團體互動與方案活動達成個人的成長與社會目標的完成。

第四節　社會工作數位化的限制

研究者擔心經常使用電腦中介的溝通，減少面對面溝通的機會與經驗，阻礙了面對面溝通的技巧之提升，尤其是面對面溝通時才會有的線索，而不太可能出現在電腦中介的溝通上，例如：說話語氣（Kraut et al., 1998; Nie, 2001; Patterson, 2019）。諸多研究已經發現網路對青少年的福祉與社會連結具有決定性的影響（Kraut et al., 1998; Nie, 2001）。由於網路鼓勵青少年與陌生人建立線上表象關係，對其在眞實世界的人際關係助益有限，因爲花費太多時間於線上，自然就影響其花時間在實質既有的關係上。或許，問題出在減少面對面溝通的投入，而不在科技本身（Valkenburg & Peter, 2009）。

常用電腦中介溝通的人除了減少花時間在與人面對面溝通外，研究者發現許多科技中介的溝通平台減少讓使用者暴露在非語言線索（nonverbal cues）的數量與種類下，某些科技中介的溝通，例如：社群媒體（social media）、傳簡訊（texting）、發送電子郵件（emailing）等明顯缺乏線索，包括身體語言、音調、面部表情、眼神、姿勢、身體接觸、空間、手勢等（Kiesler, Siegel, & McGuire, 1984; Siegel et al., 1986）。這些非語言線索在表達相對地位、情感、關係角色及其他人際面向上是重要的。前述線索濾出理論（Culnan & Markus, 1987）認爲在缺乏非語言線索下，特別是低頻寬科技，溝通功能相對低。即使高頻寬科技導入某些非語言線索，但是這些線索也是淺顯與不複雜的，易導致使用者喪失解讀更精緻的非語言線索的能力，例如：臉部表情通常比表情符號更複雜、音調密度也比文字書寫來得複雜。因此，當缺乏某些重要的非語言線索，個人就缺乏練習與回饋精確非語言線索的解讀意願，而導致阻礙了非語言解讀技巧的發展（Walther & Parks, 2002）。

魯邊等人（Ruben, et al., 2021）的研究證實積極使用電腦科技中介溝通者，其自我報告認爲非語言線索的解讀能力比他人好。但是，從標準化的「成人面對面與職場人際理解技巧的非語言精準度診斷分析」（the Diagnostic Analysis of Nonverbal Accuracy Adult Faces and the Workplace

Interpersonal Perception Skill），得到的非語言解讀分數卻是偏低的。相反地，個人花費較少時間於線上觀看貼文與照片者，客觀的非語言解讀技巧分數較高。顯示，較少使用電腦中介的溝通科技者有較多時間練習非語言線索的解讀，而非僅暴露在圖片、貼文與影音中。亦即，實作與回饋是增進非語言線索解讀能力的基礎。較常使用電腦中介科技溝通者，花較多時間在線上進行自我焦點的（self-focused）活動，處理的是自己的思想、感覺、態度有關的編碼（encoding）工作，而較少從事他人焦點的（other-focused）活動，少了處理與他人互動的思想、感覺、態度相關的解碼（decoding）活動（Ruben, et al., 2021）。

社會工作服務數位化除了有效解決因維持社交距離的防疫規定，而無法面對面提供服務的困難外，對於面對面接受服務有障礙的人，例如：地理遙遠、交通不便、行動受限、年輕的LGBT、心理健康議題，以及有面對面接觸焦慮的人們，反而因此方便得到服務（Mishna, Milne, Sanders, & Greenblatt, 2022）。然而，也必須解決以下課題：

首先，接近服務的公平性。資訊設備、數位能力、付費負擔能力相對缺乏的案主，較難獲得服務，亦即數位排除（digital exclusion）。當代以知識爲基礎的經濟（knowledge-based economy），必須包括新型式的資訊素養（information literacy）或數位素養（digital literacy），在數位素養落差之下，新的數位排除（e-exclusion）出現，就社會工作領域言，處在風險中的兒童與家庭，以及居住在自然社會環境下依賴他人照顧的老人與身心障礙者，被數位排除的風險相對高。數位排除的問題包括以下四點：(1)缺乏網路；(2)缺乏數位設備（智慧型手機、電腦設備等）；(3)使用資通訊科技能力不足；(4)缺乏使用資通訊科技搜尋、歸類、評價、溝通及生產溝通內容的能力（Vávrová, Recmanová, Kowaliková, Gojová, & Vaňharová, 2019）。另外，國際兒童未來基金會（Children's Future International, CFI）在柬埔寨（Cambodia）的服務經驗，在全球南方國家的貧窮、基礎建設落後、社會結構相對保守之下，疫情期間大部分人民沒有網路、電視、智慧型手機，使輸送公共衛生與社會工作服務資訊相對困難（Henley, Henley, Hay, Chhay, & Pheun, 2021）。其實，這種困境不只是經濟發展落後國家的常態，也是工業先進國家居住偏遠、貧富差距、資源分布不均下社區居民生活的一部分，遊民、獨居老人、物質濫用者、偏遠地區居民常是數位落差的受害者。因此，網路的可近性、資通訊科技設備的普及，以及數位素養的提升，是解決數位落差的基礎。

其次，守密與隱私權保障的疑慮，有以下幾點：(1)社會工作者無法確認服務對象所在的環境（房間、辦公室、活動場所、車廂內等）是否有其他人在身旁聽得到對話；(2)視訊軟體是否會保存、竊取使用者的資訊，社會工作者也無法保證，這些案主的資訊，並非經過知情同意被儲存或再利用；(3)有時，社會工作者利用社交媒體上的對話資料，作爲風險評估及服務計畫之用，案主不一定被告知，且這些資訊的正確性也有待再確證。因此，社會工作者必須嚴格遵守守密倫理；同時，提醒服務使用者於使用資通訊科技時，保護自己的隱私。

第三，缺乏環境與全人的資訊，以致不容易進行正確完整的評估，例如：缺乏居家環境、肢體語言、個人整體圖像等，以致較難達成全人、以家庭爲中心、生態、脈絡化的評估。因此，社會工作者必須學習在資通訊科技輔助下，提升個人、團體、家庭、社區、社會評估與介入的知能。

第四，視訊講求快速、效率，以致失去人與人面對面接觸的樂趣。社會工作者變成整天坐在視訊設備房間，面對電腦、平板或手機螢幕與麥克風跟服務對象講話，很容易簡化、稀釋對話議題的多元、活潑與挑戰，以致失去工作的樂趣與動能。社會工作者必須適應這種新的工作模式，何況疫後社會工作數位化腳步不可能停擺，只是適用範圍大小的差別而已。

第五，建立關係相對困難。社會工作者與案主建立工作關係的元素，包括同理、溝通、信任、改變的動機、見面三分情等，視訊互動比較難以展現社會工作者建立關係的能耐。因此，社會工作者必須從視訊會議、視訊會談與評估、線上團體工作的經驗中，學習如何提升建立關係的能力。

第六，專業關係界線模糊。彈性使用手機、Facebook、Instagram、Twitter、Line、WhatsApp、WeChat等社群軟體聯繫與建立關係，出現專業界限的模糊，社會工作者的個人時間、生活受到干擾。社會工作者與案主的互動關係在倫理上應該要設定界限，若非緊急，在下班時間、週末、夜間不宜進行工作。此外，因爲社交媒體的使用，讓案主誤以爲社會工作者跟自己已經變成朋友關係，而讓專業助人關係發生質變（Mishna, Milne, Bogo, & Pireira, 2020; Mishna, et al., 2021; Richert & Nordgren, 2022）。據此，社會工作者不能因爲資通訊科技使用的便利，而扭曲或鬆弛專業關係的界限。當然，社會工作組織與機構也必須遵守勞動倫理，避免影響員工的生活品質。

參考書目

中文部分

宋昭勛（2012）。網絡非言語傳播淺說。編入數位傳播語境下兩岸三地新聞文化探討論文選。香港：陳湘記。

林萬億（2021）。新冠肺炎危機與福利國家發展。社區發展季刊，*176*：314-338。

英文部分

Amadasun, S. (2020). Social work and the COVID-19 pandemic: An action call. *Advance Social Sciences and Humanities*, *63*(6): 753-756. https://doi.org/10.1177/0020872820959357

Ashcroft, R., Sur, D., Greenblatt, A., & Donahue, P. (2022). The impact of the COVID-19 pandemic on social workers at the frontline: A survey of Canadian social workers. *British Journal of Social Work*, *52*: 1724-1746.

Astray, A. A., González, D. A., Cisneros, L. V. D., & Iglesias, J. B. (2023). Digital social group work: Evolution, state of the art and a renewed research agenda. In A. L. Peláez and G. Kirwan (eds), *Digital social work – Reshaping social work practice in the 21st century* (Ch. 14). London: Routledge.

Atherton, C. R. (1969). The social assignment of social work. *Social Service Review*, *43*(4): 421-429.

Banks, S., Cai, T., de Jonge, E., Shears, J., Shum, M., Sobočan, A. M., Strom, K., Truell, R., Úriz, M. J., & Weinberg, M. (2020a). Practising ethically during COVID-19: Social work challenges and responses. *International Social Work*, *63*(5): 569-583. https://doi.org/10.1177/ 0020872820949614

Banks, S., Cai, T., de Jonge, E., Shears, J., Shum, M., Sobočan, A. M., Strom, K., Truell, R., Úriz, M. J., & Weinberg, M. (2020b). *Ethical challenges for social workers during Covid-19: A global perspective*. Rheinfelden, Switzerland: International Federation of Social Workers.

Berg-Weger, M., & Morley, J. E. (2020). Loneliness and social isolation in older adults during the Covid-19 pandemic: Implications for gerontological social work. *The Journal of Nutrition, Health & Aging, 24*(5): 456-458.

Boyce, M., Seebohm, P., Chaudhary, S., Munn-Giddings, C., & Avis, M. (2014). Use of social media by self-help and mutual aid groups. *Groupwork, 24*(2): 26-44. doi: 10.1921/11101240105.

Burghardt, S. (2020). *The end of social work: A defense of the social worker in times of transformation*. Cognella, Inc.

Cabiati, E. (2021). Social workers helping each other during the COVID-19 pandemic: Online mutual support groups. *International Social Work, 64*(5): 676-688.

Canady, V. A. (2020). As MH workforce evolves during COVID-19, telehealth seen as new normal. *Mental Health Weekly, 30*(19): 1-4. https://doi.org/10.1002/mhw

Culnan, M. J., & Markus, M. L. (1987). Information technologies. In F. M. Jablin, L. L. Putnam, K. H. Roberts, and L. W. Porter (eds.), *Handbook of organizational communication: An interdisciplinary perspective* (pp. 420-443). Sage Publications, Inc.

Daft, R. L., & Lengel, R. H. (1984). Information richness: A new approach to managerial behavior and organizational design. In Cummings, L. L. and Staw, B. M. (Eds.), *Research in organizational behavior*, 6 (pp. 191-233). Homewood, IL: JAI Press.

Daft, R. L., & Lengel, R. H. (1986). Organizational information requirements, media richness and structural design. *Management Science. 32*(5): 554-571. doi:10.1287/mnsc.32.5.554.

Ebor, M. T., Loeb, T. B., & Trejo, L. (2020). Social workers must address intersecting vulnerabilities among noninstitutionalized, Black, Latinx, and older adults of color during the COVID-19 pandemic. *Journal of Gerontological Social Work, 63*(6-7): 585-588. https://doi.org/10.1080/ 01634372.2020.1779161

Farkas, K., & Romaniuk, R. (2020). Social work, ethics and vulnerable groups in the time of Coronavirus and COVID-19. *Society Register, 4*(2): 67-82. https://doi.

org/10.14746/sr.2020.4.2.05.

Finn, J., & Lavitt, M. (1994). Computer-based self-help groups for sexual abuse survivors. *Social Work with Groups*, *17*(1/2): 21-45.

Finn, J. (1996). Computer-based self-help groups: On-line recovery for addictions. *Computers in Human Services*, *13*(1): 21-41. doi: 10.1300/J407v13n01_02.

Garvin, C. D. (1997). *Contemporary group work* (3rd ed.). Englewood Cliffs, New Jersey: Prentice-Hall, Inc.

Guzzo, R. A., Yost, P. R., Campbell, R. J., & Shea, G. P. (1993). Potency in groups: Articulating a construct. *British Journal of Social Psychology*, *32*: 87-106.

Henley, L. J., Henley, Z. A., Hay, K., Chhay, Y., & Pheun, S. (2021). Social work in the time of COVID-19: A case study from the Global South. *British Journal of Social Work, 51*: 1605-1622. doi: 10.1093/bjsw/bcab100.

Hu, Y., Wood, J. F., Smith, V., & Westbrook, N. (2004). Friendships through IM: Examining the relationship between instant messaging and intimacy. *Journal of Computer Mediated Communication, 10*: 38-48.

Hung, E. N., Lee, T. T. T., & Cheung, J. C. H. (2021). Practising social work groups online: Practitioners' reflection on the COVID-19 outbreak. *International Social Work*, *64*(5): 756-760.

Jacinto, G., & Hong, Y. J. (2011). Online task groups and social work education: Lessons learned. *Contemporary Rural Social Work Journal, 3*(1), Article 4. https://digitalcommons.murraystate.edu/crsw/vol3/iss1/4.

Kendall, J., E., & Kendall, K. E. (2017). Enhancing online executive education using storytelling: An approach to strengthening online social presence. *Decision Sciences Journal of Innovative Education*, *15*: 62-81. doi:10.1111/dsji.12121.

Kiesler, S., Siegel, J., & McGuire, T. W. (1984). Social psychological aspects of computer-mediated communication. *Am. Psychol*, *39*: 1123-1134. doi: 10.1037/ 0003-066x.39.10.1123.

Kraut, R., Patterson, M., Lundmark, V., Kiesler, S., Mukopadhyay, T., & Scherlis, W. (1998). Internet paradox: A social technology that reduces social involvement and psychological well-being? *Am. Psychol*, *53*: 1017-1031. doi: 10.1037/0003-066x.53.9.1017.

Kreuger, L. W. (1997). The end of social work. *Journal of Social Work Education*,

33(1): 19-27.

Lee, S., & Rose, R. (2021). Unexpected benefits: New resilience among intergenerational Asian-Americans during the Covid-19 pandemic. *Social work with Group*, *45*(1): 61-67.

Lira, E. M., Ripoll, P., Peiró, J. M., & Zornoza, A. M. (2007). The role of information and communication technologies on the relationship between group effectiveness and group potency: A longitudinal study. *Computer in Human Behavior*, *23*(6): 2888-2903.

López Peláez, A., Erro-Garcés, A., & Gómez-Ciriano, E. J. (2020). Young people, social workers and social work education: The role of digital skills. *Social Work Education*. https://doi.org/10.1080/02615479.2020.1795110.

López Peláez, A., & Marcuello-Servós, C. (2018). e-Social work and digital society: Re-conceptualizing approaches, practices and technologies. *European Journal of Social Work*, *21*(6): 801-803.

Lynch, M. W., Dominelli, L., & Cuadra, C. (2022). Information communication technology during Covid-19. *Social Work Education*. doi: 10.1080/02615479.2022.2040977.

Maylea, C. (2021). The end of social work. *The British Journal of Social Work*, *51*(2): 772-789. https://doi.org/10.1093/bjsw/bcaa203.

Mehrabian, A. (1967). Inference of attitudes from nonverbal communication in two channels. *Journal of Consulting Psychology*, *31*(3): 249-252.

Miller, J. J., & Grise-Owens, E. (2022). The impact of COVID-19 on social workers: An assessment of peritraumatic distress. *Journal of Social Wor*k, *22*(3): 674-691.

Mishna, F., Milne, E., Bogo, M., & Pereira, L. F. (2020). Responding to COVID19: New trends in social workers' use of information and communication technology. *Clinical Social Work Journal*, *24*. https://doi.org/10.1007/s10615-020-00780-x.

Mishna, F., Sanders, J. E., Daciuk, J., Milne, E., Fantus, S., Bogo, M., Lin, F., Greenblatt, A., Rosen, P., Khoury-Kassabri, M., & Lefevre, M. (2021). Social work: An international study examining social workers' use of information and communication technology. *British Journal of Social Work*, 1-22. doi: 10.1093/bjsw/bcab066.

Mishna, F., Milne, B., Sanders, J., & Greenblatt, A. (2022). Social work practice during COVID19: Client needs and boundary challenges. *Global Social Welfare*, *9*:

113-120.

Nau, E. (2022). An online group for young women with breast cancer: Sparking online engagement. *Social work with group*, *45*(3-4): 257-267。

Nie, N. H. (2001). Sociability, interpersonal relations and the internet: Reconciling conflicting findings. *Am. Behav. Sci.*, *45*: 420-435. doi: 10.1177/00027640121957277.

Okafor, A. (2021). Role of the social worker in the outbreak of pandemics: A case of COVID-19. *Cogent Psychology*, *8*: 1939537. https://doi.org/10.1080/23311908.2021.1939537.

Oystrick, V., & Coholic, D. (2023). Exploring the feasibility and acceptability of an online arts-based mindfulness program for adolescent mothers. *Social Work with Group*, 46(3): 190-204. DOI: 10.1080/01609513.2023.2174636.

Patterson, M. L. (2019). A systems model of dyadic nonverbal interaction. *J. Nonverbal Behav.*, *43*: 111-132. doi: 10.1007/s10919-018-00292-w.

Pierce, B. S., Perrin, P. B., Tyler, C. M., McKee, G. B., & Watson, J. D. (2020). The COVID-19 telepsychology revolution: A national study of pandemic-based changes in U.S. mental health care delivery. *American Psychologist*, *76*(1): 14-25. https://doi.org/10.1037/ amp0000722.

Pink, S., Ferguson, H., & Kelly, L. (2020). Child protection social work in COVID-19 reflections on home visits and digital intimacy. *Anthropology in Action*, *27*(3) (Winter 2020): 27-30.

Redondo-Sama, G., Matulic, V., Munté-Pascual, A., & de Vicente, I. (2020). Social work during the COVID-19 crisis: Responding to urgent social needs. *Sustainability*, *12*: 8595. doi:10.3390/su12208595.

Richert, T., & Nordgren, J. (2022). Social work with people who use drugs during the Covid-19 pandemic-A mixed methods study. *Nordic Social Work Research*. https://doi.org/10.1080/2156857X.2022.2141839.

Ross, A. M., Schneider, S., Muneton-Castano, Y. F., Caldas, A. A., & Boskey, E. R. (2021). "You never stop being a social worker": Experiences of pediatric hospital social workers during the acute phase of the COVID-19 pandemic. *Social Work in Health Care*, *60*(1): 8-29. https://doi. org/10.1080/00981389.2021.1885565.

Roy, S., & Kaur, N. (2020). Issues and challenges with COVID-19: Interventions

Through social work practice and perspectives. *Journal of Social Work Values and Ethics*, *17*(2): 85-91.

Ruben, M. A., Stosic, M. D., Correale, J., & Blanch-Hartigan, D. (2021). Is technology enhancing or hindering interpersonal communication? A framework and preliminary results to examine the relationship between technology use and nonverbal decoding skill. *Front. Psychol.,* 11: 611670. doi: 10.3389/fpsyg.2020.611670.

Siegel, J., Dubrovsky, V., Kiesler, S., & McGuire, T. W. (1986). Group processes in computer-mediated communication. *Organ. Behav. Hum. Decis. Process*, *37*: 157-187. doi: 10.1016/0749-5978(86)90050-6.

Short, J., Williams, E., & Christie, B. (1976). *The social psychology of telecommunications*. London: John Wiley & Sons.

Valkenburg, P. M., & Peter, J. (2009). Social consequences of the internet for adolescents: A decade of research. *Curr. Dir. Psychol. Sci.*, *18*: 1-5. doi: 10.1111/ j.1467-8721.2009.01595.x.

Vávrová, S., Recmanová, A., Kowaliková, I., Gojová, A., & Vaňharová, A. (2019). *Using ICT in social work focused on e-exclusion groups*. 10th ICEEPSY 2019 International Conference on Education and Educational Psychology. https://doi.org/10.15405/epsbs.2019.11.35.

Walther, J. B., Anderson, J. K., & Park, D. W. (1994). Interpersonal effects in computer-mediated interaction: A meta-analysis of social and antisocial communication. *Communication Research*, *21*: 460-487.

Walther, J. B., & Parks, M. R. (2002). Cues filtered out, cues filtered. In M. L. Knapp and G. R. Miller (eds.), *Handbook of interpersonal communication*. Thousand Oaks, CA: Sage Publication.

Walther, J. B. (2011). Theories of computer-mediated communication and interpersonal relations. In Mark Knapp and John Daly (eds.), *The sage handbook of interpersonal communication* (4th ed.) (pp. 443-479). Sage.

Weinberg, N., Uken, J., Schmale, J., & Adarnek, M. (1995). Therapeutic factors: Their presence in a computer-mediated support group. *Social Work with Groups*, *18*(4): 57-70.

Weinberg, N., Scrmale, J., Uken, J., & Wessel, K. (1995). Computer-mediated support groups. *Social Work with Groups*, *17*(4): 43-54.

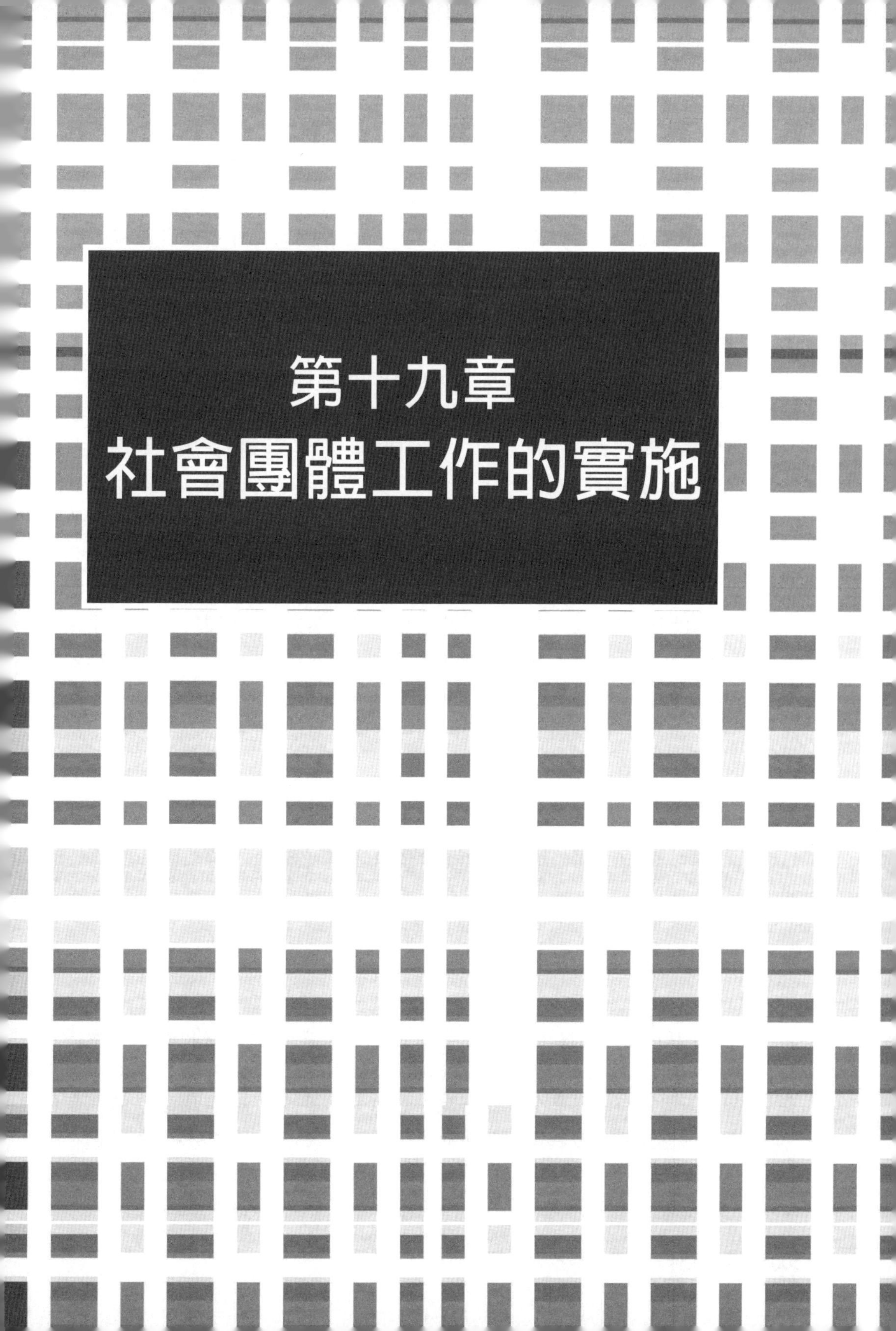

第十九章
社會團體工作的實施

社會團體工作方法可以運用於各種社會福利機構或社會工作設施中，包括單身住宅、學校、鄰里、醫院、公共福利機構、工會、社區、兒童住宿治療中心、監獄等（Schwartz & Zalba, 1971）。克那普卡（Konopka, 1972）從較大的範疇指出社會團體工作者在各領域中的角色，包括社區睦鄰中心、少年服務、兒童福利服務、家庭服務、老人服務、醫療與精神病理服務、矯正服務與學校社會工作等。藍格與休爾曼（Lang & Sulman, 1987）指出老人、心臟病人、照顧機構、精神病人康復俱樂部、先天性脊椎裂兒童家庭等的服務都有採用社會團體工作。周等人（Chau, Weil, & Southerland, 1991）舉出健康照護、愛滋病、心理衛生、兒童保護、發展遲緩、少年機構、老年、少數民族、難民、遊民等都適合採用社會團體工作。佳文等人（Garvin, Gutiérrez, & Galinsky, 2004）則將身心健康機構、非自願團體、兒童與少年、兒童福利、藥物濫用治療、老人，以及處理團體衝突等列為常用團體工作的設施。葛立夫與伊芬羅斯（Greif & Ephross, 2011）從人們處在風險下的角度將團體工作的實施對象分為：健康、變遷適應、家庭暴力與性侵害、同志、學校、工廠與社區等領域，其中變遷適應是指離婚、移民等。上述這些範疇幾乎涵蓋了社會工作的各個領域。本書所引介的社會團體工作實施領域，是參照近來歐美社會團體工作運用的趨勢，或許目前國內並未完全接納，但頗多值得借鏡者。

第一節　醫療與心理衛生工作

一、醫療設施中的團體工作

1960年代社會團體工作即已廣泛地受到醫療領域的歡迎，國內則到1980年代才有較多的醫院採行社會團體工作來協助病人及其家屬。那時，筆者即有幸參與榮民總醫院的社會工作組嘗試的鼻咽癌病人團體工作方案，協助病人及其家屬解決社會、心理、營養與治療後保健的問題。雖是起步工作，但是社會工作者的用心程度足可預期未來社會團體工作在醫療機構的前途樂觀。

團體工作在醫療機構中會有樂觀的前途是基於下列理由（Lindamood & Klein, 1983）：

1. 希望：社會工作者信任成員有足夠的能力互助。
2. 普及性：團體參與者不會環視四周而認定自己只是唯一的患者。
3. 人際學習：團體參與者在一種雙向的學習過程中，一面輸出知識，也同時接受訊息。
4. 利他性：團體參與者認定自己雖是個個人，但有時對他人很重要。
5. 一種家庭團體的縮影。
6. 社會化的技巧：疾病經常使個人疏離其家人，團體提供一種社會化的安全場所。
7. 產生模仿性的機會：適應不良的團體成員能向較成功的團體成員學習。
8. 滌清或情感宣洩（catharsis）：團體是一個安全的情境，透過團體的支持，消除成員的恐懼與悲哀。

以上這些優點都不是傳統個案工作所及的。因此，在醫療機構中採用社會團體工作應可滿足某些案主的共同性需求。

社會團體工作在醫療機構中有三個主要的貢獻：(1)基本或預防性照顧；(2)行為改變；(3)復健。基本或預防性照顧團體，可以從小兒科的病房發現好兒童照顧團體（well-child-care group），以及慢性病人的團體，如肺病、心臟病、中風、癌症等。另外，醫療人力的自助團體也被使用在醫療機構中，基本上，這是心理衛生預防的一環。至於行為修正團體，可以修正病人的高血壓、肥胖與抽菸等問題。而復健團體，可以透過家長、親屬來減除病人的社會能力障礙。

社會團體工作在醫療機構中的工作模式，第一類是心理治療（psychotherapeutic）團體，這是最傳統的團體工作模式之一，也是團體工作進入醫院的基礎。心理治療團體是透過團體成員間的互動，在團體過程中產生成員的行為改變。它的特徵是：

1. 工作者向成員解釋其行為。
2. 團體過程長而且慢。

3. 重視團體成員的問題成因，據此，過去的追溯是很重要的。
4. 團體開始即是對主題的討論。

第二類型是自助團體（self-help group），其特性是：
1. 對病人的興趣是現在而非過去。
2. 行為改變不是顯見的，也非思想上的改變。
3. 學習的重點在於互助的經驗。
4. 領導者的角色是「少管事」（loss his job）。
5. 團體的目標是由成員在一定的時間內完成。

最後一種模式是教育性團體。對領導者而言，在團體中具有師生的角色，其特色是：
1. 為了學習專業知識，領導者是一位教師的角色。
2. 領導者涉入是前後一致的。
3. 團體有時間限制。
4. 行為改變是可見到的。

上述的基本照顧預防團體、行為改變與復健團體都可納入這三個模型之內。例如：一個自助團體，聚集在一起是為了學習有關高血壓方面的認識，這個團體就具備了教育與自助的模式；然而，又為了其中某些成員的心理需求，而設定心理治療的經驗。

社會工作者在醫療機構中採行團體工作，並不是只做團體治療或治療性團體。事實上，病人的家屬，以及病人癒後的復健，都有待社會工作者協助。不過，在病房中的團體工作，通常可以邀請護理師、醫師、營養師、復健師參加，以彌補社會工作者在醫療、護理、營養等方面知識的不足。

二、心理衛生機構的團體工作

心理衛生暨精神疾病醫療機構透過團體工作的實施，能夠協助精神科住院病人達到下列幾項功能（Churchill & Glasser, 1974）：

1. 表達自我特質。
2. 社會參與。
3. 行爲回饋。
4. 建立自尊。
5. 學習新的知識與技巧。
6. 社會教育。
7. 社會飢渴的支持。

社會團體工作在心理衛生機構的工作，主要是在兒童心理衛生中心、成人精神科，以及危機介入，以下依此加以闡述：

(一)兒童心理治療

兒童心理衛生中心提供兒童長期與短期治療，短期治療無效才接受長期治療。短期治療通常是進行15到16個團體聚會期，治療者可以是社會工作師、心理治療師及精神科醫師。短期治療主要針對兒童學校失敗、家庭不穩定，以及父母對子女的學業錯誤期待等。其功能在於讓父母承認子女的行爲模式，如做功課的方式、個人興趣等具有獨特性，透過團體提供建議與生活教育。因此，短期治療不在於追溯內在心理動力（intrapsychic dynamics）（Epstein, 1970: 33-38）。至於兒童精神疾病，例如：智能障礙（mental retardation）、注意力缺損（attention deficit disorder）、行爲規範障礙（conduct disorder）、兒童或青春期焦慮症（anxiety disorders of childhood or adolescence）、飲食障礙（eating disorders）、刻板性動作障礙（stereotyped movement disorders）、身體症狀之其他精神疾患（other disorders with physical manifestation）、廣泛發展性障礙（pervasive developmental disorders），以及其他兒童或青少年精神疾病（other disorders of infancy, childhood or adolescence）等，常靠遊戲方法來誘導心理表現，如果有良好的關懷與治療，也可在短期內治癒；不過，通常需要較長時間的處理，尤其是父母要參與治療的過程。以下以兒童自閉症（autism）的親職團體爲例說明。

自閉症的兒童經常有以下症狀（Samit, Nash, & Meyrs, 1980: 215-223）：

1. 社會關係受傷害、撤退與疏離。
2. 語言發展障礙。
3. 對虛空的目標（物體）的偏愛與先入爲主。
4. 抗拒改變。
5. 缺乏人格認同。
6. 偏差的理解經驗。
7. 動作不連貫。
8. 非理性的焦慮。
9. 智能障礙。

臨床上，父母的非常態心理與處置失當是兒童自閉症的突發原因。雖然嗣後在診斷、病因學，以及治療上有不同的見解，但是家庭仍然是影響兒童自閉症的重要因素。沙密特等人（Samit, Nash, & Meyrs, 1980: 215-223）認爲處理兒童自閉症的重要因素，是其家庭在健康照顧上的控制與提供。控制可採許多方式，例如：訓練、處理技巧、決策能力與辯護。而父母決定將其子女送往機構或安置於家庭，受到下列四個因素的影響：

1. 兒童的退縮程度。
2. 在考慮其兄弟姊妹的情感需求下，衡量其對家庭整合的反效果。
3. 家族與社區支持的可行性。
4. 父母的行爲處理技巧。

而處理子女的問題常使父母的負荷超量，當其在表達協助子女的關心時常易於焦慮與困擾。因此，採行親職團體來協助治療是必要的。

團體由兒童心理治療中心的自閉症父母所組成，年齡在2至6歲間，團體於兒童入院即開始，到出院時才結束。團體過程中允許廣泛的診斷與深入治療的嘗試。團體的功能在於使父母整合於其子女的治療過程中，透過團體的協助使父母挺過一連串的巨大壓力，使其了解對兒童不適應問題處理的重要性，並使其增進兒童發展，最後能使父母發揮潛能去處理潛在的壓力環境，並發展較佳的自我控制意識，而做出適當的決策。通常這類團體會有幾個明顯的階段：(1)下定決心接納治療；(2)震撼或不信；(3)拒絕；(4)害羞與恥辱；(5)壓抑；(6)接納或已下定決心；(7)結束。

(二) 智能障礙者的團體工作

在家中如果發現一位「遲鈍的」、「怪異的」孩子，總是相當挫敗的，寄養家庭也是一樣。資料顯示，智能障礙者有下列幾種痛苦：社會隔離、壓抑、撤退、缺乏語言技巧、混淆、缺乏同儕互動、過分依賴權威（Davis & Shapiro, 1979: 330-337）。對於遲鈍的少年來說，特別需要協助他們的青春期發展任務；他們也需要表達感受、增加機會與社會化。一般社會服務機構給這些少年的資源是有限的，遊戲與社會化經常受到排斥，既存的方案中經常未能針對其特殊需求，尤其在都市的貧民窟裡，傳統的治療方式端賴「案主」的語言能力，因而，智能障礙並未被納入心理治療中。然而，團體經驗不完全依賴語言，活動也可以作為溝通的管道，透過互動可以鼓勵分享感受與思考。一般人常假設智能障礙者不能口語化（verbalized），不能表達或處理生活中的感受，也不能自行到機構來，更不能在團體中互動，而不應該使他們「群居化」（ghettoized），而稱之為「遲鈍團體」（slow group）。可是，經發現常是因為工作者不能從中得到滿足，而非智能障礙者不適合團體。

智能障礙團體可以達到下列目標（Davis & Shapiro, 1979: 330-337）：

1. 發展語言與社會技巧。
2. 有效地表達思考與感受。
3. 認同成為一位更有自主的個體。
4. 增加互助與接納。
5. 改進整潔與衛生習慣。

不過，智能障礙者團體組成的考慮應著重在智商（IQ）的程度、身體狀況與年齡，相似性還是很重要的要素。

(三) 精神疾病的團體治療

精神疾病採用團體治療被認為在時間上較為經濟，尤其在缺乏精神科醫師，而病人眾多時，適合施行（曾文星、徐靜，1982）。依病情診斷來分析，並非所有精神疾病都適合團體治療，曾文星與徐靜（1982）

認爲情感性精神疾病比較不適合接受團體心理治療；而其他如思覺失調症（schizophrenic）、妄想症、神經症、人格異常，以及青春期適應障礙，均可透過團體來治療其特殊病情傾向。

對於社會工作者來說，參與精神科或心理衛生中心的團體治療是主要的工作之一。例如：帶領心理衛生中心的跨代團體（intergenerational group）協助缺乏溝通、疏離、行爲標準及社會價值不一的人們（Mandelbaum, 1973: 154-161），針對自閉症與思覺失調症的青少年團體的心理治療（Epstein, 1977: 350-358）、思覺失調症住院病人或門診病人的團體治療（Frey & Pizzitoal, 1973: 94-95）等都有顯著的績效。以下，以思覺失調症病人的團體治療爲例，來討論精神科的社會團體工作（Davis, 1971: 172-178）。

對於精神科的團體工作來說，分析性團體（analytical group）有時並不適合，尤其是自我較弱的病人，反而支持性團體（supportive group）較適合。支持性團體是較長期的，也可以是開放性的。病人從醫院的病患名單中被挑選參加團體，有一部分是思覺失調症，另一部分是焦慮症，且大部分病人都曾住過院。組成團體的目標在於：

1. 維持病人盡可能地不住院。
2. 配合病人迫切的需求。
3. 增進病人的心理社會功能。

社會工作者在團體治療中的角色是提供病人人際的接觸、引導病人發展適當的功能及使用鄰里、家庭的資源。團體的進行每週一小時，團體長達二、三個月，採取開放性團體途徑。

從臨床經驗中可以發現思覺失調症的病人明顯地呈現下列特質：

1. 自我不足（ego deficiency）：尤其是表現其生活中主要角色，如妻子與母親的角色履行上的失功能，這正如康明思（Cummings, 1963）所形容的「不適足症候群」（inadequacy syndrome）。
2. 對世界的仇視：團體成員把外在世界當成是冷酷的、困難的、殘忍的，所以對他人感到失望。
3. 口慾性（orality）：大部分的思覺失調症病人即使只能履行少部分的家庭責任，仍持續地煮食，因此，許多這類病人因而體重增加。他們似乎是爲了平靜而遭致體重增加的後果。不過，縱然效果不彰，他們仍在團體中分享減肥的討論。

4. 從現實中撤退：思覺失調症病人很少能與家人溝通良好，他們恐懼在戶外遇到他人，他們只與別人建立膚淺的人際關係。

團體治療的功能對於思覺失調症病人來說，有非常積極的貢獻，主要有下列幾點：

1. 社會化：成員有固定的時間與場合與他人互動，談他們所要談的，知道他們所要知道的，而且他人不會因此而取笑。對全體成員來說，這是他們所不會排斥的社會化機會。
2. 自我支持與發展：思覺失調症的病人苦於自我不足與缺乏適當的正常行爲。由於團體工作者的介入，使他們信任與認同治療者，尊重其他成員與團體，如此，他們可以發展信任與接納治療者與團體的能力。
3. 現實檢驗（rea1ity testing）：思覺失調症的病人經常以自己的理解來看世界，他們經常曲解現實，從現實中撤退。因此，他們必須學習如何面對現實，而非自己去設定現實。治療者可以協助他們從團體中增強現實感。

(四) 創傷後的危機介入

創傷的成因很多，如地震、水災、風災、火災、土石流、氣體爆炸、車禍、戰爭、恐怖攻擊、綁票、殺人、強暴、家暴、目睹家暴等。創傷事件通常包括兩個要件：(1)人們經歷、見識或面對某一事件，引發確實或理解到生命或生理整合受到威脅；(2)人們對此一事件產生包括恐懼、無助或高度的害怕等情緒反應（Foa & Meadows, 1997）。創傷事件通常會造成「創傷後壓力疾患」或譯「創傷後症候群」（posttraumatic stress disorders, PTSD）（林萬億，2002；林萬億編著，2018）。

創傷壓力（traumatic stress）可能持續幾天、幾週，如果沒有即時被處理的話，甚至到幾年，通常越快處理越好（Mitchell & Bray, 1990; Bell, 1995）。米契爾（Mitchell, 1983）發展出危急事件壓力抒解（critical incident stress debriefing, CISD）的七階段緊急介入（acute intervention），又稱爲創傷事件抒解（traumatic event debriefings, TED）（Bell, 1995），或多重壓力抒解（multiple stressor debriefing, MSD）（Armstrong & Lund, 1995）。壓力抒解（debriefing）相對於簡報（briefing），簡報是指飛行員出任務前由上級給予戰鬥任務的簡報，而壓力抒解則有任務完成後返航基地回報的意思，一方面將任務完成經過簡述給任務交辦者知悉，另一方面將責任壓力卸掉。據此，有接受詢問、說明清楚之意。

米契爾（Mitchell, 1983）針對消防員提供緊急服務者的創傷事件抒解，以減輕這些深入災難現場救災的人員的創傷壓力，其最佳進行時機是這些暴露在創傷事件下的人們於創傷事件發生後的24到72小時。吉利蘭與傑姆斯（Gilliland & James, 1988）警告「危機是否會轉變爲慢性或長期的疾患，端視危機事件發生後是否有立即的介入。」因此，危機事件後立即的危機處理是非常重要的。CISD或TED是一種小團體的危機介入技術，其階段如下（Mitchell, 1983; Mitchell & Bray, 1990; Bell, 1995; Everly, 1995）：

1. **介紹與建立規則**（introduction phase）

其規則如下：(1)保護私密性；(2)只有創傷事件的涉入者才可參加，家人或陪伴者均不能加入；(3)成員不被強制要求表達，但被鼓勵把話說出來；(4)只說自己的經驗；(5)雖然這不是調查，但是參與者可能會被傳喚說明，然參與者不應該揭露足以傷害與該事件或行動有關的人員的細節；(6)壓力抒解過程中不會有中場休息，如果中途有任何參與者必須離席，團體工作團隊成員應陪他離席，以確保離席者不會有事；(7)不製作紀錄或錄音（影）；(8)在壓力抒解過程中人人平等，沒有尊卑；(9)參與者被鼓勵提問；(10)團隊工作成員可以在壓力抒解團體結束後的恢復精神階段，與成員進行個別談話。

在第一階段中除了設定原則外，也要設定期待、引介工作人員、簡介壓力抒解過程、引起參與動機、答覆任何初步關心的課題，以及建立進行CISD的基礎。這與一般團體工作或治療進行的第一階段差異不大。

2. **事實階段**（fact phase）

這個階段由每位參與者從他們自己的觀點闡釋發生了什麼創傷事

件。由於細節與從不同的觀點表達，創傷事件在此一階段復活，如此一來，提供了一個最容易，也最少威脅的方式讓參與者討論創傷事件。有時，團體領導者可以採取開放式問題來徵求每一位成員輪流發言，如你是誰？在哪裡工作？在這個事件中被指派擔任什麼任務？在這個事件中你看到了什麼？這些問題基本上是針對事實的認知而提出。

3. **思考階段**（thought phase）

這個階段的重點是讓參與者逐漸從事實取向的過程轉進到思考取向的過程。團體領導者開始引導參與者描述個人對事件的認知反應，或者對事件的關心部分，例如：「對這個事件你有何看法？」這些思考應該是個人觀感的，藉此逐步轉進到更多情緒面的表白。

4. **反應階段**（reaction phase）

這個階段要引出參與者的情緒。焦點放在參與者認爲事件對他來說是最糟糕的部分，例如問：「整個事件對你來說最糟糕的是什麼？」通常在上一個階段就會有一些情緒反應，在這個時候只是讓情緒更自然地宣洩。

5. **症狀階段**（symptom phase）

此時，團體要從情緒瀰漫的氣氛又轉回到認知層次上，團體領導者要引導成員討論他們的生理、情緒、行爲、認知症狀，也就是PTSD常見的症候群。通常這些問題的討論不是在進行團體治療，而是在進行危機介入，以穩定參與者爲主要任務。

6. **教育階段**（teaching phase）

團體領導者開始詳細說明創傷後壓力可能出現的生理、情緒、行爲、認知反應，而且強調這些創傷事件的後續反應對任何正常的人於非正常的事件發生時，都會有如此正常的反應。同時，也要再肯定這些創傷後的壓力將隨時間的消逝而減弱。提供一些口語的或文字的抒壓技術相關參考資料給參與者是必需的；同時，也可以介紹一些專長創傷後壓力治療的人給參與者，以便有需要時可以前去求助。如果團體領導團隊成員就有精神科醫師或心理治療師，也可以即時認定在上個階段所暴露的症候是否有病理上或呈現極端的風險因子，如潛在自殺傾向，俾利加強成員的危機因應與危機管理策略。

7. **再進入階段**（reentry phase）

這個階段須處理結束的工作，團體領導者要強化危機因應的技術，界定失功能的部分，回答參與者的個別問題，引導團體進入結束階段，幫助參與者對事件進行心理的了結，評估後續接觸的必要性，發送一些相關的危機管理資料，鼓勵成員在團體結束後打起精神。最後，在結束後也可以有一些個別的閒聊，以緩和團體離別的感傷。

CISD的團體組成如一般團體工作或團體治療，成員以8到12人較適中，團體的進行時間以1小時半到3小時為度。但是，依團體規模的大小，團體進行的時間可以調整，成員最好不超過25人。團體領導者則以2到6個不等，通常帶領CISD的團隊工作者包括精神科醫師，心理治療師、諮商師、社會工作師，以及有經驗的非專業領導員（Bell, 1995; Everly, 1995）。

三、出院後的團體照顧

病人出院後並不一定唯有回家一途，依照芮孟與歐布萊（Riehman & O'Brien, 1973: 36-43）的觀察有下列選擇：

1. 單身住宅（single room occupancy, SRO）：單身住宅近似住在醫院的個人慢性病房。然而，夏皮洛（Shapiro, 1971）指出，SRO是一種物質的剝奪與慢性的危機，而且滋長自身的病態。
2. 中途之家：這是目前較好的一種方式，對離院病人的社會化有明顯的幫助。中途之家在我國精神科醫學界稱為「康復之家」，是提供一種近似社區生活的氣氛，這種安排強調病人的社會成就甚於心理動力，透過短期住在中途之家，過渡醫院治療到社區治療。從專業人力的角度來看，中途之家不過度依賴專業幕僚。
3. 寄養照顧（foster care）：這是在高度督導情境下由寄養照顧者（foster caretaker）保持24小時的照顧工作。在這種情形之下，病人的日常生活已被妥善照料，因而，較不能自我負起責任來。
4. 回歸家庭：病人回到家庭是最終的目標。然而，倘若家庭體系未能改善，病人仍然會落入失功能的系統中；此外，離開醫院後的病人，家人仍然會視其爲病人而減緩了復健的機會。弗利孟與西蒙絲（Freeman & Simmons, 1963）指出，由於醫院治療過程中很少引發病人的自我期待，因此，病人離院後不太能夠提升太高的成就水準。

心理症狀的病人離開醫院之後，應該得到下列照顧：

1. 情感關係與替代的家庭關係。
2. 刺激病人肯定一個可接受的社會地位。
3. 減除疾病標籤（sick label）。
4. 持續照顧從醫院回到社區的生活。
5. 低程度的監督。
6. 同儕支持，鼓勵病人增強自我功能。

1969年夏天，紐約州的布隆克斯州立醫院（Lincoln Unit at Bronx State Hospital, Bronx, New York）由匹伯力基金會（Pibly Fund）支持下，申請兩棟公寓，由院方組成幕僚，徵選下列條件的病人住入公寓：(1) 21歲到45歲；(2)有工作動機；(3)有社會化潛能；(4)忍受團體生活；(5)維持一段時期戒酒；(6)無越軌的性行爲。公寓生活從1969年8月起到1972年1月止，由社會工作者、社會工作督導與精神科醫師組成團隊，團隊的功能是：

1. 篩選病人與安排室友。
2. 轉介病人到社會或職業機構。
3. 描述病人的生活情況。
4. 主持每週的團體討論會。
5. 協助成員的自我認同、利他與情境支持。
6. 成爲病人危機時的人力資源，尤其是週末與晚間。

從這個案例中我們可以發現，社會團體工作是這種公寓生活的主要工作方法，而公寓生活對病人的復健有其顯著功能。

第二節　家庭與婚姻服務

社會團體工作針對家庭成員的服務，狹義的範圍是指家族團體治療（family group therapy）；廣泛地說，還包括各種家庭問題如虐待兒童、虐待妻子、未婚媽媽，以及特殊家庭成員的問題解決。家族團體治療是以一個家庭爲單位，而家庭成員特定問題的團體工作實務，則不一定以一個家庭爲主，有時可以透過相似問題特性的家庭組成。

所謂家族治療，依阿克孟（Ackerman, 1967）的界定是：「一種運用眞實團體、基本團體的過程，其介入範疇不是單獨的個別病患，而是視家庭爲一個有機整體……，在於處理家庭單位的社會暨心理功能與成員情緒穩定間的關係。」因此，家族治療比較不是著重內在心理的鑑定，而是著重家庭成員間的互動。這傾向於史華滋（William Schwariz）的團體工作互惠模型，社會工作者的功能在於擔任成員與其相關體系間交流的媒介。

據此，對成員文化價值的了解就很重要。此外，成員間的溝通也是團體過程中的重點，史華滋與沙提爾（Virginia Satir）均強調團體中溝通的重要性（Stempler, 1977: 143-153）。本節將簡介幾種以家庭成員爲治療重點的團體工作或團體治療，作爲社會團體工作服務家庭與婚姻的例證。

一、未婚媽媽與未成年母親

(一) 未婚媽媽的團體工作

未成年未婚懷孕對家庭來說是一種危機，而且也反映出家庭病理症狀。阿克孟（Ackerman, 1967）指出，中產階級的少女未婚懷孕經常是一種家庭病理症候的外顯，它一直隱藏著，直到未婚懷孕了才暴露出來。這些症候主要是未能進行有效的家庭溝通，子女對愛、恨、快樂、悲傷等感受未能充分地表達。

寶清（Pochin, 1969）研究美國未婚媽媽所得到的結論有下列三點：

1. 低階層的女孩較容易接受這是一種自然的不道德，黑人的未婚媽媽則視自己爲失敗者。

2. 大部分的未婚媽媽都覺得婚前性行爲是不好的，而且有害母體。
3. 中產與下層社會的未婚媽媽則認爲合法婚姻並不重要，但是黑人未婚媽媽則持相反意見。

帕帕迪美垂恩（Papademetrion, 1971）曾就德州休斯頓的弗羅倫斯·克里坦頓服務中心（Florence Crittenton Services）對未婚媽媽服務的經驗指出：團體工作不但直接對未婚媽媽提供服務，而且將未婚媽媽的家庭亦納入。未婚媽媽的團體主要是「個人成長」團體，由8個女孩組成，由一位男性社會工作者與一位女性協同工作者領導，團體成員以中產階級的女孩爲多，也有少數來自上層或下層社會階級的家庭，團體每週聚會一次，每次90分鐘。團體進行以討論爲主，偶而加入角色扮演與心理劇。

經過一段時間的團體經驗後，少女們主張應組成父母團體，讓父母們有機會分享女兒因未婚懷孕的感受，父母團體每週2小時聚會。社會工作者發現父母與女兒間的問題主要來自缺乏溝通的知能，而非動機。接著讓兩個團體合併，工作者擔任澄清與溝通的媒體。對於未婚媽媽來說，解決即刻的問題，如教育、養育子女、健康、經濟、心理、社會接納，以及非婚生子女的出養等之外，根本解決其所反映出來的家庭危機，也是很重要的。透過團體工作，讓未婚生子的少女們分享彼此的感受，相互支持，尋求解決問題的方法，以及讓其父母介入解決問題的情境中，是有效而直接的（Kolodny & Reilly, 1972）。

(二) 未成年母親的團體工作

凱莉（Kelly, 1997）以民族誌研究（ethnographic study）12位未成年母親發現，她們最想發出的訊息是：(1)她們懷孕的理由跟年紀較大的婦女無異；(2)她們支持年輕婦女有權選擇以母親爲基礎的個別化教育課程；(3)她們相信成爲母親是一種挑戰，但也是正向的經驗。

莫爾絣（Mollborn, 2016）研究發現從1995年起，美國的未成年母親生育率開始下滑，到2013年已經是新低點，每千名15-19歲未成年女性只生育27名嬰兒。即使未成年女性生育率下降，但是，她們所面對的困境仍然沒有太大改變。首先是福利身分，1993年時，未成年母親有26%獲得依賴兒童的家庭補助（AFDC），2000年以後，只有18%可以取得有需求家庭的暫時補助（TANF），起因於社會救助改革之後，取得福利身分更嚴格了。此外，未成年少女婚外生育增加，導致未成年母親得到社會福利、家庭、男方的經濟支持減少。其次，社區不鼓勵未成年懷孕，使低社經地位社區的未成年懷孕減少，社區關心未成年懷孕的氛圍不若以往，少女一旦懷孕其同儕支持也減少。第三，少女非婚懷孕生育之後，一旦有新的性伴侶結婚生育，就出現較以往複雜的家庭教養議題。第四，隨著女性初婚與生育頭胎年齡延後，未成年懷孕更容易被疏離與標籤化。最後，政府減少生育健康方案的支持，可能是導致未成年生育率降低的原因。

這些少女們生理發育未成熟、社會經驗有限、教育未完成、經濟依賴，實在沒有能力扶養其子女，尤其是因懷孕而結婚的情況，很難保證其婚姻的穩定性。

對未成年少女懷孕的服務通常有一些共同點（Costin, 1984）：

1. 未成年懷孕的問題是複雜的，她們需要醫療、教育與心理衛生服務，而要提供這些服務有賴於醫師、護理人員、教師、社會工作者，與心理專家的支持。
2. 未成年少女仍然有很強烈的動機參加同儕或進入學校，因此，提供社區介入與學校社會工作方案以滿足少女的生活需求是有必要的。
3. 爲了完成綜合性的服務，計畫的協調是有必要的，尤其當這些專家以前未合作過時更重要。

對於未成年少女懷孕的團體工作服務，主要由社會福利機構所提供的未成年少女團體，以及由公共福利機構所提供的對有需求家庭的暫時補助（TANF）對象的團體。這些團體提供未成年少女們教育與支持的功能，有時，團體將未成年懷孕的父母親一起納入團體，這些小爸爸與小媽媽們在團體中學習社會技巧、醫療保健知識，以及相互支持，以避免過大的社會壓力所造成的後遺症。

二、童年遭性侵的婦女

一般社會福利機構最難處理的案例就是童年遭性侵的，尤其是近親亂倫（incest）的婦女，這些婦女最大的困擾是性虐待（sex abuse）帶來的低自尊、罪惡感、羞恥、恐懼、社會疏離、不信任、無力感、不安全、缺乏自我能量（self-capacities）、親密關係與性功能的失調等的問題（Knight, 2011）。

曾遭遇家內性侵的婦女，須用極大的努力來克服自己的困擾，以改變家庭生活、婚姻與自我重建。將有類似痛苦的女人聚集起來討論她們的痛苦，是較有效的方法。強調「討論亂倫不是一種禁忌，只是眾口鑠金罷了！」經由社會工作者的協助組成團體，團體工作的目標是協助這些婦女學習與他人重建積極的人際關係。此外，團體工作也強調：

1. 協助社區中的其他婦女受性侵害者。
2. 教育與反應社區對於圍繞在亂倫周邊的複雜議題。
3. 預防兒童未來被性虐待。

團體開始先由團體工作者解釋團體組成的目標和亂倫的研究與發現。其次，成員分享自己的遭遇，以及解決問題的經驗。通常在第一、二次會期內很痛苦，第三次會期以後才較能面對過去的不幸。

大部分的女性性侵受害者感到低自尊、無價值與壓抑，成員從她人的經驗中學習如何克服困難。大部分的女性受害者都有共同的經驗，就是性侵她的人，不論是父親，或是其他男人都會幫她洗腦，要求她，甚至恐嚇她忘卻這件事；也強調女孩自己想要被性虐待，所以才尋求、引誘與享受此性行爲。

針對童年曾遭性侵害的婦女的團體工作有一些原則供參考（Knight, 2011）：

1. 強調成員自我能量的提升。
2. 培養成員間的互助氛圍。
3. 聚焦當前的問題比回溯過去的創傷經驗更有助於提升倖存者的自我能量。不斷的創傷聚焦（trauma-focused），有可能帶來創傷復發

（retraumatizing）與阻礙自我能量的發展。

4. 團體工作者必須謹記創傷敏感（trauma-sensitive）的工作原則。亦即，理解團體成員當前所遭遇的生活困境及其與他人的關係建立，其實反應了過去受性侵害的經驗。
5. 替代性創傷（vicarious traumatization, VT）的自我照顧。團體工作者必須理解帶領性侵害團體難免會出現間接的創傷替代，因此，尋求督導的支持、與他人交換團體帶領經驗、維持平常的個人人際關係等，都有助於降低替代性創傷。

在帶領性侵害倖存者團體時，有五個策略提醒團體工作者（Knight, 2011）：

1. 降低倖存者的疏離感是首要任務，必須讓成員與團體保持高度的連結。同時，再編製或重新框架（reframe）受害的經驗與反應行動（reaction）是重要的。所以，認知行爲技術的引用對這類團體來說，非常有用。
2. 其次，強調此時此地（now and here）。團體工作者要提供機會給成員檢視她們的信念如何影響當前與他人的關係，也就是每位成員在團體中應該都有機會看見自己的行動與反應行動如何影響到當前與他人的關係。性侵害倖存者通常會處在解離（dissociation）狀態中，團體工作者要敏感到個別成員與團體整體的解離信號。當然，強迫她們暴露解離的感受不是好辦法，但是，協助她們找到行動的扳機（trigger）扣下，就能逐漸學習採取有效行動的新動能。
3. 以團體工作者的感受與反應行動去確證與常態化成員的感受。團體工作者分享感受與反應行動是一個有效的方法，使成員願意揭露她們的感受，同時感受到團體工作者的透明性（transparency）。這是大家耳熟能詳的社會工作者的自我的運用（use of self）。
4. 平衡成員感受的表達（expression of feelings）與感受的收納（containment of feelings）。團體工作者鼓勵成員表白自己的感受的同時，也應該適時幫助成員收納、遏制或牽制自己的感受。無節制的感受表白有時會阻礙成員的自我能量發展，必須適度的自我收納、圍堵住自己的情感，避免過度氾濫。利用童年時的照片分享，最能讓童年遭性侵的倖存者抒發自己的感受，例如：悲傷、憤怒、喪失等。然而，成員的感受會變得密集，如果不加以處理，可能會潰堤。因此，將感受收納整理是必要的。但是，不是要把這些照片丟掉或收藏，而是處理照片引發的感受。接著，讓照片被翻轉蓋住，感受被處理，自我能量就能逐漸出現。

5. 最後，處理成員圍繞著的記憶重現與解離身分認同障礙（dissociative identity disorder, DID）的矛盾。團體工作者盡可能站在中立的位置與記憶和片斷的自我感一起工作，而不是只有在從事記憶工作（memory work）或自我工作（self-work）。亦即，團體工作者不要陷入單向處理成員遭性侵的記憶或受創的自我。解離身分認同障礙過去稱解離性人格疾患、人格分裂，或多重人格障礙（multiple personality disorder, MPD）。顧名思義，就是一個人同時有超過一個以上人格存在。他們原本各自擁有一個穩定、發展完整、記憶、思考模式的人格，因爲某種原因，多出一個或多個人格。原有人格與岔出的人格，輪流控制他們的行爲。當岔出的人格支配個人時，原有的人格是沒有記憶與意識的，出現嚴重的時間遺失現象，導致個人行爲變得衝突、怪異、不協調；記憶也斷續，甚至失憶。童年遭性侵、家暴創傷的人經常出現這種症狀，當他們難以因應嚴重的性侵、家暴衝擊時，往往以放空來達成讓性侵或家暴事件從自己身上消失。對這些童年遭性侵的倖存者來說，遺忘也許是最佳的因應。假使我們認爲童年遭性侵的倖存者已壓過其被性侵的記憶，其實，他還是會喚起這些記憶。反過來說，如果我們假設他們有不同的自我，這也可能只是表象的。據此，在團體工作中，性侵害倖存者同時可能是解離的，也不斷喚醒他們自己受性侵害的記憶。團體工作者要常態化這種經驗，並再編製他們的因應機制（coping mechanisms）。

除了治療性團體外，也有些地區採取社會目標團體的方式，如加州聖塔克拉拉郡，就有一個名喚「女兒團結」（daughter united）的社團，透過政治行動來協助家庭中受到傷害的婦女們（Cordy, 1983: 300-307）。

三、家庭暴力

家庭暴力（domestic violence, DV）已經成為一個新的家庭問題，打太太（wifebitting）的案件屢見不鮮。蓋爾斯（Gelles, 1980）從社會結構理論的觀點，認為家庭暴力是兩個因素連結的後果：

1. 產生挫折與暴力的結構因素。
2. 暴力使用的社會化。

他進一步指出家庭暴力的四個前提：

1. 暴力是由貧窮與失業的結構或情緒的反應。
2. 不同社會階級的不同分配所產生的壓力。
3. 暴露與經驗暴力教導，暴力的使用被接受。
4. 人們使用暴力是一個不同學習的結果。

對於家庭暴力的團體工作服務，伯恩夫婦（Bern & Bern, 1984）使用教育性團體來協助有家暴經驗的夫婦們達到下列目標：

1. 確認家庭暴力是違法與危險的。
2. 問題不是單獨產生。
3. 協助他們討論家庭暴力。
4. 他們應為家庭暴力負責。

團體過程中第一會期引導團體的結構，表達憤怒、仇恨與否認。第二會期團體成員繼續表達憤怒，描述自己是個受害者，以及解釋產生暴力的原因。第三會期採用角色扮演或觀賞暴力影片。第四會期更進一步暴露感受，表達眞實感受，分享感受與相互建議。第五會期則積極地分享新經驗與避免暴力的方法。最後，團體由消極的推諉壓抑，轉變為積極的相互建議與尋求解決的方式，團體才結束。

如果是針對家庭暴力受害的女性團體，以下原則可以作為團體工作者的參考（Breton & Nosko, 2011）：

(一) 尊重女性

1. 讓每位女性說出她們自己的故事，鼓勵她們用新發現的聲音訴說她們的世界。

2. 相信女人、她們所說的故事，以及她們所了解的事實。換句話說，接受她們對其情境所表達的就是「正當的知識」（legitimate knowledge）。
3. 激發意識覺醒（consciousness raising）。包括：(1)肯定她們眞實與潛在的知能與優勢，強調她們至少還存活著；(2)面質壓迫者與挑戰負面的自我形象與自我評價，強調她們能夠解決自己的問題；(3)協助她們界定自己所處的情境之社會、政治、經濟、文化脈絡。

(二) 所有介入均立基於成員自決

1. 信任成員。團體工作者必須相信成員有優勢與知能以解決自己的問題。
2. 界定女性想要的。團體的目的不是滿足工作者的期待，而是解決成員所想要解決的問題。而這些成員都是女性，她們有共同的處境，卻有不同的經驗。

(三) 個別化（individualization）

不只是嘴巴說說（lip service）而已，必須聚焦在優勢、知能及充權上，例如：

1. 遠離先入爲主的計畫與解決辦法，避免將「案主同質化」（homogenization of clients）。
2. 拒絕標籤，譬如以受虐婦女（abused women）、受虐婦女團體來描述這群女性。改以婦女遭受虐待（women who have experienced abuse）更具有讓女性的主動主體（active subject）身分出現，避免將女性受害者化（victimization），永遠成爲犧牲的被動客體（passive object）。
3. 推動團體脈絡與鼓勵團體方案，讓女性示範與分享她們的特殊長處。

(四) 極大化社區非正式支持系統

因爲這些女性離開團體之後，仍然必須回到各自的社區，如果不藉由社區力量的支持，很難保證她們不會再遭遇暴力壓迫。這裡的社區包括地理的社區、虛擬的社區、社團、教會、職場等。

1. 將社區視爲一種資源體系。
2. 極大化女性所處的環境中的潛在支持系統。
3. 創造社區的夥伴關係。

印度社會仍然存在嚴重的性別歧視與暴力，NGO利用團體工作結合運動，每週聚會，透過體育訓練，加上團體工作，提升少女性別平等意識，建立知識、技巧、自信，產生互助與動機保護自己、對抗性別暴力，進而達到社會變遷（Majumdar, Purkayastha, & Goswami, 2023）。

其實，女性也可能成爲施暴者。女性成爲兒童虐待者較容易被看見，但是，女性成爲家庭暴力的加害者比較少被了解。從交織女性主義（intersectional feminism）的角度來看，女性之所以施暴，往往是多重的系統壓迫的結果，在個人、系統、結構下的父權主義、種族歧視、性別歧視、階級歧視等，導致女性以暴力來回應其被壓迫的經驗（Damant et al., 2014）。例如：某些婦女的丈夫不但有暴力傾向，還失業在家，靠婦女到菜市場擺地攤賺錢養家。丈夫非但不幫忙照顧子女，還拿錢去買毒品與把妹，導致子女中輟、行爲偏差；學校教師又一再要求家長負起家庭教育的責任。在兼顧不了家庭與子女照顧之下，婦女很容易以兒童虐待來釋放其多重與多系統的壓力。甚至，到忍無可忍之下，以暴力反擊其配偶，甚至殺夫。

針對女性爲施暴者的團體工作可以幫助婦女了解暴力、發展相對行爲策略、生活在安全的環境。同時，認知性別角色的刻板印象、確定其生活中的角色社會化、連結角色社會化與暴力，最後發現創造暴力的生活條件與壓迫結構。因此，團體工作的目的是揭露這種壓迫的生活條件對家庭暴力的影響，進而滋養團體成員的互助體系，充權婦女改善家庭生活條件與家庭暴力的關聯。

四、虐待兒童的父母

兒童虐待與疏忽簡單地說，是身體、心理、性虐待與各種疏忽。兒童若置身於這種環境下，通常被稱爲「被不當對待的兒童」（maltreated child）或「處在危險中的兒童」（endangered child）（Kadushin, 1980）。兒童被虐待除了應直接對兒童進行服務外，關鍵人物還是父母。若能對父母提供適當的服務，才能減少虐待兒童的機會。

對於虐待兒童的家長採行團體工作服務，主要是要藉由團體來協助家長接納處理兒童教養與婚姻關係的困難（Kadushin, 1980）。家庭中病態的互動，容易使父母親成爲兒童虐待者（Sandgrund, Gaines, & Green, 1974），所以，對家長婚姻關係的調適就成爲虐待兒童家長團體的工作重點。婚姻關係包含兒童教養與訓練、財務管理、溝通、性滿足，以及彼此對需求的敏感。婚姻不協調直接導致兒童身體的虐待，也可能導致相互暴力的攻擊。

對於「高風險父母」（high-risk parents）除了團體治療之外，還可以透過自助團體來幫助他們。自助團體的表現型態通常是「親職匿名團體」（parents anonymous, PA），參加這種團體的成員不只是可以在危機時相互依賴，而且當他們需要時還可彼此找尋對象交談，分享解決婚姻關係的經驗（McNeil & McBrinde, 1979: 36-42）。PA團體展現其照顧、支持與提供的功能，已相當受到美國人的重視。我們相信，讓父母先對虐待兒童的問題有問題意識感，才可能注意到其本身的治療問題。

五、性侵害犯罪者

性犯罪者包括兩種，一是依我國《性侵害犯罪防治法》所稱的性侵害犯罪者，包括妨害性自主、妨害風化兩者。就行爲言，包括強制性交與猥褻兩類。另一是，依我國的《家庭暴力防治法》第2條規定，家庭暴力係指家庭成員間實施身體或精神上不法侵害之行爲，其中包括性虐待（sexual abuse）。

性侵害議題在大多數國家都是矛盾的，很痛恨，但又不敢講。曼尼（Money, 1994）稱此議題是「不可言說的妖怪」（unspeakable monsters）。各國文化都潛藏著「禁忌支配與反性的」（taboo-ridden and antisexual）特質，認爲談性是禁忌，因而反對公開談性議題，故大家習慣避而不談。也因爲這樣，家內性侵經常被掩蓋，家外性侵的受害者也羞於啟齒。性其實是混雜著愉悅與危險，兩情相悅的性行爲是愉悅的，但是，被迫或是未經同意的性行爲就是危險的、具傷害性的。大部分的家長、長輩、教師都會用隱諱的「那件事」（that subject）來描述性議題（Ephross, 2011）。

爲了便於溝通隱諱的性議題，團體工作者可採取以下三原則：

1. 請教團體成員他們覺得比較舒服的用語是什麼？依據大家共同可接受的用語來溝通。
2. 確認大家都了解這個新用語的意義，尤其當團體成員中有非異性戀者時，他們使用的與性有關的用語與異性戀者不同，這些差異要在團體中被充分理解。
3. 團體工作者也要確認自己了解成員所使用的與性有關的用語的意義，尤其當團體工作者的性別與成員不同，或是對性的價值觀與成員不同時，很容易在字義上產生誤解。

在進行性犯罪者的治療性團體時，提醒團體工作者注意以下議題：

1. 不只是團體成員，包括團體工作者在討論性議題時不可避免地會出現明顯而細膩的描述，尤其是偏差的性行爲，要先有心理準備，可能會有不舒服、罪惡、羞恥的感受出現，甚至因而抗拒帶領該團體。團體工作者一定要嚴守自己的界限，團體成員會試探團體工作者的性經驗。團體工作者也應避免陷入極端的性態度，例如：性禁慾（sexual prohibitionist）或反性慾（antisexual erotophobe），才不會讓團體陷入不知如何進行的困境。
2. 團體工作者往往無法使用自己慣用的同理能力（empathic ability），因爲，性犯罪既違反法律，也違反社會規範。團體工作者本身對性活動的經驗少於性犯罪者很多，且又涉及平常難以啟齒、鮮少討論的性議題，平常就要培養對這方面議題的同理能力是相當爲難社會工作者的。因此，團體溝通上會是一大挑戰，務必開放心胸應對成員多樣的性活動與性行爲。
3. 性犯罪者治療團體成員是屬於非自願成員（involuntary members），他們通常被法律強制進入團體治療，因此，就不可能像自願性團體成員一樣積極參與團體過程。反之，若有成員積極參與，有可能是為了獲得獎賞、假釋、善待、累進處遇積點等，不見得是眞實的意圖。團體工作者在帶領這類團體時，會較吃力是正常的。

4. 保密（confidentiality）是這類團體必須格外注意的，因爲團體成員既然違法，且是偏差的性活動，一定不希望被更多人知道。他們在團體中也會隱匿部分性偏差的意念與行爲，以規避傷害。對於那些因夫妻感情不和而被相對人控訴爲非自願性交而產生不悅的人來說，保密更是重要，因爲他們不認爲自己是性侵害犯罪者。
5. 權威的處理。承上，既然這是非自願性團體，成員被法庭或監獄執行權力強迫參與治療，心不甘情不願是可以理解的。然而，既然要治療，就不能存在太多的抗拒，否則效果會大打折扣。所以，重新賦予意義（resurfacing）來參加團體是必要的。團體工作者應減少權威的應用，而是不斷地重新賦予團體成員加入團體的意義，例如：示範健康、被接納、自願的性關係才是愉悅的。
6. 性侵害犯罪者常出現責難受害者（blame on the victim）的拒絕承認心態，就像藥物濫用者會承認自己是違法的，而酒癮者會說自己只是運氣不好被舉發。強暴犯常說：「我有問她，但她沒明確表達不願意。」「雖然，她有說不要。但是，她沒有用力推開我，且看起來也很舒服。」「誰讓她穿那麼短的裙子。」「誰叫她露出那麼深的乳溝，我看了就失控。」家內性侵犯者也會說：「是女孩自己跑來坐在我的大腿上的，我沒強迫她。」不論如何，這些說詞都不能合理化性侵害犯罪行爲。團體工作者必須謹愼處理不時出現的責難受害者論調。
7. 物質濫用與性侵害混雜的行爲。的確許多性侵害犯罪是發生在酒後亂性、毒癮發作、餵毒性侵，或是下藥迷姦。如果團體成員有酗酒、藥物濫用者，實務經驗告訴我們，沒有先處理戒酒或戒毒，性侵害治療通常無效。將這些有酒癮、毒癮的成員轉介去戒酒、戒毒是必要的。
8. 避免團體暴力出現。性侵害犯罪者團體成員有可能在觸及個人性犯罪行爲時被激怒，而出現攻擊行爲。團體工作者必須做好預防措施，同時，提醒成員禁止在團體內、外使用暴力對待其他成員；一旦出現可能的激怒舉動時，即時介入制止。

9. 協同工作者的考量。對於性侵害犯罪的男性團體來說，男女混合的協同領導的確是一個可以考慮的方式。因為女性協同領導者的角色可以凸顯性侵害受害者立場。然而，要不要有協同領導者都必須考慮人身安全、有訓練協同領導者的價值，以及性別、種族差異帶來的效果。
10. 不論在任何條件下都不應該與團體成員交換條件。可能會有成員以避免分裂團體，或分裂次團體來要脅團體工作者與之交換條件，團體工作者絕不可以引誘成員做這種動作，或任由成員交換條件得逞。如果工作者面臨這種緊張或問題，應該找出更具生產性的方法來處理，而不是把當事人攆出團體，來避免團體分裂。把議題拋回讓團體討論，是避免特殊化當事人的好方法。

六、受傷害的危機家庭

(一) 對被害者父母的協助

1979年8月，美國「受害者服務機構」（Victim Service Agency, VSA）成立於紐約市，提供給殺人案件被害者的家長服務，這個方案由幾個機構共同支持，包括律師、醫師、犯罪補償委員會與社會服務部。這個方案的主持人是一位具有社會工作者背景的律師，另外有諮商師、行政助理。VSA一開始主要以社會個案工作來服務受害者，用家庭諮商來提供情緒輔導，再藉電話服務來提供追蹤。

1980年以來，開始使用團體工作方法來組成家長團體，提供下列功能：

1. 提供因喪子之痛而失去的信心復原。
2. 對罪惡感與殺人環境的認知。
3. 分享失落與社會疏離。
4. 允許討論社會保護受害人失敗的情況。
5. 允許討論每天的失落感。
6. 面對死亡的孤寂、關懷與同情的環境。

對於受害者父母的服務，自助團體是最慣用的方式。卡普蘭

（Caplan, 1974）指出，非正式的社會支持體系是由家庭、同儕、鄰里、社區居民、宗教與互助會社，以及自助團體組成。佘孟（Sherman, 1999）指出自助團體是由富同情心的友伴（compassionate friend）所組成。安茲（Antze, 1979）認為自助團體是對困難、情緒等給予認知上的解決。對於受害者家屬而言，其團體的性質是死別團體（bereavement group），依林德曼（Lindemann, 1944）與郭蘭（Golan, 1978）的危機介入理論的觀點，死別也是一種危機，遺屬經常產生迷失方向（disoriented）、持續的恐怖感等症候群，透過團體可以舒緩這些困擾。

團體過程中第一會期的主要任務是自我揭露與孤獨的悲傷；第二會期以表達復仇與恥辱為主；第三次會期則是團體揭露與互助的開始；第四次會期可以達成團體目標的一致化；第五會期內團體衝突與憤怒可能產生；第六會期開始回復理性的現實考慮，如對暴力、死亡與法律問題的探討；第七會期進入對親職需求與在互助網絡下的持續性悲傷；最後，互助體系已形成，團體可結束（Getzel & Masters, 1983: 81-92）。

臺灣在1998年通過《犯罪被害人保護法》時，法中即規定法務部要贊助成立財團法人犯罪被害人保護協會。該會於1999年成立，提供犯罪被害人協助及撫平傷痛，重建生活，維護社會安全福祉。犯罪被害人家屬的自助團體更形迫切需要，採用團體工作來協助受害者家屬應有很大的發展空間。

(二)火災傷亡的家庭協助

對於因意外事件而遭致傷亡的家屬，並不一定只有火災傷患的家屬才需要服務，許多已發生過的案例顯示，社會工作者對受難家屬有顯著的功能。以美國愛荷華大學醫院（University of Iowa Hospital and Clinics）所提供的團體工作經驗為例，火災病患經常感受到身體與心理的創傷，對於長期的復原過程，病患有著無比的恐懼、痛苦、壓抑、悲愴、無望與神經質的反應。而醫療人員除了面對病患之外，尚須處理病人家屬的情緒，病患家屬的焦慮、不滿、負擔是可想而知的，面對這種看到自己子女的殘酷事實，其憤怒是可以理解的。醫院的社會工作者可組成病人家屬團體來協助他們克服這些壓力（Abramson, 1975: 235-241）。

團體的目標是分享彼此的經驗，相互支持。由於成員關心的問題包括醫療、復健，以及心理適應的問題，因此，團體領導者實際上是一組工作團隊，包括醫師、護理人員與社會工作者。團體的進行還容許對特殊需求服務的家屬給予關心，有時團體也主動去關心沒有家屬的傷患。

第三節　兒童福利服務

採行社會團體工作來推展兒童福利服務，通常從兩方面著手，一方面直接組成兒童團體；另一方面透過家長團體的運作，積極地解除兒童的危險環境。本節介紹幾種特殊需求的兒童團體服務。

一、離婚家庭的兒童

父母離婚對兒童來說是混淆的、失落的與不安全的，他們不懂成人爲何吵架、爲何分手、爲何丟下他們。因此，就兒童成長的經驗來說，父母離異是其生活的危機。尤其正値潛伏期的兒童，其人格形成最爲顯著，父母離異後，這些孩子經常有壓抑、胃口不好、睡眠障礙、興致缺缺等臨床上的症狀。另外，也可能產生撤離、身心症狀與攻擊性行爲。

對於父母離異後的兒童團體工作，首先，要進行接案評估，對每一個父母與兒童進行會談，由父母身上得到有關兒童行爲的資料，也同時由兒童身上獲得父母與家庭的現況。其次，才能組成團體，團體可分成兩種，一種是父母親的團體，其目的在於經由治療者的媒介提供父母回饋的機會，以激發其引導兒童適應環境；再者由同儕的支持，使父母親能彼此分享經驗。雖然父母親團體不在於治療的目標，卻可以減少傷害兒童的因素（DeLucia-Waacj, 2011）。

離婚家庭的兒童團體的組成目標有三：

1. 擴展兒童對離婚的了解。
2. 提供兒童學習認識健康的感受表達。

3. 透過同儕的互動使離婚的經驗正常化。

團體成員選擇標準如下：

1. 年齡差距不要超過2歲，避免生命經驗差異太大。
2. 手足避免參加同一團體，以免因爲效忠不同對象而衝突；團體會因爲手足對同一家庭的離婚觀點衝突而無法順利進行。
3. 兒童願意揭露其家庭情境，以尋求解決問題的新方法。
4. 對家庭離婚情境的經驗最好能多元，例如：離婚時間、居住經驗、父母聚會、再婚等。

兒童團體的會期過程大致有下列幾個階段（Tiktin & Cobb, 1983: 53-66）：

1. 團體目標的建立與團體規範的形成。
2. 協助兒童認定與離婚相關的論題。
3. 認知與暴露感受。
4. 分析離婚有關的經驗。
5. 問題解決。
6. 摘述與連結團體經驗。
7. 結束。

二、幼兒園的兒童

幼兒園是兒童日間照顧的一環，對象以3至5歲爲主。我們以美國華盛頓特區的一所幼兒園爲例，這所幼兒園提供父母親團體的理由，是傳統家庭角色與家庭本身的價値及存在能力受到懷疑時，年輕的父母對接受身爲父母的職責逐漸產生不安與焦慮。在幼兒園的家長會議上，父母們表現出高度的興趣與反應，重複地提出相同的問題，顯示雙親的焦慮與對兒童發展的知識上的貧乏。

幼兒園家長討論團體由幼兒園提供場所，讓父母分享他們對兒童的關心、問題與經驗。社會工作者在這個團體中有三方面的功能：

1. 提供一種焦點的、支持性的環境，以使參與者能暢談其對兒童發展的關注。

2. 協助父母更能界定身為父母、夫妻與人的角色。
3. 家庭教育參與者能更清楚地了解兒童早期發展的需求。

團體的形成可以是開放性團體，社會工作者要向父母提供可能的主題與未來發展的問題，並探求父母所關心的範圍。團體的討論方向主要在情感、問題與焦慮上，而較少涉及教誨。然而教育也是團體目標之一，只是藉由討論切身的問題而達成教育的效果。為期8週的連續聚會，參與者約8到15人。

這種團體很適合心理衛生人力缺乏的小學或日間托育中心，它既便宜又不複雜，協助父母親再教育、面對兒童行為的焦慮處理，以及刺激可能的需求協助欲望，尤其對單親家庭更有效（Atkeson & Guttentag, 1975: 515-519）。

三、酒癮家庭的子女

在美國估計有2,500萬個兒童處在酒精使用疾患（alcohol use disorder, AUD）的家庭裡，他們的安全堪慮（Haugland et al., 2021）。寇克（Cork, 1969）認為這些是「被遺忘的兒童」（forgotten children）（Hawley & Brown, 1981: 40-46）。

雖然美國早在1935年就成立戒酒匿名團體（alcoholics anonymous, AA/Al-Anon），發展出12步驟的戒酒策略，但是，美國的社會工作者還是苦惱於如何與酒精使用疾患者的家庭一起工作。由於大多數的社會工作學院缺乏有關酗酒知識方面的課程，因此，社會工作者較沒有能力去處理酒癮的治療。臺灣總算於2023年底成立第一家戒酒暨酒癮防治中心，但是，大部分社會工作者還是很少有機會了解酗酒與濫用藥物的問題。其實，酗酒造成的配偶暴力、兒童虐待問題很嚴重，世界衛生組織發現家庭暴力案件一半與酒精使用有關。

兒童在酒癮家庭可能產生一些成長上的問題，第一方面是社會撤離，由於其父母酗酒，而使其恥於與朋友交往，影響其同儕正常關係的發展。其次，兒童可能形成負向的社會態度，深怕自己也跟其父母一樣酗酒。最後，是兒童並不能眞正了解父母酗酒的行爲，而曲解了自我形象。有些父母會高嚷著：

> 「因爲你功課不好，因爲你們兄弟姊妹喜歡打架，因爲你們太吵，因爲你們不做家事，因爲你媽不守婦道，因爲……，所以，我才喝酒。」

事實上，喝酒的原因經常是經濟地位低落、工作壓力、情緒不穩、焦慮、喪失親友、缺乏社會連結、貪圖歡愉、缺乏權力與不負責任的作法，而非子女所造成。但是，子女卻無從理解這些原因。

對於這些兒童有賴於從兩方面來處理，一個是父母親的匿名戒酒團體，透過這種團體來協助父母親戒酒，另外就是兒童的治療團體。兒童團體的社會工作者要有治療酗酒方面的知識，能透過這些知識與團體治療的技巧結合，來協助兒童了解酗酒的眞相，又透過同儕的支持，而相互分享生活中抗衡父母因酗酒而產生的壓力。

四、受性虐待的兒童團體

受性虐待的兒童會有創傷後壓力疾患（PTSD），範圍可能從緊急到慢性，症狀包括麻木、逃避、驚嚇、一再重現被性侵的經驗、自傷、自殺、低自尊、低自信等。透過團體工作的確是幫助這些兒童逐漸復原的有效方法，其中認知行爲治療（cognitive-behavioral therapy, CBT）技術被證實效果很好。通常兒童年齡12歲以下，團體成員儘量以3-5人較佳；12歲以上則成員可以到達10人都不算太大。當然，還要看每一會期時間有多少而定。性別以單一爲原則（Connors, Lertora, & Liggett-Creel, 2011）。

對性虐待的受害兒童來說，團體工作可以用來治療與支持。治療性團體可以達成以下目標（Grotsky, Camerer, & Damiano, 2000）：

1. 協助兒童認定、了解、減除性虐待的傷害。
2. 藉由協助兒童整合性虐待經驗到其生活中，以促進療效。
3. 協助兒童理解性虐待在其生命中所扮演的角色的觀點。
4. 面質曲解的信念體系。
5. 教導現在行爲的責信。
6. 打破否定與防衛，以及重建健康的自我。

支持性團體的目標如下（Grotsky, Camerer, & Damiano, 2000）：

1. 提供情緒穩定與避免負向情緒深化。
2. 建立社會技巧。
3. 減少疏離與建立歸屬感。
4. 打破否定與防衛，以及增強自我優勢。
5. 減少自責。
6. 支持而非面質。
7. 協助兒童形成其屬於自己的感覺與行動間的連結。
8. 協助兒童再編製（reframing）如何詮釋情境。
9. 支持兒童採取適當的行動。
10. 藉由提供資訊與轉介，協助兒童與家長在有需求時獲得協助。

不論哪一種團體，都以重建兒童的信任、安全、自尊，了解性虐待的動力、自我保護、健康的身體形象爲團體的目標設定。而兩者目標的基本差異是，治療性團體更強調增強內外在界限（internal and external boundaries）的區辨能力，以及適時的反擊行動。所謂的內在界限是指，創造內在解釋那些影響行爲的現實思考與感覺的概念；外在界限是指有能力適當地界定理解、管理、表達思考與感覺，以及增加意識的行爲抉擇的能力。所謂反擊是指適時適當的扣扳機能力，包括清楚地了解扣扳機的意義、界定與表達來自反抗的因應行爲的內在與外在反擊裝置、降低遲鈍的反擊、增強管理扣扳機的反應能力。

內外在界限與反擊能力往往是兒童被性侵害的致命關鍵，芬可賀（Finkelhor, 1984）提出四個因素的架構來說明爲何男人會以兒童作爲性侵害的對象，其最後一個因素是兒童的抗拒。這是指可能的性侵害對象採取各種提防的措施。性侵害加害者往往需要設計一種有利於性侵害的情境，例如：恐嚇、誘拐、友善地接近兒童、給兒童金錢與禮物、騙說同學在等待。如果潛在的被性侵害對象提高警覺，將制止性侵害的發生。由於加強內在、外在的禁制，可讓性侵害者無機可乘，因此，芬可賀主張加強性教育、減少暴露在高風險的環境下、預防性侵害方案等，有助於減少性侵害（林萬億編著，2018）。

由於兒童性侵害受害者團體的年齡可能從學齡前到少年階段不等，年齡越小使用團體活動或輔助道具的機會越多。例如：爲了提升自尊，可以使用以下活動：這一段時間以來的我、友誼獎牌、分享我的故事、倫敦塔橋、假設父母在場等活動，以減低自責。

爲了增強內外在界限，可採取：內外在的我、感覺／思考面具、生活小祕密、感覺印象、語句接龍、面對肉體、攻擊與防禦、動物界限、親密感、防禦心理劇、我的戀愛事件簿、當我被接觸時、靠近我、你知道你在憤怒嗎等。

爲了了解性侵害的動力，團體可採用安琪的來信（一位被性侵的小女孩書寫她被培養成性侵害對象的調教過程）、蝴蝶與蜘蛛（美麗的蝴蝶如何陷入蜘蛛網）、魔術與騙局（讓小孩了解魔術其實是一種騙局）、性的問與答、爲何大人會性侵害小孩、寫封信給性犯罪者、性攻擊的連續劇（討論性侵害的逐步漸進）、鱷魚河故事、寫信給沒有參與性侵害的父或母等，以培養兒童對性侵害犯罪者的敏感。

扣扳機練習則是讓兒童學習適當的反應，以因應性侵害的可能，例如：101忠狗（101 Dalmatians）、一位勇於抗拒怪叔叔的小女孩的故事、回到現實、畫出被侵犯的地方（針對幼童）、回憶抗拒經驗、我們如何破壞自己的防線（回憶自己被性侵後的自我破壞工作）、祕密獨白等。

自我保護練習包括：身體權、我的安全與舒服感、印象癒合、身體追蹤（用紙捲成筒狀接觸身體，探索安全接觸限度）、安全計畫（提醒兒童遇到危險的求救方式）、怪叔叔說我答、預防性侵短劇、約會強暴影片等。

第四節　學校社會工作

嘉瑞特（Garrett, 2004）於2002年抽樣郵寄問卷給美國學校社會工作協會（School Social Worker's Association of America, SSWAA）的313位服務於幼兒園、國小、國中、高中、另類學校的學校社會工作師，回收54份有效問卷，調查有關運用團體工作來處理學生議題的經驗，依常用的順序排列如下：(1)社交技巧；(2)同儕關係、行爲管理；(3)自尊、情緒、霸凌；(4)家庭問題、家庭變化、悲傷輔導；(5)ADHD、物質濫用、焦慮減除、低學業成就、自信；以及(6)管教、領導、身心障礙、族群、支持、飲食障礙、學生議會、受害者等議題等。至於最常使用的理論觀點，依序是：認知行爲理論、簡易團體治療、解決焦點、優勢觀點、行爲修正、問題解決、危機介入、家庭系統、任務中心、個人中心等。學校社會工作師帶領團體，通常每週進行一次，團體成員平均6.2人，6-8次聚會期。雖然問卷回收率偏低，但回收的問卷都是有使用團體工作方法的學校社會工作師，還是有參考價值。

可見，學校社會工作使用團體的機會很多，以下介紹其中幾種，以饗讀者。

一、教室的學習團體

在許多情況下，學生與教師的互動可能會運用到類似「案主」與工作者間的交流關係。教學過程與助人關係在某些情況下是有重疊的。在教室內的團體通常是一種教育任務團體（educational task group）。索摩（Sommer, 1965）指出教室團體（classroom group）有許多跡象顯示是一個團體。休爾曼（Shulman, 2008）也指出教室中的過程也像個團體的過程，他指出教室過程有五個：

1. 階段一：班級開課。
2. 階段二：班級團體發展。

3. 階段三：班級成爲一個團體。
4. 階段四：有效地工作。
5. 階段五：班級結束。

不過，班級團體與一般團體工作的團體還是有一些差異，如果處理不好，可能會成爲一個教學的陷阱（Goldberg & Hartman, 1984: 67-85）：

1. 學生會曲解班級的過程，教育的經驗經常無法包含於講授大綱中，因此，學生無法完全納入預定教學的過程中。
2. 有時學生會將班級團體轉換爲治療團體，他們期待教師能在課程中治療其缺失，這是不可能，也不應該的，教育是發展全體的能力，而非針對其個人問題而設計。
3. 教學並無法吻合團體對情緒滿足的階梯層級。

雖然教室內的班級團體並不能以團體工作的團體視之，但是，它所具有的團體特徵卻是有脈絡可尋的，能將團體過程與教學關聯在一起，未嘗不能提高師生的交流。學校社會工作者可藉此來建議教師改進教學。

二、教室的危機介入團體

教室的危機介入（classrooms crisis intervention, CCI）是災難後學校應有的職責，不只是學校社會工作者要有這方面的認識與能力，班級教師或輔導教師都應有一些基本訓練，而社會工作者與輔導教師要協助班級教師進行教室危機介入。通常教室危機介入由兩位教師（可加入其他專家）擔任催化員，如果學生較多，可增加催化員的人數，適當的比例是10位學生1位教室團體帶領者。CCI的過程是（Brock, 1998）：

1. 引導。
2. 提供事實與澄清傳言。
3. 分享事件始末。
4. 分享反應。
5. 充權（empowerment）。
6. 結束。

這個程序有點像前述的壓力抒解過程，如果學生仍然有不適應情形，教師應個別轉介給臨床心理治療師或精神科醫師進行詳細的評估與診療（林萬億，2002；林萬億編著，2018）。

三、青少年暴力死亡悲傷團體

青少年常見的暴力死亡事件包括受鈍器攻擊、刀械、徒手攻擊、溺斃、摔落、自殺、執法傷亡、交通事故等。如果青少年本人遭受暴力攻擊、強暴，其所產生的「創傷後壓力疾患」（PTSD）的團體工作治療，已如前述。但是，青少年也會因爲朋友、父母、手足、親人、教師、鄰居、教練、教父（母）、領導者，或其他重要他人因暴力死亡而悲傷。這種對目睹、倖存者的悲傷團體（grief group）與創傷團體（trauma group），是學校社會工作者常要帶領的。這種團體的目的是：（Salloum, 2004）

1. 減低因暴力死亡帶來的創傷反應。
2. 提供有關悲傷與創傷反應的教育。
3. 提供安全的環境給青少年去思考、感受關於暴力死亡與喪失經驗。

基本上，悲傷痛苦（grief distress）與創傷痛苦（trauma distress）不同。悲傷痛苦是指當人們想起、渴望感受、追尋已死去的親人的痛苦。通常悲傷痛苦的前提是創傷痛苦。悲傷痛苦包括死別（bereavement）、喪失（loss）、離別（separation）的痛苦，常會延長一段頗長的歲月。創傷痛苦是指因壓力事件所造成的再現反應、恐懼、逃避。個人因重播或逃避死亡所產生的壓力，稱之創傷壓力，通常是密集的。當然，暴力事件倖存者也可能在暴力死亡事件發生後同時出現創傷痛苦與悲傷痛苦。

如果要設計一個10個會期的死亡悲傷團體，大致可分期如下（Salloum, 2004）：

1. 自我介紹、引導、說明團體目的、時間安排、私密性倫理、簡述目睹經驗。
2. 評估、教育暴力反應、分享親人死亡的目睹經驗。

3. 形成團體目的、悲傷及創傷教育。
4. 認識不同形式的喪失、認定過去的因應行爲、發現健康的因應行爲清單、教導放鬆技巧。
5. 討論安全與感覺安全的議題、認定創傷反應、探討減少創傷反應的技巧、教導放鬆技巧。
6. 認定感受、特別日子與紀念日的意義、維持與特別日子的連結。
7. 探討憤怒與報復的感受、教導憤怒管理、提供有關特定議題的教育。
8. 界定支持者、列出因應技巧清單、討論精神層次的話題、檢查家庭反應與互動、探索生命的意義。
9. 回顧目標進步情形、實施後測、設定未來目標。
10. 認定進步、提供感謝、結束團體。

第五節　老人服務

住在長期照顧機構中的老人通常都已罹患「慢性邊際人症」（chronically marginal），也就是這些老人已經不能適切地應付外界的環境變化。這些症狀表現在下列幾個行爲特質上：

1. 住院症候群：老人長期照顧機構就像一個「完全機構」（total institutions），如高夫曼（Goffman, 1961）所說的：「在這種地方，很多境況相同的老人生活在一起，過著與外界隔離的生活。」高夫曼更形容這些老人爲住在療養院的「囚犯」。住院症候群包括「自我壞疽」（marlification of self）、不認同（disidentification）、反社會化（desocialization）、機構心理症（institutional neurosis）等。
2. 住院老化：雖然老化是一種常態，只是住院的老人更容易產生「慢性腦部症候群」（chronic brain syndrome）、器質性腦症（organic brain syndrome）、老年失智症（senile dementia）或老年精神病（senile psychosis）。
3. 喪失自尊：老年人失去了成就、活動、征服與價值感，這些喪失，主要因其老化、角色喪失、生病與經濟依賴等所造成。

4. 沮喪：老年人常感到洩氣、憂心忡忡、無用等。尤其生活在沒有人情味的養老院，寂寞、孤單、沮喪是可想而知的了。
5. 身體形象的扭曲：老年人常矮化自己、弱化自己，沮喪的感覺更使老人感到百病叢生。
6. 知覺剝奪：老年人的感覺輸入（sensory input）已大量減少，知覺遲鈍與生理病理有關，但是，環境缺乏刺激也形成知覺剝奪的現象。

因此，老年社會團體工作的功能就在重建老人的社會角色、自尊、自我引導、相互支持與自我復健。在老人之家或老人護理之家，社會工作者可以提供下列模式的團體（Euster, 1971: 523-529; Wilson & Rice, 2011）：

(一) 導引團體（orientation group）

當老人進入醫院或機構後，孤獨、不友善、焦慮、不適應於機構生活，他們需要了解角色期待、機構目標、機構提供服務的範圍等。因此，藉由引導團體使院民、病患與家庭都能透過團體來協助新進老人。

(二) 生活與學習團體

敏寧格（Menninger, 1960）強調在機構中生活品質的重要，在治療環境中，院民必須能自由地追求有意義、建設性的休閒、教育、創造性與工作活動，他認爲社會環境的提供本身就是一種環境治療（milieu therapy）。

對於環境治療，一般都認爲：

1. 工作者與院民角色的再確立，肯定積極的交互合作，以建構機構的活動。
2. 院民與工作者有責任促進有效的機構。
3. 使用團體會議是院民間、院民與工作者、工作者相互間的回饋與評估的主要資源。
4. 尊重與尋求院民的潛能與資源。
5. 持續地使院民與外界得以接觸。

環境治療的焦點是在於增加各種形式的互動，這些互動有助於：

1. 助長團體生活的責任。
2. 強調互助與合作。
3. 避免疏離。
4. 增加解決問題的能力。
5. 強調團隊精神。

環境治療是一種高度複雜的型態，需要全體工作人員都能了解、訓練與承諾。社會團體工作者在機構中應提供院民參與休閒活動，追求生活角色的滿足。關於生活與學習方案，有下列兩組團體可以進行（Euster, 1971: 523-529）。

1. 自助團體或自治團體：這組團體包括院民會議、生活單位的團體，以及活動計畫的委員會等。
2. 特殊興趣與技巧的團體：如嗜好團體、創造性活動團體，以及豐富生活團體。

(三) 懷舊治療團體（reminiscence therapy group）

懷舊團體目的在增加老人的社會互動，減少憂鬱症狀，例如：孤獨與悲傷。懷舊治療通常有兩類：

1. 工具性懷舊（instrumental reminiscence）：利用各種記憶回復過去正向的因應環境策略，以利解決當前的生活壓力事件。
2. 整合性懷舊（integrative reminiscence）：使用認知行為模式（cognitive-behavioral model）來讓參加者建構對當前生活事件的再詮釋與情緒的再評價。

常用的懷舊素材包括：

1. 讓參與者敘事（講故事）或生平回憶。
2. 使用照片、影像、日記、書籍、報章雜誌。
3. 編輯參與者熟悉的音樂。
4. 觀看參與者熟悉的電影、電視節目。
5. 端出參與者熟悉食材、餐點、糕餅、米粿、飲料等，利用其味道、視覺來回憶往事。

6. 可接觸的實體物件，例如：服裝、器具、工具、繪畫、陶瓷、瓦甕、瓶罐、風鼓、鍋灶、蓑衣、斗笠、老舊商品廣告、海報等。

(四) 悲傷支持團體

居住在老人之家、護理之家、老人住宅、老人退休社區的老人經常必須面對室友、朋友的往生，尤其是養護型機構，經歷朋友往生的頻率更高。老人經常性面對喪失的感受，會引發死亡的悲傷、焦慮、壓抑、憂鬱、退縮。利用團體工作可以協助老人獲得來自團體成員的支持，分享感受、降低悲傷。

老人悲傷支持團體不一定需要很長的會期，可使用短期團體、簡易治療團體、任務團體、問題解決焦點團體即可，在機構中更能靈活運用社會工作人力。

(五) 老人團體活動

蓋哲（Getzel, 1983: 65-76）認爲寫詩是老人、身心障礙者很適合的活動。由社會工作者、詩人、休閒治療師、護理師、精神科醫師，以及志願工作者來協助組成詩詞創作團體、繪畫團體、歌唱團體，是老人團體活動的另一個方向。東方社會老人活動還有幾類頗受歡迎的，例如：國畫、書法、樂器、戲劇、種花、養鳥，棋藝、茶藝、捏陶、氣功、養身、槌球、卡拉OK等，都可組成興趣團體來推行。

第六節　自助團體

前面幾節裡，出現過好幾次自助團體的字眼，本節我們將以自助團體爲主題，探討社會團體工作的另一個實施領域。伯克孟（Borkman, 1976: 445-456）認爲自助團體是一個人群服務取向的自願性結合，由一群共同分享問題與結合在一起的成員所組成，經由互助來解決共同的問題。

自助團體靠著經驗性知識來解決問題，是一種直接從參與中學習而來的領悟，專業知識與經驗性知識並不相悖。首先，專業知識需要經驗性知識來納入實施中；其次，自助團體與專業均可納入案主爲中心的治療中；第三，每個個人均同時使用兩種知識來處理事務。經驗性知識的特性是：

1. 實用性超過理論性。
2. 此時此地的行動超過長程發展與系統累積。
3. 完整性超過片斷性。

自助團體即依此經驗性知識來解決問題爲主，所以，其具有實用性（pragmatic）與自願性兩種特性。在美國就有至少150萬個自助團體存在，處理心理、社會、醫療與環境問題。自助團體通常經由社會工作者來支持與設計發展。社會工作者在自願性團體中的角色有下列幾項（Toseland & Hacker, 1982: 341-346）：

1. 提供材料以維持自助團體。
2. 連結傳統服務、案主與自助團體三者之關係。
3. 成爲自助團體的諮詢者。
4. 創立與發展自助團體。

社會工作者與其他專業扮演著維持、支持、發展自助團體的功能；但是，大部分的自助團體並不希望社會工作者直接介入，而最好視情況需要才介入。不過，自助團體除了少部分外，大都歡迎社會工作專業介入。

本節除了以上曾提到過的自助團體如匿名戒酒團體、家長討論團體，以及老人團體外，特別介紹兩種極有用的自助團體。

一、案主倡議團體

1960年代，美國家庭服務協會（Family Service Association of America）參加全美都市聯盟（National Urban League）的教育與鄰里支持更佳生活環境行動（Education and Neighborhood Action for Better Living Environment, ENABLE），這個方案是協助父母親們發現社區變遷的情境中，生活與養育方面的能力與資源。

ENABLE影響到1970年代家庭機構的實務，許多機構從事人群成長的教友、個人與家庭知識，以及家庭生活教育方案中團體領導才能的發展，進一步對於社會議題的行動，擔任社會倡議的要素與部門。

ENABLE的前身是芝加哥（Chicago）的家庭服務機構，支持家庭生活教育與方案結構的辯護，其宗旨在於尋求使案主發展其資源，增強行動能力，使自己成爲變遷的媒介。芝加哥的聯合慈善會家庭服務局（United Charities of Chicago's Family Service Bureau）已經做了好幾年的少數民族服務，以及低收入家庭服務，因爲這些家庭缺乏機會提升其生活品質。其中一種服務型態是協助這些家庭克服由於經濟、社會、情緒、情境的不利而形成的失功能；其他的服務包括透過家庭生活促進團體，以支持家庭能力、提高生活品質、預防家庭與個人功能喪失。此兩類服務均強調預防與早期介入。芝加哥的聯合慈善會就組成了一個社會倡議部，平行於家庭服務局（FSB）。

(一) 案主倡議團體模式

基本上，案主倡議團體是將個人與家庭導入服務的一個單位，使得個別、團體、諮商、生活促進團體，以及倡議團體等任何一種方式的服務都能充分有效。倡議的實施可以廣泛地使用於臨床方案中，使案主或家庭從抗衡環境壓力到消除環境壓力。爲了避免個案導向（case-oriented）與個案導向的哲學與方法，此一模型稱之爲案主倡議團體，這個模型融合了自我心理學（ego psychology）與系統理論（system theory）於生態架構中。變遷的目標是以地區或鄰里爲基礎的制度，在一個螺旋形的回饋架構中，案主與環境的交流產生兩者的變遷。

倡議模型是一種專業服務，藉著實施者與案主在一種可選擇的途徑去了解與處理問題，如失功能的組織與體系。此一模型是直接針對個人與環境間的交流，它是在同儕間促成一種成功的交流經驗，能減除脆弱與豐富人類的需求，增強文化價值、適應的認知型態，以及相互學習助人與同情。總之，這個模型提供一個小型的、有時限的團體，確實達成目標，是一個解決生活問題的建設性工具。

(二) 倡議的角色

像團體治療者或家庭治療者般，團體倡議者需要具備人類發展、心理學、家庭過程、團體過程等方面的知識，他使用媒介、尊重、認知、界定、支持、運用、團體自主、支持參與等技巧或知識來推動團體。倡議模型如草根團體（grass-root group）一般需求自助，典型的如鄰里美化運動、學生自助團體、房客促進會等。倡議團體模型的實施者協助團體設計團體目標，協議團體行動，到進行成效評估等。他是團體的支持者、資源人物、使用者、組織者、教育者，以及工作夥伴。在現代社會中，社會工作者已不能置身於「案主」的自助自救運動之外了。

二、幕僚間的互助團體

「心力枯竭」（burn out）的議題已經成爲社會工作機構關心的重點，不論國內外，已有一些社會工作專家將觸角伸向社會工作者的工作壓力上。顯示，社會工作者並非打不倒的巨人，他們給他人溫暖，也需要支持。此處我們並不專注於討論「心力枯竭」的前因後果，而是著重於採用團體工作來協助社會工作人員減除心力枯竭。

心力枯竭有以下幾種症候：情緒衰竭、缺乏對服務對象的興趣、負向行爲、非理性、怠工、拒絕參與決策、生理疾病、不適當的感受等（Maslach & Jackson, 1981）。而如何克服社會服務組織的工作壓力，從個別取向的抗衡壓力訓練，如鬆弛、認知、心身一體、生理滿足、營養、系統性分散等方法（Shannon & Saleebey, 1980），到組織結構取向的組織變遷（Cherniss, 1980）已經有相當的討論了。至於透過小團體方式來解除工作壓力，也有先例爲證（Freudenberger, 1974; Harrison, 1980; Cherniss, 1980; Cooper, 1981）。小團體的功能在於增加員工間相互關懷的感受與成就認知、澄清角色、得到使用資源的訊息、增進決策、減少疏離感，以及增進問題解決能力等。

舉美國一個案例來說明員工小團體（small staff group）對工作壓力解決的作法（Brown, 1984: 55-66）。這是由五個社會工作機構的成員所組成的小團體，自願推選團體領導者，召募成員，使用小團體的途徑，透過團體支持來解決問題，分享個人與專業的資源。基本上，該團體屬任務中心取向的團體，強調下列四個面向：

1. 導向與結構化。
2. 社會與情緒面。
3. 認知與概念的。
4. 任務與行動。

團體每週聚會一次，用一到一個半小時，討論各自的工作情境。這種團體不是治療工具，雖然可能達到治療的具體效果，但那是附帶的衍生效果，毋寧說那是一個問題解決的行動團體。

團體領導可以輪流，也可以固定，其角色有下列七點：

1. 催化團體：領導者在於促使成員互動，分享感受與理念，增進溝通，以共同產生處理工作相關的話題。
2. 組成團體：雖是自願形成，但是，其組成的要素如性別、年齡、種族，行爲特質如興趣、領導才能、對工作的感受等，是同質性抑或異質性，也需要考慮。
3. 向督導者溝通團體的目的與過程：領導者要事先向各機構督導者溝通，以免督導者有團體壓力的恐懼。有好的溝通管道是有必要的。
4. 處理以工作爲焦點的團體：因爲這是個人治療團體，因此，每個會期應以成員工作上的話題爲主題。
5. 鼓勵成員肯定解決問題的責任：支持集體行動來解決問題。但是，領導者並非各機構的督導，因此，他不能取代督導的功能，團體經驗是在協助成員善於使用機構的督導人力。
6. 決定可以分享給外人的資訊限制：有些團體中的話題是不宜讓督導或其他工作者知悉。領導應引導成員決定哪些可以分享給督導，或管理階層。總之，就是團體保密性的規約。
7. 將議題帶給諮詢團體：團體還可以尋求外在的諮詢團體（consultation group），如果在小團體中未能澄清的話題，可以透過其他專家的介入，以便獲致肯定與行動途徑。

這種員工小團體也可以由一個單位的員工自行組成，但是，避免與主管產生對立的局面。在當前社會工作壓力大的情形下，從組織層次的介入看起來是必要的承諾（Turley et al., 2022），社會工作者也有必要透過自助團體來解決工作壓力，進而推動社會工作的成長。

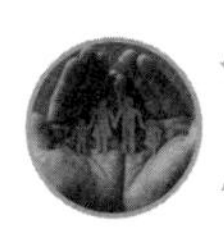

第七節　社區中的團體工作

社區組織工作的前身曾有一度被稱爲「團體間的工作」（intergroup work），即使到目前的發展經驗，社區組織還是脫離不了採用團體工作的方法來協助社區的組織工作。尤其是1960年代以來，美國的學生運動、黑人權力運動、貧民權利運動、反戰運動，以及1970年代的婦女運動、消費者主義及環境主義，使得社區生活中的團體功能大放異彩，社會工作者介入社會行動也越來越多，且被接納成爲社會工作的一環。

一、社區中的成人團體

成人團體在社區中有幾種型態表現：自助團體、社會行動團體、倡議團體，或社會利益團體，這些都屬於成人社區團體（adult community group）。成人社區團體被認定爲社會行動、社區發展、社區行動、鄰里工作與社區工作的主體。

社會工作實施於成人社區團體，一方面以社會團體工作實施中的內團體過程（intra-group process）爲焦點；同時，注重社區組織的外在變遷目標（external change objectives）。這些概念在英國或加拿大的社會工作界是很熟悉的概念，而在美國則是屬於社會團體工作與社區組織的邊陲位置。

成人社區團體的範圍涉及過程、生產、功能與主張。內團體過程促使成員達成社會功能的能力，成爲一個活動的成員，以參與社區團體。成人社區團體有下列特性（Lewis, 1983: 3-18）：

(一) 團體的目標

團體的基本目標是達成社會環境的變遷，主要的議題是社會安排、環境及關係，包括：(1)社區缺乏資源、入口或服務議題；(2)缺乏權力或影響決策的尊重地位；(3)環境問題，如交通、住宅、警察保護、營養、休閒娛樂等問題；(4)社會關係，如均等的就業機會、教育與衛生服務；(5)社區缺乏各種服務的提供，如兒童照顧、可選擇的學校、食品安全、暑期活動；(6)長期的社會政策與立法。

(二) 團體成員

成員並不是來接受治療，或自我發展，也不是尋求個人的社會支持。這不意味著個人成長與變遷或個人滿足將被忽視，而是團體工作的目標是外在目標。成員並不是處於危險狀態中，或受害人群，所以，不是渴望殘補式的服務，而是期待制度化的服務。成員們尋求權利，而不是特權，他們追求更好的生活與高的生活水準，使一切的追求合法化。

(三) 團體的本質

此種團體是自主的、權威與負責任的。每一位成員都有權利參與團體的決策，成員立基於平等的地位，貢獻社區的成長，他們可以自治與自我管理，因為，沒有人比他們更有社區的問題意識感。嚴格地說來，這是社會目標團體的典型之一。

二、社區中的鄰里團體

鄰里工作（neighborhood work）這個概念在英國或澳洲很容易被接受，在美國還是習慣用社區組織（community organization）的說法。在社區組織中，實施者在不同的時機採用鄰里團體（neighborhood group）來推動工作，如對低收入居民的團體、員工或機構委員會、計畫團體等。前項所討論的成人團體，基本上也是一種鄰里團體。

社區中的團體更注重民主價值中的「多數決」，而不習慣於「一人專斷」，即使後者比前者有效果與效率，也是在所不惜。因爲，社區工作不能只講結果，而更重要是講過程。團體在社區工作中，也像個人般有其特有的人格特質，也就是團體的風格。團體可以是成熟的，也可能是不成熟的；團體有其功能，也可能產生失功能。

社區工作中的團體與治療機構中的團體有明顯的差異，在本書前面所提及的團體組織的規模、結構與過程，不見得能完全被社區工作中的團體所採納。當然，這也是一般治療取向與成長取向的團體工作者不承認社區中的團體是屬於團體工作的一環的主要原因，然而，本書仍然主張社區工作中的團體工作是一項重要的方法。於後，是一些社區工作中的團體特徵（Bakalinsky, 1984: 87-96）。

(一) 團體規模

通常，社區組織工作中的團體傾向於問題解決或任務模型的團體。在社區組織中容許稍大的團體，如11至15人，對解決複雜的社區問題較有效果。由於社區委員會或機構委員會涉及利益、財務、代表性特徵，因此，有擴大團體規模的必要；有時，成員是因爲社會地位與聲望而被邀請加入團體，因此，團體經常超出5至7人的適當人數（Hartford, 1972）。不過，團體越大，越無效率。

(二) 團體組成

一般來說，同質性團體易於促進溝通與互動，而異質性團體易於有效地完成團體任務與維持角色。平克斯與米納漢（Pincus & Minahan, 1973）指出問題解決團體裡，異質性比同質性團體更有解決能力。另外，布雷格與史佩特（Brager & Specht, 1973）指出在社區組織中的低收入、種族等特性的團體，最好是高同質性。也就是，在社區中的鄰里團體應格外考慮到種族、膚色、階級、性別、年齡對團體目標的影響。

(三) 團體凝聚力

通常參加團體可以提高個人的聲望，成員參加社區中的團體是為了滿足個人心理的需求與達成社區問題的解決，而較不是為了治療或改變個人的行為。此外，在社區中的團體經常出現團體間或機構間的協調，因此，競爭在所難免，競爭可能減低團體的凝聚力。

(四) 領導能力

伯格哈特（Burghardt, 1982）研究社區組織中的團體發展、領導型態、模型與策略時指出，情感的領導者在地方發展模型（locality development model）中的價值高於任務的領導者，因為地方發展模型的社區工作強調過程甚於任務，強調社會互動甚於團體方向。如果一個社區具有高能量與整合力，則其解決問題的能力必強。

而社會計畫模型（social planning model）的任務性強於過程，因此，任務與情感領導者一樣重要。樓斯曼（Rothman, 1995）認為地方發展著重於過程，而計畫著重於任務，過程是團體目標，任務也是目標，因此，兩種領導都重要。

就目前的情況看來，社區組織中的主席通常是一個正式的職位，他就是團體的領導者，可惜，這些理事主席們缺乏領導才能的訓練，如團體討論，或提高團體生產力，因此，團體的效果並不理想，這是今後應努力的方向之一。

第八節　其他機構的團體工作

一、工廠中的團體工作

基本上，工廠是個大團體，只是它被生產技術與管理切割成無數的單位。曼比（Mumby, 1987）說道：「當你跨進工廠大門，你就屬於某一個切割的部分。」然而，我們也可以在工廠切割的部分中找到幾種形式的團體。例如：

1. 工作團隊：這種團體的共同目標是工廠所賦予的職責，如生產某種零件，或研究某種新產品，他們在領導者的指揮下達成任務，如生產線上的班、組、段、室、部等。
2. 互惠團體：是一種自願性的結合，透過團體的組織力量來追求共同的利益，如互助會、工會等。
3. 休閒團體：這是一群員工透過團體來安排休閒活動。通常他們具有共同的興趣，且感情親密，如工廠中的游泳、登山、舞蹈等社團。
4. 班級團體：這是一群追求相似的目標的成員所組成，他們並不一定以維持團體的功能為主，而是以追求個人的成長、知識、技術為主。例如：工廠中的附設學校、語文訓練、專業訓練、人才儲訓班的同學。
5. 特殊需求的團體：如新進員工的引導團體、工廠中適應不良的員工所組成的團體、婚姻家庭輔導團體，以及心理衛生教育團體等，針對特殊問題或需求的員工所組成。這類團體通常需要專家協助。

工廠中使用團體工作來協助員工，主要可以透過組織自助團體來協助新進員工適應上的困擾，尤其是生產線上的工作單位與宿舍的室友。此外，對團體活動的指導，以及對員工休閒活動亦相當有助益。實驗訓練也可以用來協助員工訓練敏感度、改善人際關係，以及作為人事管理的工具。之前，臺灣有一些工廠曾組成大哥哥大姊姊（BSSC）的團體，透過資深的員工來協助新進員工，也有宿舍的輔導員。不過，採用團體工作方法的並不多見，頂多只有以「成長團體」為名的訓練團體的介入。但只採用這種團體是不夠的，有時候甚至落得不切實際，因為員工所需要的問題解決與互助經常是重於個人的成長。

二、難民營的團體工作

許多民主國家都曾經有庇護難民的經驗，如美國曾協助越南、寮國、高棉等國家的難民；加拿大、英國接納香港反送中運動的政治難民；歐洲接納中東、非洲難民等不計其數。不論是哪一國的難民都面臨到基本的巨視危機（macro crisis），如政治、經濟、文化、語言與種族的困境。大致上，我們將難民的基本需求臚列於後（Classman & Skolink, 1984: 45-62）：

1. 教育的需求：爲了生存，他們必須學習新語言、新文化的認知、住宅、就業、健康、交通等知識的教導。
2. 支持的需求：心靈的創傷、壓力、疏離、失向（disorientation）、迷惑、生存的恥辱、失根、對未來的不確定性、對環境的反應等，都需要他人的支持與自我支持。
3. 社群的需求：對地位、角色、歸屬感、情緒支持、婚姻、社區型態的資源等，都有無限的渴望。
4. 力量的需求：無力感、面對外在的壓力，使難民們期待有一種力量感。

因此，個別服務並不能滿足這些基本需求，團體工作者在難民營中就能展現其功能，如互助、支持、教育、社會學習、互動、社區連結、嘗試錯誤、力量賦予、歸屬等等的獲得。在難民營中的社會團體工作特別要考慮文化的規範、政治的意識形態、語言的因素。總之，難民的服務，社會團體工作是可行而有效的。

結語

團體工作的使用越來越廣，當然與社會需求的增加有關。除了上述的範例外，還有許多型態的團體工作可以供國人參考，如目前越來越需要的老人照顧者的互助團體，用來協助家中有失能老人的照顧者，抗衡心理、社會壓力，並增進照護技巧（McCallion & Toseland, 1995）。此外，連遊民也可以引進團體工作，到街上幫助街頭遊民進行「街友團體」（street men group），特別是遊民街坊服務站，讓遊民組成自助團體，可以減除遊民在街頭亂竄的疑慮。

最後，還有一些值得一提的團體，例如：男女青年會的團體活動、犯罪矯正機構的團體工作；又例如：少年警察隊、少年法庭、少年矯正學校、少年觀護所等，都可以用治療團體、自助團體來協助犯罪者行爲改變。

過去幾年來，社會工作實務領域似乎也颳起新的創意風，包括藝術治療、非計畫性的（non-deliberative），或行動爲基礎的途徑，以及心理劇（Giacomucci, 2021）。同時，也看到多元方法，包括心理劇也在不同層級、地區的社會工作的研討會出現。從《社會團體工作》期刊的特別專題刊登也看到這個趨勢，2016年專題是非計畫性的社會工作，2018年專題是社會工作與藝術，2020年是心理劇。莫連諾（Jacob Moreno）的方法在這幾次的專題中受到社會團體工作社群更多的關注。此外，2017年以來，社會工作與社會距離測量（sociometry）、心理劇的英文著作也增加。國際社會團體工作協會（The International Association of Social Work with Groups, IASWG）也於每年的研討會活動新增主題關於非審議的社會工作，包括心理劇在內。進一步，有些美國的老牌社會工作學院，例如：布林茂爾學院（Bryn Mawr College）、耶希華（Yeshiva University）都開設至少二門心理劇的課程給研究生。美國社會工作者取得社會距離測量、心理劇、團體治療專精證書的人數也大幅增加，從2011年只有11%，到了2020年已經提高到30%了。

由於臺灣的大學社會工作教育仍然將社會團體工作列爲必修課，比較不會出現如美國1970年代以來團體工作的衰退危機。然而，由於社會團體工作與團體諮商、團體心理治療的近鄰性，使得社會團體工作被團體諮商取代的機會很大。此外，由於團體工作源於青年、兒童的休閒與教育活動，因此，在團體工作進行中引進團體活動變得很普遍，導致團體（團康）活動喧賓奪主，幾乎取代團體的過程、動力、目標等，成員歡笑一場，忘了是在進行團體工作，可惜啊！

當團體工作的可替代性越高，往往使學習者覺得不必要花力氣學習，因爲反正有人會帶團體，就讓他去帶。同時，需求者，不論是團體成員，或是機構，也無從區辨社會團體工作與團體心理諮商、團體活動的差別，久而久之，該使用社會團體工作來助人的機會就越來越少；該接受社會團體工作服務的成員也失去了應得的服務機會。就像許多社會工作者一提到「案主」需要諮商，就想當然爾地轉介給心理諮商師一樣，只要有人提到某些人需要團體，就自動地轉介給心理諮商師。屆時，社會工作者的功能眞的只剩下社區資源連結與陪伴了，那時，也是社會工作自我終結的時候。希望這一天永遠不會到來！

參考書目

中文部分

林萬億（2002）。災難救援與社會工作：以臺北縣921地震災難社會服務爲例。臺大社會工作學刊，7：127-202。

林萬億編著（2018）。學生輔導與學校社會工作。臺北：五南。

林萬億（2018）。災難管理與社會工作。編入林萬億等編著，災難救援、安置與重建（頁215-264）。臺北：五南。

曾文星、徐靜（1982）。精神醫學。臺北：水牛。

英文部分

Abramson, M. (1975). Group treatment of families of burn-injured patients. *Social Casework*, April, 235-241.

Ackerman, N. W. (ed.) (1967). *Expanding theory and practice in family therapy*. Service Association of America.

Antze, P. (1976). The role of ideologies in peer psychotherapy organizations: Some theoretical considerations and three case studies. *Journal of Applied Behavioral Science, 12*: 323-346.

Armstrong, K., & Lund, P. (1995). Multiple stressor debriefing and the American Red Cross: The East Bay Hills fire experience. *Social Work, 40*(1): 83-91.

Atkeson, P., & Gultantag, M. (1975). A parent discussion group in a nursery school. *Social Casework*, November, 515-519.

Bakalinsky, R. (1984). The small group in croup organization practice. *Social Work with Group*s, *7*(2): 87-96.

Bell, J. (1995). Traumatic event debriefing: Service delivery designs and the roles of social work. *Social Work, 40*(1): 36-44.

Bern, E. H., & Bern, L. L. (1984). A group program for men who commit violence towards their wives. *Social Work with Groups*, *7*(1): 63-77.

Borkman, T. (1976). Experiental knowledge: A new concept for the analysis of the self-help groups. *Social Service Review*, September, 445-456.

Brager, G., & Specht, H. (1973). *Community organizing*. Columbia University Press.

Breton, M., & Nosko, A. (2011). Group work with women who have experienced abuse. In G. L. Greif and P. H. Ephross (eds.), *Group work with populations at risk* (3rd ed.) (pp. 250-262). Oxford: Oxford University Press.

Brock, S. (1998). Helping classrooms cope with traumatic events. *Professional School Counseling*, *2*(2): 110-117.

Brown, L. N. (1984). Mutual help staff groups to manage work stress. *Social Work with Groups*, *7*(2), Summer, 55-56.

Burghardt, S. (1982). *The other side of organizing*. Cambridge, Schenkman Publishing Company.

Caplan, G. (1974). *Support systems and community mental health*. New York: Behavioral Publications.

Chau, K. L., Weil, M., & Southerland, D. (1991). *Theory and practice in social group work: Creative connections*. Routledge.

Cherniss, C. (1980). *Staff burnout: Job stress in the human services*. London: Sage Publications.

Churchill, S. R., & Glasser, P. H. (1974). Small groups in the mental hospital. In P. Glasser, R. Sarri and R. Vinter (eds.), *Individual change though small group* (ch. 23). New York: The Free Press.

Classman, U., & Skolnik, L. (1984). The role of social group work in refugee resettlement. *Social Work with Groups*, *7*(1): 45-62.

Connors, K. M., Lertora, J., & Liggett-Creel, K. (2011). Group work with children impacted by sexual abuse. In G. L. Greif and P. H. Ephross (eds.), *Group work with populations at risk* (3rd ed.) (pp. 297-315). Oxford: Oxford University Press.

Cooper, C. L. (1981). Social support at work and stress management. *Small Group Behavior*, *12*(3): 285-297.

Cordy, P. L. (1983). Group work that support adult victims of childhood incest. *Social Casework*, May, 300-307.

Cork, R. M. (1969). *The forgotten children: A study of children with alcoholic parents*. Alcoholism and Drug Addiction Research Foundation Toronto.

Costin, L. B. (1984). *Child welfare: Policies and practice*. New York: McGraw-Hill Book Company.

Cummings, J. (1963). The inadequacy syndrome. *Psychiatry Quarterly, 37*: 723-733.

Damant, D., Roy, V., Chbat, M., Bédard, A., Lebossé, C., & Ouellet, D. (2014). A mutual aid group program for women who use violence. *Social Work with Groups, 37*(3): 198-212.

Davis, J. A. (1971). Outpatient group therapy with schizophrenic patient. *Social Casework*, March, 172-178.

Davis, K. R., & Shapiro, L. J. (1979). Exploring group process as a means of reaching the mentally retarded. *Social Casework*, June, 330-337.

DeLucia-Waack, J. L. (2011). Children of divorce groups. In G. L.Greif and P. H. Ephross (eds.), *Group work with populations at risk* (3rd ed.) (pp. 93-109). Oxford: Oxford University Press.

Ellerbrock, K-M. (2023). A good, successful life: Processing biographical breaks in group work with refugees. *Social Work with Groups, 46*(4): 349-357, doi: 10.1080/01609513.2022.2117918.

Ephross, P. H. (2011). Group work with people who sexually offend. In G. L. Greif and P. H. Ephross (eds.), *Group work with populations at risk* (3rd ed.) (pp. 283-296). Oxford: Oxford University Press.

Epstein, N. (1970). Brief group therapy in a child guidance clinic. *Social Work*, July, 33-38.

Epstein, N. (1977). Group therapy with autistic/schizophrenic/adolescents. *Social Casework*, June, 350-359.

Euster, G. L. (197l). A system of group in institutions for the aged. *Social Casework*, October, 523-529.

Everly, G. (1995). The role of the critical incident stress debriefing (CISD) process in disaster counseling. *Journal of Mental Health Counseling, 17*(3): 278-291.

Finkelhor, D. (1984). *Child sexual abuse: New theory and research*. New York: Free Press.

Finn, J., & Lavitt, M. (1994). Computer-based self-help groups for sexual abuse survivors. *Social Work with Groups*, *17*(1/2): 21-45.

Foa, E. B., & Meadows, E. A. (1997). Psychosocial treatments for posttraumatic stress disorder: A critical review. *Annual Review Psychology*, *48*: 449-480.

Freeman, H. E., & Simmons, O. G. (1963). *The mental patient come home*. New York: John Wiley & Sons.

Frey, N. C., & Pizzitoal, D. (1973). Group therapy with schizophrenics. *Social Work*, *18*(4): 94-95.

Freudenberger, H. J. (1974). Staff burnout. *Journal of Social Issues*, *30*: 159-165.

Garrett, K. J. (2004). *Use of groups in school social work: Group work and group process*. University of St. Thomas, Minnesota, UST Research Online. https://ir.stthomas.edu/ssw_pub

Garvin, C. D., Gutiérrez, L. M., & Galinsky, M. J. (eds.) (2004). *Handbook of social work with groups*. NY: The Guilford Press.

Gelles, R. J. (1980). Violence in the family: A review of research in the seventies. *Journal of Marriage and the Family*, *42*(4): 873-885. https://doi.org/10.2307/351830

Getzel, G. S. (1983). Poetry writing groups and the elderly: A reconsideration of art and social group work. *Social Work with Groups*, *6*(l): 65-76.

Getzel, G. S., & Masters, R. (1983). Group work with parents of homicide victims. *Social Work with Groups*, *6*(2): 81-92.

Giacomucci, S. (2021). *Social work, sociometry, and psychodrama: Experiential approaches for group therapists, community leaders, and social workers*. Springer.

Gilliland, B. E., & James, R. K. (1988). *Crisis intervention strategies*. Monterey, CA: Brvok/Cole.

Goffman, E. (1961). *Asylums: Essays on the social situation of mental patients and other inmates*. Anchor Books. New York

Golan, N. (1978). *Treatment in crisis situations*. New York: Free Press.

Goldberg, T., & Hartman, C. (1984). The lab experience: The class as a context for learning about groups. *Social Work with Groups*, *7*(2): 67-85.

Greif, G. L., & Ephross, P. H. (2011). *Group work with populations at risk* (3rd ed.). Oxford: Oxford University Press.

Grotsky, L., Camerer, C., & Damiano, L. (2000). *Group work with sexually abused children*. Thousand Oaks, CA: Sage Publications, Inc.

Harrison, W. D. (1980). Role strain and burnout in child protective service workers. *Social Service Review*, *54*: 31–44.

Hartford, M. E. (1972). *Group in social wor*k. New York: Columbia University Press.

Hawley, N. P., & Brown, E. L. (1981).The use of group treatment with children of alcoholics. *Social Casework*, January, 40-46.

Haugland, S. H., Carvalho, B., Stea, T. H., Strandheim, A., & Vederhus, J. K.(2021). Associations between parental alcohol problems in childhood and adversities during childhood and later adulthood: A cross-sectional study of 28047 adults from the general population. *Substance Abuse Treatment, Prevention, and Policy*, *16*(47). doi:10.1186/s13011-021-00384-9.

Kadushin, A. (1980). *Child welfare services* (3rd ed.). New York: Macmillan Publishing Co. Inc.

Kelly, D. M. (1997). Warning labels: Stigma and the popularizing of teen mothers' stories. *Curriculum Inquiry*, *27*(2): 165-186.

Killbum, L. H. (1983). An educational/supportive group model for intervention with school-age parents and their children. *Social Work with Groups*, *6*(l), Spring, 53-66.

Knight, C. (2011). Group Work with adult survivors of childhood sexual abuse. In G. L. Greif and P. H. Ephross (eds.), *Group work with populations at risk* (3rd ed.) (pp. 213-232). Oxford: Oxford University Press.

Kolodny, R. L., & Reilly, W. V. (1972). Group work with today's unmarried mother. *Social Casework*, *53*(10): 613-622.

Konopka, G. (1972). *Social group work:A helping process* (2nd ed.). New Jersey: Prentice-Hall, Inc.

Lang, N. C., & Sulman, J. (1987). *Collectivity in social group work: Concept and practice*. The Haworth Press.

Lee, J. (1977). Group work with mentally retarded foster adolescents. *Social Casework*, March, 164-173.

Lewis, E. (1983). Social group work in community life: Group characteristics and worker role. *Social Work with Groups*, *6*(2), Summer, 3-18.

Lindamood, M, M., & Klein, E. (1983). Running groups within the institution. In L. Hubschman (ed.), *Hospital Social Work Practice* (Ch. 6). Praeger Publishers.

Lindemann, E. (1944). Symptomatology and management of acute grief. *The American Journal of Psychiatry*, *101*: 141-148.

Linsk, N. M., Howe, W., & Pinkston, E. M. (1975). Behavioral group work in a home for the aged. *Social Work*, November, 454-462.

Majumdar, P., Purkayastha, S., & Goswami, D. (2023). Empowerment of adolescent girls and gender based violence prevention through sports: A group work intervention in India. *Social Work with Groups*, *46*(4): 338-348. doi: 10.1080/01609513.2022.2124495.

Mandelbaum, A. (1973). Intergenerational groups in a drop-in mental health center. *Social Casework*, March, 154-161.

Maslach, C., & Jackson, S. E. (1981). The measurement of experienced burnout. *Journal of Organizational Behavior*, *2*: 99-113.

McCallion. P., & Toseland, R. (1995). Supportive group intervention with caregivers of fail older adults. *Social Work with Groups*, *18*(1): 11-25.

McNeil, J. S., & McBride, M. L. (1979). Group therapy with abusive parents. *Social Casework*, January, 36-42.

Menninger, K. (1960). Concerning our advocacy of a unitary concept of mental illness. In L. Appleby, J. M. Scher, and J. Cumming (eds.), *Chronic schizophrenia: Explorations in theory and treatment* (pp. 54-67). Free Press.

Mitchell, L. T. (1983).When disaster strikes: The critical incident stress debriefing process. *Journal of Emergency Medical Services*, 1(8): 36-39.

Mitchell, J. T., & Bray, G. (1990). *Emergency services stress: Guidelines for preserving the health and careers of emergency services personnel*. Englewood Cliffs, NJ: Prentice Hall.

Mollborn, S. (2016). Teenage mothers today: What we know and how it matters. *Children Development Perspectives*, *11*(1): 63-69.

Money, J. (1994). *Reinterpreting the unspeakable: Human sexuality 2000*. NY: Continuum.

Mumby, D. K. (1987). The political function of narrative in organizations. *Communication Monographs*, *54*: 113-127.

Papademetrion, M. (1971). Use of a group technique with unwed mothers and their families. *Social Work*, October, 85-89.

Pearlman, M. H., & Edwards, M. G. (1982). Enabling in the eighties: The client advocacy group. *Social Casework*, November, 532-539.

Pincus, A., & Minahan, A. (1973). *Social work practice: Model and method.* Itasca, Illinois: F. E. Peacock Publisher, Inc.

Pochin, J. (1969). *Without a wedding-ring: Casework with unmarried parents/With a foreword by Pauline Shapiro*. New York: Schocken Books.

Pollio, D. (1995). Hoops group: Group work with young street men. *Social Work with Groups*, *18*(23): 107-121.

Riehman, L., & O'Brien, C. F. (1973). Project in apartment group living. *Social Work*, May, 36-43.

Rose, S. D. (1974). Group training of parents as behavior modifiers. *Social Work*, March, 156-162.

Rothman, J. (1995). Approaches to community intervention. In J. Rothman, J. L. Erlich, J. E. Tropman (eds.), *Strategies of community intervention* (5th ed.) (pp. 26-63). Itasca, Illinois: F. E. Peacock Publisher, Inc.

Salloum, A. (2004). *Group work with adolescents after violent death.* New York: Brunner-Routledge.

Samit, C., Nash, K., & Meyers, J. (1980). The parents group: A therapeutic tool. *Social Casework*, April, 215-223.

Sandgrund, A., Gaines, R. W., & Green, A. H. (1974). Child abuse and mental retardation: A problem of cause and effect. *American Journal of Mental Deficiency*, *79*(3): 327-330.

Schwartz, W., & Zalba, S. R. (1971). *The practice of group work*. New York: Columbia University Press.

Shannon, C., & Saleebey, D. (1980). Training child welfare workers to cope with burnout. *Child Welfare*, *59*(8): 463-468.

Shapiro, J. (1971). *Communities of the alone: Working with single room occupants in the city*. New York: Association Press.

Sherman, R. (1999). Organizing the extended family as a self-help group. *The Family Journal*, *7*(1): 71-74.

Shulman, L. (2008). The hidden group in the classroom. *Journal of Teaching in Social Work*, *1*(2): 3-31.

Sommer, R. (1965). *Effect of classroom environment on student learning*. Final Report (Cooperative Research Project S-204), U.S. Office of Education. Washington, DC: Government Printing Office.

Stempler, B. L. (1977). A group work approach to family group treatment. *Social Casework*, March, 143-152.

Tiktin, E. A., & Cobb, C. (1983). Treating past-divorce adjustment in latency age children: A focused group paradigm. *Social Work with Groups*, *6*(2), Summer, 53-66.

Toseland, R. W., & Hacker, L. (1982). Self-help groups and professional involvement. *Social Work*, July, 341-346.

Turley, R., Roberts, S., Foster, C., Warner, N., El-Banna, A., Evans, R., Nurmatov, U., Walpita, Y., & Scourfield, J. (2022). Staff wellbeing and retention in children's social work: Systematic review of interventions. *Research on Social Work Practice*, *32*(3): 281-309.

Weinberg, N., Uken, J., Schmale, J., & Adarnek, M. (1995). Therapeutic factors: Their presence in a computer-mediated support group. *Social Work with Groups*, *18*(4): 57-70.

Weinbeig, N., Scrmale, J., Uken, J., & Wessel, K. (1995). Computer-mediated support groups. *Social Work with Groups*, *17*(4): 43-54.

Wilson, S., & Rice, S. (2011). Group work with older adults. In G. L. Greif and P. H. Ephross (eds.), *Group work with populations at risk* (3rd ed.) (pp. 115-135). Oxford: Oxford University Press.

家圖書館出版品預行編目資料

團體工作：理論與技術／林萬億著. ——四版. ——臺北市：五南圖書出版股份有限公司，2024.09
面； 公分
ISBN 978-626-393-672-0（平裝）

1.CST: 社會團體工作

547.3 113011913

1J57

團體工作—理論與技術

作　　者— 林萬億
企劃主編— 李貴年
責任編輯— 王兆仙、李敏華、邱紫綾、何富珊
文字校對— 李雅智、吳如惠、黃淑真
封面設計— 吳雅惠、童安安、姚孝慈
出 版 者— 五南圖書出版股份有限公司
發 行 人— 楊榮川
總 經 理— 楊士清
總 編 輯— 楊秀麗
地　　址：106臺北市大安區和平東路二段339號4樓
電　　話：(02)2705-5066　　傳　　真：(02)2706-6100
網　　址：http://www.wunan.com.tw
電子郵件：wunan@wunan.com.tw
劃撥帳號：01068953
戶　　名：五南圖書出版股份有限公司
法律顧問　林勝安律師
出版日期　1998年8月初版一刷（共九刷）
　　　　　2007年2月二版一刷（共十一刷）
　　　　　2015年9月三版一刷（共四刷）
　　　　　2024年9月四版一刷
定　　價　新臺幣690元

經典永恆·名著常在

五十週年的獻禮——經典名著文庫

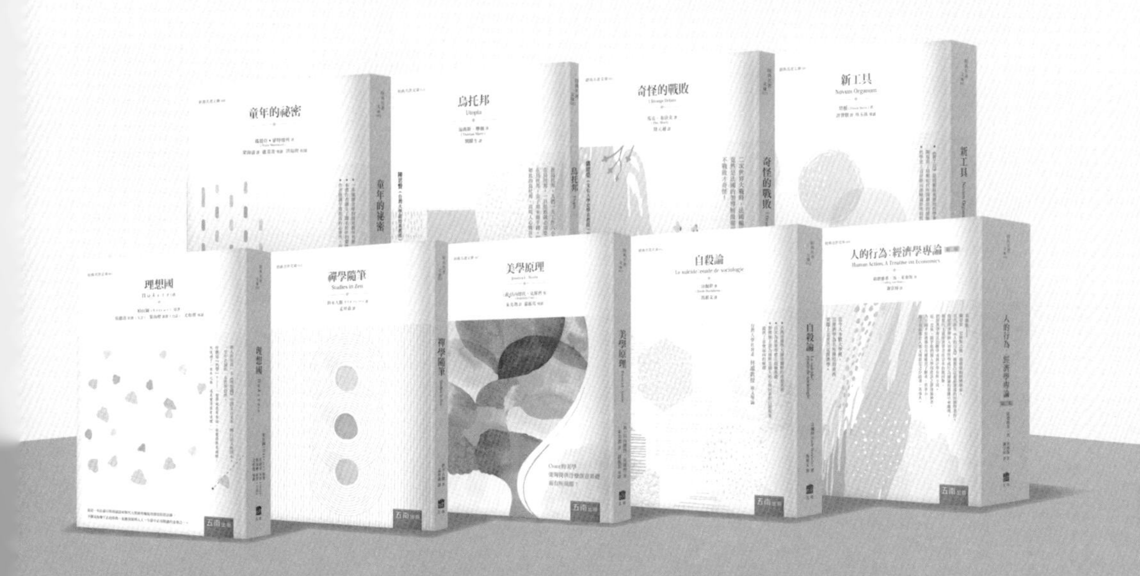

五南，五十年了，半個世紀，人生旅程的一大半，走過來了。
思索著，邁向百年的未來歷程，能為知識界、文化學術界作些什麼？
在速食文化的生態下，有什麼值得讓人雋永品味的？

歷代經典·當今名著，經過時間的洗禮，千錘百鍊，流傳至今，光芒耀人；
不僅使我們能領悟前人的智慧，同時也增深加廣我們思考的深度與視野。
我們決心投入巨資，有計畫的系統梳選，成立「經典名著文庫」，
希望收入古今中外思想性的、充滿睿智與獨見的經典、名著。
這是一項理想性的、永續性的巨大出版工程。
不在意讀者的眾寡，只考慮它的學術價值，力求完整展現先哲思想的軌跡；
為知識界開啟一片智慧之窗，營造一座百花綻放的世界文明公園，
任君遨遊、取菁吸蜜、嘉惠學子！